心 理 测 量

黎光明 编著

清 华 大 学 出 版 社
北 京

内 容 简 介

心理测量是我国各大学心理学专业学生必修的重要专业课,它在心理科学的基础学科和应用学科之间起着一种中介作用:一方面,它是基础心理学科的深化,是从事基础理论研究的方法课;另一方面,它又是应用心理学科的基础,是从事实际应用研究的工具课。

本书由经典测验理论、具体心理测验和现代心理测验理论三大部分构成,既注重基础理论、基本原理的准确性阐述,又强调测验编制与使用的基本技能训练。在内容上,本书力求反映国内外心理测量的最新发展,将理论与实践结合在一起,突出心理测量的科学性与实用性。

本书可供高等院校心理学专业学生使用,也可供相关专业本科生、研究生和社会各界从事心理测量工作的人员参考。

图书在版编目(CIP)数据

心理测量/黎光明编著. —北京:清华大学出版社,2019(2024.1重印)
ISBN 978-7-302-46340-5

Ⅰ.①心… Ⅱ.①黎… Ⅲ.①心理测验 Ⅳ.①B841.7

中国版本图书馆 CIP 数据核字(2017)第 021625 号

责任编辑:娄志敏
封面设计:杨学勇
责任校对:王荣静
责任印制:曹婉颖

出版发行:清华大学出版社
　　　网　　　址:https://www.tup.com.cn,https://www.wqxuetang.com
　　　地　　　址:北京清华大学学研大厦 A 座　　　**邮　　　编**:100084
　　　社 总 机:010-83470000　　　**邮　　　购**:010-62786544
　　　投稿与读者服务:010-62776969,c-service@tup.tsinghua.edu.cn
　　　质量反馈:010-62772015,zhiliang@tup.tsinghua.edu.cn
印 装 者:小森印刷霸州有限公司
经　　销:全国新华书店
开　　本:185mm×260mm　　　**印　　张**:15.5　　　**字　　数**:376 千字
版　　次:2019 年 8 月第 1 版　　　**印　　次**:2024 年 1 月第 4 次印刷
定　　价:45.00 元

产品编号:065623-01

前　　言

    心理测量是我国高等院校心理学、教育学等专业重要的必修课程。应清华大学出版社的邀请，我们编写出版了《心理测量》这本书，将其作为高等院校心理学、教育学等专业的教材。

    在本书撰写过程中，一方面借鉴了国内外已有的成果；另一方面结合了作者多年从事心理测量教学与研究的经验。为了写好本书，我们力图有一些特色和新意，更加突出实践性，使其更能满足在社会科学领域的研究与应用中对测量知识的需求。

    本书在内容体系的设计上不仅强调学生应该具备基本的测量思想、掌握基本的测量方法，还强调应该培养学生对心理测量方法的分析与解决问题的能力。本书在编写过程中，根据社会科学类专业的特点，努力贯彻"学以致用"的原则，尽可能做到结构合理、概念明确、条理分明、深入浅出。在内容上，本书包括三大块：

    第一大块：经典测验理论。经典测验理论体系构建清晰、易理解，始终围绕"心理测验"这个中心讲解，再演绎这个中心概念的三大要素，即行为样本、客观化和标准化。行为样本包含在常模这一章（第二章）；客观化包含在"四度"中，即信度（第三章）、效度（第四章）、难度（第五章）和区分度（第五章）；标准化包含在"四化"中（第六章：测验编制标准化、测验实施标准化、测验评分标准化和测验解释标准化）。

    第二大块：具体心理测验。本书仅选择常见的三大心理测验，即能（智）力测验（第七章）、人格测验（第八章）和心理评定量表（第九章），作为具体心理测验的代表，而且仅选择一些比较有代表性的智力测验、人格测验和心理评定量表作为示例。

    第三大块：现代测验理论。现代测验理论包括项目反应理论（第十章）和概化理论（第十一章），这也是本科生或研究生等必须掌握的一部分内容。本书较为详尽地阐述了这部分内容，尽量做到与国际前沿接轨。

    本书从立项到完成，尽管整个写作过程由作者一人执笔，但却是集体力量和智慧的结晶。首先，要感谢国内外心理测量同行专家及学者，书中引用的大量文献资料是他们多年潜心研究的成果；其次，要感谢我的研究生们，如王幸君、蒋欢、梁正妍、谢晋艳、侯桂云、张晓婷、甄锋泉等，在编写过程中她（他）们为本书提供了大量宝贵的资料，这些资料让本书增色不少；最后，还要感谢清华大学出版社为本书所付出的辛勤劳动。

    尽管倾尽全力，有时为了某种理论、某种方法或某个公式的科学性和准确性不厌其烦地查阅各种文献；尽管有许多好的想法和构思，在内容编排和组织上精益求精，但由于作者水平有限，因此书中难免会有疏漏与不足。为此，恳请国内外的专家同行及广大读者朋友批评指正。

作　者

2019 年 2 月于华南师范大学

目　　录

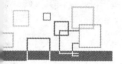

第一章 绪 论

心理测量是我国高等院校心理学、教育学等专业重要的必修课程。该课程是从事基础理论研究的方法课，也是从事应用研究的工具课。心理测量广泛应用于教育、经济、管理、卫生医疗、司法、军队等领域，并产生了重要的作用。本章主要介绍心理测量概述、心理测验的分类与功能、心理测验的历史沿革与发展，以及如何正确对待和使用心理测验。

第一节　心理测量概述

一、什么是测量？

测量，简单地说，就是要把"量"给测出来。所谓"量"其实就是数字。如此看来，测量其实就是要把数字测出来。何谓数字？就是人们通常理解的阿拉伯数字或它们的排列以及组合等构成的符号。例如，人的身高多高，桌子多长等，这些测量最后都需要用数字来表达。

史蒂文斯(S. S. Stevens)(图 1 - 1)于 1951 年给测量下了定义："从广义而言，测量就是根据一定的法则用数字对事物加以确定。"

史蒂文斯的关于测量的这一定义概括了物理测量、社会测量、生理测量、心理测量等的共性。从史蒂文斯测量的定义中，不难发现，测量包含三个要素：测量对象（事物）、测量法则（法则）和测量结果（数字）。这三个要素的关系可形如：$y = f(x)$。其中，x 表示测量对象，f 表示测量法则，y 表示测量结果，即：

图 1 - 1　史蒂文斯

① 事物(x)——测量对象
② 法则(f)——测量法则
③ 数字(y)——测量结果

由此看来，测量需要包含以下三个要素。

第一个要素：测量对象。测量要得到测量出来的数字，应该先要有测量的对象，即要告知是测什么。"巧妇难为无米之炊"，即便测量工具如何好，测量者如何负责，没有测量对象也是无稽之谈。

第二个要素：测量法则。测量人的身高与测量人的体重，所使用的法则是不同的，而法则往往体现在工具中。测量人的身高用米尺，测量人的体重用磅秤，这是工具本身蕴含的法则有所不同。人们知道身高和体重具有不同的测量法则，不能相互混用。用磅秤来测量人的身高，或用米尺来测量人的体重，都是不妥当的。

第三个要素：测量结果。测量结果就是通常所指的"量"，即数字，这是人们真正想要的。这样看来，测量(liáng)其实就是测量(liàng)，就是对测量对象通过一定的法则把量(liàng)给测出来，人们最终要的就是这个量。例如，桌子长 2 尺，温度 4 摄氏度等。

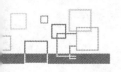

当然,因测量对象的不同,测量的种类也不同。如果测量对象是物理现象,那么测量就是物理测量,如桌子的长度。如果测量对象是社会现象,那么测量就是社会测量,如民意调查。如果测量对象是生理现象,那么测量就是生理测量,如血压多高。如果测量对象是心理现象,那么测量就是心理测量,如心理健康程度。

依据 $y=f(x)$,我们知道,x 和 f 的目的是为了得到 y,这表明 y 是测量结果,即量或数字,是非常重要的。但是,得到了 y 是远远不够的(至多只能说完成了 $1/2$),这是因为只有 y 也不一定知道 y 的含义和价值。这就如同一个学生通过测试考了 90 分,这符合 $y=f(x)$,其中 x 是学生能力,f 是测试题目,y 是考分 90 分。若不知道参与测试的学生的总体成绩分布,则即便知道这个学生考了 90 分,是高还是低呢? 人们也仍然无从知道。因此,只有 $y=f(x)$,是远远不够的,还必须知道 y 的具体含义和价值。这就是说,测量把量给测出来是主要目的,但量要表达的含义和价值也是非常重要的。把量给测出来,这就如同把孩子生出来固然是相当重要的,这一步相当于生成量,即 $y=f(x)$。但是,把生出的孩子培养成人也是非常重要的,只有通过这一步才知道孩子出生后的含义和价值,这相当于 y 的含义和价值(不是生出 y)。一句话,只生出孩子是不够的,至多只完成了 $1/2$,还必须继续把他(y)培养成人,才能完成剩下的 $1/2$。

那么,如何来表达 y 的含义和价值呢? 这需要将 y 表达在一个系统的量纲(scale)中,从总体俯视 y 在整体中的地位,才能有效获知 y 的含义和价值。在此处,scale 意指"量纲"或"量尺"。

依据上述例子,如果一个学生测试考了 90 分,而大多数同学只考了 60 分左右,那么说明他比较厉害,分数相对高些,可形容为"鹤立鸡群"! 如果大多数同学都考了 95 分以上,那么说明他就比较差了! 同样的一个分数,在不同群体比较中,含义和价值是不同的。因此,我们需要将分数表达在整体系统的量纲中。

试想,如果有人在你面前放置 1 元钱,且无法知道 1 元钱的货币系统的量纲,即不预先告知是哪一种货币,那么你也无法知道 1 元钱的价值或含金量。当然,若在你面前放置 1 英镑、1 美元、1 元人民币、1 卢布、1 泰铢等,则你会选择哪个呢? 答案很显然是 1 英镑。这表明,只知道数字(量)是不够的,还必须告知是哪一种货币系统的量纲,因为不同的货币系统的量纲,相同的数字(如 1 元),其价值或含金量可能是不同的。同理,心理的量也存在相同之处,即仅测量出量是不够的,还必须指定量是在哪一个系统的量纲上。

那么,如何来定义测量的量系统的量纲呢? 为方便表述,这里,我们把"测量的量系统的量纲"缩称为"测量量纲"。依据一定标准,1946 年史蒂文斯将测量量纲从低到高分成 4 种水平,如表 1-1 所示。

表 1-1　4 种测量量纲在要素上的属性

要素 量纲	是否有大小之分 (大小)	是否有相等单位 (单位)	是否有绝对零点 (零点)	是否能进行代数运算 (运算)
称名量纲	×	×	×	×
顺序量纲	√	×	×	×
等距量纲	√	√	×	√/×
等比量纲	√	√	√	√

注:"×"表示不具备某一类要素属性;"√"表示具备某一类要素属性。

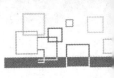

在表 1-1 中,测量量纲的要素包括 4 种,即大小、单位、零点和运算。"大小"表示某一类量纲是否有大小之分、强弱之分、等级之分。"单位"表示某一类量纲是否有相等单位,即不同量级之间是否能等量齐观。"零点"表示某一类量纲是否有绝对零点,而不是人为定义的零点,这里的零点又称为参照点、起点、原点、出发点。"运算"表示某一类量纲是否能够进行代数上的数学运算,如是否能够进行加、减、乘、除等运算。

根据测量量纲的要素,表 1-1 明确规定 y 的测量量纲可分为 4 种,即称名量纲(nominal scale)、顺序量纲(ordinal scale)、等距量纲(interval scale)和等比量纲(ratio scale)。y 有 4 种测量量纲,这就表明即使有相同的 y 值,在不同系统的量纲上其含义也是不同的。例如,对于数字(量)1 和 2,这两个人们最常见的数字(量),在不同系统的量纲上其含义也是不同的。为了说明这个问题,现举例如下。

如果 1 和 2 在称名量纲上,表示数字命名,1 代表男,2 代表女。我们不能说 2 大于 1,因为性别没有大小之分,仅仅是用 1 和 2 来表示它们的分类。这一类数字既没有相等单位,也没有绝对零点,更不能作代数运算。例如,用 0 代表藏族,1 代表傣族,2 代表汉族,我们不能说 $2-1=1-0$,因为没有相等单位。也不能说这里的 0 就是没有,这仅仅代表藏族,所以这里的 0 不是通常人们所说的绝对零点或起点。也不能作运算,如用 1 代表藏族、2 代表傣族、3 代表汉族,不能说 $1+2=3$,即藏族+傣族=汉族,这里的数字仅起分类或称名的作用。电话号码、手机号码、学生证号码、车牌号码等都是称名量纲。称名量纲在大小、单位、零点及运算四个量纲要素上都是"×"。称名的意思是指这类数据(或量)仅仅是为了分类或命名。

如果 1 和 2 在顺序量纲上,表示考试成绩排名,第 1 名和第 2 名。我们可以说第 1 名比第 2 名好,有顺序(大小)之分。但这一类量纲没有相等单位,因为我们不能说第 2 名-第 1 名=第 3 名-第 2 名,第 2 名与第 1 名的差距不一定等于第 3 名与第 2 名的差距。如果第 1 名 80 分,第 2 名 70 分,第 3 名 50 分,那么就显而易见了,$3-2\neq2-1$。顺序量纲也没有绝对零点,因为第 0 名并不是第 1 名的起点,更何况通常没有第 0 名的说法。顺序量纲也不能作代数运算,这是因为我们不能说第 1 名+第 2 名=第 3 名。顺序量纲在大小量纲要素上是"√",但在单位、零点及运算三个量纲要素上都是"×"。顺序的意思是指这类数据(或量)能够区分出名次(顺序)。

如果 1 和 2 在等距量纲上,表示温度 1 摄氏度和 2 摄氏度。我们可以说温度是有大小之分的,2 摄氏度要比 1 摄氏度热一些,3 摄氏度与 2 摄氏度之间的差值等于 2 摄氏度与 1 摄氏度之间的差值($3-2=2-1$)。温度的单位是常温常压下人们规定水结成冰定义为 0 摄氏度,水变成水蒸气定义为 100 摄氏度,从 0 摄氏度到 100 摄氏度切 99 下,细分成 100 段,取其中的 1 段即为温度的单位,每 1 段都是相等的。但是,温度的零点(或称参照点、起点、原点、出发点)是相对的,因为温度的零点是人们将常温常压下水结成冰时的温度定义为 0 摄氏度,当然人们也可以不这么规定零点的,所以这是相对的。就相当于测量珠穆朗玛峰的高度,为 8 844.43 米,是人们通常以海平面为起点的。当然了,从珠穆朗玛峰山脚到山顶是没有那么高的,所以起点也可以选在山脚或测量者现在自己的脚下。很显然,类似于温度或山的高度,零点是相对的,不是绝对的。正因为温度有相等单位所以它能作加减运算,正因为温度没有绝对零点所以它不能作乘除运算,于是我们在表 1-1 中表达成"√/×"。等距量纲在大小、单位这两个要素上都是"√",但在零点要素上是"×",在运算要素上是"√/×"。等距的意思是指这类数据(或量)单位是等距的。

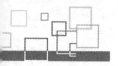

如果1和2在等比量纲上,表示人的身高1米和2米。我们可以说2米的身高要比1米高,有大小之分。对于人的身高,我们可以说2−1＝3−2,有相等单位。等比量纲也有绝对零点,0表示没有高度。类似的还有重量,如1斤、2斤,如果是没有重量就是0。事实上,试想如果你去买肉,盘子上没有放肉,那么数字当然应该显示为0了。正是因为身高、重量等这类量有相等单位和绝对零点,所以它既能作加减运算,又能作乘除运算。我们既可以说1斤肉加3斤肉等于4斤肉,也可以说4斤肉比3斤肉多1斤肉,还可以说4斤肉是2斤肉的2倍等。等比量纲在大小、单位、零点和运算四种量纲要素上都是"√"。等比的意思是指这类数据(或量)有绝对零点,是可以相除或等比的。

在表1−1中,"×"表示某种测量量纲不具备某一类要素属性,"√"表示某种测量量纲具备某一类要素属性。四种测量量纲在要素上的属性存在不同。根据表1−1,由上分析可知,从出现"√"的频数看,称名量纲为0,顺序量纲为1,等距量纲为3,等比量纲为4,这表明量纲水平依次升高,量纲水平最高的是等比量纲,其次是等距量纲,再次是顺序量纲,最后是称名量纲。

综上所述,理解测量的概念需要注意以下几点。

第一,测量的量是根据$y=f(x)$得到的。测量需要具备三个要素,即测量对象x,测量法则f和测量结果y,y相对更为重要,因为x和f都是为了"生出"y。

第二,测量的量需要指定测量量纲。"生出"或测出y是不够的,还必须赋予y含义和价值,对于相同的y,不同的测量量纲其含义和价值是不一样的。测量量纲共有4种,包括称名量纲、顺序量纲、等距量纲和等比量纲。

上述第一点是把y"生(或测)出来",第二点是把y"培养成人",这两点功劳各半。只有基于以上两点,测量的量才是有价值的,仅测出量来也至多只完成了1/2,仍需知道测出来的量的含义和价值如何,这就需要通过判断它属于哪种测量量纲来表达。

二、什么是心理测量?

通过以上分析可知,测量因测量对象的不同可分为物理测量、生理测量、社会测量和心理测量等。心理测量(Psychological Measurement)仅仅是测量的一种。心理测量隶属于测量,其内涵是相同的,但外延变小了。与测量一样,心理测量仍然必须具备三个要素,即测量对象x、测量法则f和测量结果y,但它的三个要素的外延都要变小,"狭义化"或"特指化"。三个要素的关系也可形如为$y=f(x)$:

① 事物(x)——测量对象——心理现象
② 法则(f)——测量法则——心理法则
③ 数字(y)——测量结果——心理的量

从心理测量与测量的形式看,两者其实没有多大差别,仅仅是心理测量对象的范围变小了,狭义化了,特指"心理",所以它叫心理测量,加了"心理"这个特定称谓。

心理能测量吗?人们听起来有点儿觉得不可思议,因为心理测量不像物理测量那么直观。物理测量对象大多看得见摸得着,而心理测量对象既看不见,也摸不着。

然而,我国思想家孟子(图1−2)说过:"权,然后知轻重;

图1−2 孟子

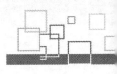

度,然后知长短。物皆然,心为甚。"

孟子这句话的意思是说:"称一称我们就知道物体的重量,量一量我们就知道物体的长短,物理测量是这样,那么心理测量就更加是这样了。"人的心理之所以可以测量是源于人的心理特性是存在差异的。例如,孔子认为,人可分为上人、中人和下人。有了心理特性差异就为心理测量打下了量分的基础,有了心理特性差异人们就可以用数字来表达它们之间的相对或绝对差异。1918 年,桑代克(E. L. Thorndike)提出:凡客观存在的事物都有其数量。1939 年,麦柯尔(W. A. McCall)进一步提出:凡有其数量的事物都可以测量。上述两句话整合起来,意思就是:凡客观存在的事物都可以测量。心理现象是客观存在的事物。所以,心理是可以测量的。

对于心理测量,仍然可以表达成:$y = f(x)$。

对于 x(心理现象),因为存在不同种类的心理现象,所以测量工具也存在不同种类。若测量智力、能力倾向、学业成就等,则称为能力测验。若测量兴趣、态度、性格等,则称为人格测验。若测量心理状态(焦虑、压力、恐惧、成瘾等),则称为心理评定量表。

对于 f(心理法则),因为心理现象存在不同,所以法则也是千差万别的;更因为心理法则基于同一种心理现象存在多种理论,所以导致心理法则具有很大的"派别性"。例如,智力理论包括二因素论、群因素论、多元论、PASS 模型等;注意理论包括过滤器理论、资源限制理论等;人格理论包括三个人格特质理论(EPQ)、五个人格特质理论(NEO-PI)、十六个人格特质理论(16PF)等。心理法则呈现出多样性,因此人们在使用心理学工具时一定要知道它是出自于哪一个理论,不同的心理学理论对于同一种心理现象的解释是不同的,即所谓"理论在先,工具在后"。

对于 y(心理的量),是通过 $f(x)$ 转换过来的。如上所述,存在 4 种不同的测量量纲。但是,一般说来,心理的量相对不够完善,既无相等单位,也无绝对零点。心理的量无相等单位,例如,有两位同学甲和乙,甲第一次考了 40 分,第二次考了 45 分,提高了 5 分;乙第一次考了 90 分,第二次考了 95 分,也提高了 5 分。哪位同学的 5 分更容易提高呀?答案是甲,因为一般地从 40 分提高到 45 分的难度远远小于从 90 分提高到 95 分的难度,这表明 5 分 $\neq$ 5 分。同理,如果都只提高了 1 分,那么 1 分 $\neq$ 1 分,这说明心理的量 1 个单位不等于 1 个单位。另外,心理的量也很难找到一个统一的起点(绝对零点),一个学生考了 0 分,并不代表他一塌糊涂,也并不意味着他一点儿智商都没有,考了 0 分也只能说明对于这次考试相对于某些方面他是不足的,并不代表他全然不懂,甚至于完全没有智商了。我们只能说,该学生相对于其他同龄同学他的成绩在某些方面是不足的。然而,心理的量却有大小之分,所以学生的成绩仍可排名。

综上所述,心理的量既无相等单位,也无绝对零点,但有大小之分。根据表 1-1,心理的量只能在顺序量纲上表达了。但是,人们往往会通过某些统计技术将心理的量从顺序量纲调整为等距量纲或等比量纲。

三、什么是心理测验?

安娜斯塔西(A. Anastasi)于 1963 年给心理测验下了一个定义:心理测验是对行为样本客观而标准化的测量。在这个定义中,包括了三个要素:行为样本、客观化和标准化。这表明,心理测验是心理测量的一种,所测的是一般心理素质与状态,工作追求客观化和标准化。

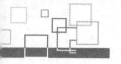
测量、心理测量、心理测验三者的关系如图 1-3 所示。

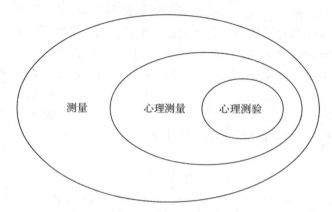

图 1-3　测量、心理测量和心理测验的关系

从图 1-3 可以看出,测量的概念最大,其次是心理测量,最后是心理测验。这表明,心理测量只是测量的一种,心理测验又只是心理测量的一种。

为了说明心理测验和心理测量之间的关系,举一例子来说明。有一位同学在网络上做了一个小小的测试,是关于心理年龄方面的,结果测出其心理年龄 80 多岁,非常郁闷!跑去问测量学老师该怎么办?测量学老师建议她按照某种规则过一周再测一次。这位学生按照老师的吩咐,真的过一周去网上再次测试了,心理年龄的结果变为 60 多岁,她很高兴地告诉了测量学老师。测量学老师建议她过一周再测一次,心理年龄的结果变为 40 多岁,她更高兴了。测量学老师依然建议她又再测一次,结果她的心理年龄回归正常——20 多岁了!最后,测量学老师还是建议她再测,结果,她不敢再测了!因为她害怕结果。

对于这个例子,讨论:

(1) 这个测试是心理测量吗?

(2) 这个测试是心理测验吗?

答案:(1) 这个测试是心理测量。这个测试符合 $y = f(x)$,其中 x 是心理年龄,属于心理现象;f 是这个测试制定者规定的测试法则;y 是 80 岁、60 岁、40 岁、20 岁等心理年龄(量)。符合心理测量定义及三个要素的要求,因此这个测试是心理测量。

(2) 这个测试不是心理测验。心理测验必须具备三个要素,即行为样本、客观化和标准化。行为样本来自实践需要,并根据科学理论取样获得,又叫常模样本、代表性样本、标准化样本。这个测试制定者没有制定有效常模,谈不上具有常模样本,其标准设定仅仅是根据自己的标准来给定测试者分数,依自我规则规定测试者做哪些题得多少分。客观化指标包括难度、区分度、信度和效度,这个测试每次测试分数摆动太大,没有什么稳定性(信度)可言,更谈不上什么有效性(效度)。另外,这个测试没有经过严格意义上的标准化,即没有经过严格意义上的测验编制标准化、测验实施标准化、测验评分标准化和测验解释标准化。因此,不难看出,这个所谓的心理年龄小测试不具备心理测验三个要素,不是心理测验。

根据上面这个例子,我们可以发现,是心理测量不一定是心理测验,但是心理测验就一定是心理测量。这表明,心理测验不是一般的心理测量,其追求客观化和标准化。心理测量要成为心理测验,必须具备以下三个要素。

第一个要素:行为样本。心理测量是间接测量,具有"间接性",针对的是人的行为,因

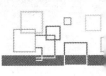

为人的心理看不见也摸不着,不能直接加以测量,只能通过外显行为导引出来,即心理学常见公式:

$$S—O—R \qquad\qquad (1-1)$$

在公式(1-1)中,S表示刺激;O表示中介变量;R表示行为反应。

正是因为我们要测量的人的心理只能通过测量行为来反映,所以这种策略是迂回策略,是间接的。当然,行为的产生需要通过一定刺激触发(导引出来),这便是S。可供导引行为产生刺激的触发方式比较多,如提问题、设情景、布现场等。所导引的行为可以根据自我观察、自陈报告评定、由他人观察报告评定、动作反应、口头与文字作答等来呈现。所导引的行为表现方式呈现出多样化。心理是产生在S—R中的中介变量O,只能间接推测出来。这样看来,行为才是测量所要研究的重点,因为心理依赖它间接推测出来。行为最好是总体的行为,与刺激联结起来推测时说服力最强,但是总体有时难以得到(如限于人力、物力、财力或信息不全面),或即使有时能得到,但也不划算。例如,我们要验血来做生理检查,最好是将血全部抽光放到一个大缸里,这是总体,但有谁愿意去抽血呢?抽完了还没检查完人就已经死了,不划算。那么办呢?医生通常只要求验血者抽取部分血液来代表总体血液就可以了,结果一般都比较准确可靠,这是因为只要抽取的血液样本有一定的代表性,就无须抽取总体血液,验血仍然有保障。同理,对于行为也是一样的,不一定需要行为总体,行为样本也是可以的,只要它具有一定的代表性,是能反映被试行为特征的一组行为,就可以了。但是,行为样本仍然存在某种程度的偏差,不能反映被试全部的心理功能。然而,只要行为样本具有足够的代表性,就可以推测行为总体。

有了行为样本,就可以用来制定常模。常模是用来提供比较的标准,是标准化样本分数的分布。在许多情况下,常模是一组有代表性被试群体的平均测验分数。这个平均测验分数表示的是普通人的一般状况。解释个人的测量分数就是将这一分数与常模分数相比较,看该分数高于或低于常模分数多少。例如,在能力测量领域,如果某一个人的测量分数高于常模分数,那么此人的能力水平高于普通人的平均水平;相反,如果某一个人的测量分数低于常模分数,那么此人的能力水平低于普通人的平均水平。常模既然是一组有代表性的被试群体的平均测验分数,那么编制测验常模的关键是要抽取有代表性的被试样本,它要求按照科学的抽样原则抽取样本中的每一个个体。这里需要特别说明的是,不要把常模的概念与我们通常理解的标准的概念混淆起来。标准指的是理想上期望达到的程度,而常模指的是被试群体实际达到的程度。以常模为参照编制的测验叫常模参照测验,以标准为参照编制的测验叫标准参照测验。

第二个要素:客观化。客观化是指测验项目的功能与强度、整个测验能测什么与测量精度的大小等,要经由"事实"来检验和判定。施测要结构化、规范化,要严格控制误差。评价心理测验的客观化指标包括"四度",即信度、效度、难度和区分度。总之,心理测验要采取"实证模式"。

评价一个测验是否科学的重要指标是信度和效度。信度是指一个测验的可靠性,即用同一测验多次测量同一团体所得结果之间的一致性程度。我们用钢片卷尺去测量一根木杆的长度,所得结果是可靠的,因为无论是由一个人数次测量,还是分别由数个人去测量,所测得的结果都将是高度一致的。如果改用橡皮软尺去测量一根木杆的长度,那么一个人数次测量或分别由数个人去测量的结果就难以高度一致。这就是说,橡皮软尺这种

测量工具的信度不高,弹性太大,不稳定。由此可见,信度是衡量测验科学性的最基本的指标。效度指的是一个测验的有效性,即一个测验在多大程度上能够测到它所要测量的心理特质。若一个测验所测得的不是它所要测得的特质,则这个测验就是无效的。例如,智力测验所要测得的特质应该是智力,如果一个智力测验测到的不是智力,而是知识,那么无论它的信度有多高,这个智力测验对于测量智力都是无效的。由此可见,效度是衡量测验科学性的最重要的指标。

评价一道题目是否合理的重要指标是难度和区分度。难度和区分度是题目质量重要的参考指标。难度反映的是题目的难易程度,而区分度反映的是题目的鉴别能力。

诚然,一份测验或一道题目好还是不好,都要经由"事实"说了算,不是某个人说了算的(这是主观的),这才是客观化。

第三个要素:标准化。标准化是编制测验的一个重要步骤,也是使用测验的一个重要条件。为了使接受测量的不同个体所获得的分数具有可比性,测验的条件必须对所有的个体都是相同的。在相同的测验情境中,唯一的自变量是正在接受测量的个体的心理特质,这样的测量结果才具有可比性。所谓标准化,是指测验的编制、实施、评分以及分数解释的程序的一致性。测验标准化需要具备下列条件。

(1)测验编制标准化。测验编制要求编制的程序规范,题目合理,所有接受测量的个体实施相同或等值的测验内容。如果测验内容不同,那么所测得的结果便没有可比较的基础。

(2)测验实施标准化。这是测验标准化的第二个条件,即所有接受测量的个体必须在相同的施测条件下接受测验,其中包括:①相同的测验情境;②相同的指导语;③相同的测验时限。

(3)测验评分标准化。测验评分标准化要求评分结果具有客观性,也只有当评分的结果具备了客观性,才能将测量分数的差异归之于个体心理特质的差异。为此,测验中所制定的评分规则,要足以使不同的评分人的评分结果保持最大限度的一致。

(4)测验解释标准化。编制测验的一个重要步骤是编制测验常模。在心理测量领域,由于测量分数没有绝对零点作为参照点,所以,孤立地看待一个测量分数是没有什么意义的,只有将该测量分数与他人的测量分数相比较,才能显示出它的意义。常模的功能就是给解释测量分数提供一个可比较的参照点。对测验分数进行解释时,既要参照测验所提供的常模,也要参考其他一些重要的指标,如信度、效度等。

至此,我们可以建立起心理测验三个要素的框架,如图1-4所示。

这样看来,根据图1-4的心理测验三个要素的框架,本书第二章~第六章都统一到心理测验的三个要素之下,心理测验就成为经典测验理论(Classical Test Theory,CTT)的核心概念、中心思想或灵魂!

根据前述,心理测量就是要获得有关人们心理特性的数量化认识。随着测量实践的发展,对测验过程与结果进行量化分析的技术,即心理计量学的理论与技术,就不断地发展起来。其中,最先发展起来的心理计量学理论是经典测验理论。它认为测验中的观察分数等于真分数与随机误差分数之和。到20世纪30年代末,这种理论已经提出了一整套分析测验量化的技术,如常模(第二章)、信度(第三章)、效度(第四章)、难度与区分度(第五章),还发展了比较完善的标准化技术(第六章),包括测验编制标准化、测验实施标准化、测验评分标准化和测验解释标准化。通过经典测验理论,也编制了一些具体的实用的心理测验,如智

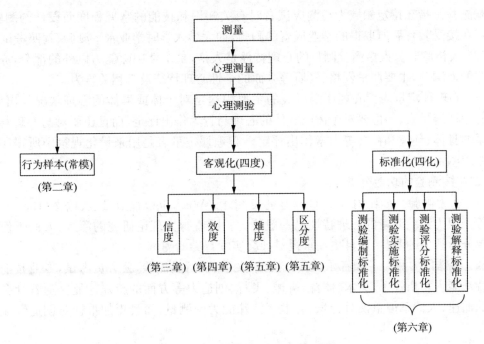

图1-4 心理测验三个要素的框架

力测验(第七章)、人格测验(第八章)和心理评定量表(第九章)。

　　自20世纪五六十年代起,在经典测验理论基础上,一些心理测量学专家又陆续提出了两个现代测验理论,包括项目反应理论(Item Response Theory,IRT)(第十章)和概化理论(Generalizability Theory,GT)(第十一章)。这两个现代测验理论从不少方面深化和拓展了经典测验理论,但必须使用更为高深的现代数理统计学方法,一般都要借助计算机来完成分析与计算。

第二节 心理测验的分类与功能

　　心理测验的根本作用在于判别人的心理的个别差异。但是,人的心理是复杂的。因为心理测验需要在不同条件下为不同的目的服务,所以心理测验的分类与功能也就有多种。

一、心理测验的分类

　　分类要遵照一定的标准。分类的标准不同,分类后所得的结果也就不同。心理测验按不同的标准,可以得到下述的不同分类。

　　(一)按测验所测的心理特性分类

　　(1)能力测验。能力测验测量的心理特性是能力,包括一般能力测验、能力倾向测验、学业成绩测验、学业成就测验等。一般能力测验又称智力测验。能力还可分为实际能力和潜在能力两种。对潜在能力的测量,通常又叫对能力倾向或"性向"的测量。学业成绩测验和学业成就测验也可视为能力测验。学业成绩测验是指对个体在一个阶段的学习或训练之后所掌握的知识和技能的发展水平进行学习成绩测定的测验,如语、数、英等学科测验。学

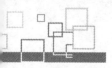

业成就测验是指在特定领域为检测应试者对有关知识和技能的掌握程度而设计的测验,是测量人在接受教育后所取得的学业成就的测验,如大学入学时学业水平测验、驾照考试等。

(2)人格测验。人格测验测量的心理特性是人格,是个性中除能力以外的部分,亦可看作是非能力测验,主要测量性格、气质等方面的个性心理特征及其相关行为。

(3)心理评定量表。心理评定量表的主要用途是对个体或群体的心理状况作出评定。使用心理评定量表,不但要对个体或群体的心理与行为作出评定,而且还要对与心理与行为相联系的身体、环境和社会等因素作出评定。心理评定量表是用来量化观察中所得印象的一种心理测量工具。

(二)按测验的功能分类

(1)智力测验。如比内(Binet)智力量表、韦氏(Wechsler)智力量表、瑞文(Raven)推理测验等。智力测验测量的心理特性是一般能力。随着智力理论研究的深入,人们不但重视对逻辑分析智力的测量,而且更加重视对社会实践智力的测量。

(2)特殊能力测验。如音乐、绘画、机械、文书、飞行员测验,公务员考试,专业技能考试等。特殊能力是指音乐、美术、体育、机械、飞行、创造力等方面的特殊才能。随着社会发展变化的加速,人们不但重视对音乐、美术等特殊能力的测量,而且更加重视对创造性能力的测量。

(3)人格测验。如 MMPI、16PF、EPQ、罗夏墨迹测验、主题统觉测验(TAT)等。人格测验主要测量性格、气质、情绪状态、人际关系、动机、兴趣、态度等,一般不把能力包括在内。

(4)心理评定量表。如 SCL-90、SDS、SAS、SES、LES、SSRS、CSQ 等。心理评定量表主要包括心理卫生综合评定量表、情绪及相关问题评定量表和应激及相关问题评定量表等。

(三)按测验材料的性质分类

(1)文字测验。或称纸笔测验、言语测验。如 MMPI、16PF、EPQ、韦氏智力量表中的言语测验等。所用测验材料为文字,作答也用文字。此类测验易受文化背景的影响,文化程度太低者更难于接受。

(2)非文字测验。或称操作测验、非言语测验,如罗夏墨迹测验、TAT、Raven、韦氏智力量表中的操作测验等。大多要求对图形、实物、工具、模型进行辨识和操作,无须使用文字作答,故不易受文化因素的影响。

(四)按测验材料的严谨程度分类

(1)客观测验。或称自陈量表,自陈就是自我陈述、自我报告。其特点:刺激材料的意义明确、作答有明确规定,如 MMPI、16PF、EPQ 等。客观测验一般为调查表。所谓调查表,就是了解被试情况的细目表,相当于一个标准化的访谈提纲。一个客观测验往往包含几个分量表,可以同时测量几个特质,通常采用纸笔形式,但容易产生反应心向和反应方式。所谓反应心向是指作出不符合实际情况的回答,以便使别人对自己形成某种特殊印象。所谓反应方式是指独立于题目内容以外的反应倾向,如猜测、默认、折中等。

(2)投射测验。其特点:刺激材料的意义不明确、作答没有明确规定。测验刺激无组织(如墨迹图),没有明确意义,问题模糊,对被试的作答内容要求并无明确规定。部分人格测验属此类型,如罗夏墨迹测验(联想法)、TAT(构造法)、词语联想测验(联想法)、句子完成测验(完成法)、绘画测验(表露法)等。图1-5是罗夏墨迹测验其中一张图;图1-6是 TAT 其中一张图。

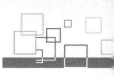

图 1-5　罗夏墨迹测验中的图片示例　　　　图 1-6　TAT 中的图片示例

客观测验与投射测验在以下三个方面存在不同：一是人格的假设，客观测验认为人格是意识层面的，而投射测验认为人格是潜意识层面的；二是测验的材料，客观测验采用的是意义明确的调查表，而投射测验采用的是意义不明确的材料；三是被试的反应，客观测验通常是封闭的，而投射测验通常是开放的。客观测验的优点：容易实现标准化，效率高；缺点：容易出现反应偏差。投射测验的优点：可以对人格做综合分析，被试不容易有虚假反应；缺点：信效度较低，不容易标准化，对主试的要求较高。

（五）按接受测验对象的规模分类

（1）个别测验。每次只对一名被试施测，即以一对一的形式进行，如比内智力量表、韦氏智力量表等。其优点是主试对被试的作答反应有较多观察与调控机会，如对一些幼儿和特殊群体（如弱智者等）进行测验，非得面对面施测，则采用个别测验较好。但是，这类测验费时，短期内不易收集到大量人群的资料，施测手续复杂，主试应专门训练，因而使用中也显露出一定的局限性。

（2）团体测验。可以同时对多名被试施测，时间经济，但对被试观察和控制差，易产生测量误差，如陆军甲种和乙种测验、MMPI、16PF、EPQ 等。世界上第一个团体智力测验是陆军甲种和乙种测验，产生于第一次世界大战期间，其目的是分门别类甄选近 200 万新兵，陆军甲种测验适合有一定文化水平、母语为英语的被试，共有 8 个分测验，为文字测验；而陆军乙种测验适合文化程度较低或母语为非英语的被试，共有 7 个分测验，为非文字测验。

（六）按测验对作答行为的要求分类

（1）最高成就测验。或称最佳行为测验、最高作为测验、最高行为测验。此类测验要求被试的作答行为尽可能地做好，其内容与认知过程有关，答案有正误之分，能力测验属于此种类型。

（2）典型行为测验。此类测验要求被试按通常习惯方式作答，其内容与典型行为有关，答案无正误之分，人格测验属于此种类型。

（七）按测验分数解释的参照体系分类

（1）常模参照测验。参照体系是常模，即所测被试团体在所测特性上实有水平的分布状态。大多数能力测验和人格测验属于常模参照测验，如我国的中考与高考、EPQ、MMPI 等。这类测验上的观察分数要转换成导出分数，然后根据导出分数并利用常模资料来说明被试在所属团体中的相对地位，从而解释清楚测验结果的应有意义。

（2）标准参照测验。参照体系是社会的应有要求，即所设置的标准。一些能力测验属

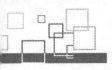

于标准参照测验,如我国的英语四六级考试、心理咨询师资格考试、普通话等级考试等。这类测验被试的表现要跟所设置的标准去作比较,看其是否达标及其掌握的程度来解释测验分数的意义。

(八)按测验的目的分类

(1)描述性测验。目的在于对个体的能力、性格、兴趣、知识水平进行描述。描述性测验既有总分形式,用于说明整体水平状况,也有具体分数形式,用于说明不同方面的具体水平。

(2)诊断性测验。目的在于对个体某方面的问题进行诊断,此类测验通常需要有多方面的分数。

(3)预测性测验。目的在于从测验成绩推断被试未来表现和可能达到的水平。

显然,一个测验的描述、诊断、预测的功能并不是截然对立的,同一个测验可同时具有这三方面功能。但在实际工作中,有时候需要测验集中突出某一方面的功能。比如,用在大学入学考试中的学业成就测验,就要求突出预测的功能;而指导后进生时使用的摸底测验,常需要突出诊断的功能;用于职业指导中的性格测验,却需要突出描述的功能。

(九)按测验的应用领域分类

(1)教育测验。除了包括学业成就测验外,还包括智力测验、特殊能力测验、人格测验等。各种教育测验几乎都在学校中得到应用,教育领域是心理测验应用的最大领域。现在,美、英等国家标准化的成就测验在绝对数目上已超过了所有其他类型的标准化测验。

(2)职业测验。现代经济特别重视人才的作用和劳动者的素质,因而心理测验也就成了职业决策中的重要工具。无论是个人的职业规划与咨询,还是机构的人员选择、安置、管理和开发,都要用到职业测验,包括多重能力倾向成套测验、特殊能力倾向测验、测查特定专业岗位能力与技能的专项测验、职业兴趣测验等。这些测验常常是专为职业应用目的而开发出来的。除此之外,职业领域还包括一些专门为颁发执照和资格证书而开发的测验,也包括一些政府与军队使用的测验等。目前,人格测验和某些学业成就测验在职业决策中也常被使用。为选拔管理人员,职业测验还发展了评价中心技术和其他专门的评定技术。

(3)临床与咨询测验。在教育、职业、医疗卫生乃至司法等领域,都会有开展临床与咨询研究工作的需要。广义的临床与咨询测验是指所有有助于临床与咨询工作之用的心理测验,包括许多智力和人格测验在内;而狭义的临床与咨询测验是指专为医学临床应用和某些心理咨询辅导而开发的测验,包括神经心理测验、儿童心智缺陷测验、心理评定量表等。

二、心理测验的功能

心理测验的最基本的功能,就是认识和鉴定人的心理的个别差异,其他功能都是由此而衍生出来的。人的心理的个别差异,是在遗传素质、后天环境以及个体自身活动的共同作用下逐步形成的。心理测验的根本功能就是要认识和鉴定清楚人们的心理特性、结构、发展水平的实况以及潜力如何,跟他人的差别何在,并数量化地准确地表示出来。只有认识和鉴定了每个个体的特性性,把握了其所实际具有的自身特点状况,才能更有针对性地来正确对待和处理个体差异,用其所长、避其不足,并对其给出合理的发展建议。

如果心理测验准确地得出了对个体心理的量化认识,那么就可据此很好地去描述其水平和结构,诊断其问题的所在和根源,并对其未来作出有根据的预测。因而,在测验认识和

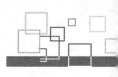

鉴定个别差异这一根本功能的基础上,就会派生出描述、诊断和预测的其他功能。不过,因为描述的是人的心理面貌、水平和结构,诊断的是个体心理上所存在的认知与能力缺陷、情绪困扰和人格问题,预测的是个体未来的行为表现或心理发展所可能达到的水平,所以都只是一些事实性问题,是当前实有的事实或未来可能的事实。然而,这些事实对主体的需要来说,究竟具有什么意义呢? 是取得了进步,有发展,还是停滞或倒退? 是能满足个体需要还是与需要不相适应呢? 显然,有必要认真弄清楚,亦即对事实的价值意义,还应作出更为深入的揭示。但是,如果连基本的事实都没有搞清楚,那么价值评定的活动就无从谈起。因此,在认识和鉴定个别差异,并进行了可靠描述、诊断和预测之后,就有必要也才有可能去对个体的心理面貌和发展状况作出评价。如此看来,心理测验还具有评价的功能。当然,这种评价的功能是更为进一步的派生功能,但绝非意义更小的功能。

总之,心理测验的基本功能共包括五大部分,分别是认识和鉴定个别差异的功能、描述的功能、诊断的功能、预测的功能以及评价的功能。

当心理测验具体应用到社会生活不同领域时,如应用到教育领域、职业与人事管理领域、心理咨询与辅导领域,以及其他领域时,与具体的条件相结合,心理测验就可能产生相应的功能,具体如下。

第一,就教育领域而言,心理测验会发挥出有利于教师更好地了解学生、及时发现学生心理问题、促进因材施教等功能。心理测验是教师了解学生的有用手段。通过心理测验,教师可以了解学生的能力水平、性格特点、兴趣爱好、学习动机等多种资料,这有利于"因材施教"。心理测验也可使教师发现学生的心理问题,以便及时地进行心理辅导与干预。心理测验是教育评价的重要工具。现代教育强调人的素质的全面发展,传统教育考试方法已不能适应现代教育的要求。心理测验可测量学生的智能、品德、个性等方面的发展,从而为素质教育提供更为科学的有力手段。

第二,就职业与人事管理领域而言,心理测验会发挥出甄选、安置和分类的功能。招工、为某个管理岗位选拔人员等,都可采用心理测验的办法。但测验的甄选功能不仅可以表现为选优,还可表现为汰劣,如甄别出不适于服兵役的精神病患者。安置是指把所有人员的特点与实况都了解清楚,然后一一安排到合适的岗位上去。这里所做的是对全体人员的合理分派,心理测验当然可提供基础资料。分类是把人员分成不同类别,如合格的达标人员和不合格而尚需培训的人员等。现在,职业资格认定和执业证书考试,就是市场经济运作中心理测验的一项重要社会职能,是心理测验分类功能的具体运用与体现。

第三,就心理咨询与辅导领域而言,心理测验会发挥出收集资料、作出评估与诊断、协助决策、对辅导建议或干预措施作出评价等功能。当最初接待来访者时,我们可能根本不了解他的有关情况,进行心理测验是获取信息资料的一种基本办法。要作出较为准确的心理评估,特别是作出明确诊断,就要有针对性地运用恰当工具来进行心理测验。其实,心理评估是一个不断提出与检验假设、作出专业判断的过程。在把握来访者的实况、特点、问题的基础上,我们可能要提出辅导建议或实施干预措施,比如指导来访者选择职业、选读专业等,或是为来访者安排认知疗法或行为疗法等干预措施。这里,不论是辅助决策还是监控实施,心理测验都可发挥重要的作用。另外,我们要评价辅导建议或干预措施的效果,或评价来访者在教育辅导或康复训练实施后的发展程度与水平,也离不开心理测验的使用。

第四,就其他领域而言,如对科研领域,心理测验可以发挥收集资料、实验分组、提出与检验假设等功能。由于篇幅所限,我们在这里就不再展开论述了。

第三节 心理测验的历史沿革与发展

一、中国古代心理测量的思想和实践探索

"人贵有自知之明。"认识人自身是很重要的认识活动。心理测量就是要获得对人的心理特性数量化认识的一种专门的认识活动,随着人类实践与认识能力的发展,它必然要逐步地发展起来。中国是有五千多年文明史的古国,历史上,我国人民在心理测量的探索上做出过重要贡献。

首先,在测量的思想理论基础方面,我国的思想家很早就特别重视对人的心理的个别差异的认识,并在人类历史上最早提出了人的心理可以测量的论断。早在2500年前春秋时期的孔子,就提出了"性相近,习相远"的观点,认为人的后天行为可能会有巨大差异;并提出了"上智"与"下愚"的概念,认为人的智力是有差异且可以归属为不同类别的。因此,当代著名心理测验学家艾森克就把心理的"差异和分类"思想直接溯源于孔子。随后,战国时期的孟子,更提出了"权,然后知轻重;度,然后知长短。物皆然,心为甚"的论断,明确承认心理特性和物理属性一样,是可以度量、可以测量的。而我们所熟悉的西方心理测量界的名言,"凡客观存在的事物都有其数量"(桑代克,1918)、"凡有其数量的事物都可以测量"(麦柯尔,1939),是这之后两千多年的20世纪才出现的。

其次,在测量实践和技术方面,我国也很早就做了多方探索,并影响深远。我国古代有选士制度,先是选武士,后是选文士。西周时,"诸侯岁献贡士于天子","天子试之于射宫"。《礼记·射义》记载,周天子对诸侯所贡士人要亲自考核,不但要选拔出合格的士,还要对诸侯献士的好坏予以奖罚。其做法是:要考察所贡武士射箭的技艺,"其容体比于礼,其节比于乐,而中多者,得与于祭。其容体不比于礼,其节不比于乐,而中少者,不得与于祭。数与祭而君有庆,数不与祭而君有让。数有庆而益地,数有让而削地。"西周官学中的学生要担任官职时,也要考核射、御。《汉书·食货志》写道:"西周时学于大学。命曰'造士'。行同能偶则别之以射,然后爵命焉。""射"的标准有五:一是"白矢",即有力能穿透靶;二是"参连",三箭连发有速度;三是"剡注",箭羽颈高而头低,锐利易透;四是"襄尺",后君一尺以别尊卑;五是"井仪",四箭中靶呈"井"字,都准确。而"御"的标准也有五:一是"鸣和鸾",车行时铃共鸣有节奏;二是"逐水曲",沿水边曲径驱驰不坠颠;三是"过君表",车过辕门不碰门间石磴;四是"舞交衢",交叉路上驰驱像舞蹈;五是"逐禽左",驱车赶野兽尽向左逃而便于君王射猎。这些测量体能和操作技术的办法都相当规范化了。我国著名测验学家林传鼎认为,这应该是操作测验的最早雏形。

汉代推行察举制,对荐举或征召来的贤良、文学之士,皇帝常亲自"策问",让他们"奉召试文"。西汉文帝(公元前165年)亲自策问。《汉书·晁错传》说:"对策者百余人,唯(晁)错为高第,由是迁中大夫。"汉武帝也曾策问董仲舒(公元前134年),结果董仲舒写了"天人三策"作答。汉代太学为考核学生学业,尤其是要选拔优秀者入仕,就要进行考试。方法除背诵经书外,最重要的办法就是"射策"。《后汉书》解释说:"射策者,谓为难问疑义,书之于策,

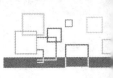

量其大小,署为甲、乙之科,列而置之,不使彰显。有欲射者,随其所取得而释之,以知优劣。"这就是进行抽签作答考试。这里,所考的已不是动作技艺,而是记忆、思维能力,以及文化知识。测量技术有了很大改变,同时也很重视规范化。这为科举考试奠定了基础。隋炀帝大业二年(公元 606 年),初置进士科,策试诸士。这是我国科举考试的正式起点。科举考试是典型的文字测验,试题逐渐多样化,有帖经、墨义、策论、诗赋等,试场管理和评分办法也日趋严格和规范化。历经一千余年的科举考试对西方近代文官考试制度的建立,有着重要的影响和作用。因此,当代许多西方心理测量专著在列举测验发展史的重大事件时,总是把中国科举考试的产生作为首要事件。

再次,我国古代不但在军事技能和文化知识的测量上作了许多探讨,而且对一般智力和人格特点的测量也有探索和贡献。三国时期魏国人刘劭著有《人物志》一书,他奉行"中庸至德"的儒家教义,对于人的形质、人性以及志业的"考课核实"作了深入探究。他的所谓"考课核实",实质上就是要遵循内部心理与外部行为相统一的原则,从人的体貌、言语、行为等诸多方面入手进行观察,以判定其"心志"的大小,从而再将其归入圣贤、豪杰、傲荡、拘束等不同类别。他还注意到这种"考课"可能失真,一方面是缘于观察者的个人偏好;另一方面是缘于被观察者的表里不一,从而提出了"八观与五视"的视察方法,以尽量减少误差。因此,刘劭对观察法的研究是很有贡献的。20 世纪 30 年代,美国曾有学者将《人物志》一书译出,冠以"人类能力研究"之名予以出版,可见其地位不可小视。

最后,我国民间还有不少实用的心理测量活动与方法。早在南北朝时期,我国许多地区(尤其是江南地区)就广为流行"周岁试儿"活动,以及七巧板益智图、九连环游戏等。周岁试儿活动撇开其妄加预测"贪廉"等不科学的方面不谈,应该说对婴幼儿认知和运动控制能力的测评,还是有一定根据和价值的。林传鼎认为,它是近代婴儿发展诊断测验的先导。至于著名的七巧板益智图,更堪称现代智力测验中广泛使用的拼图类测验的始祖,与人的发散性思维密切相关,能较好地测查知觉整合和空间想象能力。九连环游戏是另一种中国民间流传的益智游戏,其设计的精巧可与现代魔方媲美,是比现代认知心理学中著名的河内塔任务更为复杂的一种操作性解题任务。因此,传入西方后广受推崇,著名心理学家伍德沃斯(R. S. Woodworth)将九连环游戏称为"中国式迷津",七巧板益智图则被称为"唐图"。

二、科学心理测验的诞生

古代人们对心理测量作了一定探索,但心理测验是心理测量的一种,是对行为样本客观而标准化的测量,是一种更为科学的测量活动。科学心理测验的诞生是现代的事,是现代科学心理学对现代社会生活的一项重要贡献。现代科学心理测验,是为满足现代工业生产、现代经济和社会发展需要,在现代实验自然科学推动下,在科学的心理学思想指导下发展起来的。

19 世纪,欧美国家对智力落后者和精神病人开始倡导实行人道主义,反对对其冷落、嘲笑,更主张不能虐待他们,有些国家还建立了专门的收容机构。随着社会日益关注智力有问题的个体,就需要某些统一标准来对其进行鉴定与分类,首先是要区分开精神病人与智力落后者。法国医生艾斯克罗尔(E. Esquirol)在其 1838 年出版的著作中,第一次作出了精神病与智力落后的明确区分。他指出,从正常到"最严重的白痴",智力落后有许多等级。艾斯克罗尔也探讨了区分这些等级的方法。他认为,个体使用语言的能力是衡量人的智力水平的

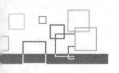

最可靠的标准。从目前来看,可以认为,这是科学而很有见地的观点。另一位法国医生沈干(E. Seguin)的贡献也很重要,他是训练智力落后个体的先驱。1837年,他建立了第一所专门教育智力落后儿童的学校,提出了许多感觉和肌肉训练方法,集中训练智力严重落后儿童的感觉辨别和运动控制能力。他所创造的一些方法,如"形板"(form board)法,即要求个体尽快地将不同形状的木块插入相应的凹槽内去,后来成为了许多操作智力测验的组成部分。这些对智力落后者的分类和训练的早期关注,为第一个科学的标准化测验,即比内-西蒙智力量表的诞生,奠定了重要的基础。

一般来说,19世纪早期的实验心理学家并不关心个体差异的测量,他们研究的重点是行为中的共同性而不是差异性。在相同条件下所观测到的不同个体的不同反应被认为是一种误差,从而采取忽视甚至要加以排斥的态度。1879年,冯特(W. Wundt)在莱比锡大学建立了世界上第一个心理学实验室。当时,实验心理学家大多研究的是视觉、听觉和其他感觉刺激的感受性与简单的反应时,局限在较低级的心理过程中。但是,实验心理学要求严格控制实验条件以减少测量误差和尊重与强调客观性原则的做法,却促进了标准化心理测验的产生。

英国生物学家高尔顿(F. Galton)是重视个体差异和倡导心理测量运动的重要人物。出于对人类遗传研究的兴趣,他认识到若想了解遗传对行为的影响,则必须测量近亲或远亲的各种特质。为此,他督促许多教育机构保存对学生进行系统人体测量的记录。1884年,他还在国际博览会上设立了人体测量实验室,测量某些身体属性,如视听觉敏锐度、肌肉力量、反应时及其他感觉运动机能。他亲自设计了许多简单测验工具,如用于视觉长度辨别的高尔顿棒,用于确定听觉最高音频的高尔顿笛,用于测量动觉辨别的刻度贴码系列等,至今仍在以原型或修订型而继续使用。高尔顿受到洛克经验论哲学的影响,认为感觉辨别测验可用作测量个体智力的工具。另外,他还是应用等级评定量表、问卷法及自由联想技术的先驱。并且,他还发展了分析个体差异资料的统计方法,在数理统计应用方面起了极大的推动作用。

比高尔顿略晚的美国心理学家卡特尔(J. M. Cattell)是早期倡导心理测量运动的又一个重要人物。他是冯特的学生,完成了反应时个别差异研究的博士论文,将刚刚建立的实验心理学和新兴的测验运动结合了起来。1890年,他在《心理》杂志上发表了"心理测验与测量"一文,使"心理测验"一词首次出现在心理学专业文献中。他写道:"心理学若不立根于实验与测量之上,则绝不能达到如自然科学的准确。"又说:"如果我们规定异时异地的结果可以进行比较,那么测验的实用价值就可以成倍增加。"他在学校里每年都用个别实施的测验来对大学生进行测量,包括测量肌肉力量、运动速度、疼痛感受性、视听敏感性、重量辨别力、反应时、记忆力等。他跟高尔顿相类似,认为智力机能的测量可以通过感觉辨别力、反应时等测验来获得。但是,事实的结果却与他的观点不同。人们分析了他的测验结果资料,发现个体在不同测验上的成绩不相一致,而且测验成绩跟教师独立评定的智力水平或学业成绩没有多大关系。

从测验产生发展史角度来看,如果19世纪80年代是"高尔顿的十年",90年代是"卡特尔的十年",那么进入20世纪后头十年就属于比内(A. Binet)了。法国心理学家比内多年积极从事智力测量的研究,使用过包括测量头盖骨、手相等多种方法。1904年,法国公共教育部任命一个委员会,比内是委员之一,专门研究对智力落后儿童的教育。1905年,为实现这

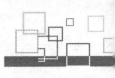

个委员会的目标,比内与其助手西蒙合作,成功编制了世界上第一个正式的智力测验工具,即比内—西蒙智力量表。这个量表包括 30 个项目,由易到难排列。对 50 名 3～11 岁正常儿童,以及一些智力落后儿童和成人进行过试测,用实证办法确定了项目的难度水平。项目内容包括各种机能,但特别强调判断、推理、理解,跟当时大多数测验比较,言语比例要大得多。但该量表还是尝试性工具,尚无客观方法来表示测验的总分。

1908 年,比内—西蒙智力量表第 2 版出版,增删了一些项目,特别是对约 300 名 3～13 岁正常儿童进行了测试,将所有项目按年龄水平进行了分组,即将有 80%～90% 的 3 岁正常儿童都能通过的项目,全放入 3 岁组;将有 80%～90% 的 4 岁正常儿童都能通过的项目,全放入 4 岁组;其余以此类推,直到 13 岁水平组。这样,儿童在整个测验上的分数就可以表示为智力水平(又称为"智力年龄"),即相当于成绩同他一样好的正常儿童的年龄。比内—西蒙智力量表受到世界各国心理学家的广泛关注,很快就有了多种翻译本与修订本。1911 年,比内—西蒙智力量表第 3 版出版,改变了一些原有项目的内容和顺序,并添加了成人组题目,将被试对象延伸到了成人阶段。

比内—西蒙智力量表的编制发行,标志着人类历史上科学的标准化心理测验的诞生。其贡献如下:第一,采用试验性测试办法,得到了项目(以及测验)的经实证检验的难度;第二,在代表性被试样本基础上,求取了常模(这里是年龄常模),这更是人类历史上所没有过的崭新科学概念;第三,在智力水平的测查上,不再局限于只测感觉、知觉等低级心理过程,而是强调突出对判断、推理和理解能力以及语言能力的测查,径直抓住人类所特有的高级心理过程。因此,比内—西蒙智力量表使科学心理测验的基本要素得以确立,科学的测验开发编制过程就有了范例。以此为典范,20 世纪中期大量标准化的智力、人格和学业成绩测验纷纷涌现,心理测量也作为现代心理学的独立分支学科得以建立。

三、心理测验在我国的发展历史

现代心理测验在我国的传播与发展经历了一个曲折的过程。20 世纪初,科学心理测验即已传入我国。1916 年,樊炳清将比内—西蒙智力量表介绍到我国。1918 年,俞子夷仿效桑代克编制了"小学生语文毛笔书法量表"。1920 年,廖世承和陈鹤琴在南京高等师范学校开设测验课程,次年又合作出版了《心理测验法》一书。1922 年,比内—西蒙智力量表由贾培杰译成中文,命名为"儿童心智发达测量法"。应该说,我国当时的测验运动与国外大体保持着同步的发展。

1922 年,中华教育改进社聘请美国测验学家麦柯尔等来华讲学并主持测验编制,共编制测验 40 多种。麦柯尔对此评价很高,认为达到美国当时水平,有的还优于美国。1924 年,陆志韦发表了修订的比内—西蒙智力量表。同时期,还有廖世承的"团体智力测验"、陈鹤琴的"图形智力测验"、刘湛恩的"非文字智力测验"等。此外,在教育测验方面,俞子夷、陈鹤琴等编制了小学生各种测验,廖世承、艾伟等编制了多种中学学科测验。在个性测验方面,肖孝嵘修订了伍德沃斯个人资料记录,并制定了 9～15 岁年龄常模。从五四运动前后到 1928 年,我国可以说兴起过一次测验编制的热潮。但由于测验运动发展初期理论研究薄弱,技术上也很不成熟,特别是有人对测验寄予过高期望,加上又有人赶时髦粗糙编制与滥用测验,致使社会产生反感。从 1929 年开始,测验运动一蹶不振。

1931 年,我国学者反思经验教训,在南京成立了中国测验学会。1932 年,出版了会刊

《测验》杂志,使我国心理测验发展进入了新的历史阶段,测验理论研究有所深入,测验使用范围逐渐扩大,由小学至中学、大学、幼儿园,并向实业界延伸。1933—1937 年,涌现出大量的心理测验,如黄觉民的幼童智力测验、肖孝嵘的订正古氏画人测验和墨跋测验、艾伟的订正宾特纳智慧测验等。1936 年,陆志韦和吴天敏对比内—西蒙智力量表进行了再次修订。可以说,在这段时期测验工作呈现了又一次的兴盛。然而,抗日战争爆发后,一些学者虽然还在艰苦的条件下坚持工作,编制了某些教育测验和人事选拔测验,但是总的来说仍处于停滞状态。

从 1949 年到 1978 年的近 30 年间,心理测验在我国内地长期被视为禁区。这是因为,1936 年苏联在批判"儿童学"的同时,全盘否定和强行禁止心理测验。新中国成立后,在"全面向苏联学习"的背景下,心理测验被视为唯心的、反动的。1966 年"文化大革命"中,整个心理学界都被打成了"资产阶级伪科学",测验的研究、使用和人员培养在我国内地全部停止,教训是深刻的。党的十一届三中全会后,人们重新认识到心理测验的作用和意义,心理测验工作在我国内地逐步恢复并进入良好的发展新时期。1979 年,林传鼎、吴天敏和张厚粲等人在武汉举办了第一个全国性的心理测验培训班。这之后,我国学者积极修订国外著名的心理测验,如韦氏智力量表、瑞文推理测验、明尼苏达多相人格调查表、卡特尔 16 种人格因素问卷、艾森克人格问卷、H—R 神经心理成套测验等。同时,又逐步开展了编制适合我国文化特点和国情的测验工作。我国内地学者修订与编制的心理测验已达一百几十种,内容已覆盖到能力测验、人格测验,以及心理评定量表等各个方面。另外,还有一批学者积极参加学业成绩考试、英语水平考试、(对外)汉语水平考试、公务员考试、职业资格证书考试等的标准化工作,促进了考试事业的发展与科学化水平的提高。与此同时,对当代心理计量学理论与技术的引入及研究也在积极进行,经典测验理论、项目反应理论和概化理论等都得到了重视。计算机技术也被认真引入测验工作中。现在,心理测验在我国已进入心理学界、教育界、医疗卫生界、企业界、人事部门、司法部门、军事部门等许多应用领域,发挥出了其应有的重要作用。我国心理测验正站在新的基点之上,努力朝国际先进水平迈进。

四、各种类型心理测验的发展

(一) 能力测验的发展

按照比内—西蒙智力量表开辟的编制心理测验的道路,在 20 世纪前半期,多种类型的心理测验得以发展起来。首先发展起来的是智力测验。1916 年,美国斯坦福大学的推孟(L. M. Terman)及其同事,修订了比内—西蒙智力量表,推出了斯坦福—比内智力量表。它在性能方面比比内—西蒙的原智力量表更完善,适应范围更广。该量表还首次采用了"智力商数"(Intelligence Quotient, IQ),即比率智商(智力年龄与实际年龄的比),来描述个体的智力水平。从此,智商成为一个广为流传的概念。

比内—西蒙智力量表和斯坦福—比内智力量表都是个别施测的测验,这两个测验的项目都要求被试口头反应或操作器具,一些项目还规定了作答反应时间。实质上,这是一种临床工具。1917 年,美国参加第一次世界大战,部队需要对近 200 万新兵按其智力特点分类,以便分配到不同兵种、军官训练营或确认为不宜服役的对象,这就要求快速而简便地进行。个别施测的测验已无法适应这种需求。于是,美国心理学家就开始研究开发团体测验,编制了"陆军甲种测验"和"陆军乙种测验",前者为文字测验,后者为非文字测验。两者的一个突

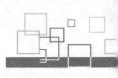

出的共同特点,就是首次采用了选择题等"客观性"试题。战后,这两个军队测验转为民用。由于团体测验所测被试规模大,使用十分简单的指导语和施测程序,主试又不必接受很多训练,因而团体测验被大量编制,广泛应用于学校、企业乃至囚犯等特殊人群中,这促进了20世纪二三十年代心理测验的大发展。但由于这些测验大多技术粗糙,结果应用又不严谨,引起了社会各方的强烈批评。而且,当测验不能符合本来就没有理由达到的期望时,人们又常易产生怀疑甚至敌视一切测验的情绪,从而会阻碍测验的正常发展。粗制滥造和误用滥用测验会严重损害测验事业自身,这是应该吸取的一个重要历史教训。

自比内—西蒙智力量表诞生以来,20世纪初期设计的智力测验,主要测量的是言语能力,在有限程度上,也测量处理数字关系和其他抽象符号关系的能力。后来,人们逐渐认识到,"智力测验"有点用词不当,因为事实上只测到智力的某些方面,最好还是按照这些测验能够获得的信息类型,使用更为确切的名称。于是,一些20世纪20年代原被称为智力测验的测验,后来就被称为"学业能力倾向测验"。因为它们所测的,正是学业所要求和培养的能力。当然,社会不仅要求测查学业能力倾向,还要求测查其他方面的能力倾向。这样,在20世纪二三十年代就开发出了多种特殊能力倾向测验,以应用于职业咨询及工业与军事等部门的人员选拔与分类,如机械、文书、音乐、美术等特殊能力倾向测验。随着现代统计技术的发展,因素分析方法被引进测验编制过程中。其中一个主要的实际成果,就是逐渐开发出了"多重能力倾向成套测验"。这种测验一般不提供总分或IQ值,而是分别得出各种能力特质的分数,如言语理解、数字能力倾向、空间视觉、算术推理、知觉速度等。这种测验要进行个体内部的比较,分析被试内部的能力结构特征。多重能力倾向成套测验的较新发展,出现在20世纪80年代之后。在智力理论研究和认知心理学发展的推动下,传统比内智力量表的整体综合评估方法与多重能力倾向成套测验的具体灵活评估方法相互结合,出现了更新的智力与能力测验的发展趋势,其典型代表就是斯坦福—比内智力量表第4版。

（二）人格测验的发展

心理测验的另一领域涉及情感行为或非智力行为,适于这一目的的测验一般称为人格测验。虽然广义的"人格"概念可以包含智力特质和非智力特质在内,但是心理测量学术语中的"人格测验"一词,往往表示测量性格、气质、情绪状态、人际关系、动机、兴趣、态度等特性,并不把能力测量包含在内。

人格测验的第一种方法是自陈量表法。早期的人格测验起源于对精神病人的关爱。1892年,人格测验的先驱克雷佩林(E. Kraepelin)对精神病患者实施自由联想测验。1894年,另一位学者萨默(Sommer)使用自由联想测验来区别不同形式的心理障碍。另外,高尔顿、皮尔逊和卡特尔等人在发展标准化问卷和评定量表技术方面,也做出了不少贡献,也对人格测验发展有积极影响。然而,人格测验的原型即自陈量表,却是伍德沃斯在第一次世界大战期间编制的"个人资料调查表"。这是一个用于鉴别不宜服役的精神病患者的初步甄别工具,包括一些有关常见心理病理学症状的问题,由被试自陈作答,然后计算症状数目得出总分。这个调查表后来成为大多数情绪适应问卷的原型。遵照这个调查表所体现的自陈量表法,人们逐渐开发出许多学校、家庭、职业适应测验,以及态度测验等。到第二次世界大战期间,自陈量表法编制技术已经成为人格测验一种最主要的编制开发技术。像现今广为流行的"明尼苏达多相人格调查表(MMPI)"等,采用的就是这种方法的技术。

人格测验的第二种方法是投射测验法。在这种方法中,给被试一种相对无结构的刺激,

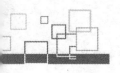

让被试自由作答。其假设是被试会把自己的内心愿望、情感及行为模式,反映到对测验任务的作答中。投射测验法会掩盖测量目的,减少被试故意制造满意印象的可能。自由联想技术是最早的投射测验法技术,最典型的是罗夏墨迹测验。

各类人格测验都存在某种理论和实践上的问题。但总的说来,人格测验在计量技术上落后于能力测验,这是由人格本身的特殊复杂性所决定的。

（三）心理评定量表的发展

20世纪50年代以来,心理评定量表有了很大的发展。心理评定量表是用来量化观察中所得印象的一种心理测量工具。它以自然观察为基础,但不是现场观察的直接记录,而是较长时间的纵向观察印象的综合,因而包含了观察者的解释与评价过程在内。心理评定根据现代医学的生物—心理—社会医学模式,其评定不仅包括个体的心理方面,还包括个体的身体、环境和社会关系等各个方面。进入七十年代,评定量表经过了半个多世纪的发展,编制方法不断完善,种类迅速增加,在各个领域应用甚广,这标志着心理评定量表开始进入成熟期。目前,心理评定量表已在心理卫生科学研究和临床实践中发挥着重要的作用,并在心理卫生评估工作中逐渐占据重要地位。

由于心理评定量表能够快捷、灵活而又相当可观地提供大量信息,当前已成为临床工作中的常用工具。

第四节　如何正确对待和使用心理测验

心理测验发展过程的历史经验告诉我们,必须正确对待和使用心理测验。不但心理学专业工作者应该正确对待心理测验,心理测验的所有使用者,如学校、企业、人事管理部门、司法当局,以及社会大众和政府,都要正确对待心理测验。既不能认为"测验万能",迷信和神化测验,比如把测验分数绝对化,无限抬高智商（即IQ）的地位等,也不能"全盘否定"测验的作用,认为"心理测验不但无用,而且纯粹是祸害",甚至采用行政的办法来全盘禁止测验,那都是完全错误的。科学技术领域中的问题,只有通过发展科学研究和提倡实践检验的办法来解决。对心理测验应有如下正确看法。

第一,要认识到心理测验是心理学重要的研究方法,是决策的辅助工具。人的许多高级心理过程,目前尚无法在实验室进行研究,但借助其外部行为表现进行客观的测量,却是实际可行的。所以,心理测验的出现是心理科学发展史上的一大进步。人的心理有个别差异,升学、就业、招聘、晋级时要加以确认。许多传统的方法,如初步面谈、简单考试、群众推荐等都不是很可靠,科学性较差,而精心设计的心理测验却有较高的信度和效度。

第二,要认识到心理测验作为研究方法和测量工具尚不完善。人的心理特性与结构是世界上最复杂的现象,心理学对其研究还是相当初步的。比如,智力和人格的定义,至今都尚未取得一个统一公认的意见。所以,心理测验的理论基础还很不扎实,有待于科学心理学的发展来予以加强。另外,内部心理特性与外部行为表现间并不存在机械的对应关系,主试和被试又都是具有能动性的主体,这就对测量技术提出了很高的要求。当前,心理测量技术的发展也仅处于初步发展阶段。因此,我们对心理测验的量化结果就要持十分小心谨慎的态度,尤其在据此作推断和预测时,更应慎之又慎。但是,任何工具都是在使用中不断发展和完善的,不能要求心理测验一诞生就十全十美。

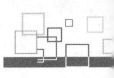

事实上,对心理测验的大多数批评,并不是针对测验本身的内在特性,而是针对不合格使用者的滥用和误用。心理测验结果使用者之所以会作出滥用和误用,有如下原因。

第一,对现实生活问题的解决,心理测验结果使用者常希望有捷径,能采用一个简单步骤就"按规则""一锤定音",绝对化地予以解决。一些管理工作者迫于工作任务的压力,不愿从复杂的现实生活出发,如实地将测验资料只作为辅助工具,来搞好科学的决策,而是想简单地依赖心理测验。

第二,心理测验结果使用者的测验知识不足,他们不知道具体使用的这个测验实际上到底测了什么,能够作出解释与推论的范围到底有多大,测量误差状况又到底如何等。

因此,要避免心理测验的滥用和误用,主持和实施测验的专业人员就一定要端正态度,并切实提高测量学的科学素养;要认真弄清并耐心解释测验实际上能测什么,对某些过分的期望不要迎合,而要实事求是地予以澄清;要说明测验分数的含义,说明测验的信度和效度等。

如此看来,要搞好测验工作,就要有合格的主试。合格的主试是做好测验工作的关键所在。只有有了合格的主试,才有可能正确地选择测验,符合要求地实施与评分,科学地解释测验分数。选用测验不能像选购日用品那么简单,主试应该根据要解决的问题来选用合适的测验。主试应该对拟选用测验的信度、效度、常模等有足够的了解,分析测验对特定目的的适合性,评估测验的性能优劣等。显然,主试若没有足够的心理学素养和测量学训练,则是不可能完成这一任务的。测验的实施应该符合标准化的应有要求。无论是环境条件的控制、施测步骤与方法的掌握,还是指导语的运用与现场问题的处理,都应严格符合标准化的要求,否则所得测验结果就会失去应有的价值。至于评分应该正确,其必要性自不待言。另外,要能对测验分数作出科学解释,只有详细参照测验的信效度资料,真正弄清测验实际上在测什么,切实掌握测验过程中被试的表现,并认真理解常模资料或等级标准,才能真正做到。然而,所有这一切,都要求主试有良好的心理学和测量学的素养与训练。

主试不仅应该有较强的专业能力,而且还应该有良好的职业道德。主试应该明确认识到自己承担的重要社会责任,并努力严肃而切实地履行。应该保证以专业的要求和社会的需求来使用心理测验,不得滥用和单纯追求经济利益。在介绍测验效能与测验结果时,必须提供真实和准确的信息,避免感情用事或虚假地断言与曲解。要尊重被试的人格和合法权益,对测量中获得的个人信息要加以保密,只有在对个人或社会有可能造成危害时,才能将其中某些东西告知有关方面。另外,也要以正确的方式将测验结果向被试或有关人员报告,并提供有益的帮助与建议。

合格的主试不但是做好测验具体工作的关键因素,而且是避免测验滥用、维护测验良好社会声誉、保证测验事业健康发展的重要条件。因此,中国心理学会 2015 年在《心理测验管理条例》(见本书附录)中对测验使用人员的认定作出了专门规定,应该坚决地予以贯彻执行。行业自律是保障社会公共服务质量的主要条件。

要防止心理测验的滥用和误用,使其能正常地发挥出应有功能,还有一个重要条件就是要切实对测验内容保密。很显然,如果一个人熟记了色盲测验的正确答案,即使他是全色盲也无法甄别出来。若心理测验内容泄露在社会公众之中,则测验效度就会失去保障。2015年,中国心理学会《心理测验管理条例》规定:"心理测验一定要控制使用并妥善保管。""具有测验使用资格者,可凭测验使用资格认定书购买和使用相应的心理测验器材,并要负责对测

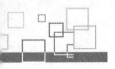

验器材的妥善保管。""为保证测验的科学性与实用价值,标准化测验的内容与器材不得在各类非专业刊物上发表。"

总之,测验工作者都有义务维护心理测验的有效性,凡规定不宜公开的心理测验内容、器材、评分标准以及常模等,均应保密。

【本章小结】

本章概述主要阐述了三个问题:一是什么是测量;二是什么是心理测量;三是什么是心理测验。这三个问题的关系是先大后小,最后的落脚点是心理测验。心理测验是整个经典测验理论的核心概念,主要包括三个要素:行为样本(常模)、客观化(四度)和标准化(四化)。根据心理测验的概念,可以构建出整个经典测验理论的框架:1+4+4。本章在阐述心理测验的概念之后,对心理测验的分类与功能作了介绍,并阐述了心理测验的历史沿革与发展。在总结历史经验的基础上,本章还指出了如何正确对待和使用心理测验,特别强调了要防止滥用和误用心理测验,以及测验专业工作者和使用人员的应有的业务和职业道德要求。本章的重点是理解心理测验的三个要素,难点是掌握测量量纲的不同分类。本章的中心概念是"心理测验"。

【练习与思考】

一、选择题(不定项选择题,至少有一个选项是正确的)

1. 我们通常将学生的考试结果按名次排队,这些名次属于   （   ）
   A. 称名量纲   B. 顺序量纲   C. 等距量纲   D. 等比量纲

2. 投射测验的特点是   （   ）
   A. 测验材料的结构完整
   B. 被试的反应可事先确定,反应的内容是有限的
   C. 刺激材料的意义不明确
   D. 结果解释是客观的,不受经验影响的

3. 关于客观测验,错误的描述是   （   ）
   A. 又称自陈量表   B. 用陈述句形式
   C. 常用因素分析的方式   D. 常用联想的方式

4. 按(   ),心理测验可分为智力测验、特殊能力测验、人格测验和心理评定量表。（   ）
   A. 测验的目的分类   B. 测验材料的性质分类
   C. 测验材料的严谨程度分类   D. 测验的功能分类

5. 心理测验史上有名的陆军甲种和乙种测验是   （   ）
   A. 投射测验   B. 智力测验   C. 团体测验   D. 操作测验

6. 关于行为样本,错误的说法是   （   ）
   A. 被试有代表性的行为
   B. 能反映被试行为特征的一组行为
   C. 能反映被试全部的心理功能
   D. 存在某种程度的偏差

7. (   )属于心理测量的性质。   (   )

    A. 非代表性   B. 直接性   C. 间接性   D. 不可操作性

8. 心理测验的要素包括   (   )

    A. 行为样本   B. 标准化

    C. 数量化   D. 客观化

9. 早期,我国民间有不少实用的心理测量活动与方法,包括   (   )

    A. 周岁试儿   B. 七巧板益智图

    C. 河内塔   D. 九连环游戏

10. 所谓标准化,是指测验的(   )的程序的一致性。   (   )

    A. 编制   B. 实施   C. 评分   D. 分数解释

11. 关于陆军甲种和乙种测验,正确的说法是   (   )

    A. 第一个智力测验

    B. 开始于第二次世界大战

    C. 甲种测验共有 8 个分测验

    D. 乙种测验适合文化程度较低或母语为非英语的被试

12. (   )属于文字测验。   (   )

    A. 16PF   B. TAT   C. 罗夏墨迹测验   D. 瑞文推理测验

13. 心理测验若按测验所测的心理特性分类,可以分为   (   )

    A. 能力测验   B. 人格测验

    C. 心理评定量表   D. 预测性测验

14. 手机号码,按斯蒂文斯的划分属于   (   )

    A. 称名量纲   B. 顺序量纲

    C. 等距量纲   D. 等比量纲

15. (   )使"心理测验"一词首次出现在心理学专业文献中。   (   )

    A. 卡特尔   B. 比内   C. 高尔顿   D. 推孟

16. 世界上第一个正式的智力测验工具是由(   )研制的。   (   )

    A. 达尔文   B. 卡特尔   C. 高尔顿   D. 比内

17. 测量就是根据一定的法则用数字对事物加以确定,该定义包含三个要素,分别是   (   )

    A. 事物   B. 数字   C. 法则   D. 特征

18. 测量量纲的要素包括   (   )

    A. 零点   B. 单位   C. 大小   D. 运算

19. 测量量纲,按斯蒂文斯的划分,共包括   (   )

    A. 称名量纲   B. 顺序量纲   C. 等距量纲   D. 等比量纲

20. (   )是人格测验。   (   )

    A. 主题统觉测验   B. 罗夏墨迹测验   C. 韦氏智力量表   D. MMPI

21. 对韦氏成人智力量表中国修订版(WAIS-RC)的描述,(   )是错误的。   (   )

    A. WAIS-RC 为一般能力测验   B. WAIS-RC 为操作测验

    C. WAIS-RC 为成人测验   D. WAIS-RC 为个别测验

22. 下列四种测量量纲中,量纲水平最高的是 （　）

    A. 称名量纲　　　　B. 顺序量纲　　　　C. 等距量纲　　　　D. 等比量纲

23. 下列属于评价心理测验的客观化指标有 （　）

    A. 难度　　　　　　B. 信度　　　　　　C. 效度　　　　　　D. 常模

24. 心理测验若按测验材料的性质分类,可分为 （　）

    A. 智力测验和人格测验

    B. 文字测验和非文字测验

    C. 一般能力测验和特殊能力测验

    D. 客观测验和投射测验

25. 按测验对作答行为的要求分类,可将测验分为 （　）

    A. 最高成就测验　　　　　　　　B. 典型行为测验

    C. 主观测验　　　　　　　　　　D. 客观测验

26. 错误的测验观不包括 （　）

    A. 测验万能论　　　　　　　　　B. 测验无用论

    C. 心理测验即智力测验　　　　　D. 测验是辅助工具

27. 正确的测验观包括 （　）

    A. 心理测验是心理学重要的研究方法,是决策的辅助工具

    B. 做心理测验的态度要正确

    C. 心理测验作为研究方法和测量工具尚不完善

    D. "一考定终身"说明心理测验非常重要

28. 关于测量,正确的说法是 （　）

    A. 测量就是心理测量

    B. 测量就是根据一定的法则用数字对事物加以确定

    C. 测量就是用数字来描述事物的法则

    D. 测量就是用一些题目或数字来描述事物的属性

29. 其数值可以进行加、减、乘、除等运算的测量量纲是 （　）

    A. 称名量纲　　　　B. 顺序量纲　　　　C. 等距量纲　　　　D. 等比量纲

30. 人格测验包括 （　）

    A. EPQ　　　　　　B. MMPI　　　　　　C. 16PF　　　　　　D. Raven

二、简答题

1. 简述测量、心理测量和心理测验三者的关系。

2. 简述心理测验的分类与功能。

3. 简述各种类型心理测验的发展。

4. 简述如何正确对待和使用心理测验。

第二章　常　模

心理测量的目的是对被试的某种心理特质进行评价。在测量中,根据测量的评分规则直接得到的分数称为原始分数。然而,原始分数本身具有的含义并不充分。例如,小李在语文考试中得到了 70 分,在没有其他任何附加数据的情况下,我们很难根据"70 分"对小李同学的语文能力作出评价。因此,在对测验分数进行解释时,并不能只依靠根据评分规则直接得到的原始分数,而需要将其与某个标准进行比较,从而判断个体特质的水平。常模就是这样的一种参照标准。简言之,一个与被试同类的团体在相同测验上得分的分布状况或结构模式可视为常模。对于本例,小李所在班级在该考试上的得分情况可以看作是一个常模,根据这个常模,我们可以知道他在全班的排名或者与全班均值的差值,就可以对他的语文能力作出更准确的评价。

第一节　常模团体

一、什么是常模?

如何更加通俗易懂地理解常模呢? 常模有何作用呢? "常模"这两个字是"常"更为重要,还是"模"更为重要? 人们不得不面临这些问题。"常"表示大多数人、常人、有代表性的人。"模"是指"模式""模型"或"范式"。常模意指有代表性人分数的分布或模式,是标准化样本分数构成的分布或模式。在建立常模过程中,要在测验全体对象中选择有代表性的一部分人,称为标准化样本。常模是解释心理测验的基础,是用来比较被试得分高低的标准。为了获得常模,一般包括以下三个步骤。

第一步,找人。"找人"的意思是指需要找到"有代表性"的人,即标准化样本、常模样本或常模团体。"找人"其实就是从测验将施予的被试团体中选取足量的、有代表的被试样本。为了找到有代表性的施测对象,必须注意一些事项,必须强调有代表人的条件,必须使用一定的科学取样方法等。为了克服取样偏差,一般采用随机取样方法,使常模团体具有更好的代表性。常模团体的容量没有严格的规定。一般视总体的大小而定,若总体很大,则取样的人数要多一些,以增加常模团体的代表性。

第二步,施测。"找人"相当于找对象,找到合适对象之后,为了获得分数,应该对他们进行施测。施测的目的是获得"常人"的实际分数,为获得分数的分布或模式打下基础。施测是指对代表性被试样本施以合乎标准化要求的测试,以获得该被试团体成员在所测特质上足够而真实可靠的测验分数。在施测过程中,要按照测验标准化的要求,在所测人数、施测环境、方法步骤等方面,严格规范化地进行,这样才能收集到常模团体在测验上真实可靠的测验分数。

第三步,整理。在施测"常人"或"有代表性人"之后,需要对施测的分数进行整理,以便

获得分数的分布或模式。从分数的分布或模式中,我们可以看出待比较分数处于分数分布中的哪个相对位置。对收集到的数据需要进行统计处理,才能得到标准化样本在该测验上分数的分布状况,并进一步确定常模分数类型,制作常模表;同时给出抽取常模团体的书面说明,以及常模分数的解释指南等。原始分数没有比较的意义,必须将原始分数转换成具有一定参照点和单位的导出分数。常模分数是施测常模团体被试后,将被试的原始分数按一定规则转换出来的导出分数(往往是标准分数)。例如,下面是 EPQ 中的 P 量表按性别和年龄原始分数对应标准分数的常模转换表,如表 2-1 所示。

表 2-1   EPQ 中的 P 量表常模转换表

	P 量 表										
T 分数	男						女					
	16~	20~	30~	40~	50~	60~	16~	20~	30~	40~	50~	60~
120				23		20	23			20	23	20
115				22		19	22	23		19	22	19
110		22,23		20,21		18	21	22		18	21	18
105		21	23	19	23	17	19,20	20,21	22,23	17	19,20	17
100		19,20	22	18	22	16	18	19	21	15,16	18	15,16
95		18	20,21	17	20,21	14,15	17	18	19,20	14	16,17	14
90	23	17	18,19	15,16	19	13	15,16	16,17	17,18	13	15	13
85	21,22	15,16	17	14	17,18	12	14	15	16	14		12
80	19,20	14	15,16	13	15,16	11	12,13	13,14	14,15	11	12,13	11
75	17,18	12,13	13,14	11,12	14	10	11	12	12,13	9,10	11	9,10
70	14~16	11	12	10	12,13	9	10	10,11	11	8	9,10	8
65	12,13	10	10,11	9	10,11	7,8	8,9	9	9,10	7	8	7
60	10,11	8,9	8,9	8	9	6	7	7,8	7,8	6	6,7	6
55	8,9	7	7	6,7	7,8	5	6	6	6	5	5	4,5
50	6,7	5,6	5,6	5	5,6	4	4,5	4,5	4,5	3,4	3,4	3
45	3~5	4	3,4		3	3	3	3	2,3	2	2	2
40	1,2	2,3	2	3	2,3	2	2	1,2	1	1	1	1
35		1	1	1,2	1	1	1					

根据表 2-1,如果一个被试,女性,28 岁,P 量表原始分数为 9 分,那么其对应的标准分数 T 分数为 65。同理,如果另一个被试,男性,35 岁,P 量表原始分数为 12 分,那么其对应的标准分数 T 分数为 70。有了常模表,就可以根据一定规则有效地将原始分数转换成导出分数。

常模获得的以上三步不是平行的,其中第一步最为关键,即"找人"最为关键,这是因为如果找不到合适的人(对象),那么施测和整理再科学合理,也是空谈。如此看来,找到有代表性的人从而获取其行为样本相当重要。照此理解,常模这两个字"常"更为重要。所找的人,其实就是常模样本,或常模团体。正是因为获得常模的核心或关键在于常模团体的获取,因此接下来我们将对常模团体进行详细地介绍。

二、常模团体

常模是基于被试所在团体分数的分布,但被试又可以从属于许许多多的团体,比如同一被试可以从属于大学生、大学男生、大学理科生、大学一年级学生等。显然,因为不同的团体在测验上分数的分布不同,所以同一被试在各个团体中的相对位置也会不同。因此,在以常模作为测验分数解释的参照标准时,必须认清被试是在什么样的常模团体中。

常模团体是由具有某种共同特征的人所组成的一个群体,或者是该群体的一个样本。简单地说,常模团体是欲获得常模所施测的对象,而常模是基于这个常模团体用一个标准的、规范的分数表示出来的分布,以提供比较的基础。

(一)常模团体的注意事项

(1)在对测验分数作解释时,必须考虑常模团体的组成。为了更好地对测验分数作出解释,常模团体的选择是个关键。然而,对所选择的常模团体的组成,需要作出详细说明,以提供比较标准的性质。

(2)基于对将要施测总体的认识,常模团体要能代表总体。为了使得常模团体能够代表总体,必须确定代表性样本。要确定代表性样本,一般包括三个步骤,分别是确定一般总体、确定目标总体和确定样本。例如,研究大学生价值观问题,要选择有代表性的样本,就必须首先确定一般总体,即大学生。然后,确定目标总体。目标总体是计划实施的对象,如计划实施的在校大学生。最后,确定样本。因为在校大学生不可穷尽,所以只能根据总体的性质(性别、年龄、专业、家庭背景等),找出一些有代表性的样本来代表目标总体,也代表一般总体,如图 2-1 所示。

图 2-1　大学生价值观代表性样本

(3)常模团体可能有很多,需要考虑哪个常模团体最合适。例如,SCL-90 的常模有多个,如全国成人常模(1388 人)、全国青年常模(781 人)、全国地区大学生常模(4141 人)、各省常模等,哪一个常模对测验使用者最为合适呢? 则需要测验使用者考虑所取样的被试与哪一个常模团体最接近。

(二)常模团体的条件

1. 群体构成的界限必须明确

被试个体所组成的总体,既可以是自然群体,如所有小学生,也可以是按一定规定组成的群体,如培智学校的所有小学生。有些群体很明确,如教育系统所有 10 岁的学生,有些群

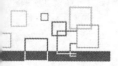

体则比较模糊,如家教不好的学生。显然,只有当总体界限明确时,才有可能可靠地估计出这个总体的行为表现。否则,由此总体得出的常模的可靠性就值得怀疑。在制定常模时,必须清楚地说明所要测量的群体的性质与特征。可以用来区分和限定群体性质与特征的变量很多,如性别、年龄、职业、文化程度、民族、地理地域、社会经济地位等。例如,为了清楚地说明所要测量的群体的性质与特征,对于 EPQ 的取样,分为性别、年龄、教育、职业和地区(可参见 EPQ 成人常模说明),如表 2-2 和表 2-3 所示。

表 2-2　EPQ 成人样本说明(性别、年龄、教育、职业)

性别	年龄(岁)	人数(人)	教育				职业								
			文盲	小学	中学	大学	工人	农民	学生	教师	干部	医务	科技	文体	其他
男	16~19	95	—	4	60	31	32	12	43	1	—	1	—	1	5
	20~29	95	—	7	57	31	19	10	28	6	7	13	4	5	3
	30~39	95	1	25	51	18	34	13	—	12	13	13	2	4	4
	40~49	95	3	17	51	24	28	6	—	14	17	19	5	5	1
	50~59	60	9	17	24	10	19	4	—	3	16	7	2	4	5
	60 岁及以上	60	12	23	17	8	15	9	—	4	8	3	1	2	18
	小计	500	25	93	260	122	147	54	71	40	61	56	14	21	36
女	16~19	96	—	6	65	25	30	5	39	1	1	16	—	2	2
	20~29	96	—	1	54	41	19	2	32	13	10	13	4	—	3
	30~39	96	4	14	61	17	22	5	5	13	14	28	2	3	4
	40~49	96	13	15	48	20	20	3	—	11	18	38	2	1	3
	50~59	58	9	12	27	70	11	6	—	13	6	17	—	1	4
	60 岁及以上	58	32	15	7	4	12	9	—	3	1	1	2	—	30
	小计	500	58	63	262	177	114	30	76	54	50	113	10	7	46

表 2-3　EPQ 成人样本说明(地区)

地区	成人	
	男	女
东北	46	65
华北	16	29
西北	63	40
华东	56	41
西南	21	27
中南	298	298
小计	500	500

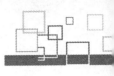

2．常模团体必须是所测群体的一个代表性样本

从原则上说，为了获得有代表性的常模团体，应该找到属于某一总体的全部个体。但是，当总体的个体较多时，通常没有必要逐个找到这些个体，而是可以通过取样的方法来确定常模团体。只是必须记住，常模团体是代表整体的，因此任何取样都必须真实地反映总体。如果除了对总体的基本描述外没有其他信息，那么可以用随机取样方法来减少抽样中的偏差。为了获得有代表性的常模团体，需要注意以下方面。

（1）当总体较小时，需要将所有个体逐个测量。

（2）当总体较大时，需要取样，但取样要有代表性，以保证样本代表总体，不致产生较大的偏差。

（3）取样方法有别，一般采用随机取样方法。

3．样本大小要适当

样本大小的确定并没有明确标准，一般从"减小误差"和"增大投入"两个方面来考虑。由于取样误差与样本容量成反比，因此在其他各方面条件相同的情况下，样本越大越好，但还要考虑人力、物力、财力等各方面资本条件的制约。因此，样本大小要适当，不是越大越好。样本"大小适当"并没有严格的规定，要考虑取样误差减小（样本容量增大）与资本投入增大的矛盾关系，取得"性价比"或"效率"最大。样本大小要适当的关键是样本要有代表性。即使大样本也要考虑其"代表性"，否则不如取一个有代表性的小样本。如果总数目较小，那么要100％取完；如果总数目较大，那么相应的样本也要大。

通常在决定样本大小时，应注意以下方面。

（1）总体数目。总体数目较小，样本相应可小一些，但不应过小，若总体数目过小，则可将全部被试入选；总体数目较大，样本相应可大一些。

（2）群体性质。若群体性质单一，则样本不必太大；若群体性质复杂，则样本容量就应大一些。

（3）结果精度。根据统计学原理，取样误差与样本容量成反比，若要提高测验结果精度，即减小抽样误差，则必须增大样本容量。

4．常模团体必须是近时的

这其实是常模的时间性和空间性问题。由于时代的进步和科技的发展，使处于不同年代的同类测验成绩不再具有可比性。比方说，今天的儿童比起30年前的同龄儿童成熟更早，知识更丰富，30年前的常模团体就不应作为今天的参照标准。因此，常模团体需要及时更新。常模团体的更新主要包括以下方面。

（1）时间上。要定期修订测验，以使测验解释与标准"与时俱进"，保证所使用的常模团体为近时的。例如：

① 斯坦福—比内智力量表修订过四次；

② 韦氏成人智力量表修订过三次；

③ 比内—西蒙智力量表修订过二次；

④ MMPI人格测验修订过二次。

（2）空间上。直接使用国外的常模，不一定适合国内情况，需要重新收集符合中国国情的常模团体，以便建立新的常模。

（三）常模团体的取样方法

取样的目的是从目标人群中选择有代表性的样本。取样方法包括随机取样方法和非随机取样方法。

随机取样方法的原则是从总体中取样时，所取个案不是人为地主观决定的，每个个案（个体）被抽取的机会均等。常见的随机取样方法包括以下几种。

1. 简单随机抽样

（1）随机数字表法。先对每个个案编号，后根据随机数字表进行抽样。

（2）抽签法。先将总体中的所有个案编号，并把号码逐个写在形状、大小相同的号签上，然后将这些号签放在一起均匀搅拌，进行抽样，包括有放回抽样和无放回抽样。

对简单随机抽样的评价：① 优点：方法简单，易理解，比较简明。② 缺点：难以编号或贴标签，大规模的抽样几乎是不可能进行的；没有利用总体信息，仅仅是"简简单单"地随机抽样。

2. 系统抽样

在实施时，将已编好号码的个体排成顺序，然后每隔若干个抽取一个。因此，有时又称之为等距抽样或机械抽样。

对系统抽样的评价：① 优点：利用了总体的信息，比较均匀地照顾到了总体的各个阶段。② 缺点：若总体信息呈现有规律，则不能用系统抽样。例如，抽取军队以班为单位的人，误差可能更大。

3. 分组抽样

有时总体数目较大，无法编号，而且群体又有多样性，这时可以先将群体进行分组，再在组内进行简单随机抽样。因此，分组抽样又称为两阶段抽样。例如，调查全国某一年龄组城市儿童的认知能力。

（1）简单随机抽样和系统抽样不行。这是因为，若使用简单随机抽样和系统抽样，则对儿童编号太困难。

（2）分层抽样也不行。这是因为，分层抽样还是在原总体中抽样，当总体很大时，人力、物力、财力等有限制。

（3）分组抽样可行。这是因为，可以先抽取一部分城市，再以这部分城市为代表，在这些城市中选取儿童。

对分组抽样的评价：① 优点：节省人力、物力、财力，大规模调查中能采用。② 缺点：与简单随机抽样相比，因为存在两个阶段的抽样，多出了一个阶段的抽样，因此引入了更大的误差。

4. 分层抽样

分层抽样是确定常模团体最常用的随机取样方法，其基本步骤如下：

（1）将目标总体按某些变量（如性别、年龄等）分"层"；

（2）根据不同的分层，再在各层中抽样。

例如，在中国，EPQ 常模团体是按性别、年龄、教育、职业、地区等 5 个变量进行分层。在美国，韦氏智力量表（幼儿）常模团体是按年龄、性别、种族、地区、家长职业、城市与农村等 6 个变量进行分层。在日本，韦氏智力量表（幼儿）常模团体是按年龄、性别、地区等 3 个变量进行分层。

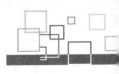

对分层抽样的评价：① 优点：充分利用了总体（变量）的信息，其样本的代表性精度高。② 缺点：有时分层的变量难以确定。

分组抽样与分层抽样的异同表现如下。

（1）相同之处。从形式上看都分成两步：第一步将总体分成若干部分；第二步再分别从若干部分中抽取个体。

（2）不同之处。两者在第一步中有着根本的区别。在分层抽样中，由于对于每一个部分（即"层"）均需从中抽取个体，因而不存在第一阶段样本。而在分组抽样中，将总体分成若干个"集团"后，并不是对每一个集团都再进行第二阶段抽样，而是在所有的集团中先抽取一部分"集团"，这里实际上进行了第一阶段抽样，构成了第一阶段样本，然后再对所选"集团"作第二阶段抽样。如此看来，分组抽样存在第一阶段样本，而分层抽样却不存在第一阶段样本，这就是两种取样方法的不同之处。

第二节 常 模 类 型

根据常模的发展历史，可以将常模分为两类：发展常模和组内常模。发展常模是一种组外常模，可以在组外找到一个标准用以比较。但是，当外部标准找不到时，只能在组内找一个标准来进行比较，这个组内标准就成了组内常模。组内常模为目前较为常用的常模。为了表达分数在常模中的高低（位置），组内常模常常用地位量数来表示，常见的地位量数包括百分等级和标准分数。对应地，其常模分别是百分等级常模和标准分数常模，前者用百分等级来表示分数的相对位置，后者用标准分数来表示分数的相对位置。

一、发展常模

使测验分数具有意义的一种可能方法，是通过对原始分数的变换，表明个体在正常发展中达到了怎样的发展水平。人的智力、技能等许多心理特质的发展都与时间的延续有关。因此，可以把个人的成绩和各种发展水平的人的成绩比较而制成发展量表。根据这种平均表现所制成的量表就是发展常模，亦称年龄量表。例如，在智力测验上，若一个8岁儿童的智力成绩和10岁儿童的平均成绩一样好，则我们可以说他的智力年龄为10岁。另外，也可能存在这样的现象：一个上小学四年级的儿童在阅读测验上的成绩达到了六年级的阅读测验水平，而在算术测验上只达到了三年级水平。发展常模的分数往往是相对粗糙的，常不能适用于更为精确的统计处理。但是，对于某些描述目的、临床病理初步诊断及其他研究目的，还是非常有用的。发展常模主要包括顺序常模、年龄常模和年级常模。

（一）顺序常模

顺序常模起源于儿童心理学的研究，最直观的发展常模是发展顺序量表。通过对婴幼儿行为发展的经验观察，人们描述诸如运动、感觉辨别力、语言交流、概念形成等机能随年龄而发展的典型行为。1925年，格塞尔（A. Gesell）提出了儿童动作发展量表，即格塞尔发展顺序表。该量表将儿童的行为与从4周到36个月的8个关键年龄的典型行为相比较，按月份显示了儿童在运动水平、适应性、语言、社会性等行为领域中所达到的大致发展水平。格塞尔强调了早期行为发展的顺序模式，认为各发展阶段遵循不变的顺序，每一阶段以掌握前一阶段的必要行为特征为前提。之后，在20世纪中期，瑞士儿童心理学家皮亚杰（J. Piaget）提

出了以儿童认知图式发展几个阶段为基础的认知发生论。皮亚杰的研究主要集中在从婴儿到少年认知过程的发展。他所关注的是具体的概念而不是一般的能力,如物体的永久性、知觉的守恒性等。他认为,认知过程的形成具有一定的时间顺序,只有前一阶段完成后才能进入下一阶段。后来,皮亚杰在做研究中所采用的一些作业和问题被组织成了标准化量表,用以研究儿童在每一发展阶段的特性,以提供儿童实际能做什么的信息。皮亚杰的标准化量表的分数可以用相近的年龄水平来表示,用以鉴别儿童在具体行为机能的发展中所达到的阶段。可见,该量表着重于定性与定量的整合分析,对促进心理计量模型与实质心理学理论的结合,有非常大的作用。

(二)年龄常模

比内在 20 世纪初提出了一个设想:测量儿童心理成长,可以通过将一个儿童的行为与各年龄阶段一般儿童的行为进行比较的方式,来获得该儿童心理发展的状况。在此设想的基础上,他首先寻找并设计出可区分各年龄儿童智力的项目。每个项目都放在某个年龄阶段大部分儿童能够成功完成的那个年龄水平。例如,标准化样本中,大多数 7 岁儿童通过的项目就代表 7 岁儿童的智力水平,被划入 7 岁组;大多数 8 岁儿童通过的项目就代表 8 岁儿童的智力水平,被划入 8 岁组,以此类推。每个年龄水平制定适当的项目,就可以得到一个可评价儿童智力发展水平的年龄量表。一个儿童在年龄量表上所得的分数,就是最能代表他智力水平的年龄,这种分数叫作智力年龄,简称智龄。所有的年龄量表基本上都是利用相同的推理与步骤制定的,即将个人的行为与各年龄阶段一般儿童的行为进行比较,而给予一个年龄分数。

年龄常模一般应包括三个基本要素:一是一套能区分不同年龄组的项目;二是一个由不同年龄被试组成的常模团体;三是一个表明答对哪些项目该归入哪个年龄的常模。

有些测验(如某些团体测验)无法将测验项目划入年龄组。在这种情况下,必须先确定被试的原始分数。这样的原始分数可以是在整套测验中被试做对的项目总数,也可以是完成该套测验所需要的时间、错误数或以上几者的联合等。标准化样本中每个年龄组的平均原始分数就构成了这份测验的年龄常模。将原始分数与年龄常模对比,便可求得某被试的智力年龄。

年龄常模的优点是易于理解和解释,可以与同年龄团体作直接比较。但是,应该注意的是,智龄的单位并不能保持恒等,而是随着年龄的增长而减小。智力在幼年发展快,但随着年龄的增长其速率是先快后慢。例如,幼儿 3~4 岁的智力增长相当于儿童 9~12 岁的智力增长。

(三)年级常模

按照比内所开辟的方法论道路,人们后来又建立起了许多发展常模。其中,在学业成就测验中,分数的解释可以采用年级常模。年级常模是学业成就发展水平的常模,即将被试的测验成绩与某一年级的学生的平均分数作比较,解释成相当于某一年级水平或某一年级当量。例如,某学生的拼写相当于五年级水平(当量),阅读相当于四年级水平(当量),而数学相当于初一年级水平(当量)。年级常模选择项目与指定分数的方法和步骤,与年龄常模相类似,可以从计算各年级学生在某份测验上的平均原始分数而得到,所不同的是用年级当量替代了年龄水平。例如,标准化样本中四年级学生,如果在算术测验上答对问题的平均原始分数为 23 分,那么 23 分就相当于四年级的年级当量。

年级常模的单位通常是 10 个月间隔。我们可以采用十进制小数来表示连续的月份。例如,4.0 表示四年级开始时的平均成绩,4.5 表示四年级中期(第五个月份测验)的平均成绩,等等。

尽管年级常模使用比较普遍,但仍然存在着一些不足之处,如下。

首先,年级常模仅仅适用于测验各年级都开设的共同学科。由于教学内容随年级而变化,因而年级常模只适用于一般的课程,不适用于高年级水平。在高年级阶段,许多科目只学习一两年,即使每个学期都学的科目,强调的重点也会随年级而变化,并且各年级的教学内容、教学速度都是不一样的。因此,年级常模的单位是不相等的。

其次,年级当量的解释比较困难。例如,一个五年级的学生在标准化的教学测验中获得了 7.9 的年级当量,但这并不意味着他已经掌握了初一的教学内容,只能说他在五年级是非常优秀的,也不能说他已经具备了升入初二的条件;而另外一个初二的学生也获得了 7.9 分的年级当量,则说明他的成绩在年级的位置是中等水平。但是,这两个学生掌握的知识并不完全对等。

最后,年级常模容易被误认为是成绩标准。例如,一个教六年级的老师可能认为他班上所有学生的学习成绩应该达到或接近六年级常模团体的成绩。可事实上,一些学生能达到,而大部分学生可能达不到,这就容易导致对年级常模产生误解。我们必须清楚,常模与标准是不同的,标准是指希望达到的标准,而常模则是代表群体分数的分布。

（四）对发展常模的评价

发展常模是用来表示个体在正常发展线上处于怎样的水平。发展常模的优点是,以年龄水平或年级当量作为单位容易理解,可以与同等团体作直接比较,并且为个人分数进行横向和纵向比较提供了基础。但是,发展常模又具有一些不足:一是由于发展常模只适用于所测的特质随年龄或年级发生系统变化的情况,因而只适用于年龄较小的儿童;二是由于人的行为发展受教育与经验的影响,因而发展常模只适用于典型环境下的儿童;三是由于发展常模量纲单位不相等,因而通过发展常模获得同样的年龄水平或年级当量,并不一定具有相同的智力或学业水平。

另外,发展常模类似于一种绝对评价,往往以人们的经验值或项目作为比较的基础,仅强调某一发展阶段的一般情况,不能在微观上再进一步细分。发展常模也不直接关心同一背景、同一地位(如同一性别、同一教育程度)的各被试间的个别差异。因此,发展常模较难做到再进一步细分常模,如不能按性别等差异再进一步对常模作出细分等。

二、组内常模

组内常模也称作团体内常模,是根据团体内标准化样本的成绩来评价被试的成绩。例如,把一名儿童心理测验中的原始分数与相同年龄或相同年级的儿童相比较,就要用到组内常模。现在,几乎所有的标准化测验都提供了某种形式的组内常模。与发展常模相比,组内常模有一个统一、清楚地定义好了的数量关系,能运用于大多数统计分析。组内常模有很多种,我们这里主要介绍百分等级常模和标准分数常模。

（一）百分等级常模

1. 百分等级和百分等级常模

当人们运用心理测验作为判定个体心理特征或个别差异的工具时,需要考虑某个被试测验分数(原始分数)在同一性质群体中所处的地位。百分等级常模是一种相对评价的方

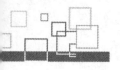

法,是将测验的原始分数转化成百分等级,用团体中低于被试测验分数的人的百分数来表示被试在团体中的相对地位的参照常模。它的基本思想是:选取一个有代表性的常模团体,把他们在某种心理测验上的原始分数的全距划分为 100 个等级,然后建立起原始分数与百分等级之间一一对应的关系。这样,每一个原始分数都有一个百分等级与之相对应。例如,某一被试在某一项测验中得了 80 分,经过换算,百分等级为 75,就表示参加该项测验的被试的得分低于 80 分的人数占全体被试人数的 75%。可见,百分等级取值越大,说明被试成绩越优秀。下面是瑞文标准推理测验百分等级常模表(部分),如表 2-4 所示。

表 2-4 瑞文标准推理测验百分等级常模表(部分)

年龄 %	17~	20~	30~	40~	50~	60~	70~
95	58	57	57	57	54	54	52
90	57	56	55	54	52	52	49
75	55	54	52	50	48	46	44
50	52	50	48	47	42	37	33
25	47	44	43	41	34	30	26
10	40	38	37	31	24	22	18
5	37	33	28	28	21	19	17

根据瑞文标准推理测验百分等级常模表,可以获得原始分数对应的百分等级,再根据百分等级给出智力水平等级,如表 2-5 所示。

表 2-5 瑞文标准推理测验智力水平等级标准

一级:百分等级大于或等于 95%,为高水平智力。

二级:百分等级在 75% 与 95% 之间,智力水平良好。

三级:百分等级在 25% 与 75% 之间,为中等水平智力。

四级:百分等级在 5% 与 25% 之间,智力水平中下。

五级:百分等级小于 5%,为智力缺陷。

例如,一个 28 岁的被试在瑞文标准推理测验上的原始分数为 56 分,那么他对应的百分等级(根据表 2-4)为 90%,他的智力水平等级为二级(根据表 2-5)。

2. 对百分等级的评价

百分等级是一种相对地位量数,计算简单,具有可比性,也容易对被试作出解释,因而应用比较广泛。另外,百分等级不受原始分数分布状态的影响,即使分数分布不是正态分布,也不会改变百分等级常模的解释能力。

但是,百分等级是一种表达在顺序量纲上的量数,它在统计分析中不能作加、减、乘、除等运算。另外,百分等级是相对于特定的被试团体而言的,所以,在使用百分等级常模作解释时不能离开特定的参照团体。被试得分不变,但参照团体改变了,百分等级就有可能发生变化。因此,在报告百分等级时,一定要说明是相对于什么参照团体而言的。在百分等级常模应用中,百分等级存在以下两个缺点。

(1)百分等级的单位不等,尤其在分布的两个极端。若原始分数的分布是正态或近似正态分布,则靠近中间的原始分数比较集中,但转换成百分等级后,则表现出很大的差异性;

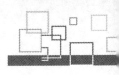

而对于两个极端的原始分数,百分等级则反应迟钝,即使原始分数发生较大的变化,也不能引起百分等级相应的变化,使其差异被无形地缩小了。

(2) 百分等级只具有顺序性,无法再进一步说明不同被试之间分数差异的具体数量关系。

(二)标准分数常模

1. 标准分数和标准分数常模

标准分数是一种具有相等单位的量数,又称 z 分数。它是将原始分数与团体的平均数之差除以标准差所得的商数,是按照分布的标准差来表示原始分数与平均数的距离。它是一个抽象值,不受原始测量单位的影响。标准分数常模就是用被试所得测验分数转换成标准分数,来揭示其在常模团体中的相对地位的组内常模。

标准分数是将原始分数与平均数的距离以标准差为单位表示出来的,分子为距离(带实际单位),分母标准差也为距离(带实际单位),分子和分母的实际单位相除就约掉了,这样标准分数就没有了实际单位。标准分数的计算公式为

$$z = \frac{X - \overline{X}}{SD} \qquad\qquad (2-1)$$

在公式(2-1)中,z 为标准分数;X 为原始分数;$\overline{X}$ 为团体内所有被试的原始分数的平均数;SD 为团体内所有被试的原始分数的标准差。

将分数列 $\{X_i\}$ 中每一个原始分数 X_i 代入公式(2-1),就会获得对应的标准分数 z_i。用表格形式将这种对应关系表示出来,就可以制成测验的标准分数常模表,如表2-1所示。

2. 对标准分数的评价

标准分数是以一批分数的平均数为参照点,以标准差为单位的等距量纲分数。它由符号和绝对值两部分构成,既具有可比性,又具有可加性。正负号表示原始分数在平均数之上或之下,绝对值表示原始分数与平均数的距离。另外,它还具有以下两个重要的性质。

(1) 标准分数是最典型的线性转换的分数。标准分数是对原始分数 X 所作的一个线性变换,它的分布形态与原始分数的分布形态相同。若原始分数不服从正态分布,则转换成标准分数后,其分布仍然不服从正态分布。

(2) 任何一组原始分数转换成标准分数后,其平均数为0,标准差为1。我们可以利用标准分数的这个性质,对不同测验分数进行比较。在正态分布中,标准分数的范围大概在 $-4.00 \sim +4.00$ 之间。

在实际应用中,标准分数是一种令人满意的导出分数,但在计算过程中常出现负数和小数,这样使用起来不方便。

3. 正态化的标准分数

为了对不同测验中的分数进行比较,我们需要将原始分数转换成导出分数(往往是标准分数)。但标准分数与原始分数的分布形态相同,所以如果两个原始分数分布形态不相同时,那么我们仍然无法对这两个测验分数作直接的比较。为了对来源于不同分布的分数进行比较,可以使用非线性转换,把非正态分布的分数强制性扭转成正态分布,这个过程叫正态化。其方法是:先把每个原始分数转换为百分等级,再根据正态分布表(见本书附表),把对应的百分等级直接看成是正态分布曲线下的面积,找出所对应的 z 值。图2-2为负偏态分布转换为正态分布的正态化示意图。

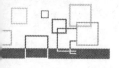

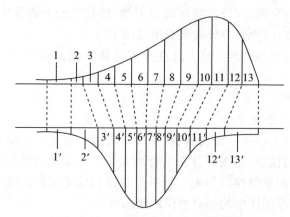

图 2-2 负偏态分布正态化示意图

4. 标准分数的线性转换

标准分数是以测验分数的平均数为参照点,以标准差为单位来衡量各原始分数在其常模团体中位置高低的一种地位量数。当原始分数高于平均数时,其 z 值为正;当原始分数低于平均数时,其 z 值为负。因此标准分数常常带有小数和出现负值,会给使用带来不便,也容易出错。因此,我们通常对标准分数作线性转换,使负号和小数消失,全部变为正数,其公式为

$$Z=a+bz \qquad\qquad (2-2)$$

在公式(2-2)中,Z 为线性转换后的标准分数;a 为线性转换后的标准分数的平均数;b 为线性转换后的标准分数的标准差;z 为标准分数。

常见的线性转换后的标准分数有以下几种。

(1) MMPI 和 EPQ 的 T 分数:$T=50+10z$。

(2) 卡特尔 16PF 的标准十分数(Z_{10}):$Z_{10}=5.5+1.5z$。

(3) 韦氏智力量表各分测验的标准二十分数(Z_{20}):$Z_{20}=10+3z$;韦氏智力量表的智商分数(离差智商):$IQ=100+15z$。

(4) 认知能力测验的标准九分数(Z_9):$Z_9=5+2z$。

(5) 美国大学入学考试的 CEEB 分数:$CEEB=500+100z$。

(6) 我国大学英语四、六级考试的 CET 分数:$CET=500+70z$。

(7) 出国人员英语水平考试的 EPT 分数:$EPT=90+20z$。

以上介绍的几种常见的线性转换后的标准分数,都是以标准分数为基础进行线性转换而得到的,具有以下几个优点。

第一,具有相等单位的特点,便于进一步统计分析。

第二,可以利用正态分布表,将线性转换后的标准分数与百分等级作换算。

第三,可以运用线性转换后的标准分数,将几个测验上的分数作比较。

但是,线性转换后的标准分数也有如下缺点。

第一,分数过于抽象,不易理解。

第二,在非正态分布下,分布形态不同的线性转换后的标准分数,仍然不能相互比较,也不能直接相加求和。

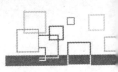

（三）其他导出分数常模

1. 标准九分数

标准九分数是将原始分数分成 9 个部分的标准分数。如果原始分数服从正态分布,那么它是以 0.5 个标准差为单位,将正态曲线下的横轴分为 9 段,最高一端为 9 分,最低一端为 1 分,中间一端为 5 分。除两端(1 分、9 分)外,标准九分数横轴每段均有 0.5 个标准差宽。在正态分布中,每个标准九分数所占的位置与所包含面积的百分比如表 2-6 所示。

表 2-6 标准九分数与正态分布面积的对应关系

标准九分数	本段面积(%)	累加面积(%)	本段中值与平均数距离
9	4	100	大于 2.0σ
8	7	96	1.5σ
7	12	89	1.0σ
6	17	77	0.5σ
5	20	60	0.0σ
4	17	40	0.5σ
3	12	23	1.0σ
2	7	11	1.5σ
1	4	4	大于 2.0σ

如果原始分数服从正态分布,那么只要将原始分数转换成百分等级,就可以从表 2-6 中求得被试的标准九分数。例如,某被试的原始分数在团体中处于第 77 个百分等级,由表 2-6 便可推知该被试的标准九分数为 6。

2. 几种导出分数之间的相互关系

（1）标准分数与百分等级之间的相互关系。标准分数 z 值的大小表示被试的原始分数与团体平均水平距离中含有 z 倍标准差的距离。可以通过 z 值的大小确定比它对应的原始分数低的那些被试人数在常模团体总人数中所占的百分比例,这个百分比例对应的就是在正态曲线下以标准分数 z 值为分界点的左尾面积,如图 2-3 所示。

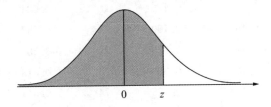

图 2-3 标准分数 z 与百分等级 P 的关系

在图 2-3 中,左尾阴影部分的面积表示标准分数 z 值所处的相对位置。若阴影部分的面积为 0.75,则说明比该 z 值原始分值低的被试占总人数的 75%。换句话说,这个被试的原始分数比占总人数 25% 的其他被试的分数都要高,其地位处于常模团体中第 75 个百分等级。可见,这个 0.75 实际上是一种相对地位量数。在数量上,标准分数与百分等级之间存在着一定的相互关系,其关系式可表示为

$$P=100\int_{-\infty}^{z}\frac{1}{\sqrt{2\pi}}e^{-\frac{z^2}{2}dz} \tag{2-3}$$

例如,根据公式(2-3),当 $z=0$, $P=50$;当 $z=1$, $P=84$,等等。当然,在实际应用中,不必要总是通过公式来计算,可以查阅由统计学家编制的正态分布表(见本书附表)。标准分数 z 与百分等级 P 之间的关系,如表 2-7 所示。

表 2-7　百分等级与标准分数的对照表

百分等级	标准分数	百分等级	标准分数	百分等级	标准分数	百分等级	标准分数
1	−2.324	26	−0.643	51	0.025	76	0.706
2	−2.054	27	−0.613	52	0.050	77	0.739
3	−1.881	28	−0.583	53	0.075	78	0.772
4	−1.751	29	−0.553	54	0.100	79	0.806
5	−1.645	30	−0.524	55	0.126	80	0.842
6	−1.555	31	−0.496	56	0.151	81	0.878
7	−1.476	32	−0.468	57	0.176	82	0.915
8	−1.405	33	−0.440	58	0.202	83	0.954
9	−1.341	34	−0.413	59	0.228	84	0.995
10	−1.282	35	−0.385	60	0.253	85	1.036
11	−1.227	36	−0.359	61	0.279	86	1.080
12	−1.175	37	−0.332	62	0.306	87	1.126
13	−1.126	38	−0.306	63	0.332	88	1.175
14	−1.080	39	−0.279	64	0.359	89	1.227
15	−1.036	40	−0.253	65	0.385	90	1.282
16	−0.995	41	−0.228	66	0.413	91	1.341
17	−0.954	42	−0.202	67	0.440	92	1.405
18	−0.915	43	−0.176	68	0.468	93	1.476
19	−0.878	44	−0.151	69	0.496	94	1.555
20	−0.842	45	−0.126	70	0.524	95	1.645
21	−0.806	46	−0.100	71	0.553	96	1.751
22	−0.772	47	−0.075	72	0.583	97	1.881
23	−0.739	48	−0.050	73	0.613	98	2.054
24	−0.706	49	−0.025	74	0.643	99	2.324
25	−0.675	50	0.000	75	0.675		

(2) 常用导出分数之间的相互关系。在心理测量中,通常被试群体较大,所测特质的得分分布形态一般都能保持正态分布或接近正态分布。根据正态分布的特点,我们把上述介绍的标准分数、T 分数、CEEB 分数、离差 IQ、标准九分数、百分等级等常用导出分数之间的对应关系综合在一起加以比较,形成了如图 2-4 所示的对应关系。根据图 2-4,我们可以进一步认识上述各种导出分数之间的相互关系。

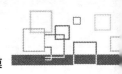

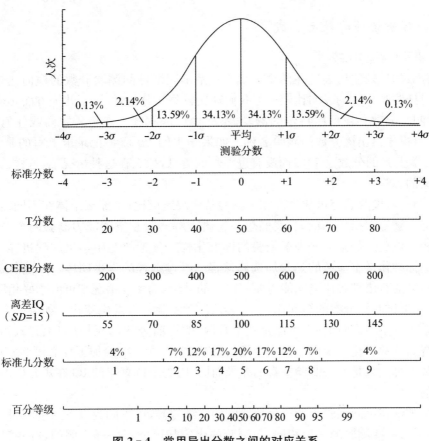

图 2-4 常用导出分数之间的对应关系

第三节 常 模 应 用

在心理测验中,将被试反应与标准答案相比较而得出的分数,称为原始分数。但是,原始分数本身并不具有多大的意义。只有测验包括了意义明确的范围或绝对的测量时(如反应时的数值),原始分数才具有意义。原始分数具有不等性和不确定性,若没有适当的参照标准,则没有任何意义。比如,一位被试在词汇测验中得了 45 分(原始分数),在数学推理测验中得了 32 分(原始分数),我们能说他的词汇好于数学推理吗? 不同的测验以不同的单位来表达,对这种分数的直接比较是不可行的。在实际应用中,需要有一种明确规定的、统一的参照框架将原始分数转换,以得到有意义的、可供解释的分数。常模是标准化样本分数构成的分布或模式,是用来比较被试得分高低的标准。因此,心理测验的分数通常参照常模作出解释。

测验编制者为了说明和解释测验的结果,往往根据测验的性质、用途以及所要达到的测量量纲的水平,按照统计学的原理,把某一标准化样本的原始分数或测验分数转化为具有一定单位、参照点和连续体的常模表。它为测验使用者提供了一种方便易行的由原始分数向导出分数转化的方法。这样,被试的测验分数就可以转化为具有相同单位的导出分数,能够参照相同的或相近的常模团体在不同测验中的状况得以解释。因此,即使个体参加多项测验,不同测验的分数也可以进行相互比较。

一、测验分数的比较与合成

(一)测验分数的比较

测验分数的比较主要表现在两个方面:一是不同个体间测验分数的横向比较;二是个体在不同时期测验分数的纵向比较。当我们在比较测验分数时,以下几个方面必须注意。

第一,测验分数必须参照特定的测验,不能抽象地解释。在报告智商或任何其他分数时,应该同时报告得出该分数的测验名称。如果学生的 IQ 成绩记录卡上写的是学生 A 的分数是 94,学生 B 的分数是 110,而没有进一步的信息,那么在这种情况下,这样的分数是没有任何意义的。

第二,测验常模要具有可比性。如果测验常模缺乏可比性,那么个体在不同能力上的相对位置可能会被错误指代。例如,我们想在言语理解测验和空间能力测验两个领域上确定该学生的相对位置。如果言语理解测验的标准化样本参考的是中学生的随机样本,而空间能力测验的标准化样本参考的是参加选修课程的经过选择的学生团体,那么测试者可能就会得出该被试的言语理解比空间能力要好得多的结论,而实际情况却可能刚好相反。

第三,在被试测验分数的纵向比较中,必须注意测验是否发生变化。如果一个被试的档案卡上记录了三个不同时期(有可能是一个月内)的智商分数,分别为 118、115、101,那么在解释这些智商分数变化时要问的第一个问题是"该学生这三次参加了什么测验?"IQ 分数明显下降的现象可能只是反映测验本身的差异而已,因为个体真正的 IQ 在短时期内是不会有太大变化的。

同一个被试在不同测验上所得分数之间的系统差异,可以归为以下三个原因。

第一,尽管一些测验的名称相同,但测验的内容却可能不一样。例如,有些智力测验仅仅包括了语言能力内容,有些智力测验仅仅包括了空间能力内容,而另外一些智力测验按大约相等的比例,既包括了言语能力内容,又包括了空间能力内容。不同测验的测验分数肯定是有差异的,因此必须结合多项信息对不同测验的分数作出解释。

第二,测验分数的单位不同,测验结果是不可比较的。如果一个测验上的 IQ 的标准差为 12,另一个测验上的 IQ 的标准差为 18,平均分数皆为 100,那么被试在第一个测验上得的 112 分就相当于在第二个测验上得的 118 分。

第三,不同测验建立常模所使用的标准化样本,有所不同。同一个个体,与能力较低的团体相比所得的分数,要比与能力较高的团体相比所得的分数,其相对位置要高一些。

只要参照测验本身或测验手册,我们通常就能够发现测验内容或测验分数是否具有可比性。然而,各个常模样本之间的差异却往往很容易被忽视,经常会导致测验的结果不一致而无法作出解释。

(二)测验分数的合成

前面所介绍的分数转换,是针对一个测验分数而言的。然而,在通常情况下,这种处理单一测验分数的情况相对少些。我们经常会面临的是,需要将几个测验分数组合起来,以获得一个总的合成分数。例如,为了评价被试智商水平的高低,需要根据多项测验的结果进行分数整合。测验分数的合成通常有三种基本类型,如下。

第一,项目的组合,即由基本的测验项目组成一个分测验或一个测验。每个测验都是由许多独立的项目所组成的,这些项目可以通过结合成小组的方式独立组合成分量表或分测验,也

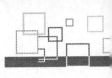

可以直接将所有的项目得分合成一个测验总分。因此,在这种情况下,总分就是各个项目得分的合成分数。例如,SCL-90是由90个项目组成的,90个项目可以分成10个分测验,得到10个因子分,也可以不分成10个分测验,直接将90个项目得分合成一个测验总分。

第二,分测验或分量表的组合,即由几个分测验或分量表的得分合成分数。对于一些由几个分测验或分量表组成的测验,我们可以把各个分测验或分量表的分数组合到一起,以得到一个合成分数。例如,韦氏成人智力量表由言语量表与操作量表两部分组成,其中言语部分包括6个分测验,其合成分数称为言语智商;操作部分包括5个分测验,其合成分数称为操作智商。同时,还可以将这11个分测验的分数合成为总智商。

第三,测验或预测源的组合,即由几个测验或预测源的得分合成分数。在作实际决策时,常常将几个测验或预测源同时使用。例如,大学录取新生,就是将各科测验分数与其他分数合成后,得到合成分数,并将该合成分数视作录取新生的依据。

根据测量目的和所采用资料的不同,测验分数的合成的方法可分为临床诊断法和统计法。

1. 临床诊断法

临床诊断法是一种根据直觉的经验,主观地将各种因素加权而获得结论或预测的方法。这就好比临床医生,把各种化验、检验所获得的资料与实际观察所得的结果结合起来,根据经验作出诊断一样。

临床诊断法具有高度的综合性,能从整体上考虑问题,充分考虑各测验所测特质间的交互影响、各测验上所得分数的对比关系和各测验组合类型的结构特点等。同时,又具有灵活的针对性,能就特定的个人作出具体的结论。而下面将要介绍的统计法具有普遍性,难以适应每个个体所具有的独特性。但是,临床诊断法也存在一些缺陷:一方面是主观加权,容易受到决策者的偏见的影响,不够客观;另一方面是在合成分数的过程中,缺乏精确的数量指标作精确的数量分析。

2. 统计法

测验分数的合成的统计法主要包括加权求和法、多重回归法和多重划分法。

(1)加权求和法

采用加权求和法对测验分数进行合成的条件是:各个测验所测的特质间有代偿作用,分数是连续资料并且能够同时获得。最简单的加权求和法是单位加权,就是把各个测验上的得分直接进行相加,合成公式为

$$X_c = X_1 + X_2 + \cdots + X_n \qquad (2-4)$$

在公式(2-4)中,X_c为合成的分数;$X_1, X_2, \cdots, X_n$为各测验的分数。

另一种情况是,把所有测验分数转换为标准分数,将变量作等量加权,加权公式为

$$Z_c = Z_1 + Z_2 + \cdots + Z_n \qquad (2-5)$$

在公式(2-5)中,Z_c为合成的标准分数;$Z_1, Z_2, \cdots, Z_n$为各测验的标准分数,该公式适合各测验对预测效标具有同等重要性的情况。

但在通常情况下,各个测验对预测效标的作用可能是不相同的。因此,要根据各个测验与效标之间的经验关系作差异加权,其通式为

$$Z_c = W_1 Z_1 + W_2 Z_2 + \cdots + W_n Z_n \qquad (2-6)$$

在公式(2-6)中,$W_1, W_2, \cdots, W_n$为加权系数;$Z_c, Z_1, Z_2, \cdots, Z_n$的意义同公式(2-5)。

(2)多重回归法

在很多情况下,需要根据个体在成套测验上的各个测验分数来预测他的效标分数,如根

据某个被试在言语测验、数字测验、推理测验上的分数预测他解决某项问题的能力水平。此时，就需要利用多重回归法分析效标分数与预测源分数之间的数量关系。

多重回归法是一种研究事物或现象与其他多种事物或现象在数量上相互联系的统计方法，其基本方程式为

$$\hat{Y}=a+b_1X_1+b_2X_2+\cdots+b_nX_n \qquad (2-7)$$

在公式(2-7)中，$\hat{Y}$ 表示效标分数；$X_1, X_2, \cdots, X_n$ 表示各个预测源分数；$b_1, b_2, \cdots, b_n$ 表示各个预测源分数的加权数；a 表示常数，用来校正预测源分数与效标分数平均数的差异。

计算回归方程的具体技术，读者可以参阅相关的统计学教材。回归方程实质上是根据每个预测源与效标的相关，以及各预测源之间的相关而获得的，但要注意两点：一是采用多重回归法对测验分数进行合成，应该选用最佳的预测源，即选出能使 R^2 的数值增加最多，且与效标相关最高的变量，这样才能达到最高的预测性；二是多重回归法采用的是统计线性模型，因此只有当预测源与效标间是线性关系时才适合，同时还要求预测源分数和效标分数都是连续性资料，且能同时获得，若这些条件不能满足，则不宜采用多重回归法。

（3）多重划分法

采用加权求和法对测验分数进行合成，所测特质之间应该具有某种程度的代偿性。但在实际生活中，有些所测的特质是不能相互补偿的。例如，招收飞行员，任何一项检查不合格者都不能被录用。多重划分法就是在各个特质上都确定一个标准，把每个测验分数划分为合格与不合格两类，并以此来判断测验结果的方法。只有每个测验分数都合格了，总要求才算合格。如果被试在一个测验中得分低于规定的分数线，那么尽管他在之前的测验上都取得了很高的分数，他同样也不能算合格。例如，研究生入学考试，英语、政治、专业课和总分都必须过关，才算过关。

在测验实施过程中，施测者把所有组成这一测验的分测验按一定的顺序排列起来逐一实施。其中，最有效的测验放在前面，紧接着为第二有效的测验，依次类推。只有通过了前一个测验，才能继续实施后一个测验。当被试在某一个测验上被确认为不合格时，测验立即被终止，被试被判为不合格。因此，被试要想得到完全合格的结果，就必须使各个测验上的分数均达到规定值。由于成功的被试必须越过一连串测验的栅栏，因此这种方法也叫"连续栅栏法"，是多重划分法的具体形态。例如，汽车驾照考试，只有通过了科目1，才能考科目2。同理，只有通过了科目1和科目2，才能考科目3，等等。

采用多重划分法，被试只存在两种选择结果：要么被接受，要么被拒绝。因此，在那些通过栅栏，最终被接受的被试中，相互之间并没有好坏优劣之分，体现不出被试之间的差异性。如果想要进一步区分他们之间的差异，那么就必须同时采用其他的方法。

以上介绍了几种常用的测验分数的合成的方法。在实际运用中，必须注意各种测验分数的合成的方法的使用范围，以便合理使用。必要时，可将几种方法结合起来，并考虑实际情况，制定出效果最佳且经济实惠的合成方案。

二、全国常模、区域常模和特殊常模

根据样本大小和来源的不同，常模可分为全国常模、区域常模和特殊常模。

制定全国常模非常不易，常模的样本应该足够大，以提供稳定的数值。全国常模被试的

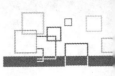

抽样比较复杂,要涉及不同的群体,如不同性别、年龄、地区、职业等的被试。一般来说,要提供一个可供比较的、确有代表性的全国常模,是相对困难的。区域常模通常是由测验使用者在特定背景下建立的。区域常模所使用的团体及规定的范围都要比全国常模小得多,如大学可以根据自己的学生总体来建立区域常模。对于许多测验目的,如预测工作成绩、比较儿童在不同学科的相对成就,或者测量个体随时间的进步等,使用一些区域常模往往比使用全国常模更适合。如此看来,区域常模是全国常模的必要的、有益的补充。

我们需要注意的是,常模是直接针对所使用的被试样本来建立的。即便是全国常模,取样也可能仍然有偏差,只不过是其代表性比较广泛而已。通常,样本的容量越大,取得的常模越可靠。然而,样本大而无代表性也不好。一般地,全国常模的人数范围,一般以 2 000～3 000 人为宜。常模的使用范围取决于取样的范围。若从全国取样,则所得的常模是全国的,可以在全国范围内使用;若从地区取样,则所得的常模是地区的,不能随意使用于其他地区。区域常模的主要优点是,能使个体与最相近的团体作比较。一般来说,如果一个测验既有区域常模又有全国常模,那么用区域常模作解释,信度、效度会更高。另外,在对测验结果作解释时,如果被试与常模样本不贴切,那么在解释测验结果时一定要声明,且作判断时应持保留的态度。

对于大多数测验来说,常常会出现常模的非等价问题,即需要测试一些特殊的群体,建立针对某一特殊群体的常模,这称之为特殊常模。大多数测验都有针对代表性样本而建立的普通常模,但样本并非针对特殊人群。普通常模的样本对于犯法者、心理障碍者、智力落后者、盲人、特殊职业者等特殊群体,都不具有代表性。因此,对特殊被试测验结果的解释不能以普通常模为依据。解决的办法是,根据所规定的小范围总体,建立新的、适合某一特殊群体的特殊常模。

三、固定参照组和测验分数等值

因为常模所包含的测验分数关系,总是包含具体测验在具体被试样本上的测验关系,所以我们在解释测验结果时,一定要针对它们才能作出正确的解释。否则,不同的测验分数就不能直接加以比较。但是,也有一些测验使用固定参照组,不提供测验分数的常模评价,目的是保证分数具有可比性和连续性。在使用这种测验时,分数解释需要参照从总体中独立建立的固定样本。

按照固定参照组编制测验的最早实例之一,便是美国大学入学考试委员会的学术能力倾向测验(Scholastic Aptitude Test,SAT)。在 20 世纪初,该测验首次实施时,SAT 分数是根据常模来表示的,即根据每次施测参加测验的考生的平均数和标准差来表示的。但是,由于大学入学考试的数目和种类逐年增加,以及考生总体组成的变化,考生的分数就取决于特定年份期间参加测验的团体的属性,这就使测验的连续性难以得到保持。为此,1941 年以后,所有 SAT 分数都是根据 1941 年参加测验的大约 11 000 名考生的平均数和标准差来表示的。这些考生的分数就成了固定参照组,后来编制的测验的分数解释及比较都需要使用它。

为了能够把任何形式测验上的原始分数,都转换成固定参照组的分数,行之有效的解决办法是,采用一定的测量技术,将不同测验上的分数作出等值转换。这样,就可以在另一测验另一被试样本上进行解释了。这种等值转换的链条可能会跨越多个测验和多个被试样本。使用固定参照组和测验分数等值的做法,为比较不同年度被试分数作出有关决策,提供了统一的参照系。但即便如此,分数也还是针对具体形式和具体被试团体作出的,本质上仍然是相对的。

【本章小结】

本章主要阐述了常模团体、常模类型,以及常模应用。学习本章有助于了解常模对心理测验的重要性,理解常模的概念、常模团体的注意事项及条件、常模的类型及常用导出分数之间的相互关系,掌握各种测验分数的合成的方法等。本章的重点是理解常模这个基本概念,难点是掌握如何对常模进行应用。本章的中心概念是"常模团体"。

【练习与思考】

一、选择题(不定项选择题,至少有一个选项是正确的)

1. 常见的标准分数有 ( )

    A. T 分数　　　　B. 比率智商　　　　C. 标准九分数　　　　D. 离差智商

2. ( )按月份显示了儿童在运动水平、适应性、语言、社会性等行为领域中所达到的大致发展水平。 ( )

    A. 比内—西蒙智力量表　　　　　　　B. 韦氏智力量表

    C. 格塞尔发展顺序表　　　　　　　　D. 瑞文推理测验

3. ( )是测验分数的合成的方法。 ( )

    A. 临床诊断法　　B. 加权求和法　　C. 多重回归法　　D. 多重划分法

4. 全国常模的人数范围,一般以( )为宜。 ( )

    A. 1 000～2 000 人　　　　　　　　　B. 2 000～3 000 人

    C. 3 000～4 000 人　　　　　　　　　D. 4 000～5 000 人

5. 从总体中取样时,每个个案被抽取的机会均等,这称为 ( )

    A. 随机取样方法的原则　　　　　　　B. 非随机取样方法的原则

    C. 系统取样方法的原则　　　　　　　D. 非系统取样方法的原则

6. 关于标准分数的描述,正确的是 ( )

    A. 标准分数是最典型的线性转换的分数

    B. 标准分数是最典型的非线性转换的分数

    C. 标准分数的计算公式中的 SD 为样本标准差

    D. 标准分数的计算公式中的 SD 为样本方差

7. ( )可以作为常模团体。 ( )

    A. 想要施测的对象群体

    B. 具有某种共同特征的人所组成的一个群体

    C. 任何一个有一定组织结构的群体

    D. 具有某种共同特征的人所组成的群体的一个样本

8. 将原始分数转化为百分等级,再将百分等级转化为正态分布上对应的 z 值,这叫作( )过程。 ( )

    A. 线性转换　　　B. 正态化　　　C. 方差分析　　　D. 项目分析

9. 凡是平均数为（　　），标准差为 10 的，一概称为 T 分数。　　　　　　（　　）

    A. 50　　　　　　B. 60　　　　　　C. 80　　　　　　D. 100

10. 先将目标总体按某种变量（如年龄）分成若干层次，再从各层次中随机抽取若干被试，最后把各层的被试组合成常模样本的方法，是（　　）确定常模的方法。　（　　）

    A. 简单随机抽样　　B. 系统抽样　　　C. 分层抽样　　　D. 分组抽样

11. 最直观的发展常模是　　　　　　　　　　　　　　　　　　　　　　　（　　）

    A. 离差智商　　　　　　　　　　　B. 心理年龄

    C. 发展顺序量表　　　　　　　　　D. 智力年龄

12. 在建立常模过程中，要在测验全体对象中选择有代表性的一部分人，称为　（　　）

    A. 总体　　　　　　B. 样本　　　　　C. 标准化样本　　D. 群体

13. 组内常模主要包括　　　　　　　　　　　　　　　　　　　　　　　　（　　）

    A. 顺序常模　　　　B. 年级常模　　　C. 百分等级常模　D. 标准分数常模

14. 常模团体的条件包括　　　　　　　　　　　　　　　　　　　　　　　（　　）

    A. 群体构成的界限必须明确

    B. 常模团体必须是所测群体的一个代表性样本

    C. 样本大小要适当

    D. 常模团体必须是近时的

15. 常见的随机取样方法不包括　　　　　　　　　　　　　　　　　　　　（　　）

    A. 简单随机抽样　　B. 系统抽样　　　C. 分层抽样　　　D. 方便抽样

16. $Z=a+bz$，式中 Z 为线性转换后的标准分数，a，b 为根据需要指定的常数。加上一个常数是为了去掉（　　），乘以一个常数是为了使单位变小从而去掉小数点。　（　　）

    A. 整数　　　　　　B. 小数　　　　　C. 负值　　　　　D. 分值

17. $IQ=100+15z$ 是（　　）的计算公式。　　　　　　　　　　　　　　（　　）

    A. 比率智商　　　　B. 标准分数　　　C. 标准差　　　　D. 离差智商

18. 韦氏智力量表各分测验的量表分的平均数为 10，标准差为　　　　　　　（　　）

    A. 17　　　　　　B. 15　　　　　　C. 11　　　　　　D. 3

19. 百分等级为 55 的分数表示在常模样本中有 55% 的人比这个分数　　　　（　　）

    A. 低　　　　　　　B. 相等　　　　　C. 高　　　　　　D. 以上都不正确

20. 样本大小要适当的关键是样本要有　　　　　　　　　　　　　　　　　（　　）

    A. 代表性　　　　　B. 特殊性　　　　C. 相关性　　　　D. 可比性

21. 当原始分数不是正态分布时，也可以使之正态化，这一转换过程是　　　（　　）

    A. 线性的　　　　　B. 非线性的　　　C. 强制的　　　　D. 非强制的

二、简答题

1. 简述常模团体的注意事项及条件。

2. 常见的发展常模包括哪些？常见的组内常模包括哪些？试比较发展常模与组内常模的优缺点。

3. 试比较百分等级常模与标准分数常模的优缺点。

4. 测验分数的合成的方法主要包括哪些？简述它们各自的适用条件。

第三章 信 度

心理测验通常测量的是人的行为,但行为会由于各种各样的原因,因时、因事、因地而产生变化。这些因素有些是偶然的,有些是固有的,人在完成心理测验时的行为也会受上述因素的影响,从而使测验结果与真实结果不完全一致。我们通常用"信度"来衡量测量的可靠性和稳定性。

第一节 信 度 定 义

一、信度的基本定义

信度是用来评价测量结果可靠性、稳定性的指标。在我们使用测验时,如果使用同一测验或者使用两个不同项目的等值测验,对同一组被试实施两次测验所得分数不一致,那么我们就会很自然地怀疑,测验是不是不稳定、不可靠。事实上,也确实如此。比如,一个智力测验,今天测某被试的结果是 120 分,过几天测结果是 50 分,那么这个测验结果就非常不稳定。一个好的测验,测验结果应该是稳定的、可靠的。也就是说,如果被试的心理特质是相对稳定的,那么使用同一测验或者使用两个不同项目的等值测验,对同一组被试实施两次测验所得分数应该是一致的。若不一致,则说明测验受无关因素或偶然因素的影响很大。这些无关因素或偶然因素包括被试的紧张、焦虑、疲劳等心理和生理因素,也包括评分者的主观因素等。任何一个测验或多或少总会受到一些无关因素或偶然因素的影响。但是,一个好的测验应该是受到无关因素或偶然因素影响较小的测验,否则它就失去了作为客观性测量工具的价值。下面我们从测量学的角度对信度的这一内涵加以说明。

理解信度的定义首先要理解测量分数的构成。从理论上讲,每个被试在测量中所获得的观察分数可以分为两部分:一部分是真分数,即被测量的事物的真实规模(如智商的高低、能力的强弱等)的取值;另一部分是随机误差分数。它们的关系可以用下式来表达:

$$X = T + E \tag{3-1}$$

公式(3-1)表示的是经典测验理论的数学模型。在公式(3-1)中,X 表示观察分数(observed score);T 表示真分数(true score);E 表示随机误差分数(error score)。

经典测验理论的三个基本假设如下。

假设一:观察分数等于真分数与随机误差分数之和,即 $X = T + E$。

假设二:在所讨论的问题范围内,真分数不变,亦即个体具有恒定的特质,在短期内不会发生改变,即 T 是恒定的。

假设三:随机误差分数是完全随机的,并服从均值为零的正态分布,且与真分数相互独立,即 E 是完全随机的。

根据经典测验理论的三个基本假设,我们可以引申出三个相关推论,如下。

推论一：若一个人的某种心理特质可以用平行测验反复测量足够多次，则其观察分数的平均值会接近于真分数，即 $E(X)=T$ 或 $E(E)=0$。

推论二：真分数与随机误差分数之间的相关为零，即 $r_{TE}=0$ 或 $r_{ET}=0$。

推论三：各平行测验上的随机误差分数之间的相关为零，即 $r_{EE'}=0$。

其中，推论一意在说明 E 是个服从均值为零的正态分布的随机变量；推论二和推论三意在说明 E 是个随机误差，没有包含系统误差在内。

在一次测量中，若观察分数和真分数相差较大，则测量结果的信度就低。若观察分数和真分数相差较小，则测量结果的信度就高。但是，在实际的一次测量中，因为我们并不能事先知晓真分数和随机误差分数，所以没有办法直接套用公式（3-1）来估计测量的信度。

心理测量中所说的信度，是对一组人的测量结果或对一个人多次测量结果而言的，那么随机误差分数也是对一组人或一个人多次测量的观察分数与真分数之差而言的。在一组测量分数中，如果随机误差分数是随机产生的，且与真分数的大小无关，那么观察分数、真分数和随机误差分数的方差关系可以用下式来表达：

$$S_X^2=S_T^2+S_E^2 \qquad (3-2)$$

在公式（3-2）中，S_X^2 表示观察分数方差；S_T^2 表示真分数方差；S_E^2 表示随机误差分数方差。若真分数方差在观察分数方差所占的比重大，则说明测量的信度高，否则，就说明测量的信度低。若用 r_{XX} 表示测量的信度，则

$$r_{XX}=\frac{S_T^2}{S_X^2} \qquad (3-3)$$

公式（3-3）被称为信度的基本定义。可以用图来表示公式（3-3）的观察分数方差、真分数方差、随机误差分数方差与测量的信度的关系，如图 3-1 所示。

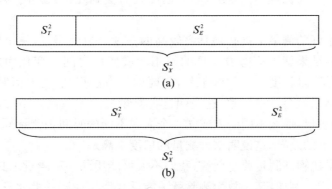

图 3-1 S_T^2 的比重与测量的信度的关系

在图 3-1(a)中，S_T^2 所占比重较小，测量的信度低，而在图 3-1(b)中，S_T^2 所占比重较大，测量的信度高。

结合公式（3-2），可以将公式（3-3）进一步变换为

$$r_{XX}=\frac{S_T^2}{S_X^2}=\frac{S_X^2-S_E^2}{S_X^2}=1-\frac{S_E^2}{S_X^2} \qquad (3-4)$$

使用公式（3-4），也可以估计测量的信度。

在实际测量中，主要是用信度系数来说明测量的信度。因此，信度 r_{XX} 亦可称为信度系数。

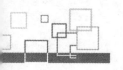

信度是衡量一个测验质量高低的重要指标。它的作用表现如下。

第一，反映测量过程中所存在的随机误差的大小，有效地评价一份测验的可靠性程度。如果测量的信度低，那么测量的随机误差就大，测验的结果就不可靠。

第二，用来解释个人测验分数的意义。因为在测量过程中存在随机误差的影响，所以每个人的测验分数都会与真分数有或多或少的偏差，那么就有必要对真分数的实际取值作估计。信度描述了测量过程中所存在的随机误差的大小，因此信度可以用于估计真分数的实际取值。

从理论上讲，一个人的真分数本来是用同一个测验对他反复施测所得的平均值，其误差则是这些实测值的标准差。然而，这种做法是行不通的。因此，我们可以用同一个群体（人数足够多）两次施测的结果来代替对同一个人反复进行施测的结果，以估计测量误差的变异数。

此时，每个人两次测量的分数之差可以构成一个新的分布，这个分布的标准差就是测量的标准误（standard errors of measurement）。它是测量中误差大小的客观指标，有了这一指标，我们就可以对团体中任何一个人的测验成绩作出恰当的解释（即能通过区间估计的办法指出测量的精度）。测量的标准误可用下式计算：

$$SE = S_X \sqrt{1 - r_{XX}} \qquad (3-5)$$

在公式（3-5）中，SE 表示测量的标准误；S_X 表示观察分数的标准差；r_{XX} 表示测量的信度。

信度是指测量结果的可靠性和稳定性。若能用同一测量工具反复测量某人或某群体的同一种心理特质，则其多次测量的结果间的一致性程度可称作信度。由于系统误差是恒定不变的，而随机误差是随机且不恒定的，因此信度只会受到随机误差的影响，而不会受到系统误差的影响。

一般来说，一个好的测量工具必须具有较高的信度。也就是说，一个好的测量工具，只要遵守操作规则，其结果就不应随着工具的使用者或使用时间等变化而发生较大的变化。例如，标准的钢尺是测量长度的一种好工具，只要操作方法得当，无论何时何人去测量同一张桌子的高度，其结果就会基本一致，这说明这种测量的信度较高。不过，如果所用的是一种具有较大弹性的皮尺，那么不同的人或同一个人在不同的时间去测量同一张桌子的高度，其结果必然会有较大的差异，这说明这种测量的信度不高。

当然，心理测量比物理测量要复杂些，我们不太可能用同一种测量工具去反复测量一个人的同一种心理特质。例如，某一数学测验就不能反复使用在同一批人身上，否则测量结果必然会越测越好。因此，信度的定义还应寻求更加实际的一些方法。

二、信度的其他定义

如前所述，我们给出了信度的基本定义。但是，除了上述信度的基本定义（这里指信度的定义①）外，实际上还存在另外两种其他的信度的等价定义，即定义②和定义③。为方便说明，我们把定义①～③都给出，如下。

定义①：信度是一个被测团体的真分数方差与观察分数方差之比，即

$$r_{XX} = \frac{S_T^2}{S_X^2} \qquad (3-3)$$

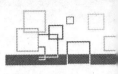

定义②：信度是一个被测团体的真分数与观察分数相关系数的平方，即

$$r_{XX} = r_{XT}^2 \tag{3-6}$$

定义③：信度是一个测验 X（A 卷）与它的任意一个"平行测验"X'（B 卷）的相关系数，即

$$r_{XX} = r_{XX'} \tag{3-7}$$

公式(3-6)表示信度的定义②，公式(3-7)表示信度的定义③。其中，公式(3-6)的 r_{XT} 表示信度指数，从这个公式可知，信度系数是信度指数的平方。

一般地，真分数是测量的测查对象，是研究者欲获得的，但却是事先无法获知的。因此，定义①和定义②只具有理论意义，是一个理论上构想的概念，在实际中根本不可操作。只有定义③才具有实际意义，可操作，即便事先不知晓真分数，也可以用来估计测量的信度。基于这些，我们可以理解为：

信度定义①——理论定义——不可操作

信度定义②——理论定义——不可操作

信度定义③——操作定义——可操作

我们可以证明信度三个定义公式的等价性，即定义①＝定义②＝定义③。这表明，只有定义③是可以操作的，且与定义①和定义②等价。

如此看来，要想估计测量的信度，只有构建两个"平行测验"，并求出它们的相关系数来获取，这是唯一可操作的办法，是由定义③告诉我们的。因此，定义③为我们估计测量的信度指明了方向，即为了估计测量的信度，我们不得不构建两个"平行测验"，这凸显出"平行测验"这个概念是非常重要的。为了方便表达"平行测验"这个概念的此种重要性，信度的表示符号干脆就被定义为 r_{XX}，其基本含义就不言而喻了！

第二节 信 度 估 计

由上可知，要估计出测量的信度，说到底就是要构建出两个"平行测验"，并求出两个"平行测验"间的相关系数。围绕着如何构建两个"平行测验"，形式是很多的。根据形式上的不同，可以分成以下几种。

一、重测信度

（一）重测信度的定义

重测信度是指用同一个测验对同一组被试施测两次所得结果的一致性程度。许多心理特质具有一定的稳定性，如兴趣、性格等。既然所测对象是稳定的，那么同一个测验对同一组被试施测两次所得结果就应该是相同的或相近的。若两次测量的结果相差较大，则意味着测量的信度较低。

（二）重测信度的使用条件

使用重测信度有以下两个前提条件。

（1）所测的心理特质必须是稳定的。如果本来所测的心理特质不稳定，那么对于所得测量结果的不稳定可能是被试水平变化带来的，并不能说明测量工具是否稳定。如学业成绩测验，经过一段时间的学习后，学生的学业成绩会有所增长，用重测信度评价测验稳定性

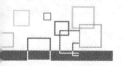

就不合适了。这也意味着,重测信度要求在两次施测的间隔时间内,被试在所要测查的心理特质方面没有获得更多的学习或训练。

(2)练习和遗忘的效应基本上相互抵消。同一组被试两次做同一个测验,会发生练习效应,但只要两次测量间隔的时间合适,那么在第二次做这个测验时,学会的东西就可能会遗忘掉。两次测量间隔多长时间较为合适,要根据问题的性质和测量的目的而定。另外,速度测验比难度测验练习效应更低,更适合用重测信度。

(三)重测信度的计算方法

重测信度的计算方法是:计算同一组被试在两次测验上所得分数的皮尔逊(Pearson)积差相关系数,其具体的计算公式为

$$r_{XY} = \frac{\sum (X_i - \overline{X})(Y_i - \overline{Y})}{\sqrt{\sum (X_i - \overline{X})^2 \sum (Y_i - \overline{Y})^2}} \qquad (3-8a)$$

$$r_{XY} = \frac{n \sum X_i Y_i - (\sum X_i)(\sum Y_i)}{\sqrt{n \sum X_i^2 - (\sum X_i)^2} \sqrt{n \sum Y_i^2 - (\sum Y_i)^2}} \qquad (3-8b)$$

在公式(3-8a)中,r_{XY} 表示积差相关系数;X_i 表示不同被试在 X 测验上的观察分数;Y_i 表示不同被试在 Y 测验上的观察分数;$\overline{X}$ 表示 X 测验所有被试观察分数的平均分;$\overline{Y}$ 表示 Y 测验所有被试观察分数的平均分。

在公式(3-8b)中,X_i^2 表示不同被试在 X 测验上的观察分数的平方;Y_i^2 表示不同被试在 Y 测验上的观察分数的平方;n 表示被试人数;其他表示符号意义同公式(3-8a)。

例 3-1 10 名被试接受了某测验的测试,分数记为 X_i。为了考察该测验的信度,两个星期后,对这 10 名被试重新测试了一次,分数记为 Y_i,如表 3-1 所示。根据两次测试的结果,问该测验的重测信度是多少?

解:(1)将测验成绩列入表中,并求出所需的统计量,也列入表中。

表 3-1 10 名被试接受了某测验两次测试的成绩

被试	X_i	Y_i	X_i^2	Y_i^2	$X_i Y_i$
1	74	82	5 476	6 724	6 068
2	71	75	5 041	5 625	5 325
3	80	81	6 400	6 561	6 480
4	85	89	7 225	7 921	7 565
5	76	82	5 776	6 724	6 232
6	77	89	5 929	7 921	6 853
7	77	88	5 929	7 744	6 776
8	68	84	4 624	7 056	5 712
9	74	80	5 476	6 400	5 920
10	74	87	5 476	7 569	6 438
$\sum$	756	837	57 352	70 245	63 369

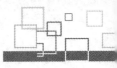

（2）将计算出的各统计量代入公式（3-8b）中，得

$$r_{XY}=\frac{10\times63\,369-756\times837}{\sqrt{10\times57\,352-756^2}\sqrt{10\times70\,245-837^2}}=0.48$$

（四）对重测信度的评价

优点：容易理解平行测验的含义，一个测验测两次，题目完全平行；能够提供测验随时间而变化的资料。

缺点：有练习效应和记忆效应；时间间隔难以把握，要根据问题的性质和测验目的而定。

二、复本信度

（一）复本信度的定义

为了克服重测信度有练习效应和记忆效应的缺点，可以使用不同题目进行两次测量，即采用复本形式，如某考试的 A 卷和 B 卷施测同一批被试。复本信度指的是两个平行测验测量同一批被试所得结果的一致性程度。所谓平行测验，是在题目内容、数量、形式、难度、区分度、指导语、时限以及所用的例题、公式等各方面都相同或相似的两个测验。平行测验用不同的题目测量同样的内容而且测验结果的平均值和标准差都要相同。显然，要获得严格意义上的平行测验是非常困难的。但是，如果当编制测验时，在测验题目内容、数量等各项指标上精心加以匹配，那么所获得的大体平行的测验在实际中也是可行的。

复本信度根据两次测验时间间隔的长短可分为等值性系数和等值稳定性系数。等值性系数是两个平行测验，在最短的时距内，测量同一批被试所得结果的一致性程度。等值性系数主要反映两个平行测验题目间的差别所带来的变异。等值稳定性系数是两个平行测验，相距一段时间后，测量同一批被试所得结果的一致性程度。因为相隔了一段时间，所以等值稳定性系数不仅反映了两个平行测验题目间的差别所带来的变异，还反映了两次施测时的情境、被试特质水平等方面的差别所带来的变异。

（二）复本信度的使用条件

计算复本信度的第一个条件是要构造出两份真正的平行测验（如 A、B 卷）。那么，什么样的测验才能算是真正平行的呢？如上所述，平行测验之间必须在题目内容、数量、形式、难度、区分度、指导语、时限以及所用的例题、公式等各方面都相同或相似。换句话说，平行测验就是那种用不同的题目测量同样的内容，而且其测验结果的平均值和标准差都应该相同。显然，严格的平行测验是很难构造出来的。

计算复本信度的第二个条件是被试要具备条件接受两个平行测验。被试要具备条件接受两个平行测验，是指被试接受两个平行测验在时间、场所、经费等各个条件方面是可行的。

（三）复本信度的计算方法

复本信度的计算方法是：计算同一组被试在两个平行测验上所得分数的皮尔逊（Pearson）积差相关系数，其具体的计算公式同公式（3-8a）或公式（3-8b）。

例 3-2 有 A 和 B 两份平行测验，10 名被试先接受了测验 A 的测试，分数记为 X_i，后接受了测验 B 的测试，分数记为 Y_i，如表 3-2 所示，求这两份平行测验的复本信度。

解：（1）将测验成绩列入表中，并求出所需的统计量，也列入表中。

表 3－2　10 名被试测验 A 和测验 B 的测试成绩

被试	X_i（测验 A）	Y_i（测验 B）	X_i^2	Y_i^2	X_iY_i
1	8	9	64	81	72
2	10	10	100	100	100
3	9	10	81	100	90
4	6	6	36	36	36
5	10	10	100	100	100
6	7	8	49	64	56
7	5	4	25	16	20
8	7	8	49	64	56
9	9	9	81	81	81
10	4	4	16	16	16
$\sum$	75	78	601	658	627

（2）将计算出的各统计量代入公式（3－8b）中,得

$$r_{XY}=\frac{10\times627-75\times78}{\sqrt{10\times601-75^2}\sqrt{10\times658-78^2}}=0.96$$

（四）对复本信度的评价

优点：能够在一定程度上克服练习效应和记忆效应。

缺点：复本难以构建；开发题目成本提高；仍存在时间间隔的问题。

三、同质性信度

重测信度和复本信度这两种信度估计方法,都要求对被试施测两次才能估计出信度系数,这在实际操作中有一定难度,因为被试可能有流动,或者被试不愿意接受两次测试。另外,复本信度要求的平行测验,也是不容易获得的。同质性信度则不同,它只要测试一次。重测信度和复本信度主要考察测验跨时间的一致性（稳定性）和跨形式的一致性（等值性）,而同质性信度主要反映的是题目之间的关系,因此又称为内部一致性信度,表示测验能够测量相同的内容或特质的程度。

（一）同质性信度的定义

同质性信度是指测验内部所有题目间的一致性程度。在本书中,题目（item）,又称为项目、条目、试题或测题。题目间的一致性程度有两层意思：一是所有题目测的是同一种特质；二是所有题目得分之间都具有较高的正相关。也就是说,同质性信度是评价一个测验所测内容或特质的相同程度。若测验同质性信度高,则说明测验测量的是某一个心理特质,测验结果就是该特质水平的反映；若测验同质性信度低,则说明测验测量了多个特质,测验结果不好解释。一个好的办法是将测验分解成多个具有同质性的分测验,得到被试在每个分测验上的得分,再进行解释。

（二）同质性信度的使用条件

值得注意的是,一些表面上看起来是测量同一种心理特质的题目,若题目间不具有较高的正相关,则不能认为它们具有同质性。这就是说,测量单一特性是同质性高的必要条件,而非充分条件。反过来,同质性高才是测验测得单一特质的充分条件。我们讨论同质性信

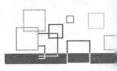

度的目的就在于判断一个测验是否测到单一特质，以及估计所测特质的一致性程度。

（三）同质性信度的计算方法

估计同质性信度的主要方法如下。

1. 分半信度

分半信度是指将一个测验分成对等的两半后，所有被试在这两半上所得分数的一致性程度。分半信度反映了测验两部分的一致性，属于同质性信度。也可以把对等的两半测验看成在最短时距内施测的两个平行测验。因此，可以将分半信度看作与等值性系数一样，进行解释。

计算分半信度先要将测验分成对等的两半，具体方法包括按题目的奇偶分半、按题目的难度分半、按题目的内容分半，等等。不同的分半方法计算出的分半信度是不一样的。因此，在报告分半信度时要说明分半的方法。若测验不能分成对等的两半，则不能使用分半信度。

分半信度的计算方法是计算两个"半份测验"得分的皮尔逊（Pearson）积差相关系数，其具体的计算公式同公式（3-8a）或公式（3-8b）。但是，"半份测验"的题目量减少了，会低估整份测验的信度，必须用斯皮尔曼—布朗（Spearman-Brown）公式加以校正，即

$$r_{XX}=\frac{2r_{hh}}{1+r_{hh}} \qquad (3-9)$$

在公式（3-9）中，r_{XX} 为整个测验的信度系数；r_{hh} 为两个"半份测验"得分的相关系数。

例3-3　一个测验有60个题目，10名被试接受了该测验的测试，将测验题目按奇偶分半，并计算每名被试奇数题的得分（用 X_i 表示）和偶数题的得分（用 Y_i 表示），如表3-3所示。问该测验的同质性信度是多少？

解：（1）将每名被试的奇数题得分和偶数题得分列入表中，并求出所需的统计量，也列入表中。

表3-3　10名被试在一个测验上题目奇偶分半的得分成绩

被试	X_i（奇数题）	Y_i（偶数题）	X_i^2	Y_i^2	X_iY_i
1	38	37	1 444	1 369	1 406
2	37	37	1 369	1 369	1 369
3	38	36	1 444	1 296	1 368
4	41	39	1 681	1 521	1 599
5	40	39	1 600	1 521	1 560
6	36	34	1 296	1 156	1 224
7	38	38	1 444	1 444	1 444
8	39	39	1 521	1 521	1 521
9	40	39	1 600	1 521	1 560
10	35	36	1 225	1 296	1 260
$\sum$	382	374	14 624	14 014	14 311

（2）将计算出的各统计量代入公式（3-8b）中，得

$$r_{hh}=r_{XY}=\frac{10\times14\,311-382\times374}{\sqrt{10\times14\,624-382^2}\sqrt{10\times14\,014-374^2}}=0.84$$

（3）将 r_{hh} 代入公式（3-9）中进行校正，得

$$r_{XX}=\frac{2r_{hh}}{1+r_{hh}}=\frac{2\times0.84}{1+0.84}=0.91$$

2. 库得尔—理查森信度

库得尔—理查森信度(Kuder-Richardson reliability,KR),适用于测验题目全部为二分记分题的测验的同质性信度分析。库得尔—理查森信度公式有好几个,其中最常用的是 $r_{KR_{20}}$ 公式和 $r_{KR_{21}}$ 公式,如下。

(1) $r_{KR_{20}}$ 公式:

$$r_{KR_{20}} = \frac{K}{K-1}\left[1 - \frac{\sum pq}{S_t^2}\right] \tag{3-10}$$

在公式(3-10)中,$r_{KR_{20}}$ 为整个测验的信度系数;K 为测验题目数;p 为各题正确反应人数占总人数的百分数;q 为各题错误反应人数占总人数的百分数;S_t^2 为每名被试所得总分的方差。

(2) $r_{KR_{21}}$ 公式:

$$r_{KR_{21}} = 1 - \frac{0.8 \times \overline{X}(K - \overline{X})}{KS_t^2} \tag{3-11}$$

在公式(3-11)中,$r_{KR_{21}}$ 为整个测验的信度系数;$\overline{X}$ 为每名被试所得总分的平均数;K 为测验题目数;S_t^2 为每名被试所得总分的方差。

例 3-4 某份测验的 8 道题均为 0、1 记分题(答对得 1 分,答错得 0 分),对 10 名被试进行测试后,结果如表 3-4 所示,试估计测验的同质性信度。

解:(1)将测验成绩列入表中,并求出所需的统计量,也列入表中。

表 3-4 10 名被试在 8 道题目上的测试成绩

被试	题目								$\sum$
	1	2	3	4	5	6	7	8	
1	0	0	0	0	0	0	0	1	1
2	0	0	0	0	1	0	0	1	2
3	0	1	1	1	0	0	0	0	3
4	0	0	0	0	0	1	1	1	3
5	0	0	1	1	0	0	1	0	3
6	0	0	0	0	0	1	1	1	3
7	1	0	0	0	1	1	1	1	5
8	0	0	0	1	1	1	0	1	4
9	0	0	1	1	1	0	1	1	5
10	1	1	1	1	1	1	1	1	8
$\sum$	2	2	4	4	5	5	7	8	$\overline{X}=3.7$
p	0.2	0.2	0.4	0.4	0.5	0.5	0.7	0.8	$S_t^2=3.41$
q	0.8	0.8	0.6	0.6	0.5	0.5	0.3	0.2	$K=8$
pq	0.16	0.16	0.24	0.24	0.25	0.25	0.21	0.16	$\sum pq=1.67$

(2) 将计算出的各统计量代入公式(3-10)中,得

$$r_{KR_{20}} = \frac{8}{8-1}\left(1 - \frac{1.67}{3.41}\right) = 0.58$$

(3) 将计算出的各统计量代入公式(3-11)中,得

$$r_{KR_{21}} = 1 - \frac{0.8 \times 3.7 \times (8 - 3.7)}{8 \times 3.41} = 0.53$$

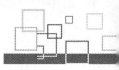

可见,用 $r_{KR_{21}}$ 公式计算的信度系数与 $r_{KR_{20}}$ 公式计算的信度系数,结果差不多。

3. 克龙巴赫 α 系数

1951 年,克龙巴赫(L. J. Cronbach)提出了用 α 系数来计算测验的同质性信度。克龙巴赫 α 系数适用于测验题型较多且并非都是二分记分题的测验的同质性信度分析,其计算公式为

$$\alpha = \frac{K}{K-1}\left[1 - \frac{\sum S_i^2}{S_t^2}\right] \tag{3-12}$$

在公式(3-12)中,α 为整个测验的信度系数;K 为测验题目数;S_i^2 为每道题被试得分的方差;S_t^2 为每名被试所得总分的方差。

例 3-5　某份测验有 4 道论文题,对 5 名被试进行施测,所得数据如表 3-5 所示,试估计测验的同质性信度。

解:(1)将测验成绩列入表中,并求出所需的统计量,也列入表中。

表 3-5　4 道论文题对 5 名被试施测的成绩

被试 题目	1	2	3	4	5	S_i^2	S_t^2
1	2	6	3	6	6	3.04	
2	1	4	2	3	4	1.36	
3	1	5	1	3	4	2.56	
4	3	6	1	3	3	2.56	
$\sum$	7	21	7	15	17	9.52	31.04

(2)将计算出的各统计量代入公式(3-12)中,得

$$\alpha = \frac{K}{K-1}\left[1 - \frac{\sum S_i^2}{S_t^2}\right] = \frac{4}{4-1} \times \left[1 - \frac{3.04 + 1.36 + 2.56 + 2.56}{31.04}\right]$$

$$= \frac{4}{3} \times \left(1 - \frac{9.52}{31.04}\right) = 0.92$$

(四)对同质性信度的评价

优点:仅需一次测量;能够克服练习效应和记忆效应。

缺点:只可在测量单一概念的测验上使用;不太适合速度测验(Speeded tests),容易高估速度测验的信度;分半信度的分半形式有时难以确定。

以上介绍了多种测量的信度,包括重测信度、复本信度和同质性信度。那么,一个测验的信度要多大才能认为测验可靠呢?这不能一概而论,要视具体测验而定。就测验内容而言,标准化学业成绩测验一般要求信度系数在 0.90 以上,常要求达到 0.95 以上。标准化智力测验的信度系数一般应达到 0.85 以上。个性与兴趣测验的信度系数可稍低,一般应达到 0.70~0.80。如果我们只是想比较两个群体之间在测验上的得分是否存在显著性差异,那么信度系数只要达到 0.60~0.70,就可以了。

四、评分者信度

(一)评分者信度的定义

评分者信度是指多个评分者给同一批人的答卷或表现进行评分的一致性程度。当评分

者人数为两个时,评分者信度等于两个评分者给同一批被试的答卷或表现所给分数的相关系数(如积差相关或等级相关)。当评分者人数多于两个时,评分者信度等于多个评分者给同一批被试的答卷或表现所给分数的相关系数(如肯德尔和谐系数)。

(二)评分者信度的使用条件

显然,不同类型的信度在误差变异中所包含的因素有所不同,有时误差变异是时间的波动,有时是平行测验之间的变异,而有时则是项目间的不一致性。不过,现在大多数测验都能提供标准化的施测和评分的程序,以至于这些因素造成的误差变异得以降低,甚至可以忽略不计。而对于一些计算机评分的团体测验,也只需要仔细遵照和认真检查所规定的程序就可以了。但是,对于一些无法完全客观评分,在评分时可能会掺杂有主观判断成分的测验来说,评分者之间的变异也属于误差来源之一,这就需要对评分者信度进行度量。在心理测量中,客观题的评分很少出现误差(如机器阅卷),但主观题的评分会因评分者不同而出现误差,因此提高评分者信度是心理测量的重要任务之一。

(三)评分者信度的计算方法

(1)当评分者人数为 2 时,评分者信度可以用皮尔逊(Pearson)积差相关系数或斯皮尔曼(Spearman)等级相关系数来进行估计。皮尔逊积差相关系数的具体的计算公式可参考公式(3-8a)或公式(3-8b),而斯皮尔曼等级相关系数的具体的计算公式可参考相关的统计学教材,限于篇幅,在此就不再介绍。

(2)当评分者人数大于 2 时,若评分中没有相同等级出现,则评分者信度可以用肯德尔和谐系数来进行估计,其公式为

$$W = \frac{\sum R_i^2 - \dfrac{(\sum R_i)^2}{N}}{\dfrac{1}{12}K^2(N^3 - N)} \qquad (3-13)$$

在公式(3-13)中,W 为肯德尔和谐系数;K 为评分者的人数;N 为被评分对象的人数;R_i 为第 i 个被评分对象被评的水平等级。

例 3-6   4 位评委(赵、钱、孙、李)对 5 篇学生毕业论文进行等级评定,结果如表 3-6 所示,试计算这些评委的评分者信度。

表 3-6   4 位评委对 5 篇学生毕业论文评定的等级

毕业论文 (N=5)	评委(K=4)				R_i	R_i^2
	赵	钱	孙	李		
一	1	2	1	2	6	36
二	3	1	2	1	7	49
三	5	3	3	4	15	225
四	4	5	4	5	18	324
五	2	4	5	3	14	196
$\sum$					60	830

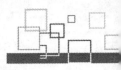

解：这是多列等级变量求取一致性，需使用肯德尔和谐系数来估计评分者信度，将有关数据代入公式(3-13)，得

$$W = \frac{\sum R_i^2 - \frac{(\sum R_i)^2}{N}}{\frac{1}{12}K^2(N^3-N)} = \frac{830 - \frac{60^2}{5}}{\frac{1}{12} \times 4^2 \times (5^3-5)} = 0.69$$

（3）当评分者人数多于两个时，若评分中有相同等级出现，则评分者信度需要使用校正的肯德尔和谐系数来进行估计，其公式为

$$W = \frac{\sum R_i^2 - \frac{(\sum R_i)^2}{N}}{\frac{1}{12}K^2(N^3-N) - \frac{K\sum(n^3-n)}{12}} \tag{3-14}$$

在公式(3-14)中，n 为相同等级的个数，其他表示符号与肯德尔和谐系数公式(3-13)中的含义相同。

例 3-7　5 名裁判对 6 名跳水运动员的跳水表现进行等级评定，其结果如表 3-7 所示，试计算这些裁判的评分者信度。

表 3-7　5 名裁判对 6 名跳水运动员的跳水表现评定的等级

跳水运动员 (N=6)	裁判(K=5)					R_i	R_i^2
	1	2	3	4	5		
A	4	5	5	3.5	4	21.5	462.25
B	1	1	2	1.5	1	6.5	42.25
C	2.5	2	2	1.5	2	10	100
D	6	5	4	5	5	25	625
E	2.5	3	2	3.5	3	14	196
F	5	5	6	6	6	28	784
$\sum$						105	2 209.5

解：在本例中出现了相同等级，需要使用校正的肯德尔和谐系数来估计评分者信度，将有关数据代入公式(3-14)，得

$$\sum c = \frac{\sum(n^3-n)}{12} = \frac{2^3-2}{12} + \frac{3^3-3}{12} + \frac{3^3-3}{12} + \frac{2^3-2}{12} + \frac{2^3-2}{12} = 5.5$$

$$W = \frac{\sum R_i^2 - \frac{(\sum R_i)^2}{N}}{\frac{1}{12}K^2(N^3-N) - K\sum c} = \frac{2\,209.5 - \frac{105^2}{6}}{\frac{1}{12} \times 5^2 \times (6^3-6) - 5 \times 5.5} = 0.91$$

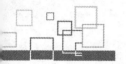

（四）对评分者信度的评价

优点：适用于主观评分的测验，可以考察评分者评定的一致性。

缺点：使用肯德尔和谐系数计算评分者信度可能存在信息损失。

五、小结

下面对上述所讨论的不同类型信度作一小结，如表3-8和表3-9所示。

表3-8 不同类型信度、所需的复本数目与所需的施测次数的关系

所需的施测次数	所需的复本数目	
	1	2
1	分半信度 库得尔—理查森信度 克龙巴赫 α 系数 评分者信度	复本信度（连续施测）
2	重测信度	复本信度（间隔施测）

根据表3-8可知，不同类型信度、所需的复本数目与所需的施测次数有一定的关系。这表明，不同类型信度估计所需的复本数目和施测次数可能存在不同。这提示，我们在选择信度类型时，应该考虑到实际所需的复本数目和施测次数。

表3-9 不同类型信度的误差变异来源

信度类型	误差变异来源
重测信度	时间取样
复本信度（连续施测）	内容取样
复本信度（间隔施测）	时间与内容取样
分半信度	内容取样
库得尔—理查森信度、克龙巴赫 α 系数	内容异质性
评分者信度	评分者之间差异

根据表3-9可知，不同类型信度的误差变异来源存在不同，这直接影响到信度估计值的高低。在一般情况下，间隔施测获得的复本信度值往往最低，因为很多因素有机会影响到测验分数。相反，校正过的分半信度，因为影响因素相对较少，所得的信度估计值往往最高。

根据表3-9也可知，有多少种误差来源，就有多少种信度类型。一个测验哪种误差变异来源大，我们就应该对哪种误差变异来源进行有效估计。有时，一个测验需要同时使用几种信度系数，这样我们就不得不把总变异分解为不同的变异来源。

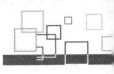

第三节　信度影响因素

一、影响测量的信度的主要因素

影响测量的信度的主要因素是随机误差,而产生随机误差是多方面的,主要包括以下几个方面。

（一）被试样本特征

被试样本特征是影响测量的信度的一个重要因素。被试样本特征的影响分为被试样本团体异质性的影响和被试样本团体平均能力水平的影响。

第一,被试样本团体异质性的影响。被试样本团体异质性越强（大）,分数分布就越分散,分数变异就越大,相关系数就越大。例如,一个班上,只有"白痴"和"天才"两人,两次对他们施测,"天才"的分数都高于"白痴"分数的可能性很大,这反映了测验的稳定性。另一个班上,只有"半斤"和"八两"两人,两次对他们施测,有可能一次是"半斤"分数高,另一次是"八两"分数高,这反映了测验的不稳定性。若被试样本团体异质性强（大）,则随机误差就小。相反,若被试样本团体同质性强（大）,则随机误差就大。若被试样本团体异质性越强（大）,则这个测验分数的分布范围就越大,而分数越分散,信度系数就越高。由于信度系数与被试样本团体异质性有关,因此我们在使用测验时不能认为,当测验在一个团体中具有较高的信度时,在另一个团体中也具有较高的信度。

第二,被试样本团体平均能力水平的影响。信度系数不仅受被试样本团体异质性的影响,也受被试样本团体平均能力水平的影响。对于不同平均能力水平的团体,项目具有不同的难度,每个项目的变化积累起来便会影响测量的信度。因此,对于不同平均能力水平的团体,题目的难度会影响信度系数估计。

基于此,我们在设计测验时,要考虑到被试样本特征,应该尽量将被试的分数拉开距离,以提高测量的信度。

（二）主试因素

就主试而言,若他不按测验指导手册中的规定施测,或故意制造紧张气氛,或通过指导语等给考生以暗示、协助等,则测量的信度会大大降低。若评分者没有一个统一的标准答案或评分较为主观,则也会降低测量的信度。在实际中,如果评分的一致性很低,那么即便是一个好的测验,也不可能有好的测量的信度。因此,主试的施测和评分的客观性对提高测量的信度相当重要,要努力改进和完善施测与评分的程序。

（三）测验长度

一般来说,测验的长度越长,测量的信度就越高。这是因为,测验的项目多,则取样更有代表性,从而能够更好地反映受测者的真实水平;测验的项目多,在每个项目上的随机误差更可能得到相互抵消。

（四）测验难度

测验难度与测量的信度其实没有直接的对应关系,但若测验太难或太易,则分数的范围就会缩小,从而降低测量的信度。只有当测验难度水平可以使测验分数的分布范围较大时,测量的信度才会较高,通常这个难度水平为 0.50 左右,即中等难度水平。因

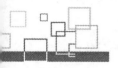

为大多数人的能力都处在中等水平,所以当题目过难或过易时,被试的测验分数就有可能会出现"地板效应"或"天花板效应",从而降低了测量的信度。

(五)两次施测间隔时间

在计算重测信度或复本信度时,两次测验间隔时间越短,其测量的信度就可能越高;间隔时间越长,其他因素带来的影响机会越多,因而其测量的信度就可能越低。

二、提高测量的信度的方法

通常,测验编制者想让他们的测验在实际中应用,但有时却发现测量的信度不高,那么就需要采取一些方法来提高测量的信度,主要方法如下。

(一)增加适量的测验项目

由于项目数量太少会降低测量的信度,因此提高测量的信度的一个常用方法是增加一些与原测验项目中具有较好的同质性的项目,从而增大测验长度。

不过有两点需要注意:一是新增的项目必须与测验中原有的项目同质;二是新增的项目数量必须适量。事实上,增加测验长度的效果遵循报酬递减规律,即测验过长有可能会引起被试的疲劳和反感,反而降低测量的信度,所以要控制好项目的数量。

(二)控制测验项目的难度及提高测验项目的区分度

在编制测验时应使测验中所有项目的难度接近正态分布,并控制在中等难度水平,这时被试团体的得分分布也会接近正态分布,且标准差会较大,以相关为基础的测量的信度也必然会较大。

另外,区分度也是评价测验项目质量的重要指标,可以直接影响测量的信度。因此,努力提高测验项目的区分度,也可以获得较高的测量的信度。

(三)选取恰当的被试团体

由于被试团体的内部差异和平均水平会影响测量的信度,因此在估计测量的信度时,一定要根据测验的使用目的来选取恰当的被试团体,即在编制和使用测验时,一定要弄清楚常模团体的年龄、性别、文化程度、职业等。在一个特别异质的团体上获得的信度,并不等于在某些较同质的亚团体上获得的信度。只有当各个亚团体的信度都合乎要求时,测验才具有广泛的应用价值。

(四)规范对施测者和评分者的要求

施测者要严格执行施测规章和程序,评分者要严格按照标准给分。对于施测的时间、场地等因素也要按照要求进行设置,以便减少无关因素的干扰。只有这样,测量的信度才能真正得到有效保证。

【本章小结】

通过本章学习,有助于了解信度定义、信度估计及信度影响因素。信度是测量过程中随机误差大小的反映。随机误差越大,信度就越低;随机误差越小,信度就越高。有多种方法可以用于信度估计,包括重测信度、复本信度、同质性信度和评分者信度等。测量的信度受到多种因素影响,如被试样本特征、主试因素、测验长度、测验难度和两次施测间隔时间等。可以通过增加适量的测验项目、控制测验项目的难度及提高测验项目的区分度、选取恰当的

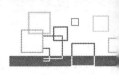

被试团体、规范对施测者和评分者的要求等方法来提高测量的信度。本章的重点是对信度定义的理解,难点是对信度估计方法的掌握。本章的中心概念是"平行测验"。

【练习与思考】

一、选择题(不定项选择题,至少有一个选项是正确的)

1. 信度类型不包括 （　　）
   A. 重测信度　　　　　　　　　　B. 同质性信度
   C. 评分者信度　　　　　　　　　D. 取样信度

2. 重测信度是指用（　　）对同一组被试施测两次所得结果的一致性程度。（　　）
   A. 一个不相等的测验　　　　　　B. 另一种测验
   C. 同一个测验　　　　　　　　　D. 另一个相等的测验

3. 信度系数可以解释测量的总变异中（　　）造成的变异所占百分比。（　　）
   A. 样本标准差　　B. 测量标准误　　C. 随机误差分数　　D. 真分数

4. 影响测量的信度的主要因素包括 （　　）
   A. 被试样本特征　　　　　　　　B. 主试因素
   C. 测验长度　　　　　　　　　　D. 两次施测间隔时间

5. 对于不同平均能力水平的团体,题目的（　　）会影响信度系数估计。（　　）
   A. 难度　　　　　B. 表达方式　　　C. 代表性　　　　D. 效度

6. 斯皮尔曼—布朗公式:$r_{xx}=\dfrac{2r_{hh}}{1+r_{hh}}$,式中 r_{hh} 是（　　）得分的相关系数。（　　）

   A. 全测验　　　　B. 原测验　　　　C. 两半测验　　　D. 全部分数

7. $SE=S_x\sqrt{1-r_{xx}}$,式中 SE 表示测量的标准误,S_x 表示观察分数的标准差,r_{xx} 表示测量的信度。从公式中可以看出,测量的标准误与信度之间的关系是 （　　）
   A. 信度越低,标准误越小　　　　B. 信度越低,标准误越大
   C. 信度越高,标准误越大　　　　D. 信度越高,标准误越小

8. 信度主要受（　　）的影响。 （　　）
   A. 系统误差　　　　　　　　　　B. 随机误差
   C. 恒定效应　　　　　　　　　　D. 概化作用

9. 同质性信度是指测验内部（　　）间的一致性程度。 （　　）
   A. 两半测验　　B. 题目与分测验　　C. 所有题目　　D. 分测验

10. 信度的定义公式可表示为 （　　）
    A. $r_{xx}=\dfrac{S_T^2}{S_x^2}$　　　B. $r_{xx}=\dfrac{S_V^2}{S_x^2}$　　　C. $r_{xx}=\dfrac{S_x^2}{S_T^2}$　　　D. $r_{xx}=\dfrac{S_x^2}{S_V^2}$

11. 重测信度的主要误差变异来源是 （　　）
    A. 内容取样　　　　　　　　　　B. 时间取样
    C. 时间与内容取样　　　　　　　D. 内容异质性

12. 用来评价测量结果可靠性、稳定性的指标是 （　　）
    A. 效度　　　　　B. 信度　　　　　C. 难度　　　　　D. 区分度

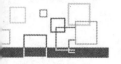

13. 若某测验测量的信度为 0.64,观察分数的标准差为 5,则该测验测量的标准误为

（　　）

A. 0.36   B. 1.04   C. 3.00   D. 4.36

14. 克龙巴赫提出的 α 系数主要用来计算 （　　）

A. 重测信度   B. 复本信度

C. 评分者信度   D. 内部一致性信度

15. 若将测验对等分半后,两半测验得分的相关系数为 0.60,则该测验校正后的分半信度是 （　　）

A. 0.70   B. 0.75   C. 0.80   D. 0.85

二、简答题

1. 什么是平行测验？成为平行测验有什么条件？

2. 简述不同类型信度所对应的误差变异来源。

3. 简述影响测量的信度的主要因素,以及提高测量的信度的方法。

4. 简述各种信度的优缺点。

三、证明题

1. 利用经典测验理论的三个基本假设和三个相关推论,证明 $S_X^2 = S_T^2 + S_E^2$。

2. 证明信度三个定义公式的等价性,即定义①＝定义②＝定义③。

第四章　效　　度

在测量活动中,测量者使用测量工具对测量对象实施测量,测量得到的结果与实际情况是否相符是测量者最为关心的。在测量中,我们一般用效度来表示测量结果与实际情况的相符合程度。与前面所介绍的测量的信度不同,测量的信度的高低反映了测量分数的稳定与否,而测量的效度的高低反映了测量分数的有效与否。众所周知,心理测量为间接测量,我们除了关注测量的信度以外,还应该重视另一个更为重要的指标:测量的效度。

第一节　效　度　定　义

一、效度的定义

在心理测量中,效度(validity)是指所测量的与要测量的心理特质之间符(吻)合的程度,或者简单地说是指一个心理测验的准确性或有效性。

要测量的用 Y 来表示,Y 有一个规定的测量范围。所测量的用 X 来表示,X 有一个实际的测量范围。将 X 与 Y 进行符(吻)合,计算两者重叠的范围。若重叠的范围越大,则效度就越高。反之,效度就越低。

从效度的定义来看,效度测量包含以下三要素:

第一要素:Y;

第二要素:X;

第三要素:$X-Y$。

从效度测量的三要素来看,效度测量包括以下三步:

第一步,给出 Y(理论上规定要测量的);

第二步,实测 X(实际中测量出的);

第三步,将 X 与 Y 进行比较,看它们之间的符(吻)合程度。

如此看来,效度是 X 与 Y 的面积(变异或范围)之交集所占的百分比,因此效度是面积之比,可用符号 r_{XY}^2 来表示,如图 $4-1$ 所示。

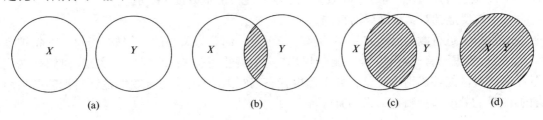

图 4-1　X 与 Y 的交集

在图 4-1(a)中，X 与 Y 的交集为 0，其效度为 0。在图 4-1(b)中，X 与 Y 的交集不为 0，其效度不为 0。在图 4-1(c)中，X 与 Y 的交集进一步增大，其效度提高。在图 4-1(d)中，X 与 Y 的交集达到 100%，完全重合，其效度为 1。从图 4-1(a)～(d)交集的变化趋势可以看出，X 与 Y 的重叠范围越大，测量的效度就越大。

经典测验理论将效度定义为：与测量目标有关的真分数方差与观察分数方差之比，可表示为

$$r_{XY}^2 = \frac{S_V^2}{S_X^2} \tag{4-1}$$

在公式（4-1）中，r_{XY}^2 表示效度；r_{XY} 表示效度系数；S_V^2 表示与测量目标有关的真分数方差；S_X^2 表示观察分数方差。

我们知道，测量误差包括随机误差和系统误差。测量的信度主要受随机误差影响，而测量的效度同时受随机误差和系统误差影响。在经典测验理论中，真分数是观察分数中除随机误差分数之外的稳定的那一部分值。但是，真分数方差 S_T^2 既包含了与测量目标有关的真分数方差（valid）（S_V^2），也包含了与测量目标无关的但对测量产生稳定影响的系统误差分数方差（Invalid）（S_I^2），即 $S_T^2 = S_V^2 + S_I^2$。那么，对于公式（4-1），我们也可以得到下式

$$r_{XY}^2 = \frac{S_V^2}{S_X^2} = \frac{S_T^2 - S_I^2}{S_X^2} \tag{4-2}$$

二、效度的性质

（一）效度是一个相对的概念

效度的相对性主要表现在以下两个方面。

（1）效度是针对特定的测量目的而言的，不具有普遍性。由前面定义可知，效度是指实测结果与所要测量的特质之间的一致性程度。因此，一个测验的有效性可以从此测验能否测得所要测量的特质，达到测量目的来判断。没有一个测验是对任何测验的目的都是有效的。例如，韦氏智力量表只对测验智力有效，而对测验人格基本是无效的。使用一个测验时，必须考虑测验的用途。能够实现测量目的，发挥出其相应的功能和作用的测验才是有效的测验，测量的效度就高。反之，测量的效度就低。

（2）效度只是程度上的差异。众所周知，心理特质的测量属于间接测量，心理特质具有较隐蔽的特性，只能通过其行为表现来推测。几乎没有一个测验能够百分之百地测出所要测量的心理特质，心理测量只能达到某种程度上的准确。正常情况下，一个测验测量的效度不会为零，效度只有程度上的差别，而不是"全"或"无"的差别。因此，在考虑测验用途的基础上，对测验进行评价时一般用"高效度""中等效度"和"低效度"来描述。

（二）效度是针对测验结果而言的

一般来说，进行测验后所得结果的真实与否是人们最为关心的。例如，当对一个精神紧张的人进行焦虑测验时，当事人可能会提出"这个测验可信吗"的问题。实则，他们是在问"这个测验真的能够辨别出我是否处于焦虑状态吗？"因此，测验的有效性是针对测验结果而言的，测量的效度即指测验结果的有效性。

三、信度与效度的关系

（一）信度高是效度高的必要而非充分条件

如果用一把尺子测量长度，每一次测量的结果都倾向于比实际长度多出 5 毫米，说明这把尺子测量时产生了稳定的变异，那么这把尺子的信度指标是好的。但是，从效度的角度讲，这把尺子的有效性并不理想，因为它没能准确地达到测量的目的。

我们知道，经典测验理论认为，观察分数方差等于真分数方差和随机误差分数方差之和，即 $S_X^2 = S_T^2 + S_E^2$。而 $S_T^2 = S_V^2 + S_I^2$，因此 $S_X^2 = S_V^2 + S_I^2 + S_E^2$。这表明，观察分数方差等于真分数方差、系统误差分数方差和随机误差分数方差之和。从信度与效度的定义来看，效度为 $r_{XY}^2 = S_V^2 / S_X^2$，信度为 $r_{XX} = S_T^2 / S_X^2$，而 $S_T^2 = S_V^2 + S_I^2$，那么信度的提高只会给 S_V^2 的增加提供可能性，但效度是否提高还需看 S_I^2 的大小。如此看来，信度高时，效度不一定高，但效度高时，信度一定高。因此，信度高是效度高的必要而非充分条件。

（二）测量的效度受信度的制约

信度与效度具有内在的联系，信度与效度的关系可表示为

$$r_{XY} = \sqrt{r_{XX} r_{YY}} \qquad\qquad (4-3)$$

在公式（4-3）中，r_{XY} 表示预测工具 X 与效标 Y 之间可能的相关关系最大值（最大效度系数）；r_{XX} 表示预测工具 X 的信度系数；r_{YY} 表示效标 Y 的信度系数。

从公式（4-3）可知，无论是预测工具 X 的信度系数降低还是效标 Y 的信度系数降低，最大效度系数均会随之降低。这表明，测量的效度受到测量的信度的制约，两者的关系可以进一步表示为

$$r_{XY}^2 \leqslant r_{XX} \qquad\qquad (4-4)$$

$$r_{XY} \leqslant \sqrt{r_{XX}} \qquad\qquad (4-5)$$

$$r_{XY} \leqslant r_{XT} \qquad\qquad (4-6)$$

从公式（4-4）可知，信度系数是效度的最高上限，即效度≤信度（系数）。

从公式（4-5）可知，信度系数的平方根是效度系数的最高上限，即效度系数 ≤$\sqrt{信度系数}$。

从公式（4-6）可知，信度指数是效度系数的最高上限，即效度系数≤信度指数。

我们还可以借助图 4-2 更为直观地理解测量的信度与效度的关系。

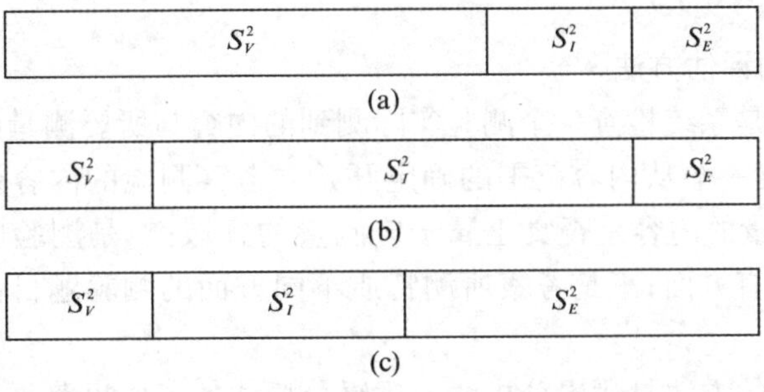

S_V^2		S_I^2	S_E^2

(a)

S_V^2		S_I^2	S_E^2

(b)

S_V^2	S_I^2		S_E^2

(c)

图 4-2　S_V^2、S_I^2、S_E^2 三部分的比重与测量的信度、效度的关系

在图 4-2(a)中，S_V^2 和 S_T^2 所占的比重都较大（$S_T^2 = S_V^2 + S_I^2$），因此测量既有高效度又有

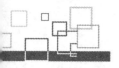

高信度。在图 4-2(b)中，S_V^2 所占比重较小，而 S_T^2 所占比重较大，因此测量有低效度和高信度。图 4-2(c)中，S_V^2 和 S_T^2 所占的比重都较小，因此测量的效度和信度都低。

第二节　效度估计

由上节可知，效度测量的关键是找出对应的三要素，即 Y、X 和 $X-Y$。然而，由于 Y 的种类存在不同，效度估计也不尽相同。如此看来，效度测量应该包含多方面的证据，其中最主要的是内容效度、效标效度和结构效度，学会对这三种效度进行定性与定量地分析，是相当重要的，在此我们将逐一介绍。

一、内容效度

（一）内容效度的定义

内容效度是指测验内容对于测验所欲测之行为的领域的代表性程度，即一个测验实际测到的内容与所要测量的内容之间的符（吻）合程度。比如，编制一个高中物理成就测验，如果该测验覆盖了高中物理教学大纲里的所有知识点，那么这个测验具有较高的内容效度。在学业成就测验和职业测验中，应测的内容和行为的领域都有比较明确的界定，内容效度的验证就相对比较重要，也比较容易判定；在人格测验和兴趣测验中，应测的内容和行为的领域界定不明显，内容效度的验证也就比较难以判定。显而易见，由上述分析我们知道，内容效度定义中最为关键的因素是测验所欲测之行为的领域，也称之为测验的内容范围。根据测验所测的特质不同，测验的内容范围可大可小，但所有测验的内容范围均有两个特性：一是边界性，这保证了测验题目对内容范围的代表性；二是结构化，将内容范围分为几类，使之能够与具体测验题目的结构相对照。由此可见，内容效度与测验题目的代表性息息相关。

此外，在使用内容效度时，要避免与表面效度（face validity 或 surface validity）相混淆。表面效度是描述外行人对某个测验从表面上看是测某种心理特质的可能性程度。简单来说，就是外行人看某个测验时以为这个测验在测某种心理特质。若外行人认为某个测验能有效地测得某种心理特质，则说明该测验的表面效度较高。反之，则说明该测验的表面效度较低。一般来说，最高成就测验（最佳行为测验）往往要求表面效度较高，而典型行为测验则要求表面效度较低。要注意的是，表面效度实际上不能算是一种效度，它不能反映测验实际测量的东西。

（二）内容效度的评估方法

内容效度的评估是系统检查一个测验实际测到的内容与所要测量的内容之间的符（吻）合程度，评估内容效度一般从内容范围的确定开始。考察测验的内容效度包括三方面的问题：一是题目所要测量的内容是否真正属于应测量的领域；二是测验所包含的题目是否覆盖了应考察领域的所有方面；三是考察所测特质不同方面的测验题目占整个测验题目的比例是否得当。

内容效度最常用的方法是逻辑分析法。逻辑分析法的工作思路是请有关专家对测验题目与原定内容范围的符（吻）合程度作出判断。逻辑分析法一般是依靠有关专家，对测验题目和测验结构作深入、系统、全面、严格的分析与检查。因此，逻辑分析法有时也称为专家评

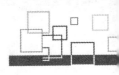

定法。在评定过程中,专家一般把所有试题按考试内容分布和教学目标要求进行双向分类,形成"双向分类表",与编制好的"命题双向细目表"进行对照比较,对测验内容效度的满意程度作出等级判断或评语描述,根据各部分的符(吻)合程度,判断测验内容效度。例如,小学数学四则混合运算成就测验的命题双向细目表,如表4-1所示。

表4-1 小学数学四则混合运算成就测验的命题双向细目表

教材内容	教学目标	知识	理解	应用	分析	综合	评价	总计	百分比
加法	选择	1	2					8题	20%
	填充			1	1				
	计算		1	1					
	应用						1		
减法	选择	1	1					8题	20%
	填充			1		1			
	计算	1	1			1			
	应用				1				
乘法	选择	2	1					12题	30%
	填充		1			1			
	计算	2		1		1			
	应用			1	1				
除法	选择	2	1	1				12题	30%
	填充		1			1	1		
	计算	1	1		1				
	应用			1	1				
总计		10题	10题	8题	4题	4题	4题	40题	100%
百分比		25%	25%	20%	10%	10%	10%		100%

逻辑分析法的一般步骤如下。

第一步,确定命题双向细目表(理论),这就是"Y"。

第二步,编制测验内容(题目)(实际),这就是"X"。

第三步,评定测验内容与命题双向细目表的符(吻)合程度,这就是"$X-Y$"。

(三) 内容效度的应用

内容效度适用于测量具体属性的测验,尤其适用于内容参照测验,如成就测验,因为成就测验主要是测量被试掌握某种技能或学习某门课程所达到的程度。测验的编制不可能将所预测的所有内容的有关材料和情境都包括在测验中,因此在测验中题目取样的代表性问题就是内容效度考察的首要问题。内容效度高,即说明题目取样代表性高,可以把被试在该

测验上的分数推论到相应的知识总体上去;反之,推论失效。因此,必须考察测验题目取样的适当性,即内容效度。

内容效度也适用于某些员工选拔与分类的职业测验。当测验内容是取自实际工作,或是实际工作所需的技能时,选择内容效度作为效度证据是合适的。当然,在这种情况下还需要进行工作分析以证实工作活动与测验内容之间的相似性,否则,题目取样的代表性就难以令人信服。

应该指出的是,内容效度不太适用于能力倾向测验和人格测验,因为这两种测验不是根据指定的教学课程或统一的先前经验来抽取测验内容的。在此两类测验中,被试对相同的测验题目作出反应所使用的心理机能可能大不相同。在这种情况下,实际上不大可能从检查测验内容来确定测验所测量的心理机能。

但是,事实上,内容效度对于任何测验的编制都是需要的。只是很多测验难以描述一个具有边界性的和结构化的内容范围,比如上文所说的能力倾向测验和人格测验,因而较难得到内容效度的评估指标。此外,还应指出,内容效度虽然可以有效地评价测验内容的有效性,但是全面评价内容参照测验的有效性还需要其他类型的效度证据。

（四）对内容效度的评价

为了确定一个测验是否有内容效度,最常用的方法是请有关专家对测验题目与测验的内容范围的符(吻)合性作出判断,看测验题目是否代表了规定的内容。专家从主观上进行判断,从逻辑上对编制的测验题目与命题双向细目表之间进行分析。因此,内容效度有时也称为"逻辑效度"。这种效度显得太"主观",一切由"专家"说了算。那么,有没有一种更为客观的效度估计方法呢? 这便是效标效度。

二、效标效度

由上可知,内容效度太"主观",有些人更愿意寻找一种更"客观"的方法来估计效度。有人主张,一切应该由"实践"说了算,是"骡子"是"马"应该拉出去遛遛。这就是实证主义思想,由此产生的效度称为效标效度,很显然它有利于克服"主观"效度(内容效度)的不足。效标效度也可称为实证效度,或关联效度,或效标关联效度,或统计效度。对于效标效度的这些其他称呼,旨在强调在实践中找寻证据证明效度的重要性。

（一）效标效度的定义

效标效度是指在评估测验时,测验分数与作为效标的另一独立测量结果之间的一致性程度。比如,用高考的英语成绩来预测大学生入学后的 CET-4 考试成绩;用能力倾向测验来预测员工的绩效等。在使用效标效度评估测验时,需要有一个对比的标准,即效标。效标是用来检验测验测量的效度的标准,多为被预测的行为。

一个测验可以有不同的效标,不同效标的选择可能会出现不同的结果,因此应该注意效标的选择。此外,效标具有时间性,因而又有中间效标和最终效标之分。例如,大学中语文写作成绩只是写作能力倾向测验的中间效标,而作为文学家的最终文学作品、文学成就才是最终效标。但是,由于最终效标过于耗时,而且在漫长的过程中会受到各种因素的影响,因此更常用的是中间效标。

需要注意的是,效标作为评估测验的标准,是通过测量得到的,这就需要在效标测量中控制各种误差、防止效标污染,从而得到有效且可靠的效标资料。好的效标需要具备可靠性、有效性、可操作性、经济实用性等特点。常用的效标有以下几种。

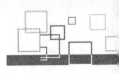

（1）学习成绩。如在校成绩、学历、教师评价等可作为成就测验和能力倾向测验等的效标。

（2）工作成就。如在实际工作中的绩效、具体表现等均可作为职业测验、能力倾向测验以及人格测验等的效标。

（3）特殊训练成绩。各种专业训练的成绩可作为各种专业团体人员选拔测验的效标，比如部队里选拔特种兵。

（4）临床诊断。临床上观察诊断的结果以及患者的病史等可作为智力测验或人格测验的效标。

（5）团体比较。可以将能否区分不同效标表现的团体作为标准来衡量测验的有效性，比如智力测验能区分不同年龄的儿童，人格测验能区分不同精神病症状的群体等。

（6）现有测验。一个新的测验可以把已有的具有良好效度的旧测验作为效标，如果两个测验相关较高，那么新的测验的有效性也较高。

根据效标资料收集的时间差异，效标效度可以分为同时效度（concurrent validity）和预测效度（predictive validity）两种。

同时效度是指所要验证效度的测验，其实测结果与另一效标测量的数据资料是大约同时获得的。比如，当用机械能力倾向测验测查一大批机械工人，并同时收集机械工人的实际工作成绩，如果结果表明测验高分组的实际工作成绩的确优于测验低分组的实际工作成绩，那么我们就可以认为该测验具有较好的效标效度。这种测验的效标资料是与测验分数同时搜集的，因此属于同时效度。

预测效度是指测验结果是用来对未来行为或效标测量作出预测的，测验分数本身与未来行为或效标测量资料是一前一后得到的。比如，前文所说的用高考英语成绩来考查学生大学入学一年后参加CET-4考试成绩的例子。如果高考英语成绩好的学生入学一年后参加CET-4考试成绩也好，高考英语成绩差的学生在CET-4考试中成绩也差，那么说明高考英语成绩对学生CET-4考试成绩有预测能力。在这里，学生CET-4考试成绩是独立于高考英语成绩的效标测量。其中，效标资料需在学生入学一年后才能得到，因此属于预测效度。

同时效度主要用于诊断现状，其作用在于用更简单、更省时、更廉价和更有效的测验分数来取代不易搜集的效标资料。预测效度的作用在于预测某个个体将来的行为。无论是哪一种效度，都是想在一个有代表性的样本上，用实证的方法来证明该测验的有效性，以便在今后可以用简便的测验去预测类似样本的其他个体或团体的行为。

（二）效标效度的评估方法

效标效度的评估方法一般可以分为以下三个步骤。

第一步，明确效标测量（理论），这就是"Y"。

第二步，确定测验分数（实际），这就是"X"。

第三步，考察测验分数与效标测量的符（吻）合程度，这就是"$X-Y$"。

对效标效度进行评估，主要有以下几种方法。

1. 相关法

相关法是评估效标效度最常用的方法。顾名思义，相关法就是通过计算测验分数与效标测量的相关系数（如积差相关、等级相关、点二列相关等）来估计测验的效标效度。例如，可以计算测验分数与效标测量的皮尔逊（Pearson）积差相关系数来估计测验的效标效度，具体的计算公式可参考公式(3-8a)或公式(3-8b)。前面介绍了同时效度和预测效度,在这里,也有同时效度和预测效度两种相关法评估策略。

同时效度的相关法评估策略是以同时取得的测验分数与效标成绩之间的相关系数来表示的。由于可以同时取得测验分数和效标成绩,因此效标效度资料很快就可以建立。

预测效度的相关法评估策略是以决策前的测验分数与决策后的效标成绩之间的相关系数来表示的。但是,由于效度研究要求所取样本应能代表受测者总体,而预测效度的效标成绩常取自决策后的人群,这些人往往是在测验中得分较高的一部分。如果用这些数据计算相关系数得出预测效度,那么就有可能存在较大的误差。

下面通过一个例子来说明同时效度和预测效度的相关法评估策略。例如,我国张厚粲等人在主持修订瑞文标准推理测验(SPM)时,报告的同时效度是北京一所普通高中45名12~15岁的学生同时接受SPM和韦氏儿童智力量表中国修订版(WISC-CR)测试后其得分的积差相关系数,报告的预测效度则是对北京市两所中学69名高三学生先施测SPM,再搜集这批学生三个月后的高考成绩,最后计算SPM得分与高考成绩的积差相关系数。

需要指出的是,以相关系数表示效标效度,或以相关系数作为指标来判断测验是否有效时,应该注意相关系数在统计上的显著性,一般要求达到0.05或0.01显著水平,才能说明该相关系数在很大程度上不是由机遇或者偶然误差造成的。

2. 统计检验法

统计检验法是指用统计学的方法来评估效度,是一种检验分数能否有效地区分由效标所定义的团体的方法,也称为比较法或区分法。简单来说,就是能否把测量不同效标表现的人作为衡量测验有效性的方法。统计检验法的思路是,被试接受测验后,让他们工作一段时间,再根据工作成绩(效标测量)的好坏分成两组,这时再回过头来分析这两组被试原先接受测验的分数差异,若这两组人的测验分数差异显著,则说明该测验有较高的效度。如果测验有效,那么不同得分的被试在效标上的表现不同;如果测验无效,那么就无法显示出差异。同理,在效标上表现不同的被试在测验上所得分数也应该有差异。

最常用的统计检验法是t检验和F检验。现以t检验为例说明。采用t检验来检验两个效标组测验分数是否有显著性差异的公式如下:

$$t = \frac{\overline{X}_1 - \overline{X}_2}{\sqrt{\dfrac{S_1^2}{n_1} + \dfrac{S_2^2}{n_2}}} \tag{4-7}$$

在公式(4-7)中,$\overline{X}_1$、$\overline{X}_2$分别是两个效标组在测验上的得分的平均数;S_1^2、S_2^2分别是两个效标组在测验上的得分的方差;n_1、n_2分别是两个效标组被试人数。

求出t值后,查t检验表便可以知道两个效标组在测验上的得分是否存在显著性差异。若两个效标组在测验上的得分的差异显著,则说明测验有效。

3. 命中率法

当用测验作取舍决策时,命中率经常被作为测验有效性的重要指标。命中率分为正命中率(Positive Predictive Power,PPP)、负命中率(Negative Predictive Power,NPP)和总命中率(Hit Rate or Classification Accuracy)。其中,正命中率是指被测验正确选择的人数的比率;负命中率是指被测验正确淘汰的人数的比率;总命中率是指被测验正确选择的人数和被测验正确淘汰的人数之和占总人数的比率。

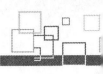

下面举例说明。假设某次招聘活动中,在拥有 1 000 名求职者的总体中,实际能力很强的人有 30 人,有心理学工作者用某能力测验得到如下分类结果,如表 4 - 2 所示。

表 4 - 2 用某能力测验对 1 000 名求职者进行测验的分类结果

	某能力测验鉴定为能力很强	某能力测验鉴定为能力一般	合计
实际能力很强	25	5	30
实际能力一般	8	962	970
合计	33	967	1 000

根据表 4 - 2 的有关数据,该测验的正命中率为被某能力测验鉴定为能力很强的求职者中真正为实际能力很强的人所占的比率(PPP＝25/33＝0.757 6);负命中率为被某能力测验鉴定为能力一般的求职者中真正为实际能力一般的人所占的比率(NPP＝962/967＝0.994 8);总命中率为被某能力测验正确鉴定为实际能力很强的求职者和被某能力测验正确鉴定为实际能力一般的求职者的人数之和占总人数的比率[Hit Rate＝(25＋962)/1 000＝0.987 0]。

如果测验使用者同时在意被正确选择的人数和被正确淘汰的人数的比率,那么应当选择总命中率作为效度指标。总命中率越高,效度就越高。如果测验使用者更关心被选中的人是不是符合要求,而不关心被淘汰的人是否不符合要求,那么应该以正命中率作为效度指标。事实上,在招聘选拔中,正命中率其实就是决策正确率,正命中率与录取率(从求职者中选出的人数的比例)之间有一定的关系。在效度不变的情况下,录取率越低,正命中率越高。这是因为,录取率越低能够说明决策者比较有可能更好地区分最有可能成功的人,此时测验的有效性越高。因此,正命中率与录取率是人事决策中需要重视的两个问题。

（三）效标效度的应用

效标效度对用于预测、分类、甄选及人员安置等目的的测验来说,是十分重要的。随着测评技术的发展,测验作为各种人事决策的辅助工具,相比于主观决策而言,代表着准确、公正和经济的决策方法,深受人事决策者的喜爱。特别是在对大量人员作出决策选择时,测验是一种很重要的方法,但这不意味着测验总能引导正确的决策。测验的效标效度的高低直接关系到决策的正确与否。如果一个测验的效标效度很低,那么说明该测验无法准确地预测被试在效标上的行为,因此不能作为作出决策的参考标准。例如,如果高考的效标效度低,那么我们就不能依据高考成绩来预测考生在大学的学习成绩,也不能以此作为依据对考生进行分类和筛选。否则,将会有很多考生因为这样不合理的推论而被错误淘汰。在人才选拔上,也是如此,进行决策前的测验也应该具有良好的效标效度,只有这样,以测验的结果作为指标来作出决策才是比较合理的。从参与者的角度来看,只有这样,他们才可以发挥出自己最大的潜力,作出最适合自己的选择。从社会或决策者的角度来看,只有这样,人员安置与使用才能够变得合理,才能够使得人尽其才。显然,效标效度对测验的应用和推广都是十分重要的。

（四）对效标效度的评价

进行效标效度估计,最为关键的是找到一个好的效标。然而,一个好的效标必须具备

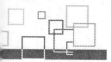

以下条件：

(1) 效标必须具有较高的信度(可信)；

(2) 效标必须具有较高的效度(有效)；

(3) 效标可以客观地加以测量(可操作)；

(4) 效标测量简单、省时、经济(经济实用)。

效标效度是一种"客观"效度。与内容效度"太主观"相比，效标效度"太客观"，一切完全由实践(或实证)说了算。人们不禁会问，有没有一种既不是"太主观"又不是"太客观"的效度估计方法呢？ 这便是结构效度。

三、结构效度

(一) 结构效度的定义

结构效度，又称为构想效度或构思效度，是指一个测验实际测到所要测的理论结构(心理特质结构)的程度。这里所指的理论结构(心理特质结构)是指心理学理论所涉及的抽象而属假设性的概念，比如智力、人格、创造力等。实际上，所有的理论结构都有两个基本属性：一是对本质规律的抽象概括；二是与具体的可观察的事物相联系。第一个属性使之成为科学理论发展的基础，第二个属性使之成为可测量。这些理论结构都不能被直接测量与认识，只能间接地推论其存在与发展，一般使用某种操作活动来定义，并用能体现这种操作活动的项目来间接测量。例如，吉尔福德(T. Guilford)认为，创造力是发散性思维的外部表现，是人对一定刺激产生大量的、变化的、独创性的反应能力。根据这一理论，他认为创造力测量应重点测量人的思维的流畅性、变通性和独特性。如果有足够的证据证明测量的项目能测到这些特性，那么就可认为测验的结构效度高。如果实际测量的资料无法证实理论假设，那么可能存在两种情况：一是理论假设本身不成立；二是测量的效度不高。

根据结构效度的定义，我们可以知道结构效度有以下特点。

(1) 结构效度的大小首先取决于事先假定的理论结构。然而，对于同一种理论结构，不同的群体可能有不同的定义或假设，这使得关于该理论结构的测验的效度难以比较。

(2) 当实际测量的资料无法证实所采用的理论假设时，不一定就表明该测验的结构效度不高。其原因可能是，所采用的理论假设本身就不成立，或者该研究设计不能对该理论假设进行有效地检验。

(3) 结构效度不是由单一的数量指标来描述，而是通过各种证据累积起来确定的。

(二) 结构效度的评估方法

结构效度关注心理学理论在测验编制中的作用，也关注所提出的研究假设。测量一个抽象的心理特质需要研究者具有观察和测量相关行为的能力。考察结构效度时，与心理测验资料进行比较的是概念性的心理结构。在进行结构效度评估时，先要确定理论结构，再进行结构效度估计与验证。总的来说，结构效度的评估包括以下三个步骤。

第一步，提出理论结构(理论)，这就是"Y"。

第二步，设计和编制测验进行实际测量(实际)，这就是"X"。

第三步，验证实际测量与理论结构的符(吻)合程度，这就是"X−Y"。

对结构效度进行评估，主要有以下几种方法。

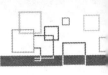

1. 测验内部检验法

测验内部检验法是通过考察测验内部结构来界定理论结构，从而为结构效度提供证据的方法。使用测验内部检验法考察测验的结构效度，其步骤如下。

首先，可以考察测验的内容效度，因为有些测验对所测内容或行为范围的定义或解释类似于理论结构的解释，所以，在一定程度上，内容效度高实质上也说明结构效度高。

其次，可以分析被试的答题过程，若有证据表明某一题目的作答除了反映欲测的特质外，还反映其他影响因素，则说明该题没有很好地体现理论结构，该题的存在可能会影响结构效度，应考虑剔除。

最后，可以通过计算测验的同质性信度的方法来检测结构效度。如果测验结果表明该测验的同质性信度不高，那么一般可断定该测验的结构效度不高。当然，需要说明的是，测验的同质性信度高并不一定就代表测验的结构效度高。实际上，测验的同质性高只是结构效度高的必要而非充分条件。

2. 测验之间比较法

测验之间比较法是通过考察新编测验与某个已知结构效度测验之间的相关，来评估新编测验的结构效度。一般来说，可以将新编测验与以下两种已知的旧测验作比较。

第一，与另一个测查相同结构的测验作比较。把新编测验与另一个已知性质相同的且被公认为具有较高结构效度的旧测验作比较，考察它们之间的相关，这种方法叫相容效度法（congruent validity）。若两者相关较高，则可认为新编测验也具有较高的结构效度。

第二，与另一个测查不同结构的测验作比较。一个有效的测验不仅应与测量相同心理特质的测验具有较高的相关，而且还应与测量不同心理特质的测验具有较低的相关。把新编测验与另一个已知的能够有效测量不同心理特质的旧测验作比较，考察它们之间的相关，这种方法叫区分效度法（discriminant validity）。若两者相关较低，则可认为新编测验结构效度较高。但是，两测验之间相关较低只是新编测验效度较高的必要而非充分条件。

测验之间比较法主要包括多元特质—多重方法和因素分析。

（1）多元特质—多重方法

在介绍此方法之前，先介绍两种效度：聚合效度（convergent validity）和区分效度（discriminant validity）。聚合效度又叫会聚效度或求同效度，是指某一新编测验的分数与已知的测量同一结构的其他测验分数之间的相似性证据。区分效度是指某一新编测验分数与已知的测量不同结构的其他测验分数之间的相似性证据。例如，一个数学推理能力测验与数学成绩的相关是聚合效度，与阅读成绩的相关则是区分效度。需要注意的是，这里的聚合效度仅仅是相容效度法的一种表现形式。

坎贝尔（D. T. Campbell）和菲斯克（D. W. Fiske）于 1959 年提出了一种适合对聚合效度和区分效度进行检验的方法，是聚合效度和区分效度两种方法的综合应用，称为多元特质—多重方法（MultiTrait - MultiMethod，MTMM）。这种方法的原理是：若采用两种或两种以上的方法测量两种或两种以上的特质，则测量结构之间可以形成一个多元特质—多重方法矩阵，如表 4 - 3 所示。

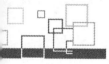

表 4 - 3　一个多元特质—多重方法矩阵示例

特质		方法 1			方法 2			方法 3		
		A_1	B_1	C_1	A_2	B_2	C_2	A_3	B_3	C_3
方法 1	A_1	(0.89)								
	B_1	0.51	(0.89)							
	C_1	0.38	0.37	(0.76)						
方法 2	A_2	0.57	0.22	0.09	(0.93)					
	B_2	0.22	0.57	0.10	0.68	(0.94)				
	C_2	0.11	0.11	0.46	0.59	0.58	(0.84)			
方法 3	A_3	0.56	0.22	0.11	0.67	0.42	0.33	(0.94)		
	B_3	0.23	0.58	0.12	0.43	0.66	0.34	0.67	(0.92)	
	C_3	0.11	0.11	0.45	0.34	0.32	0.58	0.58	0.60	(0.85)

在表 4 - 3 中,假定有三种方法(自陈法、投射法、同伴评价法)对三种特质(支配性、社会性、成就动机)进行测量,其中 A_1 表示在自陈量表上的支配性分数,B_2 表示在投射测验上的社会性分数,C_3 表示在同伴评价测验上的成就动机分数,其余以此类推。

在表 4 - 3 中,对角线括号内的数字为信度系数,可理解为重测信度,三角形之外其余的数字为效度系数,即用不同方法测量同一特质的相关系数。在表 4 - 3 中,实线三角形内为同一方法测量不同特质所得结果之间的相关;虚线三角形内为不同方法测量不同特质之间的相关。

从表 4 - 3 中的多元特质—多重方法矩阵,可以得到以下效度资料。

第一,聚合效度。在表 4 - 3 中,聚合效度表示不同方法测量同一特质的相关,如表 4 - 3 中的 $0.57(A_1-A_2)$、$0.57(B_1-B_2)$、$0.46(C_1-C_2)$、$0.67(A_2-A_3)$、$0.66(B_2-B_3)$、$0.58(C_2-C_3)$、$0.56(A_1-A_3)$、$0.58(B_1-B_3)$、$0.45(C_1-C_3)$。一般地,若不同方法测量同一特质的相关越高,则聚合效度越高。对于表 4 - 3,不同方法测量同一特质的相关介于 0.45~0.67 之间,相关相对较高,表明该测验的聚合效度较高。

第二,区分效度。使用多元特质—多重方法矩阵考察区分效度时,应该选择相关性较弱的一对特质。那么,无论是使用相同方法还是不同方法测量不同特质,测量结果之间的相关都应该相对较低。如果在矩阵中可以说明这一点,那么说明该测验具备了区分效度的证据,相关程度越低,区分效度越高。在表 4 - 3 中,特质 A 与特质 B 的相关分别为:0.51、0.22、0.23、0.22、0.22、0.68、0.43、0.42、0.67;特质 A 与特质 C 的相关分别为:0.38、0.11、0.11、0.09、0.11、0.59、0.34、0.33、0.58;特质 B 与特质 C 的相关分别为:0.37、0.11、0.11、0.10、0.12、0.58、0.32、0.34、0.60。在这三对特质的相关中,特质 A 与特质 C 的相关最低,多达 7 个相关系数都在 0.40 以下,最大的相关也在 0.60 以下(只有 0.59),这表明特质 A 与特质 C 的相关程度相对较低,同时也表明该测验的区分效度较高。

第三,从理论上说,以不同方法测量同一特质的相关应当最高,以相同方法测量不同特质的相关次之,以不同方法测量不同特质的相关最低。在表 4 - 3 中,$r_{A_1A_2}=0.57$,$r_{A_1B_1}=0.51$,

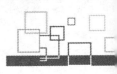

$r_{A_1B_2}=0.22$,满足 $r_{A_1A_2}>r_{A_1B_1}>r_{A_1B_2}$,说明该测验满足具备较高结构效度的"相关"要求。

总之,如果一套测验以多元特质—多重方法矩阵进行分析,所得结果符合上述三方面的要求,则说明该测验具有较高的结构效度。

（2）因素分析

因素分析是一种多元统计方法,是一种确定心理结构的方法,其目的是把具有相同性质的项目通过某些方法归结为数量较少的概括性比较高的共同因素,并以此作为欲测心理结构对测验作出的解释。目前,因素分析包括探索性因素分析(Exploratory Factor Analysis, EFA)和验证性因素分析(Confirmatory Factor Analysis,CFA)两类。一般情况下,我们都是先通过探索性因素分析,从相关的许多因素中,找出对欲测现象起决定性作用的基本因素,并确定其相对重要性,以此来获得结构效度的信息。例如,对艾森克人格问卷作因素分析,可以得到 4 个因素：内外向 E、神经质 N、精神质 P、说谎 L,这就是探索性因素分析的实例。验证性因素分析宜使用与探索性因素分析不同的数据,来验证已经提出的测验结构假设模型的有效性。目前,进行因素分析的常用软件包括 LISREL、AMOS 和 M–Plus 等。

一般地,将探索性因素分析应用于结构效度评估的具体过程如下。

第一,根据原始资料(测验分数)求出每一道或每一类题目间的相关矩阵。

第二,从相关矩阵中抽取适当数目的共同因素,常用的方法包括主成分法、最大似然法、a 因子提取法等。

第三,进行因素轴的旋转,目的是设法找到新产生的参照轴,使因素内部负荷量(即题目与因素的相关)之间差异尽可能大,进一步明确变量与因素之间的关系,常用的方法包括方差最大旋转、平均正交旋转、斜交旋转等。

第四,对因素进行命名。根据每个因素所包含题目的意义及含义,进行因素命名。

第五,将各因素的性质与欲测的测验结构进行对照,找出需要的因素,求其方差在测验总方差中的比例,所得结果便是测验的结构效度。

一般地,将验证性因素分析应用于结构效度评估的具体过程如下。

第一,模型界定。对观测变量的数目、潜在变量的数目、观测变量与潜在变量的关系,以及潜在变量之间的关系等,作出理论结构的假定,并用模型的形式表现出来。

第二,模型估计。根据所假定的模型,对数据进行参数估计,估出模型的方程解及若干指标等结果。

第三,模型评价。对模型估计的结果进行评价,可用 $\chi^2/\mathrm{d}f$、CFI、TLI、SRMR、RMSEA等指标来评价所选模型的性能,以评估其结构效度。通常的要求是 $\chi^2/\mathrm{d}f\leqslant5$,CFI$\geqslant0.90$,TLI$\geqslant0.90$,SRMR$\leqslant0.08$,RMSEA$\leqslant0.08$。

第四,模型修正。根据模型评价的结果,对模型进行简化和改进,最终得到一个最佳的模型。

通过因素分析考察测验的结构效度,如果因素内部负荷量较大,属于因素内部的题目相关较高,那么测验的结构效度较高,这体现了测验的"相容效度"。类似地,如果因素之间相关较低,属于不同因素的题目相关较低,那么测验的结构效度也较高,这体现了测验的"区分效度"。

3. 实证效度法

当一个测验有实证(效标)效度时,就可以用该测验所预测的效标,作为该测验结构效度

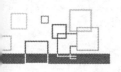

的指标。可以先根据效标把被试分为两类,即高分组和低分组,考察其得分的差异,再根据测验的分数,考察两组人在所测特质方面是否有显著性差异。如果两组人在所测特质方面有显著性差异,那么说明该测验具有较高的结构效度。

4. 实验操作法和对发展水平变化的考察法

(1)实验操作法

结构效度也可以通过控制某些实验条件,观察不同实验条件对测验分数的影响,来进行评估。一般来说,具体的实验操作法包括训练法、分组实验法等。若实验检验结果与预期比较相符,则说明该测验具有较高的结构效度。

(2)对发展水平变化的考察法

对于某些心理特质(如智力等),其发展水平的变化对测验结构可以产生显著性影响。可以通过比较两个不同发展水平的被试组在同一测验上的结果,看其测验成绩是否随发展水平的变化而变化,以此来考察测验的结构效度。对发展水平变化的考察主要有以下两种。

第一,考察年龄产生的发展变化。在一些传统的智力测验中,效度分析的一种主要参考指标是年龄差异。一般认为儿童的各种能力在儿童期会随年龄而增长,因此如果测验有效,那么测验成绩也应随年龄而提高。当然,测验成绩随年龄而提高也不一定能说明该测验的效度就高,这只是一个必要条件。需要说明的是,年龄差异分析只适合某些特定的心理特质而非所有的心理特质。

第二,考察教育与训练的提升效应。有效的教育与训练可以提高被试的某种特质水平,如果测验有效,那么这种水平的提升也应在测验分数上体现出来,表现为后测分数比前测分数显著提高。

(三)结构效度的应用

一般来说,测验应用的关注点不在于个体单个的、独立的事件或行为,而在于由多个独立的事件或行为所组成的整体的事件或行为。这些整体的事件或行为可能蕴含着某种具有潜在规律的特质而组成的理论结构。因此,测验对个体或团体的评价是从对独立事件或行为的观察和描述转向对某种特质或属性的测量。显然,如果一个测验具有良好的结构效度,而个体在此测验上得到良好的成绩,那么我们可以认为该个体在此测验所测的特质上具有较好的水平。相反,如果一个测验不具有良好的结构效度,那么我们可以认为此测验不能较好地测出欲测的特质,个体在此测验的得分也不能较好地得以解释。例如,在智力测验中,如果测验结构效度高,那么在该测验上得高分的被试则被认为是具有高智力的;如果测验结构效度低,说明该测验所测真正特质我们并不知道,那么在该测验上得高分的被试是具有高智力的这种推论显然不合理。因此,对任何一个测验的结果作出合理解释的首要前提是获取该测验的结构效度资料。简单来说,结构效度是任何一个测验都必须具备的。但是,与内容效度不同,结构效度最主要用于智力测验和人格测验。

(四)对结构效度的评价

结构效度旨在考察测验的结果是否能证实或解释某一理论结构,以及证实或解释的程度如何。结构效度最适合于测量抽象概念的测验,如智力测验、人格测验等。结构效度是三种常用效度中最有说服力的一种。相比之下,内容效度太过于"主观",而效标效度太过于"客观",只有结构效度既不是太过于"主观",也不是太过于"客观"。

第三节　效度影响因素

一、测量的效度的影响因素

效度是评价一个测验优劣的重要指标。对于一个测验来说,即便它有使用简便、适用性广等多种优点,但如果没有可接受的效度,这个测验的有效性有限,那么测验的结果也不能令人信服。效度是测验开发编制与施测应用全部过程总体质量的反映。影响测量的效度的因素有很多,凡是能产生随机误差和系统误差的因素都是影响测量的效度的因素。如此看来,效度影响因素主要包括随机误差和系统误差。测量的效度贯穿于测验编制和使用的整个过程,可对测验产生重要影响。因此,只有了解了影响效度的种种因素后,才能相应地找出提高测量的效度的方法。影响测量的效度的主要因素包括以下几个方面。

(一)测量的信度

从之前的内容阐述中,我们知道信度与效度具有内在的联系。根据信度和效度的测量学定义可得

$$r_{XX} = \frac{S_T^2}{S_X^2} = \frac{S_V^2 + S_I^2}{S_X^2} = \frac{S_V^2}{S_X^2} + \frac{S_I^2}{S_X^2}$$

$$= r_{XY}^2 + \frac{S_I^2}{S_X^2}$$

由于 $\frac{S_I^2}{S_X^2} \geq 0$,因此 $r_{XX} \geq r_{XY}^2$。由此可见,效度受到信度的制约。

此外,根据经典测验理论,由于信度主要受随机误差的影响,因此当测量的随机误差减小时,真分数方差比例相应增大,信度随之提高。然而,效度同时受随机误差和系统误差的影响,真分数方差比例的增大只是为效度的提高提供了可能。因此,测量的信度的提高可以增大真分数方差的比例,这在一定程度上也可以使测量的效度也相应地提高。如此看来,信度是影响效度的因素之一。因此,提高信度的所有方法均适用于提高效度。例如,增加适量的测验项目、控制测验项目的难度、提高测验项目的区分度等均可以提高测量的效度。

(二)效标的因素

同一测验可以有不同的效标,同一效标可以有不同的效标测量。在效标效度的评估中,不同的效标可能会产生不同的效度,所以选择合适的效标,使之与所测特质最为相似,是提高效度的有效方法。选择效标时需要考虑效标能否体现真正意义上的效标、效标是否可行、效标能否顺利收集、效标能否用数字或等级表示等。

此外,还需要考虑效标测量的影响。效标测量的不同方法、效标测量的信度、效标测量的误差控制等,也会对测量的效度造成影响。效标分数往往在稳定性上存在问题,即在不同的时间和情境中,同一个人的效标分数可能会有相当大的波动。效标测量过程中产生的误差会使效标分数不能很好地代表相应的心理特质水平的高低。为了减少效标测量过程中产生的误差,我们可以对效标分数进行多次测量,求其平均值,以此作为可靠的效标分数,来提高测量的效度。因此,尽可能选择合适的效标,改善效标测量的质量,是提高测量的效度的有效方法。

（三）测验的构成

内容效度和结构效度要求组成测验的项目能较好地代表测验所要测量的内容和结构。因此，在编制测验时，要充分考虑测验项目对欲测内容和结构的代表性。

另外，测验的长短也会影响测量的效度。有时候，延长测验能提高测量的效度，但是测验不能无限延长，测验长度与测量的效度之间存在以下关系：

$$r_{(KX)Y} = \frac{Kr_{XY}}{\sqrt{K(1 - r_{XX} + Kr_{XX})}} \qquad (4-8)$$

在公式（4-8）中，$r_{(KX)Y}$ 为新测验的效度系数，是测验 X 延长至原来的 K 倍后，新测验与效标 Y 的相关；r_{XY} 是原测验的效度系数；r_{XX} 是原测验的信度系数。

由此可见，测验的构成也是影响测量的效度的因素之一。

（四）被试团体的性质

同一测验对于不同的被试团体而言测出来的结果可能完全不同，所测的可能是不同的特质。例如，物理学习中动量定理的问题，对于已经学过动量定理的学生来说，测出的是学习效果，反映的是记忆能力。而对于没有学习过动量定理的学生来说，他们需要根据之前所学的动能定理、能量守恒等知识来理解和推导动量定理，此时所测结果反映的是逻辑思维和运算推理能力。因此，同一测验施测于不同性质的被试团体所得的结果可能大不一样，所得的效度自然也就不同。被试团体的年龄、性别、职业、教育水平、生活背景等均会影响测量的效度。

被试的生理状态（如感冒、头痛、抽搐等）和被试的心理状态（如焦虑、厌烦、惊恐等），均会对测验的结果产生影响，使测验分数有可能包含大的随机误差，对测量的效度也会产生影响。

由此可见，报告测量的效度时，也应报告被试团体的基本信息资料。

（五）效度的评估方法

测量的效度的评估有很多种方法，显然，采用不同的效度的评估方法可能得到不同的效度。为了选择合适的效度的评估方法，得到合适的效度，一般应根据测验的目的来确定。例如，成就测验注重内容效度，而职业测验注重效标效度等。从前面的阐述中我们也知道，结构效度是测验中最为重要的，在测验分数解释上有着重要的作用，因此结构效度对于任何测验来说都是不可缺少的。不同的效度的评估方法会得到不同的效度，因此效度的评估方法也是影响测量的效度的因素之一。

二、测量的效度的提高方法

为了提高测量的效度，我们在编制测验、实施测验、收集数据时，都应该尽可能地控制随机误差，减小系统误差，按照科学的要求做好测量工作。除了尽可能地减少或控制上一部分所提到的影响因素外，这里我们再列举一些具体的方法，加以强调和补充。

（一）精心编制测验，避免出现较大的系统误差

要想编制一份好的测验，需要精心设计测验，避免出现较大的系统误差。要保证测验具有较高效度，测验本身的因素要做到以下几个方面。

（1）测验内容适合测验目的，应涵盖所有应测的领域，且各部分所占权重科学，避免出现题目偏倚。

（2）测验材料必须对整个内容具有代表性。

（3）项目表述清晰、简明、准确、易理解。

（4）项目难度适中，区分度较高。

（5）测验指导语、项目作答要求明确，有客观、合理的评分标准。

（6）试卷印刷清晰，测验操作器材精良，不出现错误遗漏现象。

（二）妥善组织测验，创设规范化的测试情境，尽可能控制随机误差

在测验实施过程中，系统误差一般不太明显，但随机误差却可能明显出现。一个好的测验，如果施测组织工作不合理，那么就会大大增加随机误差出现的可能性。如果妥善组织测验，严格按照测验指导语进行施测，那么就可以尽量减少随机误差的影响。此外，创设规范化的测试情境，可以避免给被试带来生理、心理上的影响（比如过分焦虑使被试水平失常等），尽量让每个被试都能发挥正常水平，尽可能控制随机误差。主试可以在测试前让被试调整好心态，做好生理、心理和知识上的准备，在测试时让被试处于一个理想的状态，这在一定程度上可以提高测量的效度，使测验最大限度地测到欲测的内容和结构。

（三）选择正确的效标，定好合适的效标测量，避免出现效标污染

在评价一个测验是否有效时，效标选择是一个需要重点考虑的方面。如果所选效标不恰当或者所选效标无法测量，那么主试很难估计出测量的实证效度。如果效标和效标测量都未达到较为理想的状态，那么就有可能出现效标污染。在实际测量过程中，应该尽量选择正确的效标，定好合适的效标测量，避免出现效标污染。

【本章小结】

测量的效度是衡量测验整体质量高低的重要指标。效度是测验测到它打算要测的心理特质的程度。可以从多个方面对效度进行验证，包括内容效度、效标效度和结构效度等。影响效度的因素是多方面的，如测量的信度、效标的因素、测验的构成、被试团体的性质、效度的评估方法等。要提高测量的效度应该从多个方面加以提高和改进，如精心编制测验、妥善组织测验、选择正确的效标等。学习本章有助于理解效度定义，掌握效度估计，了解效度影响因素等。本章的重点是准确理解效度定义的内涵，难点是有效区分不同效度的适用范围。本章的中心概念是"效度三要素"，即如何有效区分和构建不同种类的"Y""X"和"$X-Y$"。

【练习与思考】

一、选择题（不定项选择题，至少有一个选项是正确的）

1. 若某测验的效度系数是 0.70，则在测验中无法作出正确预测的比例是　　　（　　）

    A. 0.30　　　　　　B. 0.51　　　　　　C. 0.49　　　　　　D. 0.70

2. 一个测验所测量的与要测量的心理特质之间符（吻）合的程度，是指测量的　（　　）

    A. 信度　　　　　　B. 难度　　　　　　C. 区分度　　　　　　D. 效度

3. 一个好的效标应具备的条件包括　　　　　　　　　　　　　　　　　　　（　　）

    A. 效标必须具有较高的信度　　　　B. 效标必须具有较高的效度

    C. 效标可以客观地加以测量　　　　D. 效标测量简单、省时、经济

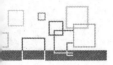

4. 一个测验的内容效度主要与(　　)有关。　　　　　　　　　　　　　　　　(　　)

    A. 测验人数　　　　B. 测验时间　　　　C. 测验长度　　　　D. 测验题目

5. 内容效度有时也称为　　　　　　　　　　　　　　　　　　　　　　　　　　(　　)

    A. 逻辑效度　　　　B. 结构效度　　　　C. 实证效度　　　　D. 效标效度

6. 提高测量的效度的方法包括　　　　　　　　　　　　　　　　　　　　　　　(　　)

    A. 精心编制测验,避免出现较大的系统误差

    B. 妥善组织测验,尽可能控制随机误差

    C. 创设规范化的测试情境,尽量让每个被试都能发挥正常水平

    D. 选择正确的效标,定好合适的效标测量,避免出现效标污染

7. 要保证测验具有较高效度,测验本身的因素要做到　　　　　　　　　　　　(　　)

    A. 测验材料必须对整个内容具有代表性

    B. 项目表述清晰、简明、准确、易理解

    C. 测验难度适中,区分度较高

    D. 测验指导语、项目作答要求明确,有客观、合理的评分标准

8. (　　)是一种检验测验分数能否有效地区分由效标所定义的团体的方法。　(　　)

    A. 相关法　　　　B. 区分法　　　　C. 命中率法　　　　D. 失误法

9. 在经典测验理论中,效度被定义为在一组测量中,与测量目标有关的真分数方差与
(　　)的比率。　　　　　　　　　　　　　　　　　　　　　　　　　　　　(　　)

    A. 系统误差分数方差　　　　　　　　B. 误差分数方差

    C. 随机误差分数方差　　　　　　　　D. 观察分数方差

10. 结构效度的估计方法包括　　　　　　　　　　　　　　　　　　　　　　　(　　)

    A. 测验内部检验法

    B. 测验之间比较法

    C. 实证效度法

    D. 实验操作法和对发展水平变化的考察法

11. 根据效标资料收集的时间差异,效标效度可以分为　　　　　　　　　　　　(　　)

    A. 相容效度　　　　B. 预测效度　　　　C. 区分效度　　　　D. 同时效度

12. 内容效度主要用于考查　　　　　　　　　　　　　　　　　　　　　　　　(　　)

    A. 成就测验　　　　B. 人格测验　　　　C. 能力倾向测验　　　D. 职业测验

13. 影响测量的效度的误差因素有　　　　　　　　　　　　　　　　　　　　　(　　)

    A. 必然误差　　　　B. 随机误差　　　　C. 表面误差　　　　D. 系统误差

14. 下列哪些选项属于效度的验证方法?　　　　　　　　　　　　　　　　　　(　　)

    A. 表面效度　　　　B. 内容效度　　　　C. 复本效度　　　　D. 效标效度

15. 某公司人力资源部运用某一能力倾向测验选拔了50名新员工。半年之后,发现其
中有10人选择不理想。那么,这个测验的预测效度是　　　　　　　　　　　　(　　)

    A. 0.20　　　　B. 0.25　　　　C. 0.75　　　　D. 0.80

二、简答题

1. 简述信度与效度的关系。

2. 试比较内容效度、效标效度和结构效度的异同。

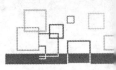

3. 简述测量的效度的影响因素及提高方法。

三、分析题

1. 有人对高考的有效性产生怀疑,您的想法是什么? 表 4-4 是某班学生的高考数学考试成绩和入学后第一学期期末高等数学测验成绩,请用具体的数字说明您的观点。

表 4-4 某班学生的高考数学考试成绩和入学后第一学期期末高等数学测验成绩

学生	高考数学考试成绩(X_i)	入学后第一学期期末高等数学测验成绩(Y_i)
1	89	70
2	110	72
3	120	79
4	90	58
5	87	70
6	73	50
7	130	87
8	135	92
9	110	70
10	102	69
11	95	67
12	125	76
13	107	70
14	140	80
15	138	84

第五章 难度与区分度

上两章介绍了信度和效度,这"两度"主要是对整个测验的质量而言的。但是,实际测量中我们也要对具体题目的质量进行分析,我们称之为项目分析或题目分析(item analysis)。本章我们将要介绍的项目分析是对测验中每一道试题而言的,是经典测验理论提高项目质量的有力手段和方法。在测验编制过程中,进行项目分析的目的是通过分析项目质量来改进项目不足,进而提高整个测验的信度和效度。对项目质量进行评价的指标有很多,目前最常用的是难度和区分度。在本章中,题目(item),又称为项目或试题。

第一节 项 目 难 度

比如,某公司想对来应聘的员工进行能力测试,出题部门如何知道某个项目的质量好或坏呢? 又如何控制项目的难度和区分度,以使招聘工作顺利进行呢? 同样,我国每年的中考、高考、研究生入学等考试,又如何控制项目的难度和区分度呢? 对于这些问题,一方面需要对项目进行质的讨论(如对内容效度进行分析等);另一方面还需要对项目进行量的分析(如对项目进行难度和区分度分析等)。

另外,对于一些大规模的测验通常可以从题库中抽取试题。在快速、有效地合成一个测验时,题库起到了很大的作用。比如,国家四、六级英语考试、美国的 SAT 考试,甚至一些心理测试等,都需要从先前建设好的题库中抽取合适的试题。那么,又如何形成合适的题库呢? 这也是要以项目分析为基础的。

一、项目难度的意义与计算

(一) 难度的意义

难度(difficulty)是用来表示测验项目难易程度的指标。一个测验项目,如果大部分被试都能答对,那么我们就认为该项目的难度较小。反之,如果大部分被试都不能答对,那么我们就认为该项目的难度较大。

(二) 难度的计算

1. 二值记分项目的难度

(1) 通过率。如果不考虑被试作答时猜测成功的概率,那么二值记分(即只有答对和答错两种情况,记为 1 或 0 分)测验项目的难度通常以通过率来表示,即以答对或通过该项目的人数的百分比来表示,其难度计算公式为

$$P = \frac{R}{N} \qquad\qquad (5-1)$$

在公式(5-1)中,P 表示项目的通过率;R 表示答对或通过该项目的人数;N 表示总人数。

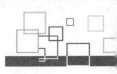

例 5-1　设有 80 名被试参加某个测验,其中答对某项目的人数为 32 人,则该项目的难度为多少?

解:根据题意,将有关数据代入公式(5-1),得

$$P=\frac{R}{N}=\frac{32}{80}=0.40$$

请注意:以通过率表示项目的难度时,通过人数越多,P 值越大,其难度越小;通过人数越少,P 值越小,其难度越大。所以,有人把 P 值也称为容易度。其实,难度的本质是"易度"。事实上,这里所计算的难度与我们通常所理解的试题实际困难程度正好相反。

(2)极端分组法。当被试人数较多时,则可以先将被试依照测验总分从高到低排列,分成三组,总分最高的 27% 被试为高分组(High),总分最低的 27% 被试为低分组(Low),其余的为中间组。当然,也可以取 20%、25%、30% 等比例,但一般认为 27% 最精确。分别计算高分组和低分组的通过率,计算二值记分项目的难度的公式为

$$P=\frac{P_H+P_L}{2} \tag{5-2a}$$

$$或\quad P=\frac{1}{2}\left(\frac{R_H}{N_H}+\frac{R_L}{N_L}\right) \tag{5-2b}$$

在公式(5-2a)中,P_H 表示高分组项目的通过率;P_L 表示低分组项目的通过率。在公式(5-2b)中,R_H 表示高分组答对或通过该项目的人数;R_L 表示低分组答对或通过该项目的人数;N_H 表示高分组的总人数;N_L 表示低分组的总人数。

例 5-2　设有 370 名被试,选取其中成绩最高的 27%(100 人)为高分组,成绩最低的 27%(100 人)为低分组。对于某项目,若高分组有 60 人答对,低分组有 30 人答对,则该项目的难度为多少?

解:根据题意,将有关数据代入公式(5-2b),得

$$P=\frac{1}{2}\left(\frac{R_H}{N_H}+\frac{R_L}{N_L}\right)=\frac{1}{2}\left(\frac{60}{100}+\frac{30}{100}\right)=\frac{1}{2}(0.60+0.30)=0.45$$

2. 非二值记分项目的难度

(1)用被试得分平均数估计。对于简答题、论述题等,这些非二值记分项目,每个项目不只有答对和答错两种可能的结果,而是有从零分至满分之间的多种可能结果。对于这类项目,其难度计算公式为

$$P=\frac{\overline{X}}{X_{max}} \tag{5-3}$$

在公式(5-3)中,$\overline{X}$ 表示被试在某一项目上的平均得分;X_{max} 表示该项目的满分值。

例 5-3　某项目的满分值为 15 分,若被试在该项目上的平均得分为 9.6 分,则该项目的难度为多少?

解:根据题意,将有关数据代入公式(5-3),得

$$P=\frac{\overline{X}}{X_{max}}=\frac{9.6}{15}=0.64$$

(2)极端分组法。对于非二值记分项目,也可以使用类似于公式(5-2a)和公式(5-2b)来计算其难度。对于公式(5-2a),P_H 表示高分组项目的平均得分与满分值的比值,即 $P_H=\frac{\overline{X_H}}{X_{max}}$;$P_L$ 表示低分组项目的平均得分与满分值的比值,即 $P_L=\frac{\overline{X_L}}{X_{max}}$。而对于公式

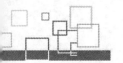

(5-2b),应该变为

$$P=\frac{P_H+P_L}{2}=\frac{1}{2}\left(\frac{\overline{X}_H}{X_{max}}+\frac{\overline{X}_L}{X_{max}}\right) \qquad (5-4)$$

如此,利用极端分组法,也可以计算非二值记分项目的难度。

例 5-4　设有 370 名被试,选取其中成绩最高的 27%(100 人)为高分组,成绩最低的 27%(100 人)为低分组。对于某项目,其满分值为 10 分,若高分组在该项目的平均得分为 9 分,低分组在该项目的平均得分为 5 分,则该项目的难度为多少?

解:根据题意,分别计算高分组的 P_H 和低分组的 P_L,将有关数据代入公式(5-4),得

$$P_H=\frac{\overline{X}_H}{X_{max}}=\frac{9}{10}=0.90, P_L=\frac{\overline{X}_L}{X_{max}}=\frac{5}{10}=0.50$$

$$P=\frac{P_H+P_L}{2}=\frac{1}{2}\left(\frac{\overline{X}_H}{X_{max}}+\frac{\overline{X}_L}{X_{max}}\right)=\frac{1}{2}(0.90+0.50)=\frac{1.4}{2}=0.70$$

二、项目难度的等距量纲

(一) 使用项目难度等距量纲的理由

首先,以项目的通过率来表示项目的难度,虽然计算方便,易于理解,但是这类难度指标属于顺序量纲的变量,不具有相等的单位,仅仅是项目的相对难度。也就是说,它只能表示事物之间大小、位次的关系,不能表示事物之间的差异。

例如,三个项目的难度分别为 0.50、0.60、0.70,我们只能说第一题最难,第三题最简单。虽然三题难度分别相差 10%,但我们并不能说第一题与第二题的难度之差等于第二题与第三题的难度之差。如果我们仅仅是为了比较项目难度的大小,这是不存在什么问题的。但是,如果需要在难度与其他变量之间建立某种函数关系(即数量关系)时,那么这种难度表示法就对我们进一步作难度分析带来了困难,必须设法将它表达在等距量纲之上。

其次,难度是反序而行的,通过难度公式计算出来的 P 值越大,表示项目越容易,这使我们经常对难度的理解产生混淆。

(二) 项目难度等距量纲的转换方法

当样本容量很大时,测验分数接近正态分布。我们可以把试题的难度 P 作为正态曲线下的面积,转换成具有相等单位的等距量纲分数,即 z 分数。

从图 5-1 可知,在正态分布中平均数之上或之下一个标准差的面积约占总面积的 34%。因此,如果一个测验中某项目 A 的通过率为 84%($P=0.84$),那么该项目的难度就在平均数以下一个标准差的位置,即难度为 -1;如果一个测验中某项目 B 的通过率为 16%($P=0.16$),那么该项目的难度就在平均数以上一个标准差的位置,即难度为 +1;同理,如果一个测验中某项目 C 的通过率为 50%($P=0.50$),那么该项目的难度为 0。应用此方法,任何一个与通过率相当的难度值都可以通过查正态分布表得到。显然,较难的项目难度为正值,较易的项目难度为负值。z 值越大,难度越高。因此,用标准分数作为项目难度的指标,为进一步作难度分析带来了极大的方便。

根据以上例子,$P=0.50,z=0;P=0.60,z=-0.25;P=0.70,z=-0.52$,前面两者相差 0.25,后面两者相差 0.27,差距显然是不相等的。

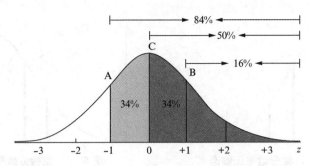

图 5-1　正态分布下项目通过率与项目难度的关系

另外,所转换的 z 分数带有小数点和负值。为了避免负号的出现,通常的做法是把得到的 z 分数进行线性转换。其中,较为常见的是美国教育测验服务中心(Educational Testing Service,简称 ETS)采用的正态化等距难度指数 Δ,其与 z 分数的线性转换关系如下:

$$\Delta = 13 + 4z \qquad\qquad (5-5)$$

在公式(5-5)中, Δ 表示正态化等距难度指数;13 表示平均数;4 表示标准差; z 表示由 P 值转换得到的以标准差为单位的标准分数。

例如,在上面所举的例子中,其 Δ 值分别为:

项目 A:通过率 $P=0.84$, $z=-1$, $\Delta=13+4\times(-1)=9$。

项目 B:通过率 $P=0.16$, $z=+1$, $\Delta=13+4\times1=17$。

项目 C:通过率 $P=0.50$, $z=0$, $\Delta=13+4\times0=13$。

根据正态分布表可知,标准正态分布的全距一般包括 6 个标准差的距离,即从 -3 至 +3。由此可知,正态化等距难度指数 Δ 是以 25 为上限,1 为下限的等距量纲分数。 Δ 值越大,难度越高; Δ 值越小,难度越低。

三、项目难度对测验的影响

通过以上学习,我们对项目难度的意义和方法有了比较清楚的认识。那么,项目的难度对测验究竟会产生什么样的影响呢?

(一)项目难度影响测验分数的分布形态

被全部考生都答对的试题,其难度为 1.00,表示所有考生全部都得满分;被全部考生都答错的试题,其难度为 0,表示所有考生全部都得零分。如果出现这两种极端情况,考生所有的分数全部都集中在两个分数值上(满分或 0 分),那么就不能有效地将学生的分数拉开距离,学生之间实际存在的差异就可能会被掩盖。

难度值越接近 0,项目的难度就越大,正确回答该项目的人数就越少。如果组成测验的大多数项目的难度值越接近 0,那么测验分数就越集中在曲线左侧的低分端,其分数分布就越呈现正偏态,这种现象说明该测验过于困难,如图 5-2 所示。反之,难度值越接近 1.00,项目的难度就越小,正确回答该项目的人数就越多。如果组成测验的大多数项目的难度值越接近 1.00,那么测验分数就越集中在曲线右侧的高分端,其分数分布就越呈现负偏态,这种现象说明该测验过于容易,如图 5-3 所示。

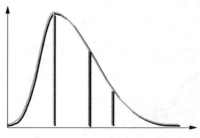
图 5-2 测验分数呈正偏态

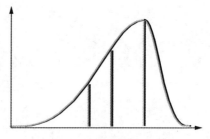
图 5-3 测验分数呈负偏态

项目难度过大或过小,都会造成测验分数偏离正态分布,从而使测验分数的离散程度变小。当然,在实际测验中,也不是所有测验分数都要求呈正态分布,对于有些测验,出现偏态分布也是允许的。例如,奥数竞赛允许测验分数是正偏态的,即大多数考生的分数较低,分数较高的考生是相当少的一部分人(这部分人可能要拿奖);而高中数学会考则允许测验分数是负偏态的,即大多数考生分数都较高,分数较低或没有通过考试的考生是相当少的一部分人(这部分人的成绩可能实在太差了!)。

(二)项目难度影响整个测验测量的信度

由过难或过易项目所组成的测验,会使测验分数相对地集中在低分数端或高分数端,从而使分数的全距缩小。根据信度公式 $r_{XX} = 1 - \dfrac{S_E^2}{S_X^2}$ 可知,若测验分数分布范围较广,整个测验分数方差较大,则整个测验测量的信度就较高。反之,若测验分数分布范围较窄,整个测验分数方差较小,则整个测验测量的信度就较低。

1965 年,测量学家艾伯尔(R. L. Ebel)曾用三套各包含有 16 个项目的测验进行研究,这三套测验的项目难度分配不同,各套测验的分数分布如图 5-4 所示。

根据图 5-4,当 16 个项目的难度都集中在 0.50 左右时,分数的分布范围较广,方差和信度系数都较大($S_1^2 = 2.67^2$,$r_1 = 0.485$);当 16 个项目的难度服从 0.20~0.80 均匀分布时,分数的分布范围适中,方差和信度系数居中($S_2^2 = 2.29^2$,$r_2 = 0.416$);当难度集中在 0.20 和 0.80 两端时,即当项目的难度不是太难就是太易时,分数的分布范围较窄,方差和信度系数都较小($S_3^2 = 1.60^2$,$r_3 = 0.013$)。可见,仅当项目的难度集中在 0.50 左右时,测验测量的信度最佳;而当项目的难度集中在两端时,测验测量的信度最差。

此外,项目难度对测验的鉴别能力也有一定的影响,这一点将在下一节的项目区分度的相关内容中讨论。

第二节　项 目 区 分 度

一、项目区分度的意义

区分度(discrimination),又称鉴别力,是指项目对被试实际能力或心理特质水平的区分能力或鉴别能力,也即项目得分高低与被试实际能力或特质水平高低的一致性程度。具有良好区分度的项目,能将不同水平被试区分开来,也就是说,在该项目上水平高的被试得高

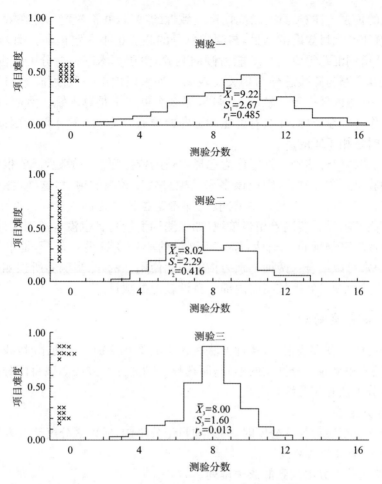

图 5-4 项目难度与测验分数分布的关系

分,水平低的被试得低分。反之,区分度低的项目则对不同水平被试不能很好地区分开来,水平高与水平低的被试,所得分数差不多,甚至相反。所以,测量专家们把项目的区分度称为项目是否具有效度的"指示器",并作为评价项目质量和筛选项目的主要指标与依据。

理解区分度可以从项目效度(item validity)和内部一致性(internal consistency)两方面着手。采用项目效度和内部一致性来表示项目区分度,两者之间到底有什么关系呢?项目效度分析主要以效标为依据,考察被试在每个项目上的反应与其在效标上的表现的相关。评价一个项目在测量个体的能力和人格特征方面的效度时,必须选择衡量这些特征的外在标准,这个标准就称为效标。例如,若测验是预测被试在工作或学习中的表现,则合适的效标可以是工作表现指标(如上级和同事的评价等)或学习成就指标(如考试分数等)。但是,在进行项目效度分析时,有时使用效标是难以做到的,如成就测验。因此,在具体估计项目区分度时,我们常常用其他指标替代实际水平(效标),其中最常用的是测验总分。用测验总分替代效标,用以考察项目分数与测验总分的一致性,这种分析的结果就是内部一致性,而不是反映项目对效标的有效性,即项目效度。内部一致性的计算方法与项目效度相同,只不过是用测验总分替代了外在效标成绩而已。

总之,项目效度代表项目与外在效标的关系,而内部一致性则更多地代表项目与测验总

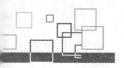

分(内在效标)的关系。注意,具有较高内部一致性的项目,并不一定与外在效标有很高的相关。同样,具有较高项目效度的项目,与测验总分的相关也不一定很高。例如,有一个由70道算术题和30道词汇题组成的学术能力倾向测验,由于算术题在总分中所占比重较大,因此结果显然是算术题与测验总分的相关比较高。如果以内部一致性作为项目区分度指标,从测验中选择20道内部一致性较高的项目,那么有可能全是算术题。然而,如果以学习成绩或教师评定作为外在效标,那有可能词汇题的预测力要大于算术题。因此,项目效度与内部一致性有时是相矛盾的。

那么,究竟选择何种鉴别力指标作为选择项目的依据呢?一般地,需要根据测验的目的来确定。若测验是预测性测验,则应该多采用项目效度较高的项目,这样,各个项目对预测外在效标都有相当的贡献;若测验要求同质,即希望各个试题都测量同一特质,则应该选择内部一致性较高的项目。若测验相当单纯(如仅测词汇量),且也没有适当的外在效标,则宜选择内部一致性较高的项目。当然,如果所测量的心理变量很复杂,不是单纯的一种特质时,那么我们通常可以结合这两种鉴别力指标一起使用。例如,当测验所预测的效标具有多重特质时,则宜选取项目效度较高而内部一致性较低的项目。

二、项目区分度的计算

项目区分度的计算方法很多,各种方法在含义上略有差别。在使用时,我们可以根据测验目的、项目记分和测验总分性质的不同,而选择不同的计算方法。项目区分度的计算方法主要包括极端分组法和相关法。

(一)极端分组法

在采用极端分组法计算区分度时,因为项目记分不同,所以区分度计算方法也不同。

1. 二值记分项目的区分度

第一步,按测验总分由高到低依次排列。

第二步,确定高分组与低分组(从分数分布的两端分别选择27%的被试)。

第三步,分别计算高分组与低分组答对或通过该项目的人数的比例。

第四步,按下列公式计算项目区分度:

$$D = P_H - P_L = \frac{R_H}{N_H} - \frac{R_L}{N_L} \qquad (5-6)$$

在公式(5-6)中,D 表示区分度指数或鉴别力指数;P_H 表示高分组项目的通过率;P_L 表示低分组项目的通过率;R_H 表示高分组答对或通过该项目的人数;R_L 表示低分组答对或通过该项目的人数;N_H 表示高分组的总人数;N_L 表示低分组的总人数。

根据公式(5-6),如果高分组被试全部通过,低分组被试全部不通过,那么 $D=1.00$;相反,如果低分组的被试全部通过,高分组的被试全部不通过,那么 $D=-1.00$;如果两组被试的通过率相等,那么 $D=0$。

例5-5　设有370名被试,选取其中成绩最高的27%(100人)为高分组,成绩最低的27%(100人)为低分组。对于某项目,若高分组有60人答对,低分组有30人答对,则该项目的区分度为多少?

解:根据题意,将有关数据代入公式(5-6),得

$$D = P_H - P_L = \frac{R_H}{N_H} - \frac{R_L}{N_L} = \frac{60}{100} - \frac{30}{100} = 0.30$$

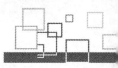

2. 非二值记分项目的区分度

第一步,按测验总分由高到低依次排列。

第二步,确定高分组与低分组(从分数分布的两端分别选择 27% 的被试)。

第三步,分别计算高分组与低分组项目的平均得分。

第四步,按下列公式计算项目区分度:

$$D=P_\text{H}-P_\text{L}=\frac{\overline{X}_\text{H}}{X_\text{max}}-\frac{\overline{X}_\text{L}}{X_\text{max}} \qquad (5-7)$$

在公式(5-7)中,D 表示区分度指数或鉴别力指数;P_H 表示高分组项目的平均得分与满分值的比值;P_L 表示低分组项目的平均得分与满分值的比值;$\overline{X}_\text{H}$ 表示高分组在该项目上得分的平均数;$\overline{X}_\text{L}$ 表示低分组在该项目上得分的平均数;X_max 表示该项目的满分值。

例 5-6　设有 370 名被试,选取其中成绩最高的 27%(100 人)为高分组,成绩最低的 27%(100 人)为低分组。对于某项目,其满分值为 10 分,若高分组在该项目的平均得分为 9 分,低分组在该项目的平均得分为 5 分,则该项目的区分度为多少?

解: 根据题意,将有关数据代入公式(5-7),得

$$D=P_\text{H}-P_\text{L}=\frac{\overline{X}_\text{H}}{X_\text{max}}-\frac{\overline{X}_\text{L}}{X_\text{max}}=\frac{9}{10}-\frac{5}{10}=0.40$$

根据计算,可知该项目区分度为 0.40,这是一道具有较高区分度的项目。

区分度指数 D 的取值范围介于 -1.00 至 $+1.00$ 之间。通常,若区分度指数 D 为正值,则称作积极区分;若区分度指数 D 为负值,则称作消极区分;若区分度指数 D 为 0,则称作无区分。具有积极区分的项目,其 D 值越大,区分的效果就越好。

(二)相关法

在大规模的或标准化的测验中,多采用相关法,即以项目分数与效标分数或测验总分的相关作为项目区分度的指标,其取值范围介于 -1.00 至 $+1.00$ 之间。所求得的相关越高,项目区分度也就越高。根据项目记分和测验总分性质的不同,用相关法计算项目区分度,主要包括以下几种相关。

1. 积差相关

对于非二值记分项目,因其得分具有连续性,在被试团体较大时,通常可以认为项目分数服从正态分布。当效标分数或测验总分为正态连续变量时,项目区分度可用项目分数与效标分数或测验总分的皮尔逊(Pearson)积差相关系数来表示,其具体的计算公式在前面已经介绍过了,可参考公式(3-8a)或公式(3-8b),这里就不再赘述了。

2. 点二列相关

当效标分数或测验总分为正态连续变量,而项目分数为二分变量(对、错或通过、未通过)时,可采用点二列相关系数来计算项目区分度,其计算公式为

$$r_{pb}=\frac{\overline{X}_p-\overline{X}_q}{S_t}\sqrt{pq} \qquad (5-8)$$

在公式(5-8)中,r_{pb} 表示点二列相关系数;$\overline{X}_p$ 表示答对或通过该项目的被试的效标分数平均分或测验总分平均分;$\overline{X}_q$ 表示答错或未通过该项目的被试的效标分数平均分或测验总分平均分;p 表示答对或通过该项目的被试的人数百分比;q 表示答错或未通过该项目的被试的人数百分比;S_t 表示每名被试所得效标分数或测验总分的标准差。

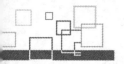
例 5-7　表 5-1 中所列的是 15 名被试测验总分和其中一道选择题及一道论述题的分数,试计算该道选择题的区分度。

表 5-1　15 名被试测验总分和其中一道选择题及一道论述题的分数

被试	1	2	3	4	5	6	7	8	9	10	11	12	13	14	15
选择题	1	1	0	0	1	1	1	0	1	0	0	1	0	0	1
论述题	48	56	23	13	30	45	38	35	34	20	22	29	36	28	33
总分	87	95	65	32	81	80	73	52	65	46	43	86	54	64	90

解：由表 5-1 可以求出：

$$\overline{X}_p = (87+95+81+80+73+65+86+90)/8 = 82.13$$

$$\overline{X}_q = (65+32+52+46+43+54+64)/7 = 50.86$$

$$p = 8/15 = 0.53$$

$$q = 7/15 = 0.47$$

$$S_t^2 = \frac{\sum X^2}{n} - \left(\frac{\sum X}{n}\right)^2 = \frac{73\,535}{15} - \left(\frac{1\,013}{15}\right)^2 = 341.58$$

$$S_t = 18.48$$

将上述数据代入公式(5-8),得

$$r_{pb} = \frac{\overline{X}_p - \overline{X}_q}{S_t}\sqrt{pq} = \frac{82.13-50.86}{18.48} \times \sqrt{0.53 \times 0.47} = 0.84$$

用点二列相关计算出的相关系数需进行显著性检验,才能确定其意义。要检验 r_{pb} 是否达到了显著水平,常用的检验方法有两种：一是采用对积差相关系数进行检验的方法进行检验,可以查阅和使用相关统计学教材有关积差相关系数显著性检验用表;二是采用对点二列相关公式中 $\overline{X}_p$ 和 $\overline{X}_q$ 的差异作 t 检验的方法进行检验,若差异显著,则 r_{pb} 显著;若差异不显著,则 r_{pb} 不显著。

对于例 5-7,可以使用第一种方法,$n=15$,$r_{pb}=0.84$,从相关统计学教材有关积差相关系数显著性检验用表中找到 $df=15-2=13$,与 0.05 水平交叉处的值是 0.514,与 0.01 水平交叉处的值是 0.641。本例中 $r_{pb}=0.84>0.641$,表明相关显著,说明该道选择题对被试的测验总分有较好的区分能力。

3. 二列相关

与点二列相关相比,二列相关适用于两列变量都是正态连续变量,但其中一个变量因为某种原因被人为地分成了两个类别。例如,当效标分数或测验总分是正态连续变量,而项目分数被人为地分成对、错或通过、未通过两类时,可以采用二列相关系数来计算项目区分度,其计算公式为

$$r_b = \frac{\overline{X}_p - \overline{X}_q}{S_t} \times \frac{pq}{y} \tag{5-9}$$

在公式(5-9)中,$\overline{X}_p$、$\overline{X}_q$、S_t、p、q 的意义同公式(5-8);r_b 表示二列相关系数;y 表示正态曲线中 p、q 分割点所在位置曲线高度(纵高)。

例 5-8　仍使用前述例子中表 5-1 的数据,以论述题分数 30 分以上(包括 30 分)为合

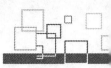

格,30 分以下为不合格,试计算该道论述题的区分度。

解:$\overline{X}_p=(87+95+81+80+73+52+65+54+90)/9=75.22$

$\overline{X}_q=(65+32+46+43+86+64)/6=56$

$p=9/15=0.60$

$q=1-0.60=0.40$

$S_t=18.48$

查 $p=0.60$ 时正态分布表,y 为 0.386 67,代入公式(5-9),得

$$r_b=\frac{75.22-56}{18.48}\times\frac{0.60\times0.40}{0.386\ 67}=0.65$$

二列相关系数 r_b 的显著性检验可用下列公式进行。

$$Z=\frac{r_b}{\frac{1}{y}\sqrt{\frac{pq}{n}}} \qquad\qquad (5-10)$$

在公式(5-10)中,r_b、y、p、q 的意义同公式(5-9);n 为被试人数。

对于例 5-8,在求出 Z 值后,查正态分布表,就可以进行二列相关系数 r_b 的显著性检验,如下。

$$Z=\frac{0.65}{\frac{1}{0.386\ 67}\times\sqrt{\frac{0.60\times0.40}{15}}}=1.99$$

$Z=1.99>Z_{\frac{0.05}{2}}=1.96$,达到了 0.05 的显著性水平。这表明,这道论述题分数与测验总分有显著性相关,说明该道论述题对被试的测验总分有较好的区分能力。

4. φ 相关

φ 相关系数适用于两列变量都是二分变量,或者一列是二分变量,另一列虽是正态连续变量,但可以人为地变为二分变量的情况,其计算公式为

$$r_\varphi=\frac{ad-bc}{\sqrt{(a+b)(c+d)(a+c)(b+d)}} \qquad\qquad (5-11)$$

在公式(5-11)中,r_φ 为 φ 相关系数;a、b、c、d 分别为四格表中四项所包含的人数。

例 5-9　仍使用前述例子中表 5-1 的数据,并规定测验总分以 60 分以上(包括 60 分)为合格,60 分以下为不合格。假设以测验总分的合格状况作为效标,选择题"1"表示通过,"0"表示未通过,试计算此次测验中该道选择题的区分度。

解:根据表 5-1 的数据,将合格状况列成 2×2 的四格表,如表 5-2 所示。

表 5-2　合格状况

	合格(测验总分)	不合格(测验总分)	合计
通过(选择题)	8(a)	0(b)	8($a+b$)
未通过(选择题)	2(c)	5(d)	7($c+d$)
合计	10($a+c$)	5($b+d$)	15(N)

将四格表中的数据代入公式(5-11),得

$$r_{\varphi}=\frac{ad-bc}{\sqrt{(a+b)(c+d)(a+c)(b+d)}}=\frac{8\times5-0\times2}{\sqrt{8\times7\times10\times5}}=\frac{40}{52.92}=0.76$$

φ 相关系数 r_{φ} 的显著性检验可用下列公式进行。

$$\chi^2=nr_{\varphi}^2 \tag{5-12}$$

通过公式(5-12)求得 χ^2 值后,查 χ^2 表,看 χ^2 值是否达到了显著性水平。若 χ^2 值显著,则 r_{φ} 值也显著。

对于例 5-9,$\chi^2=15\times0.76^2=8.664>\chi^2_{0.05(1)}=3.841$,表明所求得的 r_{φ} 达到了 0.05 的显著性水平,说明该道选择题对被试的测验总分有较好的区分能力。

以上介绍了 4 种相关法,在实际项目分析中,究竟采用哪种方法,应该根据具体情况来决定。

三、项目难度与区分度的关系

项目难度对区分度的影响,可以通过考察不同难度的项目提供了多少次被试之间相互配对机会,来加以说明。在测验中,被试之间相互配对机会的可能性越大,就越有利于准确地鉴别出考生在知识和能力水平上的差异。比如,有 100 人参加测验,难度为 0.50 的某题,意味着有 50 人答对,有 50 人答错,那么这道题就有 $50\times50=2\,500$ 次的配对机会。如果某题的 P 值为0.90,意味着有 90 人答对,有 10 人答错,那么这道题就有 $90\times10=900$ 次的配对机会。同理,如果某题被全部应试学生答对($P=1.00$)或答错($P=0$),那么这道题就没有了配对机会($100\times0=0$ 或 $0\times100=0$)。表 5-3 列出了项目难度为 0~1 时 100 人参加测验的配对机会。

表 5-3 项目难度为 0~1 时 100 人参加测验的配对机会

项目难度	成功次数	失败次数	配对机会
0.00	0	100	$0\times100=0$
0.10	10	90	$10\times90=900$
0.20	20	80	$20\times80=1\,600$
0.30	30	70	$30\times70=2\,100$
0.40	40	60	$40\times60=2\,400$
0.50	50	50	$50\times50=2\,500$
0.60	60	40	$60\times40=2\,400$
0.70	70	30	$70\times30=2\,100$
0.80	80	20	$80\times20=1\,600$
0.90	90	10	$90\times10=900$
1.00	100	0	$100\times0=0$

从表 5-3 可知,项目难度为 0.10 时,配对机会为 $10\times90=900$;项目难度为 0.20 时,配对机会为 $20\times80=1\,600$;项目难度为 0.30 时,配对机会为 $30\times70=2\,100$;项目难度为 0.40 时,配对机会为 $40\times60=2\,400$;项目难度为 0.50 时,配对机会为 $50\times50=2\,500$;项目难度为 0.60 时;配对机会为 $60\times40=2\,400$;项目难度为 0.70 时,配对机会为 $70\times30=2\,100$;项

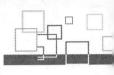

目难度为 0.80 时,配对机会为 80×20＝1 600;项目难度为 0.90 时,配对机会为 90×10＝900。这表明,仅当项目难度为 0.50 时,被试之间相互配对机会的可能性最大,这时项目的鉴别力或区分力最强。由此可见,当项目难度越接近 0.50 时,项目的鉴别力或区分力越强。同理,对于一份测验而言,项目的平均难度越接近 0.50,被试之间相互配对机会的可能性就越大,测验的鉴别力或区分力就越强。

项目难度与项目区分度指数 D 的最大值的关系如表 5 - 4 所示。

表 5 - 4 项目难度与项目区分度指数 D 的最大值的关系

项目难度	项目区分度指数 D 的最大值
0.00	0.00
0.10	0.20
0.20	0.40
0.30	0.60
0.40	0.80
0.50	1.00
0.60	0.80
0.70	0.60
0.80	0.40
0.90	0.20
1.00	0.00

从表 5 - 4 可以分析出项目难度与区分度的关系。当项目难度为 1.00 或 0.00 时,高分组与低分组被试全部通过或无人通过。此时,两组的通过率没有差异,因此 $D=0$,说明该项目没有区分作用。当项目难度为 0.50 时,高分组被试全部通过,而低分组被试无人通过,此时区分度达到最大值 1.00($D=P_H-P_L=1.00-0.00=1.00$)。但事实上,一份测验中不大可能每一个项目的难度都达到 0.50,自然 D 值一般也达不到 1.00。

从表 5 - 4 也可以看出,项目难度越接近 0.50,项目区分度指数 D 的最大值就越大,而项目难度越接近1.00 或 0.00 时,项目区分度指数 D 的最大值就越小。

项目难度的分布一般以正态分布为好,这样不仅能保证多数项目具有较高的区分度,而且也能保证整个测验对被试具有较高的区分度。一般而言,较难的项目对高水平的被试区分度高,中等难度的项目对中等水平的被试区分度高,低难度的项目对低水平的被试区分度高。由于人的大多数心理特质呈正态分布,因此一般要求项目的难度也呈正态分布,当项目平均难度为0.50左右时,整个测验的鉴别力或区分力往往最好。

四、测验项目的选择

以上讨论表明,项目难度和区分度对测验质量有着重要的影响。因此,选择具有理想的难度和区分度的项目对提高测验质量是非常重要的。

(一)根据难度选择测验项目

当项目难度为 0.50 时,项目的区分能力能达到最高水平。但是,这并不意味着组成该

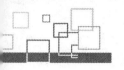

测验的所有项目的难度都必须是 0.50。测验一般要求有较高的同质性,同质性高时项目得分的相关也高,答对某一题的被试的测验分数就容易偏向高分一端,答错某一题的被试的测验分数则容易偏向低分一端,使测验分数出现双峰分布而非正态分布。双峰分布是偏离正态分布的,因此测验分数就不能与心理特质的分布相吻合,测验测量的效度就不理想。假如所有项目都完全相关,并且都是 0.50 的难度水平,在一个项目上通过的被试在其他项目上也会通过,在一个项目上不通过的被试在其他项目也会不通过,那么一半被试将通过所有项目,另一半被试将完全不通过所有项目。在这种情况下,测验只有满分和零分两种分数。这样,从整体上来说,测验能提供的信息大大减少。因此,不是要求所有项目的难度都必须是 0.50,而是要求项目的难度介于 0.30~0.70(0.50±0.20)之间,所有项目的平均难度在0.50左右。利用项目分析选择试题时,应使项目的难度分布广一些,梯度大一些,使整个测验的难度分布呈正态分布,且平均难度保持在 0.50 左右。

根据难度选择项目时还需要考虑测验的目的。当测验是为了选拔少数能力高的被试时,项目的难度就应该大一些。这样,测验分数就呈正偏态,高分一端的人数分布就少,分数的离散程度也比较大,误差在测验分数中所占的比重就小,分数在分割点处的区分能力就强。反之,当测验是为了筛选少数不合格的被试时,测验就应该容易一点,从而使测验分数呈负偏态。

另外,根据难度选择项目时也需要考虑不同题型的影响。例如,对于选择题来说,P 值一般应大于猜测概率,这是因为选择题存在猜测因素,为了降低被试的猜测动机,选择题应该主动降低难度,从而"引诱"被试"上钩",积极作答。否则,被试就容易产生猜测动机。对于四选一的选择题,其猜测概率为 0.25,那么 P 值应大于 0.25,其难度值约为 0.63 最合适。同理,判断题也是如此,其猜测概率为 0.50,其难度值约为 0.75 最合适。

(二)根据区分度选择测验项目

项目区分度的提高会显著地提高测验测量的信度和效度。因此,应尽量选择区分度高的项目,但在实际中要做到使所有的项目区分度都非常高,往往是不可能的。那么,项目区分度多高才是合适的选择标准呢? 1965 年,测量学家艾伯尔(R. L. Ebel)提出了判断项目区分度指数 D 性能优劣的评价标准,如表 5-5 所示。

表 5-5 项目区分度指数 D 性能优劣的评价标准

项目区分度指数 D	项目性能优劣评价
0.40 以上	非常优良
0.30~0.39	良好,如能修改更好
0.20~0.29	尚可,仍需修改
0.19 以下	劣,必须淘汰

从表 5-5 可知,项目区分度指数 D 在 0.30 以上就比较理想了。但是,对一些区分度指数 D 在 0.20~0.29 之间的项目,如果它们能很好地体现测验目的,那么也应酌情予以保留。上述艾伯尔的标准是针对区分度指数而言的,如果区分度是用相关系数计算的,那么选择项目的最低标准是相关系数不低于相应的临界值。

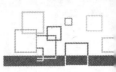

【本章小结】

项目分析可分为质的分析和量的分析。所谓质的分析,是指对项目的内容和形式进行的分析,如对项目所要测量内容的代表性、项目与所要测量特质的关联性,以及项目是否适合测验的被试团体等进行的分析。所谓量的分析,是指采用统计的方法来对项目的质量进行的分析,主要包括难度的分析和区分度的分析,以此作为筛选和修改项目的依据。我们在做项目分析时应该注意把质的分析和量的分析相互结合起来。学习本章有助于理解难度和区分度的含义,掌握难度和区分度的计算,了解难度与区分度的关系等。本章的重点是理解难度和区分度的意义、计算及关系,难点是掌握如何根据难度和区分度选择合适的测验项目。本章的中心概念是"通过率"和"鉴别力"。

【练习与思考】

一、选择题(不定项选择题,至少有一个选项是正确的)

1. 如果测验分数呈正偏态分布,大多数被试得分集中在低分端,那么为了使测验分数呈正态分布,就必须增加足够数量(　　)的项目。　　　　　　　　　　　(　　)

    A. 难度较易　　　　　　　　　　B. 难度较难

    C. 难度适中　　　　　　　　　　D. 难度一般

2. 确定项目难度时,不属于客观方法的是　　　　　　　　　　　　　　　(　　)

    A. 让被试对项目难度发表意见

    B. 让被试给项目的难度打分

    C. 项目难不难,被试说了算

    D. 检验被试在项目上的通过率

3. (　　)是用来表示测验项目难易程度的指标。　　　　　　　　　　　(　　)

    A. 区分度　　　　B. 信度　　　　C. 难度　　　　D. 效度

4. 若项目得分与实际能力水平之间呈较高的正相关,则该项目应予　　　　(　　)

    A. 淘汰　　　　B. 修改　　　　C. 保留　　　　D. 以上皆不对

5. 利用项目分析选择试题时,应使项目的难度分布广一些,梯度大一些,使整个测验的难度分布呈正态分布,且平均难度保持在(　　)左右。　　　　　　(　　)

    A. 0.40　　　　B. 0.50　　　　C. 0.60　　　　D. 0.70

6. 在选择项目时,最好使项目的平均难度接近 0.50,并在正负(　　)之间。(　　)

    A. 0.10　　　　B. 0.20　　　　C. 0.30　　　　D. 0.40

7. 对于选择题来说,P 值一般应(　　)猜测概率。　　　　　　　　　　(　　)

    A. 大于　　　　B. 小于　　　　C. 等于　　　　D. 无法确定

8. 区分度指数 D 的取值范围介于　　　　　　　　　　　　　　　　　(　　)

    A. -1.00 至 +1.00 之间

    B. 0 至 +1.00 之间

    C. -1.00 至 0 之间

    D. 没有限制

9. 在具体估计项目区分度时,我们常常用其他指标替代实际水平(效标),其中最常用的是 （　　）

A. 测验总分 　　　　　　　　B. 测验平均分

C. 被试 IQ 　　　　　　　　　D. 项目数

10. 项目难度的分布一般以（　　）分布为好,这样不仅能保证多数项目具有较高的区分度,而且也能保证整个测验对被试具有较高的区分度。 （　　）

A. 偏态 　　　B. 负偏态 　　　C. 峰态 　　　D. 正态

11. 难度与区分度的关系,一般来说,较难的项目对高水平的被试区分度（　　）,中等难度的项目对中等水平的被试区分度高,低难度的项目对低水平的被试区分度高。 （　　）

A. 中等 　　　B. 一般 　　　C. 高 　　　D. 低

12. 下列关于难度和区分度的说法,正确的是 （　　）

A. 难度越大则区分度也越大 　　　B. 难度越小则区分度也越小

C. 难度大而区分度未必大 　　　　D. 区分度大而难度未必大

13. 某测验中,如果绝大部分题目的难度值 P 较大,那么被试的分数 （　　）

A. 集中在高分端 　　　　　　B. 平均数小于中数

C. 中数大于众数 　　　　　　D. 分布呈负偏态

14. 下列项目区分度指数,性能非常优良的是 （　　）

A. 0.15 　　　B. 0.25 　　　C. 0.35 　　　D. 0.45

15. 某项测验,被试共 18 人,高分组和低分组若各取总人数的 27%,若在某一项目上高分组全部通过,而低分组只有 1 人答对,则该项目的区分度为 （　　）

A. 0.80 　　　B. 0.22 　　　C. 0.44 　　　D. 0.40

二、简答题

1. 简述项目难度对测验的影响。

2. 简述项目难度与区分度的关系。

三、计算题

1. 某道单项选择题,100 人参加考试,80 人通过了,其难度是多少? 另外一道单项选择题,相同的 100 人参加考试,20 人通过了,其难度是多少? 哪一道单项选择题更难? 为什么?

2. 根据表 5-6 所给数据,计算题目的区分度指数,并比较哪一道题目的区分度指数更合适? 为什么?

表 5-6　不同题目高分组和低分组选择各选项的人数

题号		选择各选项的人数				正确答案	D
		A	B	C	D		
1	高分组	6	35	9	0	B	
	低分组	18	10	22	0		
2	高分组	11	12	10	17	C	
	低分组	8	15	18	9		

3. 用某测验 6 道题对 11 名被试施测,所得数据如表 5－7 所示,请回答以下问题。

表 5－7 某测验 6 道题对 11 名被试施测的数据

题号	被试满分	A	B	C	D	E	F	G	H	I	J	K
第一题	3	3	3	0	3	3	0	3	0	0	3	3
第二题	5	5	0	5	5	0	0	5	5	5	0	0
第三题	10	8	8	5	9	10	3	7	10	10	5	7
第四题	12	10	12	7	8	5	5	9	8	7	6	7
第五题	20	15	10	12	17	15	10	15	17	18	15	10
第六题	50	45	30	20	42	35	25	38	38	44	40	23
合计	100	86	63	49	84	68	43	77	78	84	69	50

(1) 求第一题的难度和区分度。

(2) 求第三题的难度和区分度。

(3) 求整个测验测量的信度(α 系数)。

第六章 测验标准化

前面主要阐述了"常模"和"四度",但是"四化"也是相当重要的,这是因为测验标准化做得不好,误差将难以控制,测量的信度和效度就不能保证。一个测验的好坏取决于该测验的标准化水平。测验标准化包括测验编制标准化、测验实施标准化、测验评分标准化以及测验解释标准化。心理测验如同用"尺子"测量心理,本章我们将介绍这把"尺子"是怎么做出来的,以及如何正确使用这把"尺子"。在本章的学习中,我们将介绍编制测验的基本程序、使用测验的若干原则、评定测验的技术要求,以及解释测验的具体规范等。在本章中,题目(item),又称为项目、条目或试题。

第一节 测验编制标准化

不同性质的心理测验,其编制方法有所不同。但总的来说,编制一个可供使用的标准化的心理测验,一般需要经过以下几个步骤:① 确定测验目的;② 制订编制计划;③ 拟定测验项目;④ 预测与项目分析;⑤ 测验合成;⑥ 测验标准化;⑦ 鉴定测验;⑧ 编写测验说明。下面,我们对心理测验编制的一般程序作简要介绍。

一、确定测验目的

在编制测验前,应明确我们所欲测的究竟是什么样的人、我们究竟想测什么样的心理特质,以及我们编制的测验究竟有什么用,即测验目的。确定测验目的包括以下三个方面的具体内容。

（一）测验对象

测验对象,即测验所要测的人,或者说测验将要施测的群体。我们通常是以年龄、性别、职业、受教育程度、经济状况、民族、文化背景等指标来区分测验对象。测验对象的性质不同,编制的测验特性也不同。

（二）测验目标

测验目标,即测验所要测量的心理特质。需要明确测量什么心理特质,是能力、人格,还是学业成绩等。不仅如此,我们还应把测验目标进一步具体化。例如,人的态度就可以进一步分为认知方式、情感表达和行为倾向 3 个成分。把测验目标具体化,是保证测验可靠、有效的基本条件。

（三）测验用途

测验用途,即所编制的测验是干什么用的,是用于心理特征的描述或用于心理问题的诊断,还是用于专业人才的选拔,等等。测验用途不同,编制测验时的取材范围以及项目的难度等也会有所不同。

二、制订编制计划

编制计划是测验编制的总体构思。制订编制计划就是要根据测验目的的要求,具体指

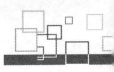

出测验的内容结构,详细构建项目的形式、难度、长度等,合理把控每一个内容和目标的相对侧重等。对于测验的编制计划,我们通常用命题双向细目表来呈现。例如,小学生自然常识测验的命题双向细目表就是小学生自然常识测验的编制计划,如表6-1所示。

表6-1　小学生自然常识测验的命题双向细目表

教学目标 教材内容	获得基本知识	理解原理原则	应用原理原则	分析因果关系	综合系统见解	评价建立标准	合计
生物世界	3	5	6	3	2	1	20
资源利用	2	3	3	1	1	0	10
动力和机械	2	3	4	2	0	1	12
特质特性与能量	5	6	8	3	2	1	25
气象	2	4	3	2	2	0	13
宇宙	2	5	4	1	0	0	12
地球	2	2	2	1	1	0	8
合计	18	28	30	13	8	3	100

测验的编制计划可用于指导测验编制工作。在测验项目编写出来后,我们就可以根据测验的编制计划进行修改与核对。

三、拟定测验项目

拟定测验项目需要做好以下三个方面的工作。

（一）收集测验资料

一个测验是否有效,取决于测验是否能测量到我们所欲测得的东西,因此这就需要我们收集适当的测验资料。尽管不同性质的测验所依据的资料内容有所不同,但是都必须遵循以下原则。

（1）丰富性。人的心理结构的复杂性要求我们只有从多方面去收集资料,才能开发出具有不同功能、可以从不同途径进行考察的测验项目。例如,编制人格测验,需要收集描述具有人格特征的大量词汇、临床资料以及已有的人格量表等。

（2）普遍性。这就要求我们做到以下两个方面:一是所收集的资料对于不同文化背景、不同经济地位、不同地区的个体或群体是公平的;二是所收集的资料应当全面地反映某一文化背景中群体的基本心理特征。

（二）选择项目形式

任何一种测验都可以用多种形式的项目来考察,但我们要根据各个具体情况选择最优的项目形式。在选择项目形式时,至少应该考虑两个方面的因素:一是编制测验的目的和测验材料的性质;二是要考虑被试的特点和人数的多少。

在这方面,前人曾提出了一些可供参考的原则:

（1）测验方法简单明了;

（2）受测者不会因测验形式不当而出错;

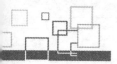

（3）测验过程省时；

（4）计分省时省力；

（5）测验相对经济。

（三）编写测验项目

测验项目的编写是一个循环往复的过程。在此过程中，编制者需要对测验项目进行反复修改，其中包括订正意思不明确的词语、删改一些不适当的项目，以及增加一些有用的项目等。

一般来说，项目主要有以下几个来源：

（1）直接选用国内外优秀的相关测验的项目；

（2）修改前人有关测验中的项目；

（3）自己独立编写的项目。

在编写测验项目的过程中，我们需要注意以下几个方面的问题。

（1）测验项目的取样应当对欲测心理品质具有代表性。

（2）测验项目的取材范围要同编制计划所列的范围相一致。

（3）测验项目的难度分布应有一定的范围。

（4）编写测验项目的用语要力求精练简短、通俗易懂。

（5）初编项目的数量要多于最终所需的数量，以便筛选或编制复本。

（6）测验项目的说明必须简明。

一般来说，根据应答方式的不同，测验项目可分为提供型和选择型两种。提供型项目又称主观性题目，是让被试用自己的语言或行动来对某一项目作答，包括填空题、简答题、应用题、论文题、联想题、操作题等。选择型项目又称客观性题目，是让被试从事先做好的有限的几个答案中辨认出正确答案，包括多选题、是非题、匹配题等，这种项目因为评分客观，所以在标准化测验中用得较多。各种类型的项目虽然性质不同、功能各异，但是在编制时都应遵循以下基本原则。

（1）项目要符合测验的目的。

（2）内容取样要有代表性。

（3）各个项目必须彼此独立，不可互相牵连，不要使一个项目的回答影响另一个项目的回答。

（4）字句要简明扼要，既要排除与解题无关的因素，又不可遗漏解题所依据的必要条件。最好一句话说明一个概念，不要使用两个或两个以上的概念，要避免使用艰深的字句，尽量少用双重否定句。

（5）项目应有不致引起争论的确定答案（创造力测验、人格测验除外）。

（6）项目格式不要使被试发生误解。

（7）项目中不可含有暗示本题或其他题正确答案的线索。

（8）项目内容不要超出受测团体的知识和能力。

（9）问题应避免社会禁忌和个人隐私。

（10）施测与评分省时。

在完成项目的初步编制后，编制者还应自己或者请相关领域的专家对项目进行初步的检查。

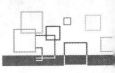

四、预测与项目分析

初编的测验项目是否有适当的难度和区分度,必须通过预测进行测验项目分析,以便进一步修改。

(一)预测

预测的目的在于获得被试对测验项目所做的反应资料,它既能提供哪些项目意义不清、容易引起误解等质的信息,又能提供哪些项目性能优劣等量的信息。

在进行预测时,需要注意以下问题。

(1)预测对象应取自正式测验时准备施测的群体,即样本要有代表性。

(2)预测情景应力求同正式情景一致。

(3)预测时间可以适当延长,以便每一位受测者都能完成项目。

(4)施测者需要对受测者的反应加以记录。

(二)项目分析

项目分析包括质和量两方面的分析:一是要从内容上检查取样的适当性、文字表达是否清楚等;二是要对预测数据进行统计分析,确定难度、区分度以及备选答案的适宜性等。

五、测验合成

测验合成就是把经过预测后的认为有价值的项目有序地组织起来,编制成测验,主要包括以下三个方面的内容。

(一)测验项目的选择

测验项目的选择有以下三个标准。

第一,要选择那些确能测出所要测量的心理特质的项目。

第二,项目难度要恰当。难度的选择需依测验的目的而定。一般来说,选拔性的测验要求有较高的难度,而人格测验则一般不对难度作要求。

第三,项目区分度要高。

此外,还应考虑测验的长度问题。一个测验究竟应包括多少项目,需要根据测验的时限、对象以及测验的性质而定。

(二)测验项目的编排

对于选出的项目需要进行合理的安排。项目编排的总原则是由易到难,这样可以使受测者很快了解答题的程序,消除紧张,也可以避免受测者在难题上耽误太多的时间而影响后面问题的作答。

项目编排一般有以下两种形式。

(1)并列直进式。其将整个测验按测验项目的性质归为若干分测验,同一分测验的项目,依难易程度排列,如韦氏智力量表。

(2)混合螺旋式。其主要考虑将各类测验项目依难度排列,在同一难度层次中,可以组合不同性质的项目;从整个测验看,不同类型项目交叉出现,但其难度逐渐升高,如比内智力量表。

(三)测验复本的编制

为保证某些实际的需要,一种测验至少要有等值的两个复本。编制测验复本的关键是

进行测验等值,但进行测验等值需要符合下列条件。

(1)各份测验测量的是同一心理特质。

(2)各份测验具有相同的内容和形式。

(3)各份测验不应有过多重复的项目。

(4)各份测验项目数量相同,并且难度和区分度大体相同。

关于测验等值的具体技术性问题和方法,我们将在本章后面的章节中进行更加详细地介绍。

六、测验标准化

一个测验的好坏,也取决于对测验的标准化程度。所谓标准化,是指测验的编制、实施、评分以及分数解释的程序的一致性。具体而言,测验标准化包括下列内容。

(一)测验内容

标准化的首要前提是对所有受测者实施相同或等值的题目,测验内容不同质,所测得的结果就无法进行比较。

(二)施测过程

施测过程标准化要求所有的受测者必须在相同的条件下施测,包括相同的测验情境、相同的指导语、相同的测验时限等。

(三)评分程序

评分程序标准化是测验标准化的第三个条件,这就意味着两个或两个以上的评分者对同一份测验的评定需要比较一致。一般来说,不同评分者之间的一致性只有达到 0.90 以上,才可认为评分是客观的。对测验进行客观性评分包括以下几个方面的要求。

(1)对受测者的反应要及时清楚地记录。

(2)要有标准答案或正确反应的表格,即记分键。

(3)要将受测者的反应与记分键比较来确定受测者的得分。

(四)分数解释

一个标准化测验,不仅要求测验内容、施测过程和评分程序标准化,还要求对测验有标准化的分数解释。如果对同一测验结果可作不同解释,那么测验就有可能失去了客观性。

七、鉴定测验

测验编制好后,必须对其可靠性和有效性进行鉴定,以便确定该测验是否可用。对测验的鉴定,主要是确定其测量的信度和效度。关于信效度的基本内容我们在前面的章节中已经详细地介绍过了,在此就不再赘述。

八、编写测验说明

测验说明不仅能够向使用者说明该测验应该如何施测,同时也能够成为使用者评价和选择测验的依据。测验说明应包括下列内容。

(1)测验的目的与功用。

(2)测验的理论依据。

(3)测验的内容、施测方法及注意事项。

（4）测验的标准答案及评分方法。

（5）测验的信效度说明。

（6）测验的常模资料，即如何依据常模解释测验结果。

总之，一个完整的测验编制标准化步骤如图6-1所示。

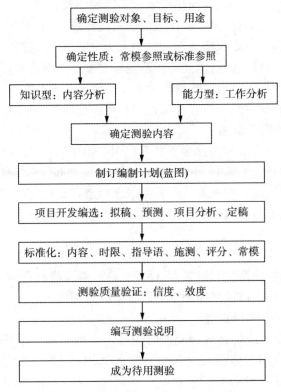

图6-1　测验编制标准化步骤示意图

第二节　测验实施标准化

心理测验的基本原理在于通过观测受测者在测验情境中的行为样本，推断他平日的一般行为特征。这就要求我们在标准化测量工具的基础上，测验的实施也要标准化。而要做到测验实施的标准化，就需要测验者全面了解施测过程中的哪些因素会影响到测验结果，并对这些因素进行有效地控制。下面我们将详细地介绍测验实施标准化需要注意的几个方面。

一、主试的资格

主试主导着测验的实施。主试本身的素质、主试对测验的熟悉程度以及主试对结果评价的合理把握等都直接决定了测验实施的成败。因此，为了测验有效地实施，首先必须对主试的资格进行审核。一般来说，主试需要满足以下三个方面的要求才能较好地实施心理测验。

（一）心理测验的理论知识

对理论知识的掌握是测验正确实施的保证，也是考核主试资格最基本的要求。主试只

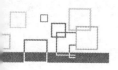

有充分掌握了心理测验的理论知识,才能在测验实施时自觉严格地按照测验标准化的科学程序来进行施测。

（二）心理测验的专业技能

心理测量学作为一门单独的学科,有其科学性和实践性,所以光有理论知识是远远不够的,同时还必须具备测验施测的实际操作技能和丰富的经验。

目前,许多个别施测的测验,由于操作规程和手续比较复杂,对测验的实施、评分和结果的解释都有很高的要求,这就要求事先对主试进行培训。另外,需要注意的是,由于许多测验的性质特点不同、操作方法各异,因此不同的测验都要有针对性地进行培训。

相较于个别施测而言,团体施测的测验对主试的要求就没有那么高了,其培训过程也相对简单,主试只要在测验前对测验内容及实施细则作细致地了解后,就可以进行施测。

（三）测验工作者的职业道德

心理测验工作者承担着重大的社会责任,许多国家的有关部门都对心理测验工作者的职业道德做出了明确的规定。2015 年,中国心理学会也颁布了《心理测验工作者职业道德规范》(见本书附录),我国的心理测验工作者都需严格遵守该规范的有关条例。测验工作者对待心理测验的职业道德包括测验的保密、测验的控制使用、测验中个人隐私的保护等。

二、测验的选择

心理测量中可供选择的测验有很多,选择什么样的测验进行施测,这是主试首先应该考虑的问题,需要依测验目的、被试情况和测验质量等因素而定。

（一）根据测验目的来选择测验

测验目的是什么,这是我们在选择测验时应该考虑的问题。不同的测验有不同的用途和使用范围,这就需要我们在施测前对各种测验的功用、特点以及优缺点有一个初步的了解,并通过测验手册来获得最必要的信息。在实际工作中,不但不同目的要选用不同的测验,同时还必须了解该测验真正所测量的心理特质及适用范围,否则,就会造成测验的使用不当。

（二）根据被试情况来选择测验

被试情况也是选择测验的重要依据。例如,通常来说,被试年龄是选择测验时一个重要的参考指标。因为每一个测验都有其适用的年龄范围,不在此范围内的被试是不能接受该测验的。另外,年龄还会影响到测验的形式,比如年龄较小的儿童就不适合于进行团体施测。

（三）根据测验质量来选择测验

除了根据测验目的和被试情况来选择测验外,还应该考虑测验本身的质量。测验质量是一个测验编制好坏的重要指标,其中测验测量的信度、效度的优劣常常被用来作为选择测验的重要依据。一个好的测验除了要有较好的信度、效度外,同时还要有优良的常模。常模是否合适,要看其标准化样本是否具有充分的代表性。所以,从国外引进的测验,一定要予以修订,除了把内容不合适的项目进行修改和删除外,还要根据我国的实际情况重新制定新的常模。另外,在选择测验时还应该考虑测验的时效性,这既包括项目内容的时效性,也包括常模资料的时效性。

以上三个方面是选择测验时所需要考虑的因素。只有选择了一个可靠的测量工具,测

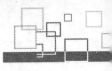

验的结果才有意义。

三、测验的准备

一个好的施测程序最重要的就是预先准备好测验。为了确保测验实施的标准化，主试在测验前应认真做好以下几项准备工作。

（一）施测前的准备工作

施测前的准备工作是保证测试顺利完成测验实施标准化的必要环节，主要包括以下几个方面。

（1）准备好测验材料。施测者必须将所要用的材料按一定顺序放置在适当的位置，使受测者易于看到和找到。通常，大部分的智力测验都有操作测验，操作材料的放置都应有相应的位置。这些都是需要事先做好的准备工作。

（2）熟练掌握施测程序。这就需要事先对主试进行训练，主要包括熟悉测验内容、掌握施测步骤、理解计分方法、明了分数解释等。

（3）熟悉测验指导语。施测者能用口语将测验指导语清楚地表达出来。

（二）选择合适的测验情境

测验情境包括测验房间的环境、座位的布置、答案纸的放置等，这些都会影响测验分数，因而需要控制，使每位被试都尽量保持相同。当然，在实际施测中并不是每次都能找到很理想的测验环境，这就需要主试的经验了。一旦发现被试因环境因素而受到干扰，就应立即停止测验，并设法克服与消除干扰。

（三）协助被试做好先前的准备

测验时双方互动交流的过程，光有主试的良好准备是不够的，还要有被试的合作。测验应在被试处于最佳的心理、生理状态时进行。因此，主试应协助被试做好这方面的先前的准备，主要包括时间的选择、生理的准备以及心理的准备等。

四、测验的实施

实施测验时需要获得被试在标准环境中最典型的行为。因此，严格按照测验说明中的规定进行施测，是测验标准化过程中必须做到的一点。标准化的测验都对实施过程有明确的说明，必须遵照执行，主要包括以下几个方面。

（一）指导语和时限

指导语的主要作用是使受测者以正确的方式对项目进行反应。心理测验的指导语通常包括对测验目的的说明和对题目反应方式的解释。指导语将直接影响受测者反应的态度和方式。在表述指导语时，主试需要注意不要暗示受测者选择什么样的答案，一般要求测验的主试在表述指导语时应保持中立的态度。

时间限制也是测验规范化的一项重要内容。一般地，能力测验和成就测验都要求有严格的时间限制，因为速度是能力测验的一个重要因素。然而，人格测验和态度测验一般不要求有严格的时间限制。

（二）做好记录

主试在做记录时，有以下两点需要特别注意。

（1）记录要隐蔽。主试在做记录时要尽量避免让被试知道，否则会影响被试作答的

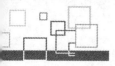

反应。

（2）记录要客观。主试的记录要真实地反映被试作答的情况，记录时的表述要中立客观，不能掺杂主试的主观猜测和推断。

五、影响被试作答反应的因素

除了测验本身的因素外，被试作答反应的因素也会影响到测验最终的结果。因此，我们在施测时要尽可能多地考虑这些因素并控制其影响。影响被试作答反应的因素主要包括以下几个方面。

（一）经验技巧

被试的测验经验和应试技巧会影响测验分数。具有测验经验和应试技巧的被试能在测验中更合理地分配时间，能够觉察出答案间的细微差别等，从而他们的成绩有可能会比那些缺乏测验经验和应试技巧的被试要好。因此，在施测前，应尽量使每个被试都熟悉测验的实施步骤和所需技巧。

（二）练习效应

如果一个测验连续地对同一被试团体进行多次施测，那么就会产生明显的练习效应。这一点在能力测验中显得尤为突出。因此，我们应尽量避免对同一被试团体连续施测同一测验，取而代之，我们可以使用平行测验。

（三）专门指导

如果在测验前，对被试进行有针对性的专门指导，那么被试的分数就可能会有所改变。这是因为，有针对性的专门指导会使被试降低对测验的焦虑，对测验内容更为熟悉，也会使被试具备更多的应试技巧等。

（四）应试动机

被试参加测验的动机会影响到其作答的反应，这其中包括作答的态度、注意力、持久性以及反应时等。测验不同，应试动机所影响的方式也不同。例如，在态度测验中，如果被试为留下好的印象，那么就会考虑主试或者社会的期望，产生社会期许效应或社会赞许效应。在能力测验中，如果被试应试动机不强，那么就不会尽力去答题。然而，投射测验不太容易受被试应试动机的影响。

如果影响被试应试动机的因素在测验中恒定出现，那么就会产生系统误差，使测验的有效性降低；如果影响被试应试动机的因素在测验中不恒定出现，那么就会产生随机误差，使测验的有效性和可靠性同时降低。

（五）测验焦虑

测验焦虑是指被试因接受测验而产生的一种忧虑和紧张的情绪，其会影响到测验结果的真实性。适度的焦虑会提高智力测验、成就测验和能力倾向测验的成绩。因此，在施测时，主试应注意避免带有威胁、警告或者恐吓的言辞，以免被试产生过分的焦虑。

（六）反应定势

反应定势是指独立于测验内容以外的被试的一种反应倾向，即由于每个人的答题习惯不同，从而使具有相同能力的被试获得不同的分数。定势的产生既有生理因素，也有心理因素。例如，饥饿、疲劳等生理因素可能会产生消极的反应定势，而某些态度、价值观等心理因素也可能会产生消极的反应定势。反应定势对被试作答心理测验有影响。例如，有些被试

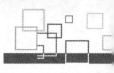

认为选项长、内容多的答案一般是正确答案,这是有喜好较长选项的反应定势。因此,在编制测验时,我们应该尽量使选项的长度保持一致,以避免发生此类问题。

第三节 测验评分标准化

一、测验评分

评分是整个测验施测过程的最后一步,也是为进行测验结果解释做好准备的关键环节。每份测验都有其各自的评分方法,对于测验的评分我们需严格按照测验说明上的规定来进行。

(一)原始分数的计算

通常来说,我们根据被试的实际作答情况,按照测验的评分标准与程序,对每一个测验项目进行评分,并计算出被试总的得分情况,以此计算出的分数称为原始分数或粗分(raw score)。原始分数的评定并不复杂,因为每一份标准化的测验,对项目的计分都有详细的规定,甚至有标准的答案作为参照,因此主试只需要按照标准的答案给出分数即可。

(二)原始分数的转换

事实上,在心理测量中,原始分数本身的意义并不大,因为其既无相等的单位,也无共同的参照点。因此,不同测验或者不同群体的原始分数之间就无法进行比较。这时,就需要我们将原始分数转换为量表分数(如标准分数或其他导出分数)。

不同测验或分测验上的原始分数并不能直接进行比较,但转换成量表分数后就可以进行比较了。在标准化的测验中,测验编制者通常会提供一个常模表,它的主要功能就是把原始分数转换为量表分数。关于常模的具体内容大家可以参见前面的章节。

二、测验等值

在心理测量实践中,经常会遇到一个测验需要配备多个形式测验的情况,特别是那些测验内容易受记忆或针对性训练影响的测验,这些测验在使用之前需严格保密,但在使用之后便不能再用,因此必须配备多个不同形式供多次施测所用的测验。对于这种情况,测验的编制者都希望不同形式的测验应该是"相等"的,也就是说,对于同一被试来说,各个不同形式测验所测结果应该是完全一样的。测量学上为达到这一目的而发展起了一套专门的技术,称为测验等值(test equating)。

(一)测验等值的含义

在社会生活中,对具有不同单位的事物进行比较是很常见的,比如,英尺和公尺、欧元与美元等。我们知道,要对这些具有不同单位的事物进行比较,首先就要对它们进行单位转换,让它们具有相同单位从而可以进行比较。经过转换,事物的原有数值表现为新值,但这仅表现为形式的变化,其"客观价值"或"真实值"并未改变。

在心理测量领域,为把所有不同形式测验上的分数都转换到同一分数量纲上,以达到统一评价的目的而发展起来的专门技术称为测验等值。从本质上说,测验等值就是对考核同一种心理特质的多种形式测验作出测量分数系统的等值转换,进而使得这些来自不同形式测验的分数之间具有可比性。心理测验的等值比度量系统的转换要复杂得多,其根本原因在于所测对象的差异,心

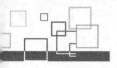

理测验所测的是人的心理结构与特性,是物质发展的最高形态,结构非常复杂。

同一测验不同复本得到的分数,特别是同一科目不同测验得到的分数,如果需要比较,那么就要进行等值转换。否则,按统一标准认定资格、公平合理进行岗位选拔、针对实际情况分配工作等,都是不可能的。同时,也不可能科学地合并资料,再针对性地做进一步定量分析。所以,测验等值的作用首先就体现在合理使用分数上。测验等值的作用还体现在科学建设题库和编制测验上。题库由大量的试题构成,这些试题的项目参数,如难度、区分度等,都应表达在同一量纲上。只有当这些参数都表达在同一量纲上时,才有可能按照规则合理地被调用,以便生成指定性能的试卷。因此,测验等值是建设题库的基础性工作,也是保证科学编制测验的必备前提。

另外,需要注意的一点是,测验等值中所说的测量分数系统的等值转换与将测验原始分数转换为导出分数(导出分数转换)是不同的。等值转换的目的是比较两个不同形式测验之间的实测分数,而导出分数转换的目的是为了将一个实测分数转换到一个可评价个体相对位置的分数系统上去。等值转换是两个或多个不同形式测验测量分数系统的转换,而导出分数转换却只是一个形式测验测量分数系统的转换,两者之间是有本质区别的。

(二)测验等值的条件

测验等值的目的是为了获取不同形式测验分数或题目参数之间单位系统的转换关系。很明显,这种关系应该是客观存在的。否则,作出的转换就没有任何实际意义。但是,并非任意不同形式测验都能进行单位系统的转换。通常进行测验等值需要满足如下条件。

(1)同质性。被等值的不同形式测验所测的必须是同一种心理特质,测验的内容与范围也应该基本相同。不是测同一种心理特质的测验是不能进行等值的,这就如同厘米不能等值转换为克一样,因为其所测量的对象不具有同质性。

(2)等信度。被等值的不同形式测验必须具有大致相等的测量的信度,不能指望一个低信度的测验,通过与一个高信度的测验等值而提高自身的可靠性。信度不等的测验由于测验误差不同,不能进行等值转换。

(3)公平性。公平性是指被试参加被等值的不同形式的任何一个测验,等值后的结果应该大致一样,不能出现同一个体参加不同形式的测验,等值后的结果存在过高或过低的现象。

(4)可递推性。如果一个测验 X 与测验 Y 之间有等值转换关系 $Y=AX+B$,而测验 Z 与测验 X 之间有等值转换关系 $X=A'Z+B'$,那么就一定有测验 Z 与测验 Y 之间的关系存在,即 $Y=AX+B=A(A'Z+B')+B$。这种递推关系还可以推至更多的已等值的测验。

(5)对称性。如果两个待等值的测验 X 与 Y 之间的等值转换关系已求得,那么从测验 X 转换到测验 Y 的关系 $Y=AX+B$,就等于从 Y 转换到 X 的逆关系 $X=(Y-B)/A$。这里需要注意的是,这种关系与回归分析中的关系是不同的。一般地,Y 对 X 的回归并不等于 X 对 Y 的回归的逆,这是因为回归分析中的关系是非对称的,但测验等值中的关系是对称的。

(6)样本不变性。测验 X 与测验 Y 的等值关系是由 X 与 Y 本身的内在性质决定的,与为寻找这种等值关系而采集数据时所使用的样本没有关系,与采集数据时测验的情境也没有关系。如果测验等值关系会受到测试样本或测验情境的影响而发生变化,那么所获得的等值关系就是一种虚假的等值关系。

在测验等值中,如果待等值的测验能满足以上 6 个条件,那么等值结果将令人满意。但是,在实际操作中,要同时符合以上这些条件是比较困难的,尤其是测验等值的条件的对称性和样本不变性,更难满足。

(三)测验等值的误差

测验等值完成后需要对等值结果进行评价。评价等值结果可靠性与准确性的指标通常是测验等值的误差。测验等值的误差有两种:等值随机误差和等值系统误差。

由于等值数据通常来自被试的随机样本,因此样本的均数、方差、百分等级等都可以被用来估计等值关系。然而,将这些样本统计量作为总体参数的估计值,都是有抽样误差的,从而造成了等值过程中的随机误差。测量学把由抽样而引起的等值误差称作等值随机误差。等值随机误差可以用一定的方法进行估计,但不同的方法可能产生不同的等值随机误差。等值随机误差是一个变量,会随被等值的具体分数而变化。但总的趋势是,等值随机误差会随样本容量的增大而减小。

等值系统误差产生的原因比等值随机误差产生的原因要复杂得多。我们在前面已讲过,进行等值转换时需满足某些条件,如果这些条件不能得到充分满足,那么就可能会产生等值系统误差。例如,被试分别参加了两种形式的测验,但两种形式的测验的信度差异较大,这时的等值结果就会产生等值系统误差。等值系统误差与等值随机误差不同,等值系统误差难以量化和发现,其大小也不随样本的增大而减小。因此,对等值系统误差的控制比对等值随机误差的控制要难得多。

(四)测验等值的设计

在进行测验等值的设计时,我们既要考虑等值资料的实际情况,也要考虑统计方法的匹配性,但最重要的是要使数据能有效地反映不同形式测验之间的差异信息。通常来说,常用的测验等值的设计有以下三种,如表6-2所示。

表6-2 测验等值的设计

1. 单组设计		
样本	测验	
	X	Y
p	√	√

2. 随机等组设计		
样本	测验	
	X	Y
p_1	√	
p_2		√

3. 锚测验—非等组设计		
样本	测验		
	X	V	Y
p_1	√	√	
q_1		√	√

1. 单组设计

单组设计是把要等值的两个或多个不同形式测验同时向同一被试组施测,然后把同一被试组在不同形式测验上的得分进行等值。在这种设计中,测验分数间的主要差异来自测验的难度。因而,从理论上来说,这种设计既简单又无抽样误差,但该设计也会产生一些其他的不利影响,如练习效应、疲劳、厌倦等。

2. 随机等组设计

随机等组设计是从同一总体中随机抽取多组被试样本,并且多组被试样本在心理特质上的分布是相同或者相近的。然后,让抽取出来的多组被试样本分别随机接受不同的某一个测验,以此来估计多个形式测验间的等值关系。该设计克服了练习效应、疲劳、厌倦等因素的影响。但是,该设计的假设前提是多组被试样本的总体分布是相同的。因为多组被试样本是从同一总体中抽取出来的,所以如果不考虑抽样误差的影响,那么这一假设是比较容易得到满足的。

3. 锚测验—非等组设计

在实际工作中,有可能会出现这样的情况,既不可能采集同一被试组对其施测多个不同形式的测验,也不可能获得多组总体分布相同的被试样本来分别施测多个不同形式的测验。在这种情况下,只能采取锚测验—非等组设计。该设计是在测验编制时另外编制一组题,这些题目称为共同题,也称为锚题(anchor item)。在收集数据时,锚题同时施测于所有的被试样本。虽然多组被试样本总体分布不同,但是由于施用了一组共同题,因此多组被试样本间心理特质的差异就可以被定量描写,从而将不同形式测验的等值关系估计出来。

在实际工作中,锚题既可以与原测验题目混合组成一份测验进行施测,也可以独立组成测验单独施测,前者称为"内锚",后者称为"外锚"。无论锚题在测验内还是在测验外,锚题部分都应该是原测验的一个"平行减缩本",还要保证一定的题量,否则,采用锚测验—非等组设计所进行的等值是不可靠的。

(五) 测验等值的方法

测验等值的基本方法包括线性等值和等百分位等值。

1. 线性等值

线性等值的基本原理是:有两个分数,一个在测验 X 上,另一个在测验 Y 上,如果它们的标准分数相等,那么这两个分数就被认为是等值的。根据线性等值的原理,如果测验分数 X 等值于测验分数 Y,那么就有以下两式成立,即

$$\frac{X-\overline{X}}{S_X}=\frac{Y-\overline{Y}}{S_Y} \tag{6-1}$$

$$Y=AX+B \tag{6-2}$$

公式(6-1)表示两个等值测验的标准分数相等,即 $Z_X=Z_Y$。在公式(6-2)中,$A=\dfrac{S_Y}{S_X}$;$B=\overline{Y}-A\overline{X}$,这里的 A 和 B 称为等值常数。

如果能求出等值常数 A 与 B,那么对于测验 X 的任一分数均可利用公式(6-2)求得与之等值的 Y 分数。在线性等值中,两测验的等值关系为一条直线,A 是直线的斜率,B 是直线的截距。所有线性等值的最终形式都是公式(6-2),只是对于不同测验等值的设计,其 A 与 B 的求法不同而已。

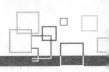

2. 等百分位等值

等百分位等值的基本原理是：有两个分数，一个在测验 X 上，另一个在测验 Y 上，如果它们的百分等级相同，那么这两个分数就被认为是等值的。根据等百分位等值的原理，如果要寻找与 X 分数等值的 Y 分数，那么只要找到与 X 分数有相同百分等级的 Y 分数，就可以了。对于测验 X 的每一个分数，可根据下式求出在 X 测验分数分布中与其相对应的百分等级 PR。

$$PR = \frac{F_b + \left[\dfrac{(X-L_b) \times f}{i}\right]}{N} \times 100 \qquad (6-3)$$

在公式(6-3)中，F_b 表示小于 L_b 的各组次数的和(累积次数)；L_b 表示该分数(X 测验分数)所在组的精确下限；f 表示该分数(X 测验分数)所在组的频数；i 表示组距；N 表示总次数。

依据公式(6-3)，我们可以求出 X 测验分数对应的百分等级 PR，再利用下式就可以求出相同百分等级 PR 对应的等值分数 Y，即 X 测验分数对应的等值分数 Y。

$$Y = L_b + \frac{\dfrac{PR}{100} \times N - F_b}{f} \times i \qquad (6-4)$$

在公式(6-4)中，Y 表示与 X 测验分数对应的等值分数，其他表示符号同公式(6-3)。但需要注意的是，公式(6-4)是基于 Y 测验分数分布的。

除上述方法外，等百分位等值关系的寻找，也可以通过将两测验的累积百分位曲线描绘在同一个直角坐标系中获得，这种方法称为作图法，其示意图如图 6-2 所示。

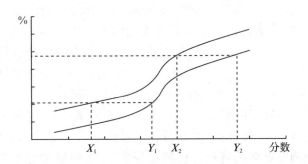

图 6-2　等百分位等值示意图

在图 6-2 中，X_1 与 Y_1、X_2 与 Y_2 就是成对的等百分位等值分数。若根据图 6-2 需要得到比较精确的结果，则可以应用上述公式来求取与 X 测验分数相对应的等值分数 Y。

第四节　测验解释标准化

心理测验的目的不仅仅是为了得到一个分数，更重要的是弄清楚该分数能提供给我们有关被试的哪些信息，这就需要我们对测验分数进行有效解释。施测者在对一个测验分数进行解释时，应该做到以下三点：一是要做到对具体测验有十分清楚的了解，包括其常模、信度、效度等；二是对受测者的情况要有所了解，如受测者的文化程度、职业等；三是需要结合当时的具体情况进行合理解释。同一个分数可能是由不同的原因造成的，合格的施测

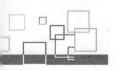

者会结合以上三个方面的因素,对分数做出具体的解释。

测验分数的解释主要涉及两个方面的问题:一是对测验分数进行解释时应遵循的基本原则;二是如何将测验分数的意义告诉受测者。

一、对测验分数进行解释时应遵循的基本原则

总的来说,在对心理测验分数进行解释时,我们应该遵循以下几个基本原则。

（一）主试应充分了解测验的性质与功能

测验使用者必须了解心理测验的基本功能,应根据心理测验的特点进行分析,具备使用心理测验的专业能力,掌握心理测验的性质与限制。任何一个测验都有其编制的特定目的和独特功能,使用者在解释之前必须从其编制手册中,详细了解编制过程的标准化及测验的信度、效度、常模等是否适当。更重要的是,应该知道测验能够测什么、测验不能够测什么以及测验分数在使用上有何限制等。有时尽管两种测验的类型相同,但其功能却有可能不同。例如,同样是智力测验的韦氏智力量表和瑞文推理测验,两者的内部结构却有很大的不同,所能发挥的作用也有所区别。

（二）对测验分数的原因的解释要慎重,谨防片面极端

不能把测验分数"绝对化",更不能仅仅根据一次测验结果轻易下结论。每个被试的测验分数都是被试的遗传特征、被试测验前的学习与经验以及测验时的情境的函数。这三个方面对测验分数都有影响。所以,我们应把测验分数看成对受测者目前状况的测量,至于他是如何达到这一状况的,则受许多因素的影响。

为了能对测验分数作出有意义的解释,必须将个人在测验前的经历或者背景等因素考虑在内。另外,测验时的情境也是一个需要考虑的因素。比如,一个学生可能因为身体、情绪等原因产生测验焦虑。如果这些因素控制不好,那么就会使测验分数受到影响。在这种情况下,应当找出造成测验分数反常的原因,而不要单纯以测验分数下结论。

（三）必须充分估计测验的常模、信度、效度等资料的局限性

为了对测验分数作出确切的解释,只有常模资料是不够的,还必须有信度、效度等资料。如果常模资料没有信度、效度等证据,只告诉我们被试在一个常模团体中的相对等级,那么就不能作出恰当的预测或更多的解释。在解释分数时,人们最常犯的错误就是仅根据测验标题和常模去推论测验分数的意义。当然,就算有了信度、效度等资料,在对测验分数作解释时也同样要慎重。这是因为,测验信度、效度等资料的拓广能力是有限的,不同的常模团体和不同的施测条件,往往会得到不同的结果。如此看来,在解释分数时,我们一定要依据最相近的团体和最匹配的情境来获得资料。

（四）解释分数应参考其他资料

测验分数不是了解被试的唯一资料,为正确了解其心理特质,还需要参考其他有关资料。只凭被试的单一测验分数去解释其心理状态,容易作出错误的解释。因此,在对测验分数进行解释时应尽可能地参考其他资料,如教育经验、文化背景、面谈内容、习惯、态度、兴趣、动机、健康状况、语文程度以及其他测验的资料。只有这样,对测验分数的解释才能更加深入且客观。

（五）对测验分数应以"一段分数"来解释,而不是以"特定数值"来解释

由于每一个测验均会受到测量误差的影响,因此在解释测验分数时也应该考虑到测量

误差的存在。信度高低与测量误差的大小有关。信度越高,测量误差越小。但是,测量误差是永远不可能消除的,因此应该把测验分数视为在某个数量区间上的取值。对测验分数应该以"一段分数"来解释,而不是以"特定数值"来解释。倘若在实际工作中使用某个确定的分数来表述,则应该说明这个分数并不意味着是其测量的精确值,而只是对真实分数的一个大体的估计值。

（六）对来自不同测验的分数不能直接加以比较

由于所包含的具体内容不同,以及标准化样本的组成不同,因此对来自不同测验的分数不能直接加以比较。通常来说,为了使来自两个不同测验的分数具有可比性,必须将两者放到统一的量纲上。当两个不同形式测验内容取样的范围相同或相近时,人们常用测验等值技术来将两个不同形式测验的分数进行等值,有关这一块内容,可参考本章上一节。

二、如何将测验分数的意义告诉受测者

如何向受测者以及与受测者有关的人员(如家长、教师等)报告测验分数,使他们更好地理解测验分数的意义,是一件非常重要的事。通常来说,在报告测验分数时应遵循以下原则。

第一,使用受测者所能理解的言语。测验中有许多专业词汇,这些词汇意义通常是受测者所不能理解的。因此,在向受测者进行解释时,应尽量避免使用专业词汇和专门术语,必要时可以询问受测者是否能听得懂。

第二,要保证受测者知道这个测验测量了什么。这里并不需要作详细的技术性的解释,只需要被试能够理解测验在实际生活中所起的作用即可。

第三,要让受测者知道这个测验分数的比较对象。如果测验分数是以常模为参照,那么就需要使受测者知道他们的测验分数的比较对象,即他们是在与什么样的团体进行比较。

第四,要使受测者认识到测验分数只是一个估计值。由于测验测量的信效度总有局限,因此分数可能有误差,而且对于一个团体有效的测验,不一定对每个个体都同样有效。如此看来,测验分数只是一个估计值。但是,也不能让受测者感到测验分数是毫不足信的。

第五,要使受测者知道如何运用他的测验分数。当测验用于人员选拔和安置时,这点显得尤为重要。要向受测者讲清楚测验分数在作决定过程中起什么作用,是完全由测验分数取舍,还是只把测验分数作为参考,有没有规定最低分数线,等等。

第六,要考虑测验分数将给受测者带来什么影响。因为测验分数的解释会影响受测者的自我认知,所以在对测验分数进行解释时,要把对测验分数意义的解释和必要的咨询工作结合起来,以免使受测者因测验分数不理想而产生消极的心理。

第七,测验分数应向无关人员保密。受测者的测验分数不应让其他无关人员知道,以免对受测者造成不良的影响。因此,测验分数的报告宜采用个人解释,不宜采用团体解释或公告通知的方式进行。

第八,对低分者或不理想分数者的解释应谨慎小心。在测验上获得较低分数或者不理想分数的受测者易产生消极的心理。因此,在对这些人报告测验分数时,态度要诚恳,措辞要委婉,避免作直截了当的解释。

第九,报告测验分数时应设法了解受测者的心理感受,并采用适当的措施加以引导。报告测验分数时,宜先让受测者充分表达测验时的心理感受,以便了解他的测验分数是否代表

其在最佳的情况下所作的反应。同样地,在解释完测验分数后宜鼓励受测者表达对测验结果的感受,如发现受测者对测验分数有误解或者不良的态度,应立即配以咨询,或予以适当的引导,以免给受测者造成不良的影响。

【本章小结】

为了让心理测验在心理实践中发挥出更佳的效果,必须编制出高质量的符合要求的测验。实施测验是为了获得被试在标准环境中有代表性的行为。因此,我们在测验实施时,应尽可能地考虑哪些因素会影响被试作答反应,并对其加以控制。评分是整个测验施测过程的最后一步,也是为进行测验结果解释做好准备的关键环节。每份测验都有其各自的分数解释方法,对于测验分数的解释我们需严格按照测验指导手册上的规定来进行。此外,本章还介绍了有关测验等值方面的知识。测验等值是实现测验公平性的保证,其在使用分数、建设题库、编制测验等方面都有着重要的应用。学习本章有助于理解测验编制标准化、测验实施标准化、测验评分标准化和测验解释标准化的相关内容及事项。本章的重点是理解编制一个标准化测验的 8 个步骤,难点是掌握对测验分数进行转换的测验等值技术。本章的中心概念是"标准化"。

【练习与思考】

一、选择题(不定项选择题,至少有一个选项是正确的)

1. 施测前的准备工作是保证测试顺利完成测验实施标准化的必要环节,主要包括 （ ）
   A. 准备好测验材料　　　　　　B. 熟练掌握施测程序
   C. 预知被试测验结果　　　　　D. 熟悉测验指导语

2. 在对心理测验分数进行解释时,应该注意 （ ）
   A. 应根据心理测验的特点进行分析
   B. 不能把测验分数绝对化
   C. 需要有常模、信度和效度等资料
   D. 对于来自不同测验的分数不能直接加以比较

3. 不能把测验分数( ),更不能仅仅根据一次测验结果轻易下结论。 （ ）
   A. 本土化　　　B. 固定化　　　C. 绝对化　　　D. 形象化

4. 解释测验分数时不必考虑测验的哪方面资料? （ ）
   A. 常模　　　　　　　　　　　B. 信度
   C. 效度　　　　　　　　　　　D. 适用范围

5. 某心理咨询师计划将自己曾咨询过的案例编到教科书中,在编书时,该心理咨询师应 （ ）
   A. 首先征得求助者本人同意
   B. 忠实于求助者的原始信息
   C. 对案例记录进行技术处理
   D. 隐去可辨认求助者的信息

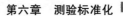

6. 以下关于测验分数的说法中,不正确的是　　　　　　　　　　　　　　(　　)
   A. 测验分数是被试的遗传特征的函数
   B. 测验分数是被试测验前的学习与经验的函数
   C. 测验分数是测验时的情境的函数
   D. 测验分数是测验材料的函数

7. (　　)会提高智力测验、成就测验和能力倾向测验的成绩。　　　　　　(　　)
   A. 过高的焦虑　　　　　　　　　　B. 适度的焦虑
   C. 一点儿焦虑也没有　　　　　　　D. 过低的焦虑

8. 测验工作者对待心理测验的职业道德包括　　　　　　　　　　　　　　(　　)
   A. 测验的保密　　　　　　　　　　B. 测验的控制使用
   C. 测验中个人隐私的保护　　　　　D. 对测验特别熟悉

9. 受应试动机影响不太大的测验是　　　　　　　　　　　　　　　　　　(　　)
   A. 态度测验　　　　　　　　　　　B. 智力测验
   C. 能力测验　　　　　　　　　　　D. 投射测验

10. 选择测验要注意所选测验必须　　　　　　　　　　　　　　　　　　　(　　)
    A. 适合主试要求　　　　　　　　　B. 适合测验目的
    C. 符合测验质量要求　　　　　　　D. 适合被试情况

11. 测验实施标准化需要注意的方面包括　　　　　　　　　　　　　　　　(　　)
    A. 主试的资格　　　　　　　　　　B. 测验的选择
    C. 测验的准备　　　　　　　　　　D. 影响被试作答反应的因素

12. 在测验实施中,影响被试作答反应的因素包括　　　　　　　　　　　　(　　)
    A. 经验技巧　　　　　　　　　　　B. 练习效应
    C. 应试动机　　　　　　　　　　　D. 反应定势

13. 测验等值的条件包括　　　　　　　　　　　　　　　　　　　　　　　(　　)
    A. 同质性　　　　　　　　　　　　B. 公平性
    C. 样本不变性　　　　　　　　　　D. 对称性

14. 常用的测验等值的设计包括　　　　　　　　　　　　　　　　　　　　(　　)
    A. 单组设计　　　　　　　　　　　B. 随机等组设计
    C. 非随机等组设计　　　　　　　　D. 锚测验—非等组设计

15. 测验等值的基本方法包括　　　　　　　　　　　　　　　　　　　　　(　　)
    A. 线性等值　　　　　　　　　　　B. 非线性等值
    C. 等百分位等值　　　　　　　　　D. 非等百分位等值

二、简答题

1. 简述心理测验编制的一般程序。
2. 简述对测验分数进行解释时应遵循的基本原则。

第七章 智力测验

智力测验,从字面上可以看出它是测智力的。但智力是什么呢? 心理学家至今还尚未完全达成一致意见,不同学者给出了不同的智力定义。例如,推孟(L. M. Terman)把智力定义为抽象思维能力,而桑代克(E. L. Thorndike)则认为智力是从真理和事实的观点出发,靠正确反应所获得的能力。这些智力定义虽然各有不同,但是大多数定义都承认智力是认知过程中表现出来的各种能力的组合,它们按不同的方式组成了一个智力系统。那么,这个智力系统的结构是什么样的呢? 对此,一些心理学家提出了某些理论来加以回答。

第一节 智力测验概述

智力通俗地说就是人的聪明程度,智力水平越高,说明人越聪明。那么,我们如何知道一个人是否比别人更聪明呢? 大部分人是通过观察其在日常活动中的表现来作出判断的。例如,通过观察发现有些人较容易遗忘,只擅于做一些简单的事情,而另一些人却过目不忘,能解决复杂的问题,从而得出后者比前者更聪明的结论。这种日常观察确实对了解一个人是否聪明有一定的帮助,但存在较大的局限性:首先,观察的对象有限,我们只能对周围的少数人进行观察;其次,被观察对象因受社会角色或社会情境影响,会采取一些自我扮演策略,在不同情境和不同人面前可能表现出不同的行为,导致有些人对其产生聪明的判断,而另一些人却认为其不够聪明;最后,观察容易受观察者主观经验的影响,不同观察者因经验不同,观察的侧重点不同,从而对同一个人可能得出不同的结论。因此,我们有必要采取科学的手段,运用实验或测量的方法来测量智力,以尽力消除日常观察的局限。

19世纪中叶,达尔文的进化论思想激发了智力的科学研究和系统测量。达尔文的表兄弟高尔顿(F · Galton),是最早对智力进行系统性研究的人。他认为,人的最基本的智力差异是感觉辨别力的差异。根据这种设想,他采用实验的方法来测量智力,如测量人们对声音的反应时、命名颜色的速度、手的运动敏感性与准确性等。高尔顿的观点受到了法国心理学家比内(A. Binet)等人在内的一些心理学家的批评。比内认为,感觉辨别力只是智力中较低级的因素,智力是由多种能力,特别是判断、理解和推理等高级能力组成的,这些能力不宜采用实验的方法来进行测量。受法国教育部的委托,为鉴别出智力落后的儿童以便对其实施特殊教育,比内及其助手西蒙(T. Simon),根据他们对智力的看法,于1905年编制了世界上第一个正式的智力测验工具,即比内—西蒙智力量表。此后,各种各样的智力测验迅速发展起来。

一、智商及其意义

智力测验的最根本目的是对被试的智力水平高低进行量化,从而鉴别出个体智力的

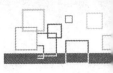

差异。但是,如何才能很好地把人的智力水平加以量化呢?在实施测验的条件下,一个直观的想法,就是把答对或者通过了的测验项目个数加以总计,用测验总分来反映被试的智力水平。但是,这种表示方法很难判断一个被试的智力到底发展到了何种程度。例如,被试 A 通过了 10 题,被试 B 通过了 13 题,可以判断被试 B 在该测验上的智力得分较被试 A 高,但无法认定被试 B 的智力到底高到什么水平。智力测验项目的难度对不同年龄的儿童来说并不一样,比如,有的项目 8 岁儿童大部分能通过,但 6 岁儿童却很大一部分都通不过,因为儿童智力水平随年龄增长而逐渐提高。比内对此深有认识,他通过实证研究,找到了可以代表不同年龄水平的智力测验项目。具体办法是,当一个项目为某一年龄被试的 80%~90% 所能通过,而长一岁的儿童则几乎全能通过,小一岁的儿童却很难通过时,这样的项目,比内就用它来作为这一年龄儿童智力水平的实际代表。这也就是说,比内在自己的研究中创建了"常模"的思想,提出了"智力年龄"(心理年龄)的概念。比内的这些工作在心理测量发展史上具有重要意义。这样,当智力测验中的项目通过实证调查,能够确认其代表一定年龄儿童的智力发展水平时,就可以根据被试通过了什么年龄水平的项目,计算其心理年龄得分,从而确定他的智力发展到了何种水平。所以,可以说,比内开辟了将智力水平数量化的一种科学途径。

但是,人们在实践中发现还有更深入的问题需要解决。当一个 8 岁儿童和一个 9 岁儿童,都同样地达到了 10 岁儿童的智力水平时,这两个儿童的聪明程度是否一样呢?当然,实际生活经验告诉我们,这一 8 岁儿童比那一 9 岁儿童显然要更聪明。但是,用什么样的量化方法能将两者的聪明程度表示出来呢?德国心理学家斯腾(W. Stern)为此就进一步提出,应将被试的智力年龄与他的实际年龄相比较:若智力年龄比实际年龄大(两者的比值大于 1),则说明其智力水平较高;若智力年龄与实际年龄一样(两者的比值等于 1),则说明其智力水平一般;若智力年龄比实际年龄小(两者的比值小于 1),则说明其智力水平落后。也就是说,斯腾提出了以后广为流传的"智力商数"(比率智商),这一概念简称"智商"。但是,把求智商这一办法实际引入智力测验实践过程中的,却是美国心理学家推孟。

比率智商虽然长期广为流传,但是并非是最科学的把智力水平加以量化的办法。现在,科学界普遍承认,韦克斯勒(D. Wechsler)提出的求离差智商的办法,是将智力水平量化的更好办法。下面我们对这些量化方法作具体讨论。

(一)比率智商

比内—西蒙智力量表编制成功后,受到世界各国的关注,一些国家的心理学家不仅对其进行了介绍,而且还有不少国家的心理工作者对其进行了修订以适合本国的国情。在所有这些修订本中,最负盛名的是 1916 年美国推孟等人的修订本,即斯坦福—比内智力量表。该量表最早采用智商来表示被试智力的相对水平高低。因为该智商是采用心理年龄与实际年龄的比值进行计算的,所以被称为比率智商,其计算公式为

$$IQ = \frac{MA}{CA} \times 100 \qquad (7-1)$$

在公式(7-1)中,MA(Mental Age)表示智力年龄或心理年龄;CA(Chronological Age)表示实际年龄。

比率智商的提出具有重要的意义,它可以比较不同年龄被试智力水平的高低。例如,有

两个儿童,其中一个 3 岁时达到了 4 岁儿童的智力水平;另一个 5 岁时达到了 6 岁儿童的智力水平,我们就可以将他们的得分代入公式(7-1),得

$$3 \text{ 岁儿童的 IQ} = \frac{4}{3} \times 100 \approx 133$$

$$5 \text{ 岁儿童的 IQ} = \frac{6}{5} \times 100 = 120$$

由上可以看出,3 岁儿童的智商显然高于 5 岁儿童的智商。

但是,比率智商也存在以下明显的缺点:一是它不适用于年龄较大的被试,因为心理年龄不会随着实际年龄的增大而无限增大,进入成年期后实际年龄继续增长,但心理年龄保持相对稳定,若采用上述公式进行计算,则会发现人的 IQ 越来越低,这与实际情况不相符;二是智力的发展就不同的人在不同时期来说,其发展速度并不相同,因而采用公式(7-1)无法真正发现个体在不同时期之间的差异。

(二)离差智商

鉴于比率智商的局限,韦克斯勒最初在编制自己的量表时,放弃了心理年龄的概念。但由于 IQ 一词流行甚广、家喻户晓,于是他保留了 IQ 这个说法。不过他采用的 IQ 已不再是一个简单的比值,即心理年龄与实际年龄的比,而是一个被试智力测验成绩跟同年龄组被试平均成绩比较而得到的相对分数,即采用了被试在标准化样本中的相对地位。因此,他放弃了传统的比率智商概念,而采用了更为恰当的离差智商概念。

在韦氏智力量表中,由于言语量表、操作量表和总量表是由许多分量表构成的,各年龄组被试在每一分量表上的平均得分不同,各分量表的原始分数不能直接相加,不能直接计算言语智商、操作智商和总智商,而必须先计算各分量表的量表分,即标准二十分数 Z_{20}。标准二十分数 Z_{20} 的计算公式如下:

$$Z_{20} = 10 + 3z = 10 + \frac{3(X - \overline{X})}{SD} \qquad (7-2)$$

在公式(7-2)中,X 为某被试在韦氏智力量表某一分量表上的原始分数;$\overline{X}$ 为该被试所在年龄组在该分量表上的原始分数的平均数;SD 为该被试所在年龄组在该分量表上的原始分数的标准差。这样,$\frac{(X - \overline{X})}{SD}$ 实际上就是 z 分数,而 Z_{20} 分数实际上是标准分数的一种变式,即 $Z_{20} = 10 + 3z$。

各分量表的 Z_{20} 分数求出来之后,将相应分量表的 Z_{20} 分数相加,便可得到言语量表分、操作量表分和总量表分,再采用下列公式计算对应的言语智商、操作智商和总智商。

$$IQ = 100 + 15z = 100 + \frac{15(Y - \overline{Y})}{SD} \qquad (7-3)$$

在公式(7-3)中,Y 为某被试的言语量表分或操作量表分或总量表分;$\overline{Y}$ 为该被试所在年龄组的言语量表分或操作量表分或总量表分的平均数;SD 为该被试所在年龄组的言语量表分或操作量表分或总量表分的标准差。这样,$\frac{Y - \overline{Y}}{SD}$ 实际上就是 z 分数,而 IQ,即离差智商,实际上也是标准分数的一种变式,即 $IQ = 100 + 15z$。

值得注意的是,韦克斯勒采用的 IQ,其平均数为 100,标准差为 15。而推孟在 1960 年对斯坦福—比内智力量表进行再次修订时,也采用了离差智商来表示被试的智力水平,但他采

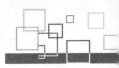

用的离差智商平均数为100,标准差为16,即

$$IQ = 100 + 16z = 100 + \frac{16(Y-\bar{Y})}{SD} \qquad (7-4)$$

在公式(7-4)中,各符号表示的意义同公式(7-3)。

由于不同智力测验采用不同的标准差计算离差智商 IQ,因而不同智力测验的离差智商 IQ 的意义也会有所不同。表7-1说明了离差智商 IQ 相同,但标准差不同,所包含的被试在总体中个案百分数也不同。

表7-1 平均数均为100标准差不同的正态分布中不同 IQ 组的个案百分数(%)

IQ	百 分 数				
	$SD=12$	$SD=14$	$SD=15$	$SD=16$	$SD=18$
130 及以上	0.7	1.6	2.2	3.1	5.1
120~129	4.3	6.3	6.7	7.5	8.5
110~119	15.2	16.0	16.1	15.8	15.4
100~109	29.8	26.1	25.0	23.6	21.0
90~99	29.8	26.1	25.0	23.6	21.0
80~89	15.2	16.0	16.1	15.8	15.4
70~79	4.3	6.3	6.7	7.5	8.5
70 以下	0.7	1.6	2.2	3.1	5.1
总 计	100.0	100.0	100.0	100.0	100.0

参考表7-1,例如,IQ 为70以下,当标准差为12时,个案百分数为0.7%;当标准差为14时,个案百分数为1.6%;当标准差为15时,个案百分数为2.2%;当标准差为16时,个案百分数为3.1%;当标准差为18时,个案百分数为5.1%。如果以 IQ 为70以下作为实施特殊教育的依据,那么在标准差取值较低的情况下,接受特殊教育的人数比例较少,导致一些本应该接受特殊教育的学生得不到特殊教育的机会;而在标准差取值较高的情况下,接受特殊教育的人数比例就较多,导致本不需要接受特殊教育的学生却被特别地对待,浪费国家资源。因此,在新编制的智力测验中,测验编制者都希望采用统一的标准差,如 $SD=15$。但是,目前各测验编制者在这个方面尚未达成一致。不过,当标准差取值为15或16时,所带来的实际影响差异并不是很大。

一般研究表明,人类心理特征的取值常呈正态分布,即表现为钟形曲线。在这种分布中,大部分人都集中在曲线的中部,曲线两头人数相对较少。人的智商也是如此,大部分人的智商处于中间水平,只有极少数人的智商极端的高或极端的低。推孟和韦克斯勒在正态分布的基础上进而将人的智力划分为若干等级,如表7-2和表7-3所示。

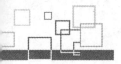

表 7 - 2   推孟的智力等级分布表

智　商	智力等级	人群中的理论分布比率(%)
≥140	天才	1.6
120～139	优秀	11.3
110～119	中上	18.1
90～109	中等	46.5
80～89	中下	14.5
70～79	边界	5.6
50～69	低能	
25～49	无能	2.4
≤24	白痴	

表 7 - 3   韦克斯勒的智力等级分布表

智商	智力等级	人群中的理论分布比率(%)
≥130	极超常	2.2
120～129	超常	6.7
110～119	高于平常	16.1
90～109	平常	50.0
80～89	低于平常	16.1
70～79	边界	6.7
≤69	智力缺陷	2.2

二、智力测验理论

(一)基于因素分析的智力测验理论

早期的智力测验理论关注智力是由哪些要素构成的、是单一的一般因素还是由系列的特殊因素组成的、这些要素之间的关系如何,等等。早期的智力测验理论大多是基于因素分析的智力测验理论,包括智力二因素论、智力群因素论、智力三维结构模型、智力三层次结构论和智力层次论等。

1. 智力二因素论

1904 年,英国心理学家斯皮尔曼(C. E. Spearman)首先发现不同的能力测验之间存在普遍的正相关,即在某种能力测验上得分较高的人;在别的能力测验上也可能得分较高。他运用因素分析的方法,将这种相关归因于一种一般因素,即 G 因素,并从三个方面对它进行了定义,即经验的领会、关系的推断和相关的推理。斯皮尔曼认为,G 因素渗透在所有与智力相关的任务中,由于这个 G 因素,无论他或她所承担的任务是哪种类型,该个体都可以做到大致相同的熟练水平。例如,一名具有较高 G 因素水平的大学生,能显示出对大部分甚至全部课程的高水平理解。斯皮尔曼也认为,个体智力的差异取决于个体 G 因素水平的高低,

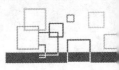

智力测验就是要测量出 G 因素的水平。

但是,由于测验之间并非完全相关,因此斯皮尔曼又提出智力还存在特殊因素,即 S 因素。然而,他强调 G 因素才是智力的核心,S 因素只有在某些特定情况下才显示出来,具有偶然性。图 7-1 说明了 G 因素与 S 因素之间的关系。

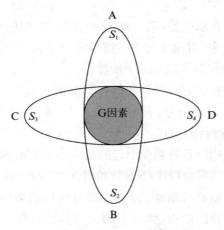

图 7-1　斯皮尔曼智力二因素示意图

注:图中 A、B、C、D 为 4 个能力测验,G 因素为 4 个测验的共同因素,S_1、S_2、S_3、S_4 分别为 4 个测验的特殊因素。

2. 智力群因素论

1941 年,美国心理计量学家瑟斯顿(L. L. Thurstone)认为,智力的核心不是单一的 G 因素,而是许多基本的彼此相关的能力群因素。他运用多重因素分析的方法,从不同的测验结果出发,发现这些能力测验的结果可以组成 7 个测验群,每个测验群内的各个分测验之间的相关较高,但测验群与测验群之间的相关却较低。因此,瑟斯顿认为,智力应该是由 7 种基本的心理能力所组成,这 7 种基本的心理能力分别为语文理解、言语流畅性、推理、空间想象、数字、记忆和知觉速度。图 7-2 为瑟斯顿智力群因素示意图。

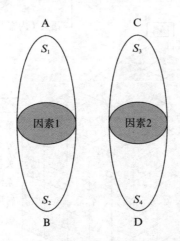

图 7-2　瑟斯顿智力群因素示意图

注:图中 A、B、C、D 为 4 个能力测验,A 与 B 相关,有共同因素 1;C 与 D 相关,有共同因素 2。但是,A、B 与 C、D 之间不存在相关。

瑟斯顿并不否认 G 因素的存在,但他认为可能存在一种二阶因素。瑟斯顿认为,在评价一个人的智力的时候,分析特殊能力更有用。他说:"我们不要老是说智力,而是要说与这件事情有关或无关的智力。"瑟斯顿根据自己的理论编制了著名的"基本的心理能力测验"(Primary Mental Abilities Test,PMAT),用以证明确实存在 7 种基本的心理能力。

3. 智力三维结构模型

1959 年,美国心理学家吉尔福德(T. Guilford)经过 20 年的探索,采用因素分析的方法检验了许多与智力相关的任务,提出了智力三维结构模型,这通常被视为是瑟斯顿理论的拓展,如图 7-3 所示。该模型包含了以下三个维度。

第一维度:内容因素。指引起心智活动的各类刺激,包括 5 个方面:视觉(F)——形状大小、颜色等;听觉(A)——声音信号;符号(S)——字母、数字等;语义(M)——词句的意义、概念等;行为(B)——各种行为模式。

第二维度:操作因素。指由各种刺激引起的反应方式和心理过程,包括 5 个方面:认知(C)、记忆(M)、发散思维(D)、聚合思维(N)、评价(E)。

第三维度:产品因素。指心智活动的产物,即对各种刺激的反应结果,包括 6 个方面:单位(U)——可以按单位计算的产物,如一个词、一句话等;分类(C)——将事物分类;关系(R)——推断两个事物间的关系;系统(S)——推断一个系统内诸事物的关系;转换(T)——对事物认识的迁移;蕴含(I)——解释内涵。

每一个智力任务都包含这三个维度,这三个维度的不同变化组合便可以产生 150(5×5×6)种不同的心理能力。吉尔福德认为,每一个内容—操作—产品的结合(模型中的每一个小立方体)代表一个独立的心理能力。例如,如图 7-3 所示,语词测验可以测定人们的语义认知单元。

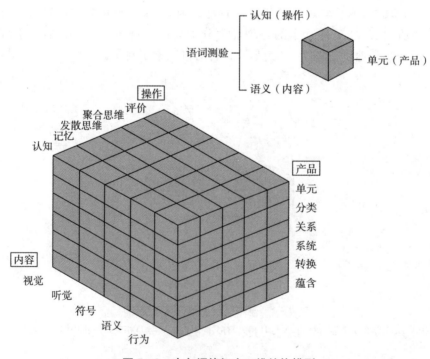

图 7-3 吉尔福德智力三维结构模型

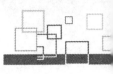

吉尔福德的这一结构模型与化学元素周期表类似。根据这一结构模型框架,智力因素可以像化学元素一样,在它们被发现之前就被假定。在吉尔福德1959年提出这一模型后不久,就有近40种智力被确认。现在,研究者已经发现了超过100种的智力。由此可见,吉尔福德的智力三维结构模型具有一定的预测价值。

4. 智力三层次结构论

1960年,美国心理学家弗农(P. E. Vernon)认为,智力结构由三个层次的因素构成,其中第一次层次是G因素,处于智力结构的最高层,贯穿于其他所有智力因素之中;第二层次是言语能力和操作能力两个因素;第三层次是一些基本的心理能力,如数学、语文、空间知觉、机械能力等,如图7-4所示。

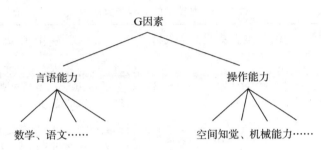

图7-4 弗农智力三层次结构示意图

5. 智力层次论

1963年,美国心理学家卡特尔(R. B. Cattell)采用更为先进的因素分析的方法,将一般智力分为两个层次,每个层次是一个独立的成分,他称为晶体智力和流体智力。晶体智力(crystallized intelligence)是一个人所获得的知识以及获得知识的能力,它由语词、算术等测验来测定。流体智力(fluid intelligence)是发现复杂关系以及解决问题的能力,它由木块图、空间视觉等测验来测定。在这些测验中,所需要的背景信息是很明确的。晶体智力使人们很好地面对自己的生活和具体问题,而流体智力帮助人们处理新的复杂问题。随着年龄的增长,流体智力随生理生长曲线的变化而变化,在青少年期达到高峰,在成年期保持一段"高原状态",然后逐渐下降;而晶体智力在成年期不仅不下降,反而有所增长。图7-5是晶体智力和流体智力的发展曲线。

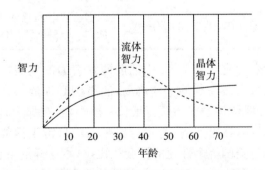

图7-5 卡特尔晶体智力和流体智力的发展曲线

(二)基于因素分析与信息加工整合的智力测验理论

20世纪60年代以来,随着计算机科学的发展和认知心理学的兴起,智力研究的焦点也

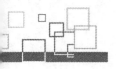

逐渐转向对智力内部加工过程的探讨。20世纪80年代后期,新的智力测验理论相继提出,出现了因素分析与信息加工整合的趋势,重视智力活动中对认知过程及自我意识的探讨。因素分析与信息加工整合呈现出多维、多元化的走向。其中,最具代表性的理论是加德纳的智力多元论和斯滕伯格的智力三因素论。

1. 智力多元论

1983年,美国心理学家加德纳(H. Gardner)通过对脑损伤病人的研究及对特殊人群智力的分析,提出了智力多元论。加德纳认为,智力是由8种相对独立的智力成分所构成的,如表7-4所示。每一种智力依据某一社会对它的需要、奖赏以及它对社会的作用的不同,在不同的人类社会中价值也不同。

表7-4 加德纳的8种智力成分

智力	英文	职业类型代表	代表人物	中心成分
逻辑—数学	logical-mathematical intelligence	科学家、数学家	爱因斯坦	对事物间的各种关系(如类比、对比、因果和逻辑关系)的敏感以及通过数理运算和逻辑推理等进行思维的能力
言语	verbal-lingusitic intelligence	文学家、新闻记者	鲁迅	对词的声音、节律和意义的灵敏辨别能力,对不同语言功能的灵活表达能力
自然探索	naturalist intelligence	生物学家、环保主义者	达尔文	对种属不同的灵敏性,对生物敏锐观察的能力
音乐	musical-rhythmic intelligence	作曲家、小提琴家	莫扎特	产生和欣赏节奏、音高和颤音的能力,对不同音乐表达形式的鉴赏能力
空间	visual-spatial intelligence	航海家、雕刻家	毕加索	准确知觉视觉空间世界的能力,对人的最初知觉进行操作转换的能力
身体运动	bodily-kinesthetic intelligence	舞蹈家、运动员	乔丹	控制身体运动和有技巧地运用物体的能力
人际交往	interpersonal intelligence	外交家、心理治疗师	周恩来	对其他人的情绪、气质、动机和期望的辨别和恰当反应能力
自我认知	intrapersonal intelligence	哲学家、律师	柏拉图	对自己清晰的感知、区分,并以此指导行为的能力,了解自己的力量、弱点、期望和智力等

加德纳认为,西方社会促进了表7-4中的前两种智力的发展,而非西方社会对其他智力更为注重。例如,在西太平洋岛群的卡罗琳岛,船员们必须能够在没有地图的情况下,仅仅依靠他们的空间智力和身体运动智力航行很长一段距离,在那个社会中,这种能力比写出一篇学术论文更重要。又如,在巴厘岛,艺术行为是人们日常生活的重要组成部分,因而音乐智力更为宝贵。再如,与美国等个性化的社会相比,日本这样的群体社会更强调合作行为和公众生活,因而人际交往智力尤为重要。加德纳的智力多元论认为,应该对个体在许多生活情境中的行为进行系统地观察和评价,并将传统的智力测验的结果仅仅视为生活情境的一个很小的缩影。

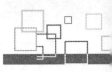

2. 智力三因素论

1985 年,斯滕伯格(R. L. Sternberg)认为,传统的智力测验理论只看到智力的某个方面,因而是不完备的。完备的智力理论应该说明智力的三个方面,即智力的内在成分、智力成分与经验的关系,以及智力成分的外部作用。斯滕伯格对这三个方面进行了详细阐述,从而提出了他的智力三因素论。智力三因素论包括三个亚理论,即智力情境亚理论(情境智力)、智力经验亚理论(经验智力)和智力成分亚理论(成分智力)。

第一,智力情境亚理论说明了智力承担着个体对环境的适应功能。当环境不适合于个体的能力、兴趣或价值取向时,个体便会尝试改造环境以达到人与环境的和谐。当改造失败时,个体可能会选择一个新的环境,从而使人与环境达到更好的和谐。因此,情境智力行为包括三个方面,即个体对现实环境的适应;个体选择比现实环境更恰当的情境;改造现实环境以使之更适合于个体的能力、兴趣或价值取向。

第二,智力经验亚理论说明了在特定任务或环境中个体利用经验的智慧性。为产生与情境相适应的行为,个体不会在该行为的经验连续体的任何位置上都会产生同等"智慧"。相反,当个体面临一个相对(但非完全)新的任务或情境时,或在特定任务或情境的自动化操作过程中,其经验智力才会很好地展现出来。"新"情境与"旧"经验在一定程度上是相互作用的:一方面,有效的自动化加工将多余的资源分配给环境中新异刺激的加工;另一方面,对新异刺激的有效适应能促使个体及早产生新任务、新环境经验中的自动化加工。因此,我们不能将一个任务简单地归类为需要智力或不需要智力。其实,一个任务在多大程度上需要智力或不需要智力,可能取决于个体具有多少关于所遇任务的"旧"经验。

第三,智力成分亚理论说明了构成智力行为的结构和机制。在智力成分亚理论中,智力行为的内在机制是由三种成分所构成的,即元成分、操作成分和知识获得成分。元成分控制信息加工过程,并执行监督和评价这一过程;操作成分执行元成分构建的计划;知识获得成分进行选择性编码、联结新信息,并选择性地比较新旧信息,以使个体学习新信息。

斯滕伯格的智力三因素论认为,IQ 测验并不能涵盖智力行为的全部内容,人们不能仅仅依据高 IQ 或低 IQ 来对个体智力进行归类。例如,假定研究者认识到,"不聪明"的人是因为不能编码所有的相关信息,所以他们在完成特定的任务时有困难,那么若他们对特定的成分加以练习,则会以一种"聪明"的方式来进行操作,这时成分智力就可以被加强。同样地,斯滕伯格相信,人们可以通过训练来提高经验智力和情境智力;通过对行为中成分智力过程的适当理解,人们也能够采取一些技巧,使每个人的操作看起来都"聪明"。

(三)基于神经心理学的智力测验理论

基于神经心理学的智力测验理论,一般是建立在鲁利亚(A. P. Luria)大脑功能模型基础之上的,是以心理加工理论为依据的。其中,最受认可的当属戴斯(J. P. Das)、纳格利尔里(J. A. Naglierli)和考尔比(J. R. Kirby)等人的智力 PASS(Planning-Attention-Simultaneous-Successive Processing)模型,如图 7—6 所示。

在鲁利亚关于大脑皮层三个机能学说的基础上,戴斯等人于 20 世纪 90 年代提出了智力 PASS 模型,即"计划—注意—同时性加工—继时性加工"模型。该模型认为,智力是由包含 4 种认知过程的三个认知功能系统所组成的。

其中,注意—唤醒系统(A)是整个系统的基础,负责引起注意和激活智力活动,影响着个体对信息进行编码和计划;同时性加工—继时性加工系统(编码系统)(S—S)是整个系统

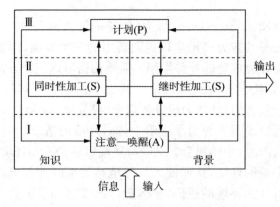

图 7 - 6　戴斯等人智力 PASS 模型

的中间环节,主要是以同时性(并行)和继时性(序列)两种加工方式接收、解释、转换、再编码和储存外界信息,是智力活动的主要操作系统;计划系统(P)是整个系统的最高层次,负责计划、监控、调节、评价等高级功能,并对另外两个系统起着监控和调节的作用。

　　三个认知功能系统是相互联系的。其中,计划系统需要一个充分的唤醒状态,以使注意能够集中,进而促进计划的产生;编码系统和计划系统也是密不可分的,因为现实生活中的不同任务往往能以不同的方式进行编码,但个体在对信息进行编码之后如何加工这些信息却是计划的功能。如此看来,同时性加工和继时性加工也要受到计划系统的影响。总之,三个认知功能系统紧密联系,相互协调,统一运行。

第二节　个别智力测验

　　根据施测对象的数量,一般将智力测验分为个别智力测验和团体智力测验。个别智力测验,顾名思义,就是一名主试对一名被试进行一对一、面对面地施测,而团体智力测验,则是由一名主试同时对多名被试进行施测。个别智力测验的优势较为明显:主试可以在测试过程中对被试的言语、情绪等进行仔细地观察和记录;主、被试之间的交流和互动更为直接,从而保证了测试的准确性。但是,个别智力测验也有一些不足:对主试的要求较高,需经过正规、严格的专业训练后才能担任施测工作;并且,某些测验可能不易在短时间内收集到大量的资料。常见的个别智力测验包括比内智力量表、韦氏智力量表和考夫曼儿童成套评价测验等,本节将对这些常用的个别智力测验进行介绍。

一、比内智力量表

(一)比内—西蒙智力量表

　　1905 年,法国心理学家比内(A. Binet)及其助手西蒙(T. Simon)为了诊断智力异常的儿童,编制开发了世界上第一个正式的智力测验工具。这个量表由 30 个项目组成,测量多方面的智力表现,如记忆、言语、理解、判断、推理等。量表以被试所能通过的项目数作为区分被试智力的标准。由于此量表已经指出不同年龄的儿童所能通过的项目数量,因此已具有年龄量表的雏形。

　　1908 年,比内和西蒙对量表进行了修订,使其成为一个年龄量表。具体的修订内容如

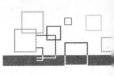

下：①增加并修改测验项目,使测验项目增至 59 个;②根据年龄,对测验项目进行分组(3～13 岁,每一岁一组,共分为 11 组);③最早启用了智力年龄来表示被试智力的相对水平高低,以智力年龄来评估个体智力,即被试通过哪一个年龄组的项目,便认为他具有这一个年龄的智力水平。

1911 年,比内和西蒙再次对智力量表进行了修订,改变了一些项目的内容和顺序,并添加了成人组题目,将被试对象延伸到了成人阶段。

尽管如今看来,比内—西蒙智力量表具有很多的不足,如项目简陋、并非完全标准化等,但是它却开创了智力测验的先河,并提出了年龄量表的思想,这都为后来的智力测验提供了重要的指导意义。

(二)斯坦福—比内智力量表

1. 斯坦福—比内智力量表的发展

比内—西蒙智力量表在 1905 年发表后,戈达德(H. Goddard)将其介绍到美国,引起了美国广大心理学工作者的关注,有很多人都对其进行了修订。其中,影响最为广泛且得到认可的是斯坦福大学心理学家推孟等人修订的斯坦福—比内智力量表(Stanford-Binet Intelligence Scale)。

1916 年,推孟等人发表了斯坦福—比内智力量表第 1 版。这一量表对原来的比内—西蒙智力量表作了大量的修改,并删除了部分题目,在此基础上又增设了 39 个项目。同时,在修订过程中选取了 1 000 名儿童和 400 名成人作为美国样本,来对量表进行标准化。量表对每个项目的施测规定了详细的指导语和评分标准,并最早采用了“比率智商”来表示智力的相对水平高低,即以 IQ 作为个体智力水平的指标。

1937 年,推孟等人对斯坦福—比内智力量表进行了第一次修订,即斯坦福—比内智力量表第 2 版。第一次修订的版本包括 L 型和 M 型两个等值量表。这个版本的量表由原来只能测试 3～13 岁的儿童扩展到能测试 1.5～18 岁的儿童,并且根据当时美国的最新人口状况,选取了 3 148 名被试来对量表重新进行标准化,得到了更具代表性的信效度资料。但是,此时选取的样本仍然只局限于本地出生的白人,并且多是社会经济地位较高的城市家庭儿童,因此未能全面反映美国当时的人口状况。

1960 年,推孟等人对第一次修订的版本中的 L 型和 M 型等值量表进行了合并,将这两个量表中的最佳项目组合成了 LM 型单一量表,并将量表的适用范围扩大到成人,即斯坦福—比内智力量表第 3 版。在这一版的量表中,不再采用比率智商,而是采用平均数为100,标准差为 16 的离差智商,以此作为智力水平的评估指标。

1972 年,推孟等人对 LM 型单一量表进行了再次标准化,内容上却没有太大变化。

1986 年,桑代克、哈根和沙特勒等人修订出版了斯坦福—比内智力量表第 4 版。斯坦福—比内智力量表第 4 版采用“智力三层次认知能力结构模型”作为编制量表的依据。该模型的第一层次是一般智力因子;第二层次是流体—分析智力因子、晶体智力因子和短时记忆智力因子;第三层次是各项基本的心理能力。此版本的测验内容与第 3 版内容相比,差别不大,但却采用了新的常模团体。此次所选取的常模团体包括了美国各个地区、各个社会阶层、各种经济状况、各个民族的 5 000 余名儿童,涵盖了 2～23 岁的各年龄阶层。

2003 年,罗德(G. Roid)等人修订出版了最新版的斯坦福—比内智力量表第 5 版。该版本根据美国的人口普查结果,按性别、年龄、种族、地区和社会经济地位进行分层抽样,涵盖

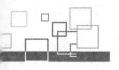

了 2～85 岁的各年龄阶层,使常模团体更具有代表性。斯坦福—比内智力量表第 5 版包含了 60 个项目,测试了 5 个方面的认知能力,这 5 个方面的认知能力均通过言语与非言语测验进行测试。这一版本所得到的离差智商是平均数为 100,标准差均为 15 的 3 个智商分数和 5 个指标分数。其中,3 个智商分数分别为言语智商、非言语智商和总智商,5 个指标分数分别是流体推理、常识、数量推理、视觉—空间操作和工作记忆等指标的分数。

2. 斯坦福—比内智力量表的信度与效度

(1) 信度

一般而言,对年龄较大的被试,斯坦福—比内智力量表对其测试结果的信度较高;对智商较低的被试,他们的测试结果的信度也较高。斯坦福—比内智力量表第 5 版的分测验、指标分数和 IQ 的分半信度范围在 0.84 到 0.98 之间;言语和非言语测验的重测信度的中数为 0.93;评分者信度的中数为 0.90。

(2) 效度

① 内容效度。斯坦福—比内智力量表的测试项目涉及言语、推理、记忆、理解、视觉—空间操作等多方面的内容,这都是公认为属于智力范畴的内容。

② 效标效度。斯坦福—比内智力量表的测试结果与被试的学业成绩、教师评定和受教育年限等外在效标分数之间存在正相关,效标关联系数在 0.40 到 0.75 之间,与其他智力测验的相关在 0.70 到 0.80 之间。

斯坦福—比内智力量表的理论构想主要有以下两点:一是智力随年龄的增长而发展,发展速度按照先快后慢的规律进行;二是智力结构中存在一般因素 G,是每一个智力行为的核心。在实际应用中,斯坦福—比内智力量表的信度研究显示,其再测稳定性随年龄而提高,表明智力的确随年龄的增长而发展,且呈先快后慢的趋势。另外,斯坦福—比内智力量表的各个项目与总分之间的平均相关达到 0.66,表明各项目所测特质的同质性较高,这支持了量表理论构想中关于一般因素 G 的假设。

(三) 中国比内测验

1924 年,我国陆志韦对斯坦福—比内智力量表进行了修订,出版了"中国比内—西蒙智力测验"。1936 年,他与吴天敏合作,发表了第二次的修订版本。1979 年,吴天敏主持了第三次修订,并在 1982 年出版了"中国比内测验"。该测验共有 51 个项目,从易到难进行排序,适用于年龄为 2～18 岁的被试,每岁三个项目。在评价智力水平时,中国比内测验采用离差智商来计算 IQ。

中国比内测验必须个别施测,要求主试接受过专门的训练,对测验相当熟悉并且有一定的施测经验,能够严格按照测验指导手册中的指导语进行施测。施测时,首先,根据被试实际年龄从测验手册的附表中找到其对应年龄的题号,如 2～5 岁的被试从第一题开始作答,6～7 岁的被试从第七题开始作答,8 岁的被试从第十题开始作答,15 岁的被试从第二十三题开始作答,等等。然后,主试须根据指导手册进行逐题施测,答对的题目记 1 分,答错的题目记 0 分,若被试连续 5 题答错,则终止测验。最后,在评估被试的智商时,根据被试的测验总分和他的实际年龄在指导手册的常模表中查到其智商。

为了节省测验时间,吴天敏在"中国比内测验"的基础上编制了一份简化版,名为"中国比内测验简编",该测验由 8 个项目组成,完成时间为 20 分钟左右。

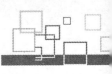

二、韦氏智力量表

（一）韦氏智力量表的发展

韦克斯勒在大量临床工作经验中发现,大脑的器质性伤害、精神衰退和情绪问题会对成人的某些智力功能产生影响,并且影响的程度大于其他功能。但是,当时的智力测验主要的施测对象是儿童,测验项目并不能很好地测出他们的真实智力,而且项目内容也无法引起成人被试的兴趣,缺乏成人的常模,因此他决定编制一份适合成人的智力测验。1939 年,韦克斯勒编制了韦克斯勒—贝勒维智力量表(Wechsler-Bellevue Intelligence Test,W-BI)。这是第一个针对成人编制的智力测验,并且成为以后所有韦氏智力量表在内容和形式上的雏形。1942 年,又推出了第二个韦克斯勒－贝勒维智力量表(W-BⅡ)。1949 年,韦克斯勒将W-BⅡ发展和修改成韦氏儿童智力量表(Wechsler Intelligence Scale for Children,WISC)。1955 年,为了改进 W-BI 的常模样本大小和代表性,并增加分测验信度、效度方面的资料,韦克斯勒编制了韦氏成人智力量表(Wechsler Adult Intelligence Scale,WAIS),以之取代W-BI。后来,韦氏成人智力量表的修订版在 1981 年出版,成为韦氏成人智力量表修订版(Wechsler Adult Intelligence Scale-Revised,WAIS-R)。1997 年,韦氏成人智力量表进行了第三次修订,称为韦氏成人智力量表第 3 版(WAIS-Ⅲ)。韦氏成人智力量表传入我国后,在湖南医学院龚耀先教授的主持下,对其进行了修订,并在 1982 年出版了韦氏成人智力量表中国修订版(Wechsler Adult Intelligence Scale-Revised in China,WAIS-RC)。

第一版韦氏儿童智力量表(WISC)于 1949 年出版,然而并没有得到心理学界的普遍承认。为了让项目内容更接近于儿童的生活经验,1974 年修订出版了 WISC-R,它的适用范围为6～16 岁。1991 年,韦氏儿童智力量表进行了第三次修订,即韦氏儿童智力量表第 3 版(WISC-Ⅲ),年龄范围为 6～16 岁 11 个月。目前,韦氏儿童智力量表的最新版本为 2003 年发行的第四版,即韦氏儿童智力量表第 4 版(WISC-Ⅳ)。20 世纪 80 年代前后,我国林传鼎和张厚粲等人将 WISC-R 引入中国,于 1986 年正式出版了韦氏儿童智力量表中国修订版(Wechsler Intelligence Scale for Children-Chinese Revised,WISC-CR)。2003 年,张厚粲主持修订了韦氏儿童智力量表第 4 版中文版(Wechsler Intelligence Scale for Children Fourth Edition-Chinese,WISC-Ⅳ中文版)。

韦氏学龄前及幼儿智力量表(Wechsler Preschool and Primary Scale of Intelligence,WPPSI)是韦氏儿童智力量表向学龄前及幼儿延伸的版本。韦氏学龄前及幼儿智力量表第一版于 1967 年出版,适用年龄为 4 岁到 6 岁半。韦氏学龄前及幼儿智力量表修订版(WPPSI-R)于 1988 年出版,适用年龄扩展为 3 岁到 7 岁 3 个月。目前,该量表的最新版本是 2003 年发行的第三版,即韦氏学龄前及幼儿智力量表第 3 版(WPPSI-Ⅲ),该版本在适用年龄上作了延伸,适合 3～7 岁的婴幼儿。1986 年,我国龚耀先和戴晓阳等人对 WPPSI 进行了修订,出版了中国—韦氏幼儿智力量表(Chinese-Wechsler Young Children Scale of Intelligence,C-WYCSI)。

（二）韦氏成人智力量表

1. 韦氏成人智力量表修订版(WAIS-R)

韦氏成人智力量表修订版由 11 个分测验组成,其中知识、数字广度、词汇、算术、领悟、相似性这 6 个分测验组成言语量表,图画填充、图片排列、木块图、图形拼凑、数字符号这 5

个分测验组成操作量表。每个分测验的项目由易到难进行排列,言语量表与操作量表交替施测。

WAIS-R 的分测验均独自计分,并在转化为平均数为 10、标准差为 3 的标准二十分数后,再合成言语量表分、操作量表分和总量表分。最后,可得到平均数为 100、标准差为 15 的三个离差智商,即言语智商、操作智商和总智商。

2. 韦氏成人智力量表第 3 版(WAIS-Ⅲ)

与前几版的韦氏成人智力量表相比,韦氏成人智力量表第 3 版修改并增加了分测验。言语量表包括知识、领悟、算术、相似性、数字广度、词汇和字母—数字排序这 7 个分测验,其中字母—数字排序分测验是备用分测验,可在其他 6 个分测验中的某一个分测验未能顺利施测时,代替原来的分测验。操作量表包括数字符号/译码、图画填充、木块图、图片排列、矩阵推理、符号寻找和图形拼凑这 7 个分测验,其中符号寻找和图形拼凑是备用分测验,可在其他 5 个分测验中的某一个或某两个分测验未能顺利施测时,代替原来的分测验。韦氏成人智力量表第 3 版的年龄适用范围为 16~89 岁。与前几版不同的是,这一版在施测时,要求被试从基本的两个项目开始,若被试在这两个项目上的表现不佳,则需要以相反的顺序施测排在这两个基本项目之前的项目,直到被试在连续两个项目上得到理想的分数。另外,WAIS-Ⅲ除了提供言语智商、操作智商和总智商以外,还提供了 4 个指标分数(指数),分别为言语理解、知觉推理、工作记忆和加工速度等指标分数。各分测验所对应的指标分数,如表 7-5 所示。

表 7-5　WAIS-Ⅲ指标分数的分测验构成

指标分数	分测验	指标分数	分测验
言语理解	词汇	工作记忆	算术
	相似性		数字广度
	知识		领悟
知觉推理	图画填充	加工速度	数字符号/译码
	木块图		图片排列
	矩阵推理		

3. 韦氏成人智力量表中国修订版(WAIS-RC)

中国版的韦氏成人智力量表主要是删除了与我国文化背景不相符的题目,并根据我国常模团体的测验结果对测验项目的顺序作出了一些调整。韦氏成人智力量表中国修订版的主要内容如下。

(1) 言语量表

① 知识。共 29 个项目,内容取样广泛,避免了超出常识范畴的专业内容,结果以 0/1 计分,用于测试被试的一般智力因素和记忆能力。

② 领悟。共 14 个项目,要求被试说明某种情况下应该如何反应,或者应该如何理解某些话,结果以 0/1/2 计分,用于测试被试的运用实际知识解决问题和社会适应能力。

③ 算术。共 14 个项目,内容属于小学数学运算,须在规定的时间内完成,结果以 0/1/2

计分,用于测试被试的基本数理知识和数学推理能力。

④ 相似性。共 13 个项目,要求被试说出两件事物的相同之处,结果以 0/1/2 计分,用于测试被试的抽象逻辑思维和分析概括能力。

⑤ 数字广度。共 22 个项目,前 12 个项目要求被试将主试口述的一串随机数字按顺序复述出来,后 10 个项目要求被试将主试口述的一串随机数字按倒序复述出来。结果以被试所背最高位为准,前面低位的分数不加在内进行计分,用于测试被试的注意力和短时记忆能力。

⑥ 词汇。共 40 个项目,要求被试将主试呈现的词汇读出来,并解释该词汇的含义,结果以 0/1/2 计分,用于测试被试的言语理解能力。

（2）操作量表

① 数字符号。要求被试按答题卡上所标示的数字与符号的对应关系,对随机数字填上相应的符号,须在限定的时间内完成。结果以被试正确填写数字对应的符号数来进行计分,用于测试被试的建立新概念和知觉辨别速度能力。

② 图画填充。共 21 个项目,每个项目具有一张缺失了某部分的图,要求被试说出缺失的部分,结果以 0/1 计分,用于测试被试的视觉记忆与辨别能力。

③ 木块图。共 10 个项目,要求被试使用 9 块积木,在限定的时间内摆出项目所要求的形状与图案,用于测试被试的知觉组织、视动协调和综合分析能力。

④ 图片排列。共 8 个项目,每个项目包含几张打乱顺序的图片,要求被试以合理的顺序进行排列,以组成一个情节连贯的故事,用于测试被试的综合分析和知觉组织能力。

⑤ 图形拼凑。共 4 个项目,要求被试将切割成几块不同形状的图形拼好,根据完成的质量和时间来计分,用于测试被试的知觉组织和概括思维能力。

WAIS-RC 有城市和农村两个常模,从 16～65 岁分成了 8 个年龄组,取样来自 21 个省。该量表的各个分测验的分半信度在不同年龄组的分布为 0.30 到 0.85 之间,重测信度在 0.82 到 0.89 之间。高考成绩差异显著的被试,他们的 WAIS-RC 测验结果同样也存在显著差异,这说明 WAIS-RC 具有一定的实证效度。

（三）韦氏儿童智力量表

1. 韦氏儿童智力量表第 3 版（WISC-Ⅲ）

WISC-Ⅲ包括言语和操作两个分量表,由 13 个分测验组成。其中,言语量表包括常识、理解、算术、类同、背数和词汇 6 个分测验,其中背数为备用分测验。操作量表包括填图、积木、图片排列、图形拼凑、译码、符号检索和迷津 7 个分测验,其中符号检索和迷津为备用分测验。

对 WISC-Ⅲ进行因素分析,得到 4 个指数,分别是:①言语理解指数,包括常识、类同、词汇和理解 4 个分测验;②知觉推理指数,包括填图、图片排列、积木和图形拼凑 4 个分测验;③工作记忆指数,包括算术和背数 2 个分测验;④加工速度指数,包括译码和符号检索 2 个分测验。

2. 韦氏儿童智力量表第 4 版（WISC-Ⅳ）

WISC-Ⅳ删除了 WISC-Ⅲ中的图形拼凑、图片排列和迷津三个分测验,其余 10 个分测验的内容、施测和评分程序也作出了一些修改。此外,在 WISC-Ⅲ原有的 10 个分测验的基础上,WISC-Ⅳ添加了 5 个新的分测验,分别是言语推理、矩阵推理、图画概念、字母—数字

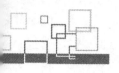

排序和划消测验。其中,常识、填图、言语推理、算术和划消是备用分测验。与 WISC-Ⅲ 相同,WISC-Ⅳ 也有 4 个指数,分别是:①言语理解指数,包括类同、词汇、理解三个核心分测验和常识备用分测验;②知觉推理指数,包括积木、图画概念、矩阵推理三个核心分测验和填图、言语推理两个备用分测验;③工作记忆指数,包括背数、字母—数字排序两个核心分测验和算术备用分测验;④加工速度指数,包括译码、符号检索两个核心分测验和划消备用分测验。

WISC-Ⅳ 适用于 6～16 岁的儿童,常模的每个年龄段由 200 个被试组成,共有 2 200 个被试,根据年龄、性别、父母教育水平、种族和地区分层抽样获得,保证了样本的代表性。

3. 韦氏儿童智力量表第 4 版中文版(WISC-Ⅳ中文版)

韦氏儿童智力量表第 4 版中文版由张厚粲于 2003 年主持修订,包括 14 个分测验和 4 个指数。其中,类同、词汇、理解和常识属于言语理解指数;积木、画图概念、矩阵推理和填图属于知觉推理指数;背数、字母—数字排序和算术属于工作记忆指数;译码、符号检索和划消属于加工速度指数。需要注意的是,常识、填图、算术和划消是备用分测验,可以替代各自指数下的其他分测验。接下来介绍这 14 个分测验,主要内容如下。

①类同:主试读出两个表示常见物体或概念的词,要求儿童说出它们之间的相似之处。

②词汇:一是图片测试题,要求儿童对测试题本上呈现的图片进行命名;二是字词测试题,要求儿童解释读出的词的意思。

③理解:要求儿童回答一些与自然、人际关系及社会活动等有关的问题,此分测验的题型有两种:一是"该怎么办";二是"为什么"。

④常识:要求儿童口头回答有关一般事务的常识问题。

⑤积木:要求儿童一边看着示范模型或测试题本上的图案,一边使用红白相间的积木,在规定的时限内照样拼摆出图案。

⑥图画概念:要求儿童从主试呈现的 2 排或 3 排图片中,每排选出 1 张,组成一组具有共同特征的图画。

⑦矩阵推理:要求儿童先看一个不完整的矩阵图,再从 5 个备选答案中,选出一个能填补其缺少部分的图形。

⑧填图:要求儿童逐题看每一张图片,并在规定的时限内,指出或说出图片中所缺少的重要部分。

⑨背数:包括两类试题:一是顺序背数题,要求儿童按照正确的顺序重复主试读出的一系列数字;二是倒序背数题,要求儿童按照与主试相反的顺序重复主试所读的一系列数字。

⑩字母—数字排序:主试读出一组含有数字和英文字母的序列,要求儿童重组后按照由小到大的数字顺序,以及英文字母表的字母顺序依次回忆出来。

⑪算术:要求儿童应在规定的时间内,根据心算回答一系列口头提问的算术题。

⑫译码:要求儿童仿画简单几何图形或者与数字匹配的符号。也就是说,儿童要在规定的时限内,按照范例的匹配关系,在对应的图形或方格内画上正确的符号。

⑬符号检索:要求儿童在规定的时限内,逐题审视寻找组中的符号,并选答目标组的符号是否出现在寻找组中。

⑭划消:要求儿童在规定的时限内,分别观察随机排列和有序排列的两大张图片,并从

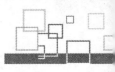

其中的许多图案中逐一划掉规定的目标图案。

韦氏儿童智力量表第 4 版中文版适合 6～16 岁儿童使用,常模考虑了年龄、性别、民族及受教育情况等因素。各个分量表的平均数和标准差分别为 10 和 3,离差智商 IQ 的平均数和标准差分别为 100 和 15。量表的内部一致性信度、评分者信度和重测信度都得到了良好的保证。内容效度、结构效度和内部相关证据等都证明了量表具有良好的效度。

三、考夫曼儿童成套评价测验

曾参与 WISC-R 修订工作的考夫曼夫妇(N. L. Kaufman & A. S. Kaufman),在 20 世纪 80 年代开发了考夫曼儿童成套评价测验(Kaufman Assessment Battery for Children, K-ABC),用来测试儿童的认知能力,适用于学前儿童、未成年人及智力异常儿童。

K-ABC 与传统的智力测验的差异在于,它采用的是认知心理学的理论观点,即人类信息加工方式,包括同时性加工和继时性加工两种方式。K-ABC 由两种分量表组成,分别是心理加工量表和成就量表。其中,心理加工量表分为同时性加工量表和继时性加工量表。全套测验共有 16 个分测验,其中同时性加工量表有 7 个分测验,继时性加工量表有 3 个分测验,成就量表有 6 个分测验,各个分测验与分量表的对应关系,如表 7-6 所示。

表 7-6 考夫曼儿童成套评价测验分测验与分量表的对应关系

心理加工量表		成就量表
同时性加工量表	继时性加工量表	
魔术窗户	手部动作	词汇表达
面孔识别	数字记忆	面貌和地方
完形闭合	语词顺序	算术
三角形		解谜
图形分类		阅读/译码
空间记忆		阅读/理解
相片系列		

K-ABC 的适用年龄范围为 2 岁半到 12 岁半,但具体的分量表的适用年龄并不一致。16 个分测验的简介如下。

1. 魔术窗户:共有 15 个项目,适用年龄为 2 岁半到 4 岁,要求被试对"窗户"后缓慢移动的东西进行辨认。

2. 面孔识别:共有 15 个项目,适用年龄为 2 岁半到 4 岁,要求被试从团体照中识别出主试展示的单人或双人照片人物。

3. 手部动作:共有 21 个项目,适用年龄为 2 岁半到 12 岁半,要求被试模仿主试示范的长短不一的手部动作。

4. 完形闭合:共有 25 个项目,适用年龄为 2 岁半到 12 岁半,要求被试对部分完成的墨迹图片进行识别。

5. 数字记忆:共有 19 个项目,适用年龄为 2 岁半到 12 岁半,要求被试复述读取长短不一的数字序列。

6. 三角形：共有 18 个项目，适用年龄为 4 岁到 12 岁半，要求被试用大小、颜色完全相同的三角形小板，对主试提供的图案进行拼凑。

7. 语词顺序：共有 20 个项目，适用年龄为 4 岁到 12 岁半，要求被试从一系列图画中，辨别出主试读出的数量为 1 到 5 个不等的语词系列所代表的事物。

8. 图形分类：共有 20 个项目，适用年龄为 5 岁到 12 岁半，要求被试从一组图画或图形中，选出合适的图画或图形来完成另一组视觉分类图案。

9. 空间记忆：共有 21 个项目，适用年龄为 5 岁到 12 岁半，要求被试在空白绘格纸中，指出主试所展示的图片的正确位置。

10. 相片系列：共有 17 个项目，适用年龄为 6 岁到 12 岁半，要求被试将打乱顺序的图片以事件发生的时间顺序排列好。

11. 词汇表达：共有 24 个项目，适用年龄为 2 岁半到 4 岁，要求被试说出图片上的事物名称。

12. 面貌和地方：共有 35 个项目，适用年龄为 2 岁半到 12 岁半，要求被试识别印有知名人物、漫画人物或名胜区的照片。

13. 算术：共有 38 个项目，适用年龄为 3 岁到 12 岁半，要求被试在图片刺激下，心算出主试提出的算术问题。

14. 解谜：共有 32 个项目，适用年龄为 3 岁到 12 岁半，要求被试根据特征描述推断出人、事、物或抽象名词的名称。

15. 阅读/译码：共有 38 个项目，适用年龄为 5 岁到 12 岁半，要求被试念出不同的字母或语词。

16. 阅读/理解：共有 24 个项目，适用年龄为 7 岁到 12 岁半，要求被试阅读一些单词和句子，并做出这些内容所描述的动作。

第三节　团体智力测验

团体智力测验是指一名主试可以同时对多名被试进行施测的智力测验。与个别智力测验相比，团体智力测验具有经济、省时的优点，对主试的要求不高。但是，团体智力测验中的主试无法对每一名被试进行观察，因此会失去很多有价值的信息，如被试的情绪、反应、动作等，导致团体智力测验在准确性上比个别智力测验差。常见的团体智力测验有陆军甲种和乙种测验、瑞文推理测验和认知能力测验等。

一、陆军甲种和乙种测验

第一次世界大战期间，为了高效甄选合适的应征入伍者，美国心理学会主席耶克斯和桑代克、推孟等著名的心理学家提出，用测验来招募士兵。然而，对于战争时期来说，这项任务是非常紧迫的，但常用的个别智力测验要耗费大量的时间，并不能满足战时的需要。因此，推孟的学生奥提斯(A. S. Otis)在自己编制的团体智力测验基础上，先后编制了陆军甲种和乙种测验。其中，陆军甲种测验要求被试有一定文化水平、母语为英语，而陆军乙种测验则是为文化水平较低或母语为非英语的被试准备的。有近 200 万新兵测试了陆军甲种或乙种测验。正是陆军甲种和乙种测验的广泛使用，使团体智力测验迅速发展起来。

陆军甲种测验为文字测验,由 8 个分测验组成,包括指导、算术、常识、异同、字句重组、填数、类比和句子填空等分测验。

陆军乙种测验为非文字测验,由 7 个分测验组成,包括迷津、立方体分析、数字符号/译码、补足数列、数字校对、图画补缺和几何图形分析等分测验。

陆军甲种测验的得分与军官评定成绩的相关为 0.50～0.70,与斯坦福—比内智力量表的相关为 0.80～0.90,与教师评定的相关为 0.67～0.82,与学业成绩的相关为 0.50～0.60。由此可见,陆军甲种测验具有一定的实证效度。而陆军乙种测验与陆军甲种测验的相关达到0.80,这也能够说明陆军乙种测验也具有一定的实证效度。

二、瑞文推理测验

(一)瑞文推理测验的发展

瑞文推理测验(Raven's Progressive Matrices,RPM)是由英国心理学家瑞文(J. C. Raven)于1938年开发编制的一套非文字团体智力测验,也称瑞文渐进测验。瑞文推理测验的理论依据是斯皮尔曼的智力二因素论。

最早的瑞文推理测验是 1938 年发表的瑞文标准推理测验(Raven's Standard Progressive Matrices,SPM),适用于 5.5 岁以上的儿童和成人使用,属于中等水平的瑞文推理测验。瑞文标准推理测验共有 60 个项目,分 5 个部分,分别是 A、B、C、D 和 E 组,每个组由 12 个项目组成。例如,瑞文标准推理测验第 4 组的第 11 个项目是 D_{11},如图 7-7 所示。

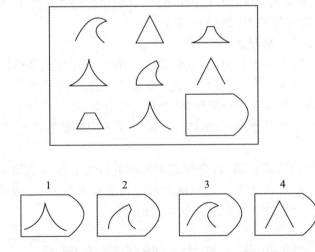

图 7-7 瑞文标准推理测验的 D_{11} 项目

1941 年,瑞文又编制了瑞文高级推理测验(Raven's Advanced Progressive Matrices,APM),后分别在 1947 年和 1962 年进行了修订。这个测验适用于智力高于平均水平的人使用,属于最高水平的瑞文推理测验。瑞文高级推理测验共有 48 个项目,由两个部分组成,分别有 12 个项目和 36 个项目,可对瑞文标准推理测验得分高于 55 分的被试进行更精细的

划分。

1947年,瑞文还编制了适用于5.5岁到11.5岁的儿童和低智力成人被试的瑞文彩色推理测验(Raven's Colour Progressive Matrices,CPM),属于瑞文推理测验中的最低水平测验,由3个部分组成,共有36个项目。

（二）瑞文推理测验在中国的发展

1985年,我国张厚粲等人将瑞文推理测验引入中国,出版了瑞文标准推理测验中国城市修订版。1989年,李丹、王栋等人完成了彩色型和标准型的合并本,出版了联合型瑞文测验(Combined Raven's Test,CRT)中国修订版,并制定了中国成人、中国城市儿童、中国农村儿童三个常模。这些常模团体都是根据人口普查的结果,在全国的大、中、小城市进行取样,并按性别、文化、职业等人口比例分配。

CRT由6个部分组成,共有72个项目,其中前3个部分是彩图,后3个部分是黑白图案,每个部分各有12个项目。该测验适合5岁到75岁的被试使用,也适合于言语有障碍的个体,既可用于团体施测,也可用于个别施测。CRT的分半信度为0.95,重测信度在0.79到0.82之间,与WISC-CR的分量表和全量表的相关系数在0.54到0.71之间,与高考成绩的相关为0.45,表明其具有一定的信效度。

三、认知能力测验

认知能力测验(Cognitive Abilities Test,CogAT)是由美国心理学家桑代克等人在20世纪70年代前后编制完成的,测量的是被试的一般抽象思考能力。该测验的最新版本是2001年发布的认知能力测验6型,即CogAT Form6。

认知能力测验包括3个分量表,分别是:

(1)言语分量表。包含3个分测验,分别是语言分类、句子完成和言语类别。

(2)数量分量表。包含3个分测验,分别是数量关系、数字序列和等式建立。

(3)非言语分量表。包含3个分测验,分别是图形分类、图形类比和图形分析。

各分测验的项目均是由易到难排列,除了图形分析采用判断题的形式外,其他分测验都采用选择题的形式。

认知能力测验结果以离差智商、百分等级和标准九分数表示。认知能力测验的各分量表的重测信度在0.72到0.95之间。认知能力测验对学业成绩、工作成就有相当的预测能力,在国外使用十分广泛,但在国内仍处于初步使用阶段。

第四节 智力测验的理论问题

一、智力发展的影响因素：遗传和环境

对智力发展影响因素的研究,历史上曾存在着两种截然对立的观点:一种是遗传决定论;另一种是环境决定论。1869年,遗传决定论的鼻祖高尔顿曾在《天才的遗传》中写道:"一个人的能力乃由遗传得来,其受遗传决定的程度如同机体的形态和组织之受遗传决定一样。"他从大量的名人传记和家谱考察中,得出名人家族中出名人的比率大大超过一般人的比率,从而认为这就是能力受遗传决定的证据。环境决定论的主要代表人物是华生。1925

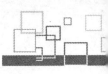

年,华生在其著作《行为主义》中有一个著名的论点,即"给我一打健全的婴儿,并在我自己的特殊天地里培养他们成长,我保证他们中任何一个都能训练成我所选择的任何一类人:医生、律师、艺术家或巨商,甚至乞丐和小偷,无论他的天资、爱好、脾气以及他祖先的才能、职业和种族如何。"这两种观点都存在一定的片面性,目前大部分人都赞同遗传和环境相互作用的观点。它的基本思想是:① 两种因素相互依存,任何一种因素作用的大小、性质都依赖于另一种因素,它们之间不是简单的相加或汇合;② 两种因素相互渗透和相互转化,当前对环境刺激作出某种行为反应的有机体是它的基因和过去环境相互作用的产物。

为了弄清智力发展的影响因素,一般采用同卵和异卵两类双生子进行遗传和环境作用的对比研究,其基本假设是:同卵双生子同出于一个基因型,其差异归因于环境的影响;而异卵双生子的差异既包括遗传方面的,也包括环境方面的。当双生子在一起抚养的条件下,理论上可以假设他们的环境是相同的,其行为的差异可以归因为遗传因子的效应。很多证据表明,遗传和环境对智力的影响各占 50%。

二、智力测验的公平性

智力测验的根本目的是评估被试的智力差异,因而它必须首先保证客观公正,也就是说其测验的项目必须对所有参加测试的人是公平的。传统的智力测验是否能做到这一点呢?我们可以从以下几个方面来分析。

（一）性别公平性

人们对智力性别差异的长期研究发现,就整体而言,男女两性在智力上并不存在显著性的差异。但是,在智力的具体能力因素上却发现,男性在数学推理、视觉空间能力、身体运动速度和协调性等方面优于女性,而女性在言语流畅性、言语理解和记忆等方面优于男性。这种性别的差异性,就要求智力测验开发者分别为男性和女性设计不同的常模,或者各设计一半有利于男性、另一半有利于女性的项目,以实现平衡,或尽量避免编制有偏的测验。但这些做法对全面了解人的智力状况并不是很有利,传统的智力测验也并未这样做。能不能做到编制出的每个测验项目本身就没有男女性别差异上的偏向呢? 实际上,要做到这点很难。所以,传统的智力测验的性别公平性就确实可能存在问题。比较现实的做法可能还是为男性和女性分别建立各自的常模。

（二）职业公平性

人们对不同职业人群进行智力研究发现,不同职业人群的智商存在显著性的差异。一般来说,脑力劳动者的智商相对比体力劳动者的智商高,如会计师、律师、工程师的智商相对较高,而工人、农民的智商相对较低。这种职业差异曾经被剥削阶级利用,认为工人、农民天生愚笨,从而为其剥削进行辩护。实际上,不同职业人群智力差异造成的原因既有遗传方面的,也有环境方面的,剥削阶级过分强调了职业的遗传差异,而忽视了环境的不同。同时,这种差异也可能反映了传统的智力测验理论的不足。传统的智力测验理论过分强调言语方面的能力和单一的 G 因素,而忽视了对一个人作多重智力的分析。工人、农民在学术领域(传统的智力测验反映的方面)可能不如脑力劳动者,但在其他领域可能远远超过他们。

（三）文化与教育公平性

大量的传统的智力测验结果表明,智力测验分数存在显著性的城乡差异和种族差异,城市儿童和白人儿童得分普遍高于农村儿童和黑人儿童。然而,这种差异并不表明农村儿童

和黑人儿童在遗传素质上较差,而很有可能是文化与教育因素的差异引起的。由于城市儿童和白人儿童一般生活在浓厚的文化氛围中,并且其家庭的社会经济状况普遍足以为其提供较好的教育,而传统的智力测验项目大多数是采用学校知识经验编制的,因而他们的得分很可能较农村儿童和黑人儿童的得分高。一些研究者通过人为改变某些黑人儿童的生活环境,给予他们较好的教育和一定的文化熏陶,结果发现他们的智力得分明显上升。

传统的智力测验受文化经验的影响,一些研究者试图排除这种影响,编制出与文化无关的测验,然而对人类来说,文化几乎渗透到环境的所有领域。因为个体的所有行为都受到生活于其中的文化环境的影响,也因为心理测验只测量行为的样本,所以文化的影响会反映在测验成绩中。因此,设计一种完全不受文化影响的测验是不切实际的。后来,一些研究者试图建构一种以不同文化中所共有经验为前提的文化公平测验,如卡特尔等人1949年编制的文化公平智力测验。然而,这也是很难办到的,因为对文化公平的理解会受到所处文化情境的制约,不同的人编制的文化公平测验是对不同文化公平的某种认识,如有的人认为文化公平测验是非阅读测验,而另一些人则认为是操作测验。而且,任何测验对于一种以上文化的群体,尤其是当这些群体文化差异较大时,它不可能是同样公平的。因此,目前测验编制者把重点转移到对测验情境中施测者公平性的考察之上。他们认为,施测者在跨文化测验中应该做到以下几个方面。

第一,在测验的开始阶段,应充分获得有关文化认同类型、文化认同程度、最初文化特征等方面的信息,这些信息可能会对个体测验成绩产生影响。

第二,施测者的行为需适应被试的需要。施测者必须考虑如何介绍测验、如何解释测验的目的,以及如何激励被试进行适当的操作等。而且,施测者自身要与被试建立起良好的人际关系。特别地,测验分数的解释和使用,应该明显地考虑到文化因素的影响,还应该考虑到反馈的性质和反馈对象的特点。

三、智力测验的预测性

(一)婴幼儿智力测验的预测性

智力测验的目的之一是预测被试在未来智力活动中的表现,这实际上涉及智力测验的预测效度问题。幼儿测验——尤其是3岁以后施测——对以后的智力测验成绩具有中等的预测效度。但是,婴儿测验的预测效度却比较低,这主要是因为智力的性质和成分会随着年龄的增长而发生变化,婴儿期的智力与幼儿期的智力有着质的不同,包含了不同的能力组合。

(二)成人智力测验的预测性

传统的韦氏智力量表横向研究发现,成人智力在20~34岁时达到高峰,其后在年长组中稳定下降。一些追踪研究表明,大多数机能的年龄衰减现象开始较晚,其趋势比传统的韦氏智力量表横向研究所显示的要平缓一些。对成人智力测验分数个体差异的研究发现,任何一个年龄水平内的个体差异要比年龄水平间的平均差异要大得多,这意味着有大量年长者的成绩等于甚至大于某些年轻人的成绩。

上述分数发生变化的主要原因是,传统的智力测验编制者在编制智力测验时主要定位于儿童和大学生,测量的是个体获得学校所传授的智力技能的程度,利用的是那些在课堂学习中获得的共同经验,而这些正规的教育经验会随着个体年龄的增长而逐渐消退,从而导致

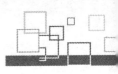

年长者在该类智力测验上得分较低。然而,这些共同经验不适合用来评价成年人的智力,因为成年人的职业比学龄期的学校教育更为多样,成年期的累积经验可能会刺激人们发展不同的能力。一些强调实践知识、判断和社会知觉的研究表明,在这些测验的成绩上年长者优于年轻人,而在传统的智力测验上的成绩却恰好相反。

所有这些类型的研究都表明,成年期智力测验分数随年龄增长是上升还是下降,主要依赖于个体在这些年龄内所拥有的经验,也依赖于这些经验与测验所包括的功能之间的关系。照此看来,成人智力测验的结果只有置于具体的情境中,才能更好地被预测。

【本章小结】

智力的实质究竟是什么? 这是很久以来智力研究者们关注的焦点。智力测验虽已有近百年的历史,但对这一问题至今仍是百家争鸣,没有定论。其中,基于因素分析、因素分析与信息加工整合、神经心理学的三类研究最富影响力和竞争力。智力测验是用来测量智力的,不同的学者对智力结构的理解不同,从而导致不同的智力测验理论的产生。然而,不同的智力测验理论又产生了不同的智力测验。智力测验分为个别智力测验和团体智力测验。个别智力测验主要包括比内智力量表、韦氏智力量表和考夫曼儿童成套评价测验等。团体智力测验主要包括陆军甲种和乙种测验、瑞文推理测验和认知能力测验等。智力受到遗传和环境的双重影响,智力测验分数的解释要结合被试的遗传特征、被试测验前的学习与经验以及测验时的情境等因素来进行,以保证智力测验的公平性。传统的智力测验项目主要以学校学习经验为基础,不太适合对成人智力进行测量。同时,婴幼儿智力发展除了有量的变化外,也存在质的不同,因而对他们进行测验所得的分数并不能很好地预测其将来的智力发展。总之,从广义的角度看,所有智力测验结果只有在具体情境的框架中,才能更好地被理解。

本章主要阐述了各种智力测验理论、各种智力测验以及智力测验的理论问题。本章的重点是智力测验概述,难点是个别智力测验。本章的中心概念是"智力测验"。

【练习与思考】

一、选择题(不定项选择题,至少有一个选项是正确的)

1. 比率智商是指 　　　　　　　　　　　　　　　　　　　　　　(　)
   A. 心理年龄与实际年龄之比　　　　　　B. 实际年龄与心理年龄之比
   C. 心理年龄与实际年龄之差　　　　　　D. 实际年龄与心理年龄之差

2. 比率智商的计算公式是 　　　　　　　　　　　　　　　　　　(　)
   A. (MA/CA)×100　　　　　　　　　　B. CA/MA×100
   C. MA/CA　　　　　　　　　　　　　D. CA/MA

3. 最早对智力进行系统性研究的人是 　　　　　　　　　　　　(　)
   A. 高尔顿　　　　B. 比内　　　　C. 韦克斯勒　　　　D. 桑代克

4. 世界上第一个正式的智力测验工具是 　　　　　　　　　　　(　)
   A. 韦氏智力量表　　　　　　　　　　B. 比内—西蒙智力量表
   C. 陆军甲种和乙种测验　　　　　　　D. 瑞文推理测验

5. 最早启用了智力年龄来表示被试智力的相对水平高低的量表是 （ ）
   A. 1905 年比内—西蒙智力量表
   B. 1908 年比内—西蒙智力量表
   C. 1916 年斯坦福—比内智力量表
   D. 1960 年斯坦福—比内智力量表

6. 最早采用智商来表示被试智力的相对水平高低的量表是 （ ）
   A. 1905 年比内—西蒙智力量表
   B. 1908 年比内—西蒙智力量表
   C. 1916 年斯坦福—比内智力量表
   D. 1960 年斯坦福—比内智力量表

7. 1960 年斯坦福—比内智力量表中智商分数的标准差是 （ ）
   A. 12　　　　　B. 15　　　　　C. 16　　　　　D. 14

8. 韦克斯勒认为智力等级为超常的智商分数范围是 （ ）
   A. 90～109　　B. 110～119　　C. 120～129　　D. 130 及以上

9. 斯坦福—比内智力量表第 4 版是依据哪个智力测验理论？ （ ）
   A. 智力层次论　　　　　　　B. 智力三层次认知能力结构模型
   C. 智力三层次结构论　　　　D. 智力三维结构模型

10. 韦氏成人智力量表第 3 版分测验的个数是 （ ）
    A. 11　　　　　B. 13　　　　　C. 14　　　　　D. 10

11. 一位刚好 14 岁的儿童在斯坦福—比内智力量表上所得的心理年龄为 15 岁,另一位刚好 4 岁的儿童在斯坦福—比内智力量表上所得的心理年龄为 5 岁,请问哪个儿童的智商相对更高？ （ ）
    A. 14 岁儿童更高　B. 4 岁儿童更高　C. 一样高　　D. 无法比较

12. 适合于 5 岁至 75 岁以内的儿童和成人,也适合于言语有障碍的个体的瑞文测验是 （ ）
    A. SPM　　　　B. CPM　　　　C. APM　　　　D. CRT

13. 智力的性别差异研究发现,女性在下列哪项上不优于男性？ （ ）
    A. 言语流畅性　B. 言语理解　　C. 记忆　　　　D. 视觉空间能力

14. 关于智力职业公平性的说法错误的是 （ ）
    A. 一般来说,脑力劳动者在传统的智力测验上的智商相对比体力劳动者的智商高
    B. 不同职业人群智力差异造成的原因既有遗传方面的,也有环境方面的
    C. 不同职业人群智力差异也可能反映了传统的智力测验理论的不足
    D. 不同职业人群智力差异说明了工人、农民天生愚笨

15. 关于智力文化与教育公平性的说法错误的是 （ ）
    A. 城市儿童和白人儿童在传统的智力测验上的智商得分普遍高于农村儿童和黑人儿童
    B. 农村儿童和黑人儿童智商分数低,说明他们天生愚笨
    C. 农村儿童和黑人儿童智商分数低,并不表明他们在遗传素质上较差,而很有可能是文化与教育因素的差异引起的

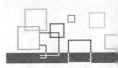

    D. 设计一种完全不受文化影响的测验是不切实际的

16. 关于中国比内测验,下列说法正确的是　　　　　　　　　　　　　　　(　　)

    A. 适用于 2～18 岁的被试　　　　　B. 每岁三个项目,共 51 个项目

    C. 各项目难度随机排列　　　　　　D. 每通过一个项目记一分

17. WAIS-Ⅲ 操作量表包括哪几个备用分测验?　　　　　　　　　　　　　(　　)

    A. 数字符号/译码　　　　　　　　B. 符号寻找

    C. 矩阵推理　　　　　　　　　　　D. 图形拼凑

18. 对 WISC-Ⅲ 进行因素分析得到了哪几个指数?　　　　　　　　　　　(　　)

    A. 工作记忆指数　　　　　　　　　B. 知觉推理指数

    C. 加工速度指数　　　　　　　　　D. 言语理解指数

19. K-ABC 继时性加工量表包括哪些分测验?　　　　　　　　　　　　　(　　)

    A. 手部动作　　　B. 数字记忆　　　C. 空间记忆　　　D. 语词顺序

20. 下列哪些智力测验是团体测验?　　　　　　　　　　　　　　　　　(　　)

    A. 瑞文推理测验　　　　　　　　　B. 陆军甲种和乙种测验

    C. 斯坦福—比内智力量表　　　　　D. 韦氏智力量表

21. 离差智商的计算公式为 $IQ=100+15(Y-\bar{Y})/SD$,下列说法正确的是　(　　)

    A. Y 为某被试的言语量表分或操作量表分或总量表分

    B. $\bar{Y}$ 为该被试所在年龄组的言语量表分或操作量表分或总量表分的平均数

    C. SD 为该被试所在年龄组的言语量表分或操作量表分或总量表分的标准差

    D. $(Y-\bar{Y})/SD$ 是 z 分数

二、简答题

1. 简述吉尔福德的智力三维结构模型。

2. 简述加德纳的智力多元论。

3. 简述斯滕伯格的智力三因素论。

4. 简述戴斯等人的智力 PASS 模型。

5. 简述韦氏成人智力量表中国修订版和韦氏儿童智力量表第 4 版中文版的结构。

第八章　人格测验

人格测验是心理测验的一个重要组成部分,它对于在较短时间内全面准确地了解一个人的人格特征,进行因材施教、心理异常诊断,以及人员选拔与任用,都具有重要的参考意义。人格测验往往是测量性格、气质、情绪状态、人际关系、动机、兴趣、态度等心理特质的工具。与能力测验相比,人格测验的编制、实施、评分和解释可能面临着更大的挑战。继伍德沃斯(R. S. Woodworth)在第一次世界大战时期编制了第一份人格问卷以来,人格测验得到了广泛发展,且技术也在不断改进。目前,可供使用的人格测验已达到数百种,但大致可分为两类:自陈量表和投射测验。在本章中,题目(item),又称为项目、条目或试题。

第一节　人格测验概述

一、人格测验的发展

人格本身十分复杂,研究人格的方法有个案法、相关法和实验法等,而人格测验是考察人格特征的重要手段之一。相对于其他的人格研究方法,人格测验有明显的优势,如量化程度高、省时高效等。我们这里所说的人格测验是一种狭义的表达,是指使用特定的人格测量工具对人格特征进行数字表示的过程。

现代人格测验是从西方发展起来的。在心理测量史上,首先提倡用科学方法测量人格的是英国学者高尔顿。早在 1884 年,他在《品格的测量》一文中就提出:“构成我们行为的品格是一种明确的东西,所以应该加以测量。”他认为通过记录心律和脉律的变化可以测量人的情绪,通过观察社会情境中人的活动可以评估人的性情、脾气等特征。他还编制了人格的评定量表,可以说是对人格测量技术的初步尝试。

19 世纪中后期,高尔顿提出了词语联想技术和行为抽样等测量性格的方法;1892 年,克雷佩林把词语联想技术用于临床;1921 年,罗夏编制完成了罗夏墨迹测验;1926 年,古德纳夫(F. L. Goodenough)发表了画人测验;1943 年,哈萨威和麦金利发表了明尼苏达多相人格调查表;1970 年以来,电脑在人格测验的实施、评分和解释方面逐步得到应用;1985 年,《教育与心理测验之标准》面市;1994 年,对人格异常测验有重要指导意义的《诊断和统计手册第四版(DSM-Ⅳ)》发表。

人格测验的不断发展,除了归功于一些学者的不懈努力之外,还与社会的需要有密切的关系。长期以来,人格测验被广泛应用于教育、工商、政府、军事、医疗和咨询等机构,其中较受瞩目的五个领域分别为健康、司法、婚姻与家庭咨询、运动和消费者行为。

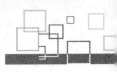

二、人格测验的种类

（一）自陈量表

自陈量表，又称客观测验，是由被试根据自己的想法，对自己的人格进行评价的一种方法，一般采用题目—选项的形式。相当多的人格测验采取自陈量表的形式，如经典的明尼苏达多相人格调查表、卡特尔16种人格因素问卷等。自陈量表施测的基本前提是被试自己了解自己。

（二）投射测验

上面讲到的自陈量表，因其材料清晰，测验目的明确，一般称为客观测验，被试在答题过程中，不需要发挥想象力。然而，与自陈量表相比，投射测验有很多不同：一方面，投射测验呈现给被试的是无结构的、模棱两可的或开放的测验材料，让被试在一个自由空间中充分发挥想象力作出反应；另一方面，投射测验使用的材料包括墨迹图、故事图片、模型等，在测试过程中，被试把自己的动机、情感、欲望等无意识地投射到测验材料上。

三、人格测验的真实性问题

相对于智力测验来说，人格测验的信度和效度会偏低一些，这就使人们提出了人格测验的真实性问题。除了编写测验项目的技术外，受测者是否真实地回答测验所提出的各种问题，也是影响人格测验的真实性的一个重要因素。运用自陈量表测量人的人格特征时，通常要求受测者针对所提出的问题在"是"和"否"两个备选选项之间，选择一个符合他的实际情况的选项。在这种情况下，被试的选择容易受到社会评价的影响，即受测者为了获得较高的社会评价，或不愿意让其他人了解到自己真实的人格而选择与自己实际情况相反的选项。另外，对于有些受测者来说，即使有多个选项，也难以选出符合自己情况的选项。这时，他们常常会随便选择一个。有些受测者可能会有无意识的防卫倾向，所以不知不觉地选择了与自己的实际情况不相符合的选项。

为了防止上述情况的出现，有些自陈量表插入了一些测谎项目，若受测者在该量表上的得分过高，则说明受测者没有真实作答，所以其他方面的分数也就不能作为评价其人格特征的依据。在明尼苏达多相人格调查表和艾森克人格问卷中就包含有这种测谎量表。但是，这只能在一定程度上解决测量的真实性问题，假如多数受测者的说谎分数都高，那么测验就没有多大意义了。当然，在实际测量中这种情况很少出现。

防止人格测验不真实的另一个办法就是采用投射测验。投射测验的一个优点是，可以让受测者在不知不觉中将他的无意识心理投射到他对测验项目的反应之中。但是，投射测验存在着结果难以量化的问题，即对测验结果的解释是施测者的主观看法，不同的施测者对同一个测验结果的解释常常不完全相同。因此，假如对测验结果给予不同的解释，那么尽管测验结果本身是真实的，也难以说明整个测量工作的真实性。

当然，即使人格测验存在上述难以保证真实性的问题，也不能完全否定人格测验在一定程度上的科学性，只能说明这是人格测验需要进一步改进和完善的问题。人格测验尽管存在着一定的难度和复杂性，但经过近百年的发展，也已经初步形成了一套比较科学的人格测量技术与方法，并在实际应用领域发挥着越来越重要的作用。

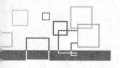

第二节　自陈量表

自陈人格测量就是根据要测量的人格特质,编制许多有关的问题,要求受测者根据自己的实际情况逐一回答这些问题,然后根据受测者的答案,去衡量受测者在这种人格特质上表现的程度。为完成自陈人格测量而编制的测量工具叫自陈量表或自陈问卷。自陈量表是目前使用最为广泛的人格测量工具,这是因为自陈量表中的项目结构清晰,意义明确,被试只需根据自己的实际情况选择较符合自己人格特征的描述即可。同时,自陈量表的施测和使用也相对简单、方便、经济,主试只需作一简要指导,就可对大量被试同时进行施测。另外,自陈量表对主试的要求不高,记分和分数的解释也较为明确,但它的缺点是易受被试反应定势的影响,作答也较受限制,提供的备选项并不一定完全包含了对被试实际人格特征的描述。

从大的范围来说,可以将自陈量表的编制策略分为演绎式编制策略和实证式编制策略。演绎式编制策略包括逻辑分析法和理论分析法,实证式编制策略包括经验效标法、因素分析法和综合法。

一、采用逻辑或理论分析法编制的自陈量表

逻辑分析法是根据编制者对人格的界定和逻辑推理来确定测验应该包括哪些内容的一种方法。例如,要测量"外向"型人格,编制者可能比较关心被试人际交往等方面的内容,而不是关心被试是否对高等数学感兴趣等方面的内容。在用逻辑分析法编制测验时,首先要确定测量的特质,然后编写出一些看起来能够测量这类特质的题目,最后编制成量表。这类人格测验主要包括伍德沃斯个人资料调查表(WPDS)、詹金斯活动调查表(JAS)和显性焦虑量表(MAS)等。

理论分析法是根据某种人格理论,确定所要测量的特质,然后编写或选择一些看起来能够测量这些特质题目的一种方法。用理论分析法编制自陈量表,其典型代表是爱德华个人偏好量表(Edwards Personal Preference Schedule,EPPS)。爱德华个人偏好量表是由美国心理学家爱德华(A. L. Edwards)于1953年编制的,是以莫瑞(H. A. Murray)的需要理论中所列的15种心理需求为基础的。EPPS共包括225个项目,15个分量表,其中15个项目是重复项目,项目采用第一人称"我",用"强迫选择"要求被试选取两个选项中的一个。EPPS的15个分量表分别是成就、崇拜、秩序、表现欲、自主性、亲近性、探究欲、求助、支配、谦卑性、慈善、变异、坚毅、异性和攻击性。EPPS可以通过被试的反应,计算出15个分量表的得分,从而知道被试在某种需要上的强度,并可以画出人格剖面图,比较各种需求的相对位置。

二、采用经验效标法编制的自陈量表

(一)明尼苏达多相人格调查表(MMPI和MMPI-2)

1. MMPI和MMPI-2的简介

明尼苏达多相人格调查表(Minnesota Multiphasic Personality Inventory,MMPI)是目前使用最为广泛的心理测验之一。它是由明尼苏达大学教授哈萨威(S. R. Hathaway)和麦

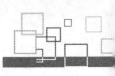

金利(J. C. Mckinley)于 1943 年编制并出版的,采用的是经验效标法。1966 年,两人又发表了 MMPI 的修订版。1989 年,出版了 MMPI 第二版,即 MMPI-2;1992 年,出版了青少年版(MMPI-A)。我国宋维真等人从 1980 年开始主持修订 MMPI,1989 年完成了 MMPI 常模的制定,1992 年又开始主持修订 MMPI-2,1994 年完成了 MMPI-2 常模的制定。

2. MMPI 和 MMPI-2 的编制过程

哈萨威和麦金利最初编制 MMPI 的目的是对精神病人进行评估和诊断。他们在当时采用了经验效标法进行量表编制。在量表编制前,他们广泛查阅了当时心理和精神疾病的临床病历、病史报告、医生手记、病历档案资料和早期出版的人格测验等材料,并最初收集了 1 000 多个题目。然后,在正常组被试和精神疾病组(效标组)被试中进行施测,施测结果以项目分析法比较两组的区别,最后保留了区分度高的项目。该量表中的所有项目都采用陈述句的表达方式,被试只要根据项目所述作"是"或"否"的反应即可。所有的项目构成了 10 个临床量表和 4 个效度量表。效度量表的目的是检查被试答题的态度和真实性。

MMPI 包含了 566 个项目,其中有 16 个项目是重复的项目,实际上是 550 个项目,如果只用于精神病临床诊断,可以只做前 399 题。MMPI 项目所包含的内容很广,包括身体各个方面的情况,如神经系统、心血管系统、消化系统等,也包括精神状态以及对家庭、婚姻、宗教、政治、社会等的态度,共 26 个方面。

MMPI-2 有 567 个项目,相对于 MMPI,其临床量表变化不大,效度量表却有较大调整,如果只用于精神病临床诊断,可以只做前 370 题。

3. MMPI 和 MMPI-2 的构成

MMPI 的主体是 10 个临床量表和 4 个效度量表,每个分量表主要测量的内容有所不同,下面通过列表的方式进行说明,如表 8-1 所示。

表 8-1 MMPI 的 10 个临床量表

数字序号	英文缩写	名称	测量内容
1	Hs	疑病	反映被试对身体功能的不正常关心
2	D	抑郁	与忧郁、淡漠、悲观、思想与行动缓慢有关
3	Hy	癔症	测量用转换反应来对待压力或解决矛盾的倾向
4	Pd	社会病态	反映被试性格的偏离
5	Mf	男子气—女子气	反映性别色彩
6	Pa	偏执	提示具有多疑、孤独、烦恼以及过分敏感等
7	Pt	神经衰弱	测量紧张、焦虑、强迫、恐怖等症状
8	Sc	精神分裂	提示异乎寻常的或分裂的思维方式
9	Ma	轻躁狂	联想、活动过多过快,观念飘忽、夸大而情绪高昂
0	Si	社会内向	高分为内向,低分为外向

效度量表的设置是为了检查被试答题的态度和真实性。MMPI 的效度量表有 4 个,如表 8-2 所示。

表 8-2 MMPI 的效度量表

代号	名 称	测 量 内 容
Q	疑问量表	分数高代表模棱两可的选项多,答卷不可靠
L	说谎量表	分数高代表答案不真实
F	诈病量表	分数高代表诈病或严重偏执
K	校正量表	分数高代表自我防卫反应,也作为部分临床量表的校正分数

在表 8-2 中,Q 量表比较特殊,本身没有题目,是根据被试的回答情况通过"检查"的形式来记分的。MMPI 每个项目的选项为"是""否"和"无法回答",Q 量表表示被试选择"无法回答"的项目。

MMPI-2 在 MMPI 的基础上,对 10 个临床量表的一些题目进行了增删,但临床量表的名称、英文缩写及数字序号都不变,对临床量表的解释也基本不变。然而,需要注意的是 MMPI-2 增加了三个 MMPI 没有的效度量表,其中一个是 Fb(后 F 量表),功能与 F 量表一样,但只是对第 370 题以后的项目的诈病倾向进行评估;另外两个是反向答题矛盾量表(VRIN)和同向答题矛盾量表(TRIN),前者高分用来评估随机盲目作答倾向,后者高分用来评估不加区别地作肯定回答倾向。

4. MMPI 和 MMPI-2 的施测程序

MMPI 和 MMPI-2 适用于 16 岁以上有阅读能力的成人。对于 MMPI 和 MMPI-2 的施测,目前主要有纸笔测试、卡片式测试和计算机测试三种形式。纸笔测试是把题目印在问卷上,让被试在答题纸上标出答案。卡片式测试是将题目印在卡片上,被试作答时,将卡片根据自己的情况投到分别标有"是""否"和"无法回答"的盒子里。计算机测试是借助计算机呈现测验题目,让被试反应作答。纸笔测试和计算机测试既可用于个别施测,也可用于团体施测,而卡片式测试只适合个别施测。纸笔测试和卡片式测试的记分都十分复杂,而计算机测试记分相对容易得多。在测试的时间上,一般人 45 分钟内就可以完成,通常不超过 90 分钟。

5. MMPI 和 MMPI-2 的记分和分数转换

测验结束后,首先,根据 MMPI 和 MMPI-2 的计分方法,可以得到各量表的原始分数。其次,需要把临床量表中的 5 个分量表,用 K 量表得分进行校正,具体的方法是:Hs+0.5K,Pd+0.4K,Pt+1.0K,Sc+1.0K,Ma+0.2K。最后,再与不需要校正的量表一起,将原始分数转换为 T 分数。T 分数的转换公式如下。

$$T=50+10z=50+\frac{10(X-\overline{X})}{SD} \qquad (8-1)$$

在公式(8-1)中,X 表示某被试在某一分量表上的原始分数;$\overline{X}$ 表示该被试所在常模组在该分量表上的原始分数的平均数;SD 表示该被试所在常模组在该分量表上的原始分数的标准差。这样,$\frac{X-\overline{X}}{SD}$ 实际上就是 z 分数,而 T 分数实际上是标准分数的一种变式,即 $T=50+10z$。

表 8-3 为一个 MMPI 记分的例子。

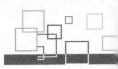

表 8 - 3　某被试 MMPI 测试结果

分量表	效 度 量 表				临 床 量 表									
	Q	L	F	K	Hs	D	Hy	Pd	Mf	Pa	Pt	Sc	Ma	Si
原始分数	11	2	22	12	19	35	28	23	23	16	22	24	18	35
K 校正分数					25			28			34	36	20	
T 分数	50	35	63	47	70	68	61	59	64	58	55	49	47	50

获得 T 分数后,需要将被试在各分量表上的得分登记在剖面图上,并将各点相连,就获得了被试的人格特征曲线,即剖面图。这里需要注意的是,剖面图按性别分为男女两种。

6. MMPI 和 MMPI-2 的结果解释

MMPI 和 MMPI-2 以 T 分数来解释结果,在看临床量表之前,首先需要看效度量表的结果,因为效度量表的结果关系到答题的有效性。根据量表编制者提供的标准,Q 量表的原始分数不应超过 22 分或 30 分;L 量表的原始分数不应超过 10 分;F 量表的原始分数不应超过 25 分;K 量表的量表分(T 分数)不应超过 70。对于临床量表的结果,MMPI 美国常模的 T 分数为 70,中国常模的 T 分数为 60;MMPI-2 美国常模的 T 分数为 65,中国常模的 T 分数为 60。若被试得分超过常模分数,则提示被试有可能存在人格异常。

MMPI 和 MMPI-2 对分数的解释还有一些综合分析的方法,如两点编码法、整体模式分析法等。

7. 对 MMPI 和 MMPI-2 的简要评价

MMPI 和 MMPI-2 之所以应用十分广泛,是因为其有很多的优点。首先,量表是采用经验效标法编制的,既可以用于异常个体的人格测试,又可以对正常个体进行人格评估;其次,量表编制过程十分严谨,重视实证数据,确保了该测验临床诊断的符合率很高;最后,MMPI 和 MMPI-2 引入了效度量表,提高了测验在临床上的应用价值。

但是,由于 MMPI 和 MMPI-2 题量较大,容易引起被试厌烦,从而影响测验测量的效度。另外,MMPI 和 MMPI-2 临床量表的名称较为敏感,为避免误会,报告分数时要求用各量表的数字序号或英文缩写。

(二) 加利福尼亚心理调查表(CPI)

1. CPI 的简介

加利福尼亚心理调查表(California Psychological Inventory,CPI)是由高夫(H. G. Gough)于 1948 年编制的,1951 年正式出版,1957 年再版,也是采用经验效标法编制的。它主要用于测量健康的人格层面,对于人际关系的社会行为等尤为注重。CPI 最初版本的 480 个项目中有一半来自 MMPI,这表明它是以 MMPI 为基础编制的。但是,CPI 更注重人格中积极的、正常的方面,而 MMPI 更注重消极的、非正常的方面。因此,CPI 被称为“正常人”的 MMPI。CPI 于 1964 年、1975 年和 1987 年进行过三次修订。1993 年,杨坚和龚耀先等中国学者对 1987 版进行了修订,被称为 CPI-RC,包括 400 个项目,23 个分量表。

2. CPI 的结构

1987 年第三次修订的 CPI 共包括 462 个项目。这些项目共同组成了 23 个分量表,包括 3 个效度量表、17 个通俗概念量表和 3 个结构量表。

第一,效度量表。3个效度量表,即幸福感、好印象和从众性。幸福感是以"装好"的反应为基础,好印象是以"装坏"的反应为基础,从众性是以"易为大家接受"回答的频次计算为基础。

第二,通俗概念量表。17个通俗概念量表分别测量了支配性、上进心、社交性、自主性、自我接纳、责任感、社会化、自控力、宽容性、遵从性成就、独立性成就、智力效率、心理感受性、灵活性、男子气—女子气、独立性和移情性。其中,13个通俗概念量表的项目选择是以经验效标法为基础的,而另外4个通俗概念量表是在对项目进行内部一致性考察的基础上进行选择的。

第三,结构量表。3个结构量表包括三大主题,分别是角色、性格和能力。①角色这一主题,即人际定向(内向—外向),是人际交往时自我的显露,已隐含在上进心、支配性、自我接纳、社交性和自主性等量表中。②性格(常模趋向—常模异向)这一主题,即常规遵循,涉及责任感、社会化、自控力等诸如此类的内在价值观。常模趋向是指倾向于具有良好的组织纪律性和自控能力,有良知,遵循传统价值,可靠;常模异向是指倾向于有反叛性、不安分、追求享乐、自我纵容,不遵循传统价值,不可靠。③能力这一主题,即自我实现,与遵从性成就、独立性成就、智力效率、幸福感及宽容性等量表有关。

将结构量表的前两大主题进行分类,可以形成4种人格类型——α、β、γ、δ。α型人格是外向的和常模趋向的;β型是内向的和常模趋向的;γ型是外向的和常模异向的;δ型是内向的和常模异向的。总之,α型是"控制的",β型是"传统的",γ型是"疏离的",δ型是"冲突的"。

3. 对CPI的简要评价

CPI在商业中得到了广泛应用,包括筛选和培养成功的雇员、领导者,创造高效的组织机构及促进和谐的团队工作等。CPI的4种人格类型对于工业组织用户具有较强的吸引力。

三、采用因素分析法编制的自陈量表

(一)卡特尔16种人格因素问卷(16PF)

1. 16PF的简介

卡特尔16种人格因素问卷(Cattell's Sixteen Personality Factor Questionnaire,16PF)是根据因素分析法编制量表的典范,是由卡特尔(R. B. Cattell)于1949年编制的。其理论基础是卡特尔的人格特质理论。卡特尔认为,人格是由许多特质构成的,这些特质可以区分为两种类型:一种是表面特质,指一个人经常发生的、从外部可以直接观察到的行为表现;另一种是根源特质,蕴含在表面特质内部,对表面特质起着制约作用,是形成人格的基础。

奥尔波特(G. W. Allport)和卡特尔是人格特质理论学派的代表人物。奥尔波特曾从字典里找了17 953个人格词汇,认为其中4 504个是"真正的"人格特质条目。卡特尔在此基础上,对这些词汇作了进一步的分类,得到171个条目。他让大学生用这171个条目评价他们的朋友,通过聚类分析法得到35个特质变量,后经过斜交旋转得到12个因素。后又经过进一步研究,将因素增加到15个,卡特尔根据实际体会又增加了一个智力因素(这个因素不是经过因素分析法得到的),最后得到了16个因素,并称这16个因素为根源特质。

16PF英文原版共有5种形式的版本:A、B版本为全版本,各有187个项目;C、D版本

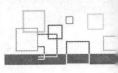

为缩减本,各有 106 个项目;E 版本适用于文化水平较低的被试,有 128 个项目。16PF 适用于 16 岁及以上的被试,可作为了解自我心理障碍的个性原因及心理疾病诊断的重要手段,也可用于人才选拔。

目前,我国 16PF 的修订版有三个。1970 年,刘永和与梅瑞迪斯合作,以 2 000 多名中国港台地区的学生为常模组,发表了 16PF 的中国修订本。1981 年,李绍农在刘永和与梅瑞迪斯修订版的基础上,在中国大陆修订出版 16PF,并进行了信效度验证。1988 年,在李绍农等人所做工作的基础上,戴忠恒与祝蓓里对 16PF 进行了修订,并取得了全国范围内的信效度资料,这次修订的 16PF 在国内应用较广,称为"中国修订版的 16PF"。

2. 16PF 的结构

"中国修订版的 16PF"仍保留了 16 个根源特质,如表 8 - 4 所示。其中,与其他人格因素不同的是,因素 B(聪慧性)的项目是有正确答案的,这是因为聪慧性因素反映的是智力因素。

表 8 - 4 16 种人格因素的名称及代号

代号	A	B	C	E	F	G	H	I	L	M	N	O	Q₁	Q₂	Q₃	Q₄
名称	乐群性	聪慧性	稳定性	恃强性	兴奋性	有恒性	敢为性	敏感性	怀疑性	幻想性	世故性	忧虑性	实验性	独立性	自律性	紧张性

3. 16PF 的施测、记分及结果解释

16PF 既可用于团体施测,也可用于个别施测。16PF 每个项目有 a、b、c 三个选项。在实施 16PF 测验时,要确保被试每一测题只选择一个答案,没有遗留任何测题。除聪慧性因素外,被试尽量不要选择 b 答案,即中性答案。除聪慧性因素外,根据被试对每个项目的回答,分别记分 0、1、2 或 2、1、0。聪慧性因素只有 0、1 两种记分,答对记 1 分,答错记 0 分。16PF 记分时可以借助模板,目前大多数情况下采用计算机自动记分。每个分量表的原始分数需转换成标准十分数 Z_{10},其公式如下。

$$Z_{10} = 5.5 + 2z = 5.5 + \frac{2(X - \overline{X})}{SD} \tag{8-2}$$

在公式(8-2)中,X 表示某被试在 16PF 某一因素上的原始分数;$\overline{X}$ 表示该被试所在常模组在该因素上的原始分数的平均数;SD 表示该被试所在常模组在该因素上的原始分数的标准差。这样,$\frac{X - \overline{X}}{SD}$ 实际上就是 z 分数,而 Z_{10} 实际上是标准分数的一种变式,即 $Z_{10} = 5.5 + 2z$。

16PF 根据各因素的高分特征和低分特征来描述被试的人格特点,1~3 分为低分,8~10 分为高分。

除了对 16 种人格因素进行单独解释外,卡特尔还在实证研究的基础上提出了 4 个次元人格因素(X 因素)和 4 种特殊领域的人格因素(Y 因素),它们的推算公式如下:

(1) 适应与焦虑性(X_1):$(38 + 2L + 3O + 4Q_4 - 2C - 2H - 2Q_3)/10$。

(2) 内向与外向性(X_2):$(2A + 3E + 4F + 5H - 2Q_2 - 11)/10$。

(3) 感情用事与安详机警性(X_3):$(77 + 2C + 2E + 2F + 2N - 4A - 6I - 2M)/10$。

(4) 怯懦与果断性(X_4):$(4E + 3M + 4Q_1 + 4Q_2 - 3A - 2G)/10$。

（5）心理健康者的人格因素（Y_1）：$C+F+(11-O)+(11-Q_4)$。

（6）从事专业而有成就者的人格因素（Y_2）：$2Q_3+2G+2C+E+N+Q_2+Q_1$。

（7）创造力强者人格因素（Y_3）：$2(11-A)+2B+E+2(11-F)+H+2I+M+(11-N)+Q_1+2Q_2$。

（8）在新的环境中有成长能力者的人格因素（Y_4）：$B+G+Q_3+(11-F)$。

4. 对 16PF 的简要评价

相对于 MMPI 和 MMPI-2 而言，16PF 可以在较短的时间内测出较多的人格特质，凡具有相当于初三以上文化程度的人都可以使用。在企业和学校的职业选择、人员招聘与选拔等领域，16PF 应用十分广泛。但是，与大多数自陈量表一样，16PF 也容易受到社会赞许效应的影响。

（二）艾森克人格问卷（EPQ）

1. EPQ 的简介

艾森克人格问卷（Eysenck Personality Questionnaire，EPQ）是由英国心理学家艾森克夫妇（H. J. Eysenck & Sybil B. G. Eysenck）于 1975 年编制完成的，也是采用因素分析法编制的人格测验。EPQ 的理论基础是艾森克人格类型理论。艾森克认为，人格类型是由 3 个基本维度构成的，即内外向、神经质和精神质，它们都有一定的生理基础。

EPQ 分为儿童问卷和成人问卷两种类型，两种类型的问卷都包含 4 个分量表，其中三个是人格维度的量表，另一个是效度量表。英文版的 EPQ 儿童问卷共有 97 个项目，适用于 7～15 岁的被试；成人问卷共有 101 个项目，适用于 16 岁以上的被试。EPQ 两种类型的问卷既可用于个别施测，也可用于团体施测。目前，不仅可以用纸笔进行 EPQ 施测，也可以在计算机上进行施测。

1984 年，龚耀先等人对 EPQ 进行了修订和标准化，对项目进行了增删，并建立了中国常模。我国修订版的 EPQ 儿童和成人问卷均由 88 个项目组成，每个项目都有"是"和"否"（或"不是"）两个选项，其使用的年龄范围与英文版相同。

2. EPQ 的结构

相对于 16PF 和其他采用因素分析法编制的人格测验而言，EPQ 的因素较少，整份问卷仅仅包含 4 个分量表，如下。

E 量表（内外向），高分者性格外向，好交际，渴望刺激和冒险，情感易于冲动；低分者人格内向，好静，富于内省，除亲密朋友外，对一般人缄默冷淡，不喜欢刺激，喜欢有秩序的生活方式。

N 量表（神经质），又称"情绪稳定性"，反映的是正常行为，并非指神经症。高分者常常焦虑、担忧、郁郁不乐、忧心忡忡，有强烈的情绪反应，以致出现不够理智的行为；低分者情绪反应慢而轻微，易于恢复平静，性情温和，善于自我控制。

P 量表（精神质），并非指精神病，在每个人身上都存在。高分者孤独，不关心他人，难以适应外部环境，不近人情，感觉迟钝，喜欢干奇特的事情，与他人不能友好相处，固执倔强；低分者能与他人相处，能较好地适应环境，态度温和、不粗暴，善解人意。

L 量表（说谎），用来测量被试的说谎或掩饰倾向，承担效度量表的功能。

3. EPQ 的施测、记分及结果解释

EPQ 每个项目有"是"和"否"（或"不是"）两个选项，属于"强迫选择"。被试做完问卷后，可开始记分。EPQ 的手册提供了各项目的记分方法。根据被试的性别和年龄，便可以

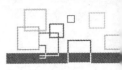

将各量表的原始分数转换为平均数为 50、标准差为 10 的 T 分数。

EPQ 根据被试在各量表上的 T 分数不同,将被试区分为高分者、低分者和中间分数者。高、低分者临界值的划分有两种:一种是中间分数者占 50%,两端临界 T 值分别为 43.3 和 56.7;另一种是中间分数者占 75%,两端临界 T 值分别为 38.5 和 61.5。在实际应用中,一般采用后一种划分,即量表的 T 分数超过 61.5 为高分,低于 38.5 为低分。

对被试的分数进行解释之前,先要检查 L 量表的得分是否过高。如果过高,那么表明被试的作答可能不真实,结果的有效性可能不高;同时,也可能反映被试有掩饰自己人格特征的倾向。如果 L 分较低,那么表明被试作答比较真实。

此外,艾森克还将内外向和神经质两个维度联合起来作垂直交互分析,从而可以得到 4 种典型的气质类型,即外向稳定型(多血质)、外向不稳定型(胆汁质)、内向稳定型(粘液质)和内向不稳定型(抑郁质),如图 8-1 所示。

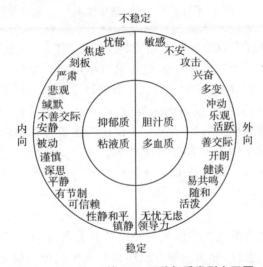

图 8-1 E 和 N 的 EPQ 四种气质类型交互图

4. 对 EPQ 的简要评价

EPQ 具有较高的信效度,而且其对人格维度的划分在实验心理学和临床心理学研究中得到了验证,被广泛应用于医学、司法、教育和工业等领域。

四、采用综合法编制的自陈量表

综合法是将逻辑或理论分析法、经验效标法和因素分析法等人格测验编制方法进行综合的一种方法,该方法能够吸取各种方法的优点,取长补短。

从 16PF、EPQ 等采用因素分析法编制的人格测验可以看出,人格特质的数量和维度长期以来存在着很大的争议。1981 年,戈登伯格(L. R. Goldberg)提出了五因素模型(Five Factors Model,FFM),在一定程度上平息了这种争议。

1985 年,结合逻辑或理论分析法、经验效标法、因素分析法和五因素模型,考斯塔和麦克雷(Costa & McCrae)采用综合法编制了 NEO 人格调查表(Neuroticism Extraversion Openness - Personality Inventory,NEO-PI)。1992 年,他们又对 NEO-PI 进行了修订,并命名为 NEO-PI-R。

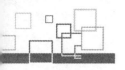

NEO-PI-R 包含了人格的 5 个维度(OCEAN),分别是开放性(Openness,O)、责任感(Consciousness,C)、外向性(Extraversion,E)、宜人性(Agreeableness,A)和神经质(Neuroticism,N),如表 8－5 所示。每个维度都由 6 个分量表组成,每个分量表各有 8 个项目,共有 240 个项目。

表 8－5　五因素模型的人格因素

OCEAN	人格因素	低 分 特 征	高 分 特 征
Openness	开放性	刻板、创造性差、遵守习惯、缺乏好奇心	富于想象、创造性强、有好奇心
Consciousness	责任感	马虎、懒惰、杂乱无章、不守时	认真、勤奋、井井有条、守时
Extraversion	外向性	孤独、安静、被动、缄默	合群、健谈、主动、热情
Agreeableness	宜人性	多疑、刻薄、无情、易怒	信任、宽容、心软、好脾气
Neuroticism	神经质	冷静、不温不火、自在、感情淡漠	自寻烦恼、神经质、害羞、感情用事

NEO-PI-R 采用 5 级评分法(非常不同意、不同意、中立、同意、非常同意)进行评分。NEO-PI-R 大约有一半的项目为反向记分,这样可以尽可能减少作答偏差。NEO-PI-R 不包括效度量表,但有三个评估反应效度的项目:一个项目要求被试回答,他们是否以一种诚实和正确的态度回答了项目;另一个项目询问被试,是否回答了所有的项目;还有一个项目评估被试的回答是否与题号对应。另外,NEO-PI-R 还设置了自评和他评两个版本。

大量的研究表明,NEO-PI-R 可用于人格障碍的测量,包括对心境障碍、焦虑和物质滥用等方面的人格特点的测量。同时,NEO-PI-R 也广泛应用于人员选拔等许多领域。

五、中国人人格测验

从国外引入的许多优秀的人格测验虽然经过了本土化,但由于存在巨大的文化差异,在项目表述和测量内容的代表性、涵盖性等方面还是有或多或少不尽如人意的地方,因此我国一些学者自 20 世纪 90 年代以来就开始了中国人人格测验的编制工作。其中,最具代表性的是"中国人个性测量表"和"中国人人格量表"。

(一) 中国人个性测量表

中国科学院心理研究所与香港中文大学心理学系于 20 世纪 80 年代开始合作,于 1993 年由宋维真等人开始编制"中国人个性测量表"(Chinese Personality Assessment Inventory,CPAI)。编制方法结合了逻辑或理论分析法、经验效标法和因素分析法。编制的量表包括 36 个分量表,其中,22 个正常个性量表、12 个病态个性量表及 2 个效度量表,共 510 个项目。实践检验和统计分析都表明,该量表具有较好的信度和效度。

CPAI 的第二版,即 CPAI－2,正常个性量表增加到 28 个,效度量表增加到 3 个,在修订过程中同样使用了我国香港和我国内地两类被试。

CPAI 及 CPAI－2 的编制推动了我国对中国人人格结构进行相关研究的发展。2006 年,张建新回顾了 20 多年 CPAI 的有关研究,提出了一个人格特质"六因素"假说(Six Factors Model,SFM),认为中国人的人格因素包括情绪稳定性、认真—责任性、宜人性、外向—内向性、人际关系性和开放性。张建新指出,人格因素的数量及其理论定性之争很可能仅具有方法学意义,对于真正了解人格的本质并非关键。

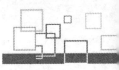

（二）中国人人格量表

1999 年，我国王登峰等人根据词汇学的假设，采用因素分析的方法，建立了中国人人格的七因素模型。2003 年，王登峰等人编制了"中国人人格量表"（Qingnian Zhongguo Personality Scale，QZPS）。

QZPS 由 7 个人格因素构成，这 7 个人格因素分别是外向性、善良、行事风格、才干、情绪性、人际关系和处世态度。7 个人格因素又由不同数量的小的人格因素所组成，小的人格因素的总数目共有 18 个。QZPS 共有 215 个项目，每个项目是由一些描述人格特征的陈述句组成，对这些陈述句的评定从很不同意到很同意共分 5 个等级。

由于原始分数不能直接比较，因此王登峰等人将 QZPS 施测于经精心选择的常模团体，获得了男性、女性和总体三组被试在各因素上的平均数和标准差，并分别制定出相应的常模，以有利于分数比较。

目前，QZPS 尚未明确规定得分高、低的标准，我们一般可以用所得的标准分数高于 1.96 个标准差作为划分高分者的依据，以所得的标准分数低于 1.96 个标准差作为划分低分者的依据。

为满足快速筛查被试的需要，王登峰等人还编制了 QZPS 的简化版本，即 QZPS-SF，该版本由 82 个项目组成。此外，他们在 QZPS 的基础上还编制了中国大学生、中国中学生和中国青少年等的人格分量表。目前，QZPS 还在不断完善和发展之中。

从宋维真、张建新、王登峰等人的研究可以看出，对中国人人格测验的编制工作已经持续了相对较长的一段时间。在此过程中，他们不仅借鉴了西方先进的量表编制方法，而且还十分注重对中国本土文化和中国人人格特性的深度理解。实践表明，他们编制的工具具有较高的信效度，这必将促进更多类似测验的涌现。

六、对自陈量表的评价

（一）自陈量表的优点

1. 自陈量表编制严谨，结构明确

以逻辑或理论分析法、经验效标法、因素分析法或综合法编制的自陈量表，一般都有严格的编制程序，以确保得到高质量的项目。通过逻辑或理论分析法、经验效标法、因素分析法或综合法编制的自陈量表，分量表之间结构明确，便于对测试结果进行解释。

2. 自陈量表任务清晰，包括很多问题，可以从不同角度了解被试的情况

自陈量表作答时不需要被试发挥想象力，只需要在限定的答案之中选择即可。自陈量表的项目一般比较多，比如 MMPI 有 566 个项目，16PF 有 187 个项目，确保了对行为样本收集的代表性，从而能全面考察被试的人格特征。

3. 自陈量表适合大规模团体施测，记分和解释简单快捷

自陈量表的作答方式比较容易，一般都是以选择的形式进行。无论是纸笔测试还是计算机测试，都可以方便地实现大规模团体施测，这是投射测验无法达到的。自陈量表的记分和解释十分客观，不容易受个人因素影响。

（二）自陈量表的缺点

1. 受作伪和社会赞许效应影响

在能力测验中，比如四选一的选择题，完全不会的被试猜对的概率是 25%。能力测验产

生的偏差,往往是可以明确量化的。但自陈量表的选项没有对错之分,被试伪装或迎合社会期望的程度很难用概率来计算。因为每个人的生活经历、行为习惯甚至作答时的情绪状态有较大差别,所以受作伪和社会赞许效应影响的程度也就有很大的不同。因此,有的自陈量表使用效度量表来检查被试的作答态度。

2. 受反应定势影响

被试的反应定势会影响能力测验的得分。比如是非题,如果被试喜欢答"是",那么在完全不会的时候他可能会得一半的分。因此,有些考试干脆让答案"否"的项目略多。同样地,反应定势也可能会影响人格测验的得分,让自陈量表得分产生混乱。对于反应定势,目前在测验过程中还缺乏十分有效的消除措施,一般也是借助效度量表进行事后分析。

3. 效标效度相对偏低

相对能力测验而言,自陈量表信效度偏低。究其原因,作伪、社会赞许效应、反应定势都有一定的影响。但还有很重要的一个方面是,自陈量表的效标多半是心理学者、精神病学者或教师所作的评定,这种评定本身效度可能就偏低,所以就有可能影响自陈量表的效标效度。有些自陈量表是由某种理论推演而来的,本身尚不完善,还有待进一步进行实验验证或临床验证。

要解决自陈量表的上述问题,还需要进行长期的研究。例如,为降低被试主观因素对自陈量表的影响,我们也可以采用其他形式的测验,比如我们接下来要介绍的投射测验,其相对于自陈量表来说,表面效度低,受被试动机等因素影响较小。除此之外,也有人认为情境判断测验和条件推理测验也能有效降低社会赞许效应的影响。

第三节 投 射 测 验

1921年,瑞士精神病学家罗夏(H. Rorschach)编制的墨迹测验,被认为是投射测验的开端。此后,投射测验逐渐发展起来,编制技术呈现出多样化的趋势。除了墨迹技术外,还有图片技术(如主题统觉测验)、言语技术(如词语联想测验、句子完成测验)和表演技术(如绘画测验、游戏测验和玩具测验)等。

从实践上看,投射技术起源于临床,至今仍然主要是临床医生或心理医生的工具,其中有些是直接由针对精神病人的疗法演化而来。从理论上看,大多数投射技术都是从传统和现代精神分析学派那里吸收了丰富的营养。

一、投射测验简介

(一) 投射测验的性质

投射是指个人对客体特征的想象式解释,在这种解释中,个人具有将自己身上发生的心理过程无意识地附着在客体身上的倾向。换句话说,投射是个人把自己的思想、态度、愿望、情绪、性格等心理特征无意识地反映在对事物的解释之中的心理倾向。由于心理投射的作用,人们常常把无生命的事物看成是有生命的事物,把无意义的现象解释成有意义的现象。在这种情况下,个人对客体特征的投射性解释所反映的不是客体本身的性质,而是解释者自己的心理特征。因此,运用投射技术测量个人对特定事物的主观解释,就可以获得对受测者人格特征的认识。

投射技术作为一个心理测量术语,是 1938 年由主题统觉测验的编制者莫瑞(H. A. Murray)等人最早提出的,但作为一种心理测量的技术早在 1921 年之前就已有人开始探索并实际应用了。1939 年,弗兰克明(L. K. Frank)阐述了投射技术的内涵及其重要性,他认为投射技术能够唤醒被试内心世界或人格特征的不同表现形式,从而在对测验项目的反应中投射出被试内在的需要和愿望。

(二)投射测验的理论基础

投射测验重在探讨人的无意识心理特征,对受测者在测验上反应的解释就不可避免地受到精神分析理论的影响。精神分析理论强调人的行为受到无意识内驱力的推动。这些内驱力受到压抑,无法通过意识觉察,却影响着人们的行为。因此,直接了解一个人的动机、情感、欲望等是不可能的。但是,如果我们将某种意义不确定的刺激情境作为引导,那么受测者将会在不知不觉中把自己无意识结构中的愿望、要求、动机等特征投射在对刺激情境的解释之中。

基于该理论,投射测验假定:① 人们对外部事物的解释都是有其心理原因的;② 人们对外部刺激的反应虽然决定于刺激本身的特征,但是反应者人格特征、当时的心理状态以及对未来的期望等心理因素也会渗透在他对刺激的反应过程之中;③ 正是因为个人的人格会无意识地表现在其对刺激情境的解释之中,所以只要通过向受测者提供意义模糊的刺激情境,让受测者对其作出解释,就可以从受测者的解释中了解受测者的人格特征。

(三)投射测验的特点

投射测验的基本方式是向被试提供一些意义模糊的刺激情境,让被试在不受任何限制的情况下,自由地对刺激或情境作出反应,然后分析被试的反应,推测其人格特征。投射测验表现出如下特点。

(1)投射测验的指导语大多比较短,而且问的问题都是一般性的,这种提问方式有助于被试很快地放松下来。

(2)投射测验中的刺激物或情境往往是"非结构化的",也就是模棱两可的,在这种刺激特征下需要被试"建构"刺激物的意义。

(3)被试在投射测验中可以尽可能发挥自己的想象力,投射测验不限制被试的反应。

(4)被试对刺激情境作出的反应并不是单独某种人格特质的体现,而是被试整体人格特征的体现。

(5)刺激越是模棱两可,引起被试防御反应的可能性就越小,被试的回答或操作就越有可能揭示无意识的动机、欲望或情感。

二、罗夏墨迹测验

罗夏墨迹测验是由瑞士精神病学家罗夏于 1921 年编制完成的。罗夏墨迹测验材料制作相当简单,即在一张白纸的中央滴一滴墨汁,然后将纸对折压平,墨干后展开,就成了左右对称但不规则的墨迹图。罗夏经过对上千种墨迹图的实验研究,最终出版了其中的 10 张。其中,5 张是黑白的,3 张是彩色的,另有 2 张是除黑色外,还带有鲜明的红色。图 8-2 是 10 张图片中首尾两张。

 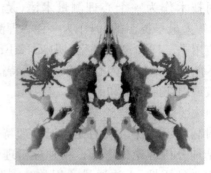

图 8－2　罗夏墨迹图首尾两张

（一）罗夏墨迹测验的施测

罗夏墨迹测验的施测一般需要经过以下 4 个阶段。

（1）自由反应阶段。在这一阶段，允许被试不受干扰地自由作出反应，主试要记录被试的每一句话、反应时间、停留时间、敏感位置等。

（2）提问阶段。在这一阶段，主试询问被试每一个反应是根据图片中哪个部分作出的，引起该反应的因素是什么。

（3）类比阶段。在这一阶段，主要询问被试的某种考虑是否与其他的一些反应类似。

（4）极限测验阶段。在这一阶段，直接问被试是否能看到某种东西。

（二）罗夏墨迹测验的记分

罗夏墨迹测验的记分是通过记号化来实现的。记号化是指对受测者的测验反应进行分类，将具有相似特性的反应归类，并给予同样的记号。记号化包括以下 4 个方面。

（1）决定因子记号。这是根据受测者对墨迹图反应的依据所作的分类，主要有以下 4 种类别：形状反应（F）、运动反应（M）、浓淡反应（K）和色彩反应（C）。

（2）区位因子记号。这是根据受测者对墨迹图反应的范围所作的分类，主要有以下 5 种类别：整体反应（W）、普通局部反应（D）、细微局部反应（d）、特殊局部反应（Dd）和空白反应（S）。

（3）内容因子记号。这是根据受测者对墨迹图反应的内容所作的分类，主要有以下典型的反应内容：人（H）、动物（A）、解剖（At）、性（Sex）、自然（Na）、物体（Obj），等等。

（4）独创因子记号。这是根据受测者对墨迹图反应的独特性所作的分类，主要有普通反应（P）和独创反应（O）两种情况。

（三）罗夏墨迹测验的结果解释

根据上述记号化的结果，在决定因子的心理图像上标上每个因子的反应次数，将各点相连，即是受测者的人格图像。然后，结合反应的区位、内容、独创性以及它们之间的数量关系，根据测验手册中的描述，就可以解释受测者的人格特征。

一般来说，F 分数高，表示具有良好的自我控制能力，情绪活动较为和谐；M 分数高，表示具有想象力和移情倾向；K 分数高，可能预示着不安的情绪；C 分数高，表示性格外向，情绪不稳定；W 分数高，表示具有高度的综合能力，但过高也表明缺乏精细分析能力；A 分数高，且反应资料呈无组织的状态时，表示智力低下，思维刻板，等等。在对各记号项目进行解释时，应该注意对各种分数作综合性解释。

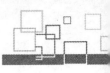

三、主题统觉测验

主题统觉测验(Thematic Apperception Test，TAT)是由莫瑞(H. A. Murray)和摩尔根(C. D. Morgan)于 1938 年编制的，后经过 3 次修订。TAT 是一种窥探受测者主要的需要、动机、情绪、情感和人格特征的方法。它是向受测者呈现一系列意义相对模糊的图片，并鼓励他按照图片不假思索地编述故事。TAT 包括 31 张图片——30 张为各种模糊情境下的黑白图片，有的是人物，有的是景色，还有一张空白图片。30 张图片分为四组，分别是成年男性组(M)、成年女性组(F)、儿童男性组(B)和儿童女性组(G)。有的图片适用于所有组，有的不是。适用于每组的图片均为 19 张，再加 1 张空白卡，共 20 张。图 8-3 是 TAT 其中的一张图片。

图 8-3 TAT 其中的一张图片

TAT 的基本假设是：人们在解释一种模糊的情境时，总是倾向于使这种解释与自己过去的经历和目前的愿望相一致；在面对图片讲述故事时，被试同样在利用自己过去的经历，并在所编的故事中表达他们的感情和需要。

TAT 揭示了个体不愿承认或不能公开表达的潜在意向，它有助于确定被试主要的需要、动机、情绪、情感、复杂性、冲突以及附加在他身上的外部压力。当被试与其父母一起接受测试时，TAT 特别有助于理解被试的人际关系和所处的困境。

（一）主题统觉测验的施测

TAT 既可个别施测，也可团体施测。个别施测的 TAT 有两种形式(A 和 B)。形式 A 适用于具备一般智力水平和精神状况正常的青少年、成人；形式 B 适用于低于一般智力水平的青少年、成人及精神病患者。

在实施 TAT 时，每个组的受测者都要完成两个系列的测验。第 1～10 号图片为第一系列，第 11～20 号图片为第二系列。其中，第二系列图片的情景更加抽象，也更加奇特。完成每个系列的测验任务需要 1 个小时左右的时间，两个系列之间至少要间隔一天。在测验过程中，主试要记录受测者所说的内容，如果笔记有困难，那么可以进行录音，但前提是不能让受测者发觉。

TAT 故事的分析系统有很多，下面介绍评分和解释时常用的一种分析系统，包括 6 个因素：第一个因素是确定故事讲述者最感兴趣的角色；第二个因素是检验主角的人格特性；第三个因素是评估主角所处的情境；第四个因素是分析比较主角的力量与外部压力；第五个因素是考察主题的复杂性；第六个因素是评价主角的兴趣与观点。

（二）主题统觉测验的结果解释

解释 TAT 分数有两个基本假设：① 对主人公的归因代表着受测者人格的倾向性，这种倾向性是受测者对过去和他所预期将来的觉知,即受测者觉知他已做过的事;他想去做的事;他未意识到的一些基本的人格力量;他当时所体验的情绪和情感;他对将来的行为的预测等。② 在主题统觉测验中,受测者所统觉的环境压力也代表着受测者过去、现在和将来所知觉的情境,即他真正遇到过的情境;他出于愿望或恐惧而想象到的情境;他正在统觉的情境;他期望遇到的或害怕遇到的情境等。

主试应当根据上述两个基本假设,参照手册中对各种需要、情绪及压力变量的基本描述,去解释受测者投射在所编故事中的人格状态与特征。

四、其他投射测验

(一)词语联想测验

词语联想测验是最早出现的投射测验之一。它的做法是准备一张列有许多单词的表,单词表上应该包括较多方面的内容,比如金钱、方位、凶器、人际关系等方面的单词,测试者读一个单词,让被试回答由此单词联想到的内容,并记下他的反应时间。一个单词如果对被试很重要,反应时间就可能延长(如果使用仪器,那么当时也可以测到心跳、皮肤电等随之而起的变化)。将对这些单词的反应联系起来,就可以完成对一个人心理情结的了解,也可以证明人们所无法直接接触的潜意识的存在。

词语联想测验有着悠久的历史。高尔顿在其1879年出版的《心理测量学实验》一书中报告了第一个词语联想测验的研究。词语联想测验曾受到心理分析运动的巨大影响。荣格(C. G. Jung)首创将词语联想测验用作临床诊断方法去解释患者的情结。他的方法于1910年得以介绍,但他获得的大量结果直到1918年才在英国得以公布。他的主要贡献是,使词语联想测验的操作和解释标准化。

(二)句子完成测验

句子完成测验(sentence completion test)又称作填句测验,是由联想测验发展而成,佩恩(H. F. Pern)于1928年最早将其应用于人格评定。这类测验是由一组尚未完成而需被试去填写的句子构成,并且这些语句多为情境性、情绪性的。个体的反应被认为能体现个体的需要、冲突、价值观和思维过程。在临床应用中,这种测验也给被试提供了一个机会,让他们把一些比较难为情的信息表达出来,供临床心理学家从中寻找出诱发冲突的内容。

罗特(J. B. Rotter)编制的"未完成语句测验"(Rotter Incomplete Sentence Blank,RISB)是严格地进行了标准化的句子完成测验。这个测验是在1950年编制的,该测验是为评定大学生的"人格顺应"这一特殊目的而设计的,共有40个短句,主要适用于大学新生。罗特编制的手册提供了记分指导、样本反应和常模资料。记分是由三类反应(冲突的、中性的和积极的)以及分配给它们的加权分数构成的。例如,如果对于句子"我的母亲……"的回答是"憎恨我",那么在冲突的这类反应上就会得一个高分,等等。将40个题目的得分相加,就可以得到大学生"人格顺应"的总分。

(三)绘画测验

绘画测验通常要求被试创作一幅画,常见的绘画测验包括画人测验、画树测验和房—树—人测验。绘画测验一般在绘画完成后要求被试将绘画的内容讲述一遍。绘画测验记分的因素不统一,通常包括绝对大小、相对大小、遗漏和扭曲等因素。

除了上述罗夏墨迹测验、主题统觉测验、词语联想测验、句子完成测验和绘画测验外,投射

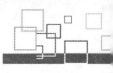

测验还有其他的形式,如游戏测验、玩具测验,等等。但是,限于篇幅,在此就不一一介绍了。

五、对投射测验的评价

(一)投射测验的优缺点

投射测验以一种更间接的方式测量人格,比较容易隐藏测验目的,降低了被试的防御性,在一定程度上,比自陈量表更好地降低了社会赞许性或动机等因素的影响。投射测验的主要优点有以下几个方面。

第一,投射测验不易伪装。没有相关专业背景的人,在接受投射测验时很难了解到测验意图,采用投射技术的测验其测量目的通常比较隐蔽。

第二,投射测验可用于幼儿以及文化程度低的或有言语障碍的成人。

第三,投射测验的操作简单易行,对年龄、文化程度等没有特别的限制。

第四,投射测验注重考察人格的整体特征,更加符合人格的本来面貌。

但是,投射测验也存在着一些缺点,如下。

第一,投射测验的假设不一定具有合理性。实证研究表明,个人对模棱两可的刺激的反应不一定能投射出其人格特征,这是因为被试的反应不仅受测验刺激的影响,还受被试的言语能力、生理状况以及所处环境等因素的影响。

第二,主试的评分往往与从业年限、知识储备等因素有关,存在一定的主观性。

第三,非结构化的刺激不仅对被试而言是模棱两可的,对主试也是如此,这就增加了对被试反应解释的不确定性。

(二)投射测验的信效度问题

1. 投射测验的信度问题

由于投射测验记分方法的特殊性和常模资料的不足,因而评分者信度成为考察投射测验信度的重点。目前,对评分者信度考察较多的是评分一致性。这实际是不够的,这是因为即使记分高度一致,但由于投射测验不能像自陈量表那样可以根据常模进行解释,因而同一个记录对不同的主试来说,也可以有不同的解释。因此,有研究者提出,除了参考评分者信度外,还应该参考最后的综合解释。然而,目前有关这方面的研究还很少。并且,从目前对评分一致性进行计算的结果来看,投射测验的评分者信度并不是十分理想。

相较于能力测验,投射测验的重测信度较差。这是因为,投射测验是通过对外显行为的测量而间接地推知被试的人格特征,而外显行为容易受到情境因素的影响。当对被试以重复测量的方式前后两次施测投射测验时,这两次测验可能会引发被试两种不同的心理历程,这样所得的信度必然会较低。

2. 投射测验的效度问题

对于任何测验来说,效度是测验质量高低的重要指标。然而,由于人格特质存在难以作出明确的界定、效标行为或效标样本不容易建立、存在反应偏向的干扰等问题,导致投射测验的效度较低。还有些投射测验对效度并不是很重视,有些投射测验虽然提供了效度资料,但是往往缺乏完整性和一致性。此外,有关投射测验交叉效度和增益效度方面的研究并不多。因此,从一个样本上所建立的预测效度或区分效度,往往无法推广到其他的样本上。

为了解决这些问题,不少投射测验专家正致力于心理计量学的研究,即对原有的投射测验进行更加规范的标准化,使之更符合心理测量学的要求。

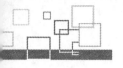

第四节　人格测验的理论问题

一、特质与情境的交互作用

人格特质作为一种心理建构,是看不见摸不着的,只能通过外显行为(这里的行为主要是指非认知方面的行为)间接地加以推论。而行为的差异到底是因为个体的人格特质的差异导致的,还是由于个体所处的情境导致的呢?目前,还存在着争议。

特质论者认为,人的行为在不同的情境中具有一致性,表现为一定的行为模式。个体行为模式的差异是由于人格特质的差异引起的,人格特质的稳定性使得它可以用来预测个体未来的行为,因而人格测验的目的就是对这些特质加以测量。传统的人格测验大多是以此思想为指导编制而成的。

情境论者对以上观点持反对的意见,他们认为,个体的行为具有高度的动态性,它常因情境的不同而有所变化,因此情境才是决定行为的主要因素。在一情境中,个体是否表现出某种行为,受该情境的客观因素和个体过去在类似情况中的学习经历的影响。例如,人们常说"入乡随俗""随遇而安"等。情境论者认为,一个人的适应,本来就是学习去对不同的情境作不同的反应的过程,情境因素(包括物理环境、社会期望和角色认定等)比人格特质对个体行为的影响更大。这种观点表现在人格测验上,就是跨文化测验的兴起。

以上两种观点都揭示了行为的某些方面特征,但都很难完全解释复杂的行为。于是,两种观点的追随者逐渐达成共识,认为行为的特质解释和情境解释可以共存,行为是由特质和情境变量的交互作用决定的。体现在人格测验的编制上,就是要将特质和情境结合起来。其中,一种途径是构造出特定情境类型下的特质概念;另一种途径是涉及特质与状态的区分。按前者编制的典型人格测验有考试焦虑调查表(Test Anxiety Inventory,TAI)等;按后者编制的典型人格测验有状态—特质焦虑调查表(State-Trait Anxiety Inventory,STAI)等。

二、人格测验的反应偏向问题

尽管人格测验要求被试真实地作答,但是仍存在反应偏向(response bias)的问题。有的被试的作答反应与事实并不相符合。特别是在罪犯精神病的司法鉴定时,由于罪犯有强烈的把自己描绘成一个精神失常的患者的愿望,这时反应偏向尤为明显。有的学者将反应偏向区分为两种类型:反应定势(response sets)和反应风格(response styles)。反应定势是指被试有意或无意地掩盖其真实情况,而按他(她)自己或别人所希望表现的形象进行作答。常见的反应定势是社会赞许动机(social desirability motivation),它是指被试在测验上有依社会所期望的行为方式作答的倾向。例如,在应聘工作时,一个人在人格测验上很可能尽力去表现自己是如何诚实、乐观、合群和进取等,但这些可能并非其真实的特性。反应定势的一个重要特征是它与测验的内容有关,被试者从测验的内容上可以判断并决定如何改变其反应趋向。而反应风格则与测验的内容无关,是指当测验的刺激或意义并不明确时,或当被试不知道如何反应时,他或她所使用的一种特别的反应方式。例如,在 EPQ 中,有些被试对其中的一些问题并不了解时,常常会作出肯定(或否定)的回答。

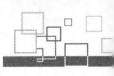

为了防止被试作答时产生反应偏向,一些人格测验采用了一些特殊的技术,如大部分人格测验项目的编制尽量采用中性的语句,防止被试从文字中识别出所要测量的特质。爱德华个人偏好量表(EPPS)采用了迫选技术,它要求被试从两个或多个同样可接受但效度不一样的描述词或短语中进行选择,这种配对短语可以是都令人满意或都不令人满意的。迫选技术在一定程度上是可以控制社会赞许动机这一影响因素的,但已有研究表明它并不能完全排除这种影响,而且它最后得到的分数排除了关于个体特征的绝对强度的信息。另有一些人格测验采用了测谎量表(lie detection scale)对被试作答的真实程度进行测量,如 EPQ 等。还有一些人格测验采用了校正量表(correction scale)对测验的掩饰影响进行校正,如MMPI 等。但是,这些防止被试作答时产生反应偏向的方法的有效性,还尚未得到研究上的有力证明。

尽管在人格测验中设计了种种方法控制或降低反应偏向,但是如果被试蓄意隐瞒时,那么也仍难防止。目前,人格测验的研究者更加重视施测者的作用,要求施测者尽量去寻求被试的合作,使其按指导语诚实地作答或反应。

【本章小结】

本章我们详细地介绍了两种类型的人格测验,即自陈量表和投射测验。自陈量表是目前使用最为广泛的人格测验工具,它具有项目结构清晰,意义明确,施测使用简单、方便、经济,记分和分数解释较为明确等优点。但同时也存在被试作答容易受被试社会期望、动机和反应偏向的影响,提供的备选选项并不一定完全包含了被试实际人格特征等缺点。

在本章中我们介绍了一些常用的自陈量表。其中,WPDS、JAS、MAS 和 EPPS 是采用逻辑或理论分析法编制的;MMPI 和 CPI 是采用经验效标法编制的;16PF 和 EPQ 是采用因素分析法编制的;NEO-PI-R 是采用综合法编制的。

投射测验的特点是刺激结构不明确,意义较为模糊,被试的反应不受限制,必须凭自己的想象才能作答,从而可把个人经验、情感和愿望赋予刺激。目前,使用较多的投射测验主要有罗夏墨迹测验、TAT 等。投射测验的优点是被试反应比较自由,测验目的较为隐蔽,作答较少受各种定势的影响,能较好地对各种人格特征之间的关系进行分析。但其缺点是记分方法和分数解释都较为复杂,信效度也存在着一定的问题。

本章的重点和难点是掌握上述几种常用人格测验的内容结构、编制目的、施测步骤、记分方法和分数解释。本章的中心概念是"人格测验"。

【练习与思考】

一、选择题(不定项选择题,至少有一个选项是正确的)

1. 根据 EPQ 的常模资料,如果一个被试在 E 量表上的 T 分数为 70,在 N 量表上的 T 分数为 45,那么他的气质类型为(　　)倾向。　　　　　　　　　　　　　　　(　　)

　　A. 多血质　　　　B. 胆汁质　　　　C. 粘液质　　　　D. 抑郁质

2. EPQ 的记分步骤主要包括　　　　　　　　　　　　　　　　　　　　　　(　　)

　　A. 按年龄和性别常模换算 T 分数　　　B. 作 EPQ 的剖面图

　　C. 获得各量表的原始分数　　　　　　D. 数出 Q 量表的原始分数

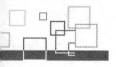

3. EPQ 共有 3 个人格维度的量表,其中英文缩写 P 指的是　　　　　　　　　　(　　)

    A. 神经质　　　　　　B. 精神质　　　　　　C. 内外向　　　　　　D. 说谎

4. EPQ 的中国常模特征是　　　　　　　　　　　　　　　　　　　　　　　　(　　)

    A. 分性别、年龄常模　　　　　　　　　　B. 分性别、不分年龄常模

    C. 分性别、年龄、城乡常模　　　　　　　D. 分年龄、不分性别常模

5. 1987 年第三次修订的 CPI 有 3 个结构量表,包括三大主题,分别是　　　　　(　　)

    A. 角色　　　　　　　B. 性格　　　　　　　C. 能力　　　　　　　D. 常模

6. 除聪慧性因素外,16PF 的其他因素都是按(　　　)记分。　　　　　　　　　(　　)

    A. 0、1 或 1、0　　　　　　　　　　　　B. 1、2、3 或 3、2、1

    C. 1、2 或 2、1　　　　　　　　　　　　D. 0、1、2 或 2、1、0

7. 在实施 16PF 测验时,要确保被试每一测题只选择一个答案,没有遗留任何测题。除
聪慧性因素外,被试尽量不要选择　　　　　　　　　　　　　　　　　　　　(　　)

    A. a 答案　　　　　　B. b 答案　　　　　　C. c 答案　　　　　　D. d 答案

8. 考斯塔和麦克雷采用(　　　)编制了 NEO 人格调查表(NEO-PI)。　　　　　(　　)

    A. 经验效标法　　　B. 因素分析法　　　C. 综合法　　　　　　D. 逻辑或理论分析法

9. MMPI 测验的记分步骤是　　　　　　　　　　　　　　　　　　　　　　　(　　)

    A. 计算原始分数　　　　　　　　　　　　B. 检查 Q 量表得分

    C. 将原始分数转换为 T 分数　　　　　　D. 比较各分量表原始分数

10. MMPI 的“卡片式”施测形式适合于(　　　)施测。　　　　　　　　　　　(　　)

    A. 团体　　　　　　　B. 个别　　　　　　　C. 团体和个别　　　　D. 群体

11. 在下列 MMPI 的量表中,只有(　　　)是临床量表。　　　　　　　　　　(　　)

    A. 说谎　　　　　　　B. 诈病　　　　　　　C. 疑问　　　　　　　D. 偏执

12. 在 MMPI 测验中,L 原始分数超过(　　　)说明测验无效。　　　　　　　(　　)

    A. 5 分　　　　　　　B. 8 分　　　　　　　C. 10 分　　　　　　　D. 15 分

13. 下列哪些测验属于投射测验?　　　　　　　　　　　　　　　　　　　　　(　　)

    A. 罗夏墨迹测验　　B. 主题统觉测验　　C. 词语联想测验　　D. 绘画测验

14. 下列测验属于自陈量表的是　　　　　　　　　　　　　　　　　　　　　　(　　)

    A. MMPI　　　　　　B. 16PF　　　　　　　C. EPQ　　　　　　　D. TAT

15. 罗夏墨迹测验彩色墨迹图的张数是　　　　　　　　　　　　　　　　　　　(　　)

    A. 10　　　　　　　　B. 5　　　　　　　　　C. 3　　　　　　　　　D. 2

二、案例题

1. 某求助者的 EPQ 测验结果如表 8-6 所示,试回答以下问题。

表 8-6　某求助者的 EPQ 测验结果

量表	原始分数	T 分数
P	8	70
E	19	73
N	20	72
L	6	40

(1) 根据表8-6的测验结果,可以判断该求助者的气质类型为　　　　　　　　(　　)

A. 多血质　　　　B. 胆汁质　　　　C. 粘液质　　　　D. 抑郁质

(2) 在表8-6中,该求助者的L量表得分为40,说明他　　　　　　　　　　(　　)

A. 掩饰性高　　　B. 掩饰性低　　　C. 内向　　　　D. 外向

(3) 在表8-6中,该求助者的P量表得分为70,说明他　　　　　　　　　(　　)

A. 孤独、不关心他人,难以适应环境,不近人情,感觉迟钝,喜欢干奇特的事情

B. 能与他人相处,能较好地适应环境,态度温和、不粗暴、善解人意

C. 焦虑、担忧,遇到刺激有强烈的情绪反应,以致出现不够理智的行为

D. 性格内向,好静,富于内省,情绪较稳定,喜欢有秩序的生活方式

2. 某求助者的MMPI测验结果如表8-7所示,试回答以下问题。

表8-7　某求助者的MMPI测验结果

	Q	L	F	K	Hs	D	Hy	Pd	Mf	Pa	Pt	Sc	Ma	Si
原始分数	15	3	11	18	13	28	20	18	31	9	22	22	18	40
K校正分数					22			25			40	40	22	
T分数(非K校正)	39	46	60	58	53	46	47	58	40	55	49	49	57	54
T分数(K校正)					64			51			65	54	51	

(1) 根据表8-7效度量表的结果,可将该求助者的MMPI结果判断为　　　(　　)

A. 有效　　　　　　　　　　B. 无效

C. 无法判断　　　　　　　　D. 尚需结合临床量表判断

(2) 根据表8-7的结果,该求助者在Pa量表上所得到的T分数,意味着他的分数

　　　　　　　　　　　　　　　　　　　　　　　　　　　　　(　　)

A. 低于常模平均值0.5个标准差　　B. 低于常模平均值1个标准差

C. 高于常模平均值0.5个标准差　　D. 高于常模平均值1个标准差

(3) 按照MMPI中国常模的标准,表8-7临床量表中哪些量表可能存在异常?(　　)

A. Hs、Mf、Pt、Si　　　　　　B. Hs、Pt、Si

C. Hs、Pt　　　　　　　　　　D. Pt、Pd

(4) 根据表8-7的结果,下列哪组症状最有可能出现在该求助者身上?　(　　)

A. 悲观失望、无助、淡漠

B. 怪异、行为退缩、幻觉、人格解体

C. 胆小怕事、退缩、不善交际

D. 紧张焦虑、对身体过度关注

三、简答题

1. 简述人格测验的种类。

2. 简述自陈量表CPI的结构。

3. 简述罗夏墨迹测验和主题统觉测验的结果解释。

4. 简述投射测验的信效度问题。

5. 简述人格测验的反应偏向问题。

第九章 心理评定量表

心理评定量表可以有针对性地了解被评估对象某方面的心理状况,不需要在现场导引出需考察的心理现象,而是要受评者本人或熟悉受评者的他人根据平日的观察,对需考察的心理现象作出评定。所评定的内容,不仅有心理方面的,还有生理和社会方面的。心理评定量表主要包括心理卫生综合评定量表、情绪及相关问题评定量表、应激及相关问题评定量表等。在本章中,题目(item),又称为项目、条目或试题。

第一节 心理卫生综合评定量表

心理卫生是影响人们健康的重要因素。对心理卫生状况的了解,是卫生行政管理部门制订提高人们健康计划和防治疾病措施的重要依据。心理卫生的服务对象可能是病人(patients),也可能是来访者(clients)。前者是在生理或精神上有障碍,需要治疗;后者是在情绪或环境适应上遇到困惑,需要帮助。为了更好地治疗或帮助心理卫生的服务对象,就要全面了解其身心状况。心理卫生评估在这些方面发挥了重要作用。接下来,我们介绍几个常用的心理卫生综合评定量表。

一、症状自评量表(SCL - 90)

(一)症状自评量表简介

症状自评量表,又称症状检查清单(Symptom Checklist 90, SCL - 90),有时也叫作Hopkin's症状检查清单(HSCL)。现版本由德若伽提斯(L. R. Derogatis)于1975年编制。SCL - 90是当前使用最为广泛的精神障碍或心理疾病门诊检查量表之一,适用于16岁以上的正常人,也适用于精神科或心理咨询门诊的成年病人。

(二)量表的内容与结构

SCL - 90量表共有90个项目,包含有较广泛的精神症状学内容,从感觉、情感、思维、意识、行为直至生活习惯、人际关系、饮食睡眠等,均有所涉及,并采用10个因子分,来反映10个方面的心理症状。10个因子的含义及其所包含的项目如下。

(1)躯体化(somatization):包括第1、4、12、27、40、42、48、49、52、53、56、58题,共12项。它主要反映主观的躯体不适感,包括心血管、胃肠道、呼吸等系统的主述不适,以及头痛、背痛、肌肉酸痛和焦虑等其他躯体表现。

(2)强迫症状(obsessive-compulsive):包括第3、9、10、28、38、45、46、51、55、65题,共10项。它与临床强迫症表现的症状、定义基本相同,主要指那种明知没有必要,但又无法摆脱的无意义的思想、冲动、行为等表现。还有一些比较一般的感知障碍,如"脑子变空了""记忆力不好"等,也在这一因子中反映出来。

(3)人际关系敏感(interpersonal sensitivity):包括第6、21、34、36、37、41、61、69、73题,

共 9 项。它主要指某些个人不自在感和自卑感,尤其是在与他人相比较时更加突出。自卑、懊丧以及在人际关系中明显不能很好相处的人,往往是这一因子获高分的对象。

(4)抑郁(depression):包括第 5、14、15、20、22、26、29、30、31、32、54、71、79 题,共 13 项。它主要反映的是与临床上抑郁症状群相联系的状况。抑郁苦闷的感情和心境是这一因子的代表性症状,以对生活兴趣减退、缺乏活动愿望、丧失活动力等为特征,包括失望、悲观,以及与抑郁相联系的其他感知及躯体方面的问题。该因子中有几个项目包括了死亡、自杀等念头。

(5)焦虑(anxiety):包括第 2、17、23、33、39、57、72、78、80、86 题,共 10 个项目。它包括一些通常在临床上明显与焦虑症状相联系的精神症状及体验,一般指那些无法静息、神经过敏、紧张以及由此而产生的躯体征象。那种游离不定的焦虑及惊恐发作是本因子的主要内容,还包括一个反映"解体"的项目。

(6)敌对(hostility):包括第 11、24、63、67、74、81 题,共 6 项。它主要从思维、情感及行为三方面来反映受检者的敌对表现,其项目包括从厌烦、争论、摔物直至争斗和不可抑制的冲动爆发等各个方面。

(7)恐怖(phobia anxiety):包括第 13、25、47、50、70、75、82 题,共 7 项。它与传统的恐怖状态或广场恐怖所反映的内容基本一致,包括出门旅行、空旷场地、人群、公共场合及交通工具等引起恐怖的因素。此外,还有反映社交恐怖的项目。

(8)偏执(paranoid ideation):包括第 8、18、43、68、76、83 题,共 6 项。它是一个十分复杂的概念,包括一些基本内容,主要是指思维方面的,如投射性思维、敌对、猜疑、关系妄想、被动体验与夸大等。

(9)精神病性(psychoticism):包括第 7、16、35、62、77、84、85、87、88、90 题,共 10 项。它包含了一些幻听、思维播散、被控制感、思维被插入等反映精神分裂症状的项目。

(10)其他:包括第 19、44、59、60、64、66、89 题,共 7 个项目。它主要反映睡眠及饮食情况。

(三)量表的实施与解释

1. 施测步骤

(1)在开始评定前,先由工作人员把总的评分方法和要求向受检者交代清楚,然后让其作出独立的、不受任何人影响的自我评定。

(2)对于文化程度低的自评者,可由工作人员逐项念给他听,并中性而不带任何暗示和偏向地把问题本身的意思告诉他。

(3)评定的时间范围是"现在"或者是"最近一周内"的实际感觉。

(4)评定结束时,由受检者本人或测试者逐一核查,凡有漏评或者重复评定的,均需提醒受检者再次考虑评定,以免影响分析的准确性。

2. 评分标准

SCL-90 的每一个项目均采取 5 级评分制,具体说明如下。

(1)没有:自觉无该项症状。

(2)轻度:自觉有该项症状,对受检者有轻微的影响。

(3)中度:自觉有该项症状,对受检者有一定的影响。

(4)偏重:自觉常有该项症状,对受检者有相当程度的影响。

(5)严重:自觉该症状的频度和强度都十分严重,对受检者有严重的影响。

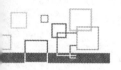

这里所指的"影响",包括症状所致的痛苦和烦恼,还包括症状造成的心理社会功能损害。"轻度""中度""偏重"和"严重"的具体定义,应由受检者自己去体会,不必作硬性规定。

SCL-90有两种评分方法,分别为1～5的5级评分和0～4的5级评分。无论是哪种评分方法,其统计指标均为两项,即总分和因子分。下面以1～5的5级评分为例。

（1）总分

① 总分:90个项目所得分之和,能反映其病情的严重程度。

② 总均分:总分/90,表示从总体情况看,该受检者的自我感觉位于1～5级的哪一个分值程度上。

③ 阳性项目数:单项分为2～5的项目数,表示受检者在多少个项目上呈现"有"症状。

④ 阴性项目数:单项分为1的项目数,表示受检者"没有"症状的项目有多少。

⑤ 阳性症状均分:(总分－阴性项目数)/阳性项目数,表示受检者在"有"症状项目中的平均分数,反映该受检者自我感觉不佳的项目,其严重程度究竟介于哪个范围。

（2）因子分

SCL-90共包括10个因子,即所有90个项目分为10个大类。每一因子反映受检者某一方面的情况,因而通过因子分可以了解受检者的症状分布特点,并可作轮廓图(剖析图)分析,这使得结果描述更为直观和清晰,因子分的计算公式如下:

$$因子分＝组成某一因子的各项目总分/组成某一因子的项目数$$

3. 结果分析与解释

（1）总分的分析。量表总分能较好地反映心理问题的严重程度,这是设计心理评定量表的最基本假设。也就是说,问题越轻,总分越低;问题越重,总分越高。如果考察治疗前后量表总分的变化,那么可以反映问题的演变或疗效。另外,总均分、阳性项目数以及阳性症状均分,也可以在一定程度上代表其问题的严重性。

（2）因子分和轮廓图的分析。如果把所有单项症状的结果都作为统计量,那么不但处理繁复,而且由于症状项目过多,反而不能给人以清晰的印象。因此,量表编制者们针对单项分分析法的缺点,提出了量表的因子分分析法,用各量表因子分来分析不同症状的分布特点,或者比较治疗前后症状的变化。因子分和轮廓图可以反映病人具体的症状群特点,还可以反映靶症状群(靶症状群指目标组病人的症状群)的治疗效果。

（3）常模和分界值。按全国常模结果,如果采用1～5的5级评分,总分超过160分,或阳性项目数超过43项,或任一因子分超过2分,那么可考虑筛选结果为阳性,需作进一步检查。如果采用0～4的5级评分,总分超过70分,或阳性项目数超过43项,或任一因子分超过1分,那么可考虑筛选结果为阳性,需作进一步检查。

4. 适用范围

（1）在精神科或心理咨询门诊中,作为了解就诊者或求助者心理卫生问题的一种评定工具。

（2）在综合性医院中,常以SCL-90了解躯体疾病求助者的精神症状,事实表明常能得到较满意的应用结果。

（3）应用SCL-90调查不同职业群体的心理卫生问题,从不同侧面反映各种职业群体的心理卫生状况。

5. 注意事项

（1）量表项目全面性不够,缺乏"情绪高涨""思维飘忽"等项目,使其在躁狂症或精神分

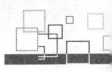

裂症求助者组中的应用受到一定限制。

（2）筛选结果为阳性只能说病人可能患有心理疾病，并不能说明一定患有心理疾病。要作出心理疾病的诊断,还必须进行面谈并参照相应疾病的诊断标准作出更为深入地考察。

二、大学生人格问卷（UPI）

（一）大学生人格问卷简介

大学生人格问卷（University Personality Inventory,UPI）是为早期发现、早期治疗有心理问题的大学生而编制成的精神卫生、人格健康调查表。该调查表是于 1966 年由日本大学的心理咨询专家与精神科医生集体编制而成的。1991 年,由日本学生相谈学会会长松原达哉与清华大学樊富珉翻译至国内。1993 年,由樊富珉和王建中等人主持"全国 UPI 应用课题研究",对 UPI 的有关条目、筛选标准、实施过程进行了较为系统地修订。

UPI 主要以大学新生为对象,入学时作心理健康调查而使用,有以下 4 个方面的作用。

（1）全面了解新生入学时的心理健康状态,为学校制定有关教育政策提供参考资料。

（2）做到有心理问题学生的早期发现,并提供及时的帮助和必要的治疗。

（3）起到心理卫生的宣传作用,有助于学生了解心理问题的表现,增强心理保健意识。

（4）作为大学生心理健康的研究手段与工具。

UPI 的特点是简便易行、适于团体施测、信息量大、筛选有效性高。UPI 测验过程不易引起心理抵抗,对施测人员无特别要求。UPI 是用于新生心理健康筛选、有心理问题学生早期发现的最佳调查表之一。

（二）量表的内容与结构

UPI 由三部分构成：第一部分是学生的基本情况,可作为问卷分析时的参考。第二部分是问卷本身,共 60 个项目。其中,第 5、20、35、50 题是测伪项目,不计分;其余 56 个项目是症状题,包括身心两方面的状况;第 8、16、25、26 题是关键项目,应给予更多的关注。第三部分是辅助题,共 4 个项目,主要是为了了解受测试者对自己身心健康的评价及主要困扰问题。

（三）量表的实施与解释

1. UPI 的记分方法与筛选标准

UPI 的 60 个项目中除 4 个测伪项目不计分外,其余 56 个项目做肯定选择的记 1 分,否定选择的记 0 分。测验完毕后算出总分,根据总分和 4 个关键项目的作答,可筛出以下三类。

（1）第一类筛选标准（即可能有心理问题的）满足下列条件之一者：① 总分在 25 分（包括 25 分）以上者；② 第 25 题做肯定选择者；③ 辅助题中至少有两题做肯定选择者；④ 明确提出咨询要求且属于心理问题者。

（2）第二类筛选标准（即应引起关注的）满足下列条件之一者：① 总分在 20～24 分之间者；② 第 8、16、26 题中有一题作肯定选择者；③ 辅助题中只有一题作肯定选择者。

（3）第三类筛选标准,即不属于上述第一类、第二类者。

上述筛选出的第一类学生可能有明显的心理问题,应尽快约请他们到咨询机构来面谈,以便了解问题的性质与程度。通过对每人进行 15 分钟左右的面谈,区分出 A、B、C 三类。

A 类：各类神经症,属于心理矛盾冲突激烈,明显影响正常学习、生活者。对这类学生,继续坚持面谈,直至症状缓解或消除。

B 类：一般心理问题,属于适应不良,能维持正常的学习与生活者。对这类学生,面谈时

需建立信任关系,并告之有问题时可主动前来咨询。

C类:无特殊问题者,其症状暂时不明显或已解除。

上述筛选出的第二类学生也应引起关注,有条件时可请来面谈,一般过半年左右再调查一次。

上述筛选出的第三类学生属一次通过者,即心理比较健康者,不需要请来面谈。

2. UPI 的施测与统计分析

UPI 既可用于个别测试,也可用于团体测试。作为新生心理健康调查,可在新生入学 1 个月后进行。测验前应结合心理卫生知识宣传普及,说明心理健康对大学生成长的影响,让学生了解心理问题的表现及预防等知识。同时,要向学生讲明调查目的,打消疑虑,取得配合。

分类筛选后,主动约请第一类学生面谈,然后进行 A、B、C 分类,对确有明显心理问题的学生应该进行持续咨询。

除了根据筛选标准找出可能有心理问题的学生外,UPI 还要求统计以下指标:① 入学新生总人数;② 施测率,即参测人数及其占入学人数的比率;③ 一类筛选率,即第一类学生的人数及其占施测人数的比率;④ 来谈率,即实际来谈的人数及其占约请人数的比率;⑤ A、B、C 三类学生的人数及其分别占来谈学生人数的比率;⑥ A 类学生占全体施测学生人数的比率;⑦ 统计各项目的选择频数;⑧ 总分分布统计;⑨ 不同学生群体之间的比较。

三、中小学生心理健康量表(MHT)

(一)中小学生心理健康量表简介

中小学生心理健康量表(Mental Health Test, MHT)是周步成等人于 1991 年根据日本铃木清等人编制的"不安倾向诊断测验"修订而成的,主要用于综合测查中小学生的心理健康状况。本测验按焦虑情绪所指向的对象和由焦虑情绪而产生的行为这两个方面进行测定。MHT 已成为适用我国中小学生的标准化的"心理健康诊断测验"。

(二)量表的内容与结构

MHT 共有 100 个项目,包含 8 个内容量表和 1 个效度量表(测谎量表)。8 个内容量表分别为:学习焦虑、对人焦虑、孤独倾向、自责倾向、过敏倾向、身体症状、恐惧倾向、冲动倾向。8 个内容量表的组成如下。

(1)学习焦虑,由第 1、2、3、4、5、6、7、8、9、10、11、12、13、14、15 题共 15 个项目组成。该分量表得分在 8 分以上属于高分,表明被试对考试怀有恐惧心理,过分关心考试分数,无法安心学习,这类被试必须接受有针对性的特殊心理辅导安排。而得分在 3 分以下属于低分,表明被试学习焦虑低,学习不会受到困扰,能够正确对待考试成绩。

(2)对人焦虑,由第 16、17、18、19、20、21、22、23、24、25 题共 10 个项目组成。该分量表得分在 8 分以上属于高分,表明被试过分注重自己的形象,害怕与人交往,退缩,这类被试必须接受有针对性的特殊心理辅导安排。而得分在 3 分以下属于低分,表明被试比较热情、大方,比较容易结交朋友。

(3)孤独倾向,由第 26、27、28、29、30、31、32、33、34、35 题共 10 个项目组成。该分量表得分在 8 分以上属于高分,表明被试孤独、抑郁,不善与人交往,自我封闭,这类被试必须接受有针对性的特殊心理辅导安排。而得分在 3 分以下属于低分,表明被试比较爱好社交,喜欢寻求刺激,喜欢与他人在一起。

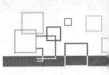

（4）自责倾向，由第 36、37、38、39、40、41、42、43、44、45 题共 10 个项目组成。该分量表得分在 8 分以上属于高分，这类被试自卑，常常怀疑自己的能力，也经常将失败、过失都归咎于自己，这类被试必须接受有针对性的特殊心理辅导安排。而得分在 3 分以下属于低分，表明被试比较自信，能够正确看待失败和过失。

（5）过敏倾向，由第 46、47、48、49、50、51、52、53、54、55 题共 10 个项目组成。该分量表得分在 8 分以上属于高分，表明被试过于敏感，容易为一小事而烦恼，这类被试必须接受有针对性的特殊心理辅导安排。而得分在 3 分以下属于低分，表明被试的敏感性较低，能够较好地处理日常事务。

（6）身体症状，由第 56、57、58、59、60、61、62、63、64、65、66、67、68、69、70 题共 15 个项目组成。该分量表得分在 8 分以上属于高分，这类被试在极度焦虑时，会出现呕吐、失眠、小便失禁等明显症状，这类被试必须接受有针对性的特殊心理辅导安排。而得分在 3 分以下属于低分，表明被试基本上没有身体异常的表现。

（7）恐怖倾向，由第 71、72、73、74、75、76、77、78、79、80 题共 10 个项目组成。该分量表得分在 8 分以上属于高分，表明被试对某些日常事务，如人群、黑暗等有很严重的恐惧感，这类被试必须接受有针对性的特殊心理辅导安排。而得分在 3 分以下属于低分，表明被试基本上没有恐惧感。

（8）冲动倾向，由第 81、83、85、87、89、91、93、95、97、99 题共 10 个项目组成。该分量表得分在 8 分以上属于高分，表明被试做事很冲动，自制力较差，这类被试必须接受有针对性的特殊心理辅导安排。而得分在 3 分以下属于低分，表明被试在行为方面基本上没有冲动。

（三）量表的实施与解释

"中小学生心理健康量表"既可以个别施测，也可以团体施测。MHT 的测验问卷和答题纸是彼此分开的，施测时应给每个被试发一份"MHT 答题纸"。

MHT 是二级计分，每个项目都有"是"和"不是"两种可供选择的答案，答题纸上也相应地有 a、b 两个可供选择的英文字母。选择 a 的答案计 1 分，选择 b 的答案计 0 分。

在整个量表中，第 82、84、86、88、90、92、94、96、98、100 题为效度量表项目，共 10 项，是用来测伪的。如果它们的得分总和比较高，那么可以认为该被试在作答时作假，测验不可信。解释测验结果时，对效度量表高分的被试需特别注意，尤其是得分在 7 分以上者，可以考虑将被试的该答卷作废，适当时候再进行重测。

除去效度量表项目，余下的全部量表项目得分的总和，即为全量表分。全量表分从整体上表示焦虑程度是否强、焦虑范围是否广。如果全量表分在 65 分以上，那么就可以认为存在一定的心理障碍。这些人在日常生活中会有不适应行为，有的可能表现为攻击和暴力行为等，对这些人需要进行一定的心理辅导。

第二节　情绪及相关问题评定量表

一、抑郁自评量表（SDS）

（一）抑郁自评量表简介

抑郁自评量表（Self-rating Depression Scale，SDS）是由美国杜克大学华裔精神病学家张

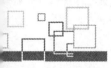

威廉(W. K. Zung)于 1965 年编制的,为美国教育卫生福利部所推荐的用于精神药理学研究的量表之一。因使用简便,能相当直观地反映病人抑郁的主观感受及其在治疗中的变化,SDS 目前已广泛应用于门诊病人的粗筛、情绪状态评定以及调查、科研等。SDS 的优点是使用简单,不需要经过专门的训练即可指导自评者进行相当有效的评定,而且它的分析相当方便。SDS 在一定程度上能够了解被调查者近期的心境,可应用于心理咨询门诊中。

（二）量表的内容与结构

SDS 由 20 个反映抑郁主观感受的项目组成,每个项目按症状出现的频度分为四级评分,其中 10 个为正向评分,10 个为反向评分。每个项目相当于一个有关症状。20 个项目反映抑郁状态的 4 组特异性症状:① 精神性—情感症状,包含抑郁心境和哭泣 2 个项目;② 躯体性障碍,包含情绪的日夜差异、睡眠障碍、食欲减退、性欲减退、体重减轻、便秘、惊动过速和易疲劳 8 个项目;③ 精神运动性障碍,包含能力减退和不安 2 个项目;④ 抑郁心理障碍,包含思考困难、无望感、易激惹、犹豫不决、自我贬值、生活空虚感、无价值感和兴趣丧失 8 个项目。

（三）量表的实施与解释

1. 施测步骤

（1）在自评者评定以前,一定要让他把整个量表的填写方法及每条问题的含义都弄明白,然后作出独立的、不受任何人影响的自我评定。对 20 个项目评定时依据的等级标准为:① 没有或很少时间;② 少部分时间;③ 相当多时间;④ 绝大部分或全部时间。填写时,要求被试仔细阅读每一条,把意思弄明白,然后根据最近一周的"实际感觉",在适当的数字上画"√"表示。

（2）如果评定者的文化程度太低,不能理解或看不懂 SDS 问题的内容,可由工作人员逐条念给他听,让评定者独自作出评定。

（3）评定时,应让自评者理解反向评分的题目,SDS 有 10 个反向项目,分别是第 2、5、6、11、12、14、16、17、18、20 题,若不能理解,则会直接影响统计结果。

（4）评定结束时,工作人员应仔细检查一下评定结果,应提醒自评者不要漏评某一项目,也不要在相同一个项目上重复评定。

（5）如果用以评估疗效,那么应在开始治疗或研究前让自评者评定一次,然后至少应在治疗后或研究结束时再让他自评一次,以便通过 SDS 总分变化来分析自评者症状变化的情况。

2. 评分标准

若为正向评分题,则 1、2、3、4 等级依次评为 1、2、3、4 分;若为反向评分题,则 1、2、3、4 等级依次评为 4、3、2、1 分。

待评定结束后,把 20 个项目中的各项分数相加,即得到总粗分(原始分数),然后将总粗分乘以 1.25 后取整数部分,就得到标准分。

3. 结果解释

按照中国常模结果,SDS 标准分的分界值为 53 分,其中 53～62 分为轻度抑郁,63～72 分为中度抑郁,72 分以上为重度抑郁。

4. 适用范围

该量表可以评定抑郁症状的严重程度及其在治疗中的变化,特别适用于发现抑郁症病人,其评定对象为具有抑郁症状的成年人。

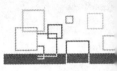

5. **注意事项**

该量表在具体使用时,应注意以下两个问题:一是 SDS 主要适用于具有抑郁症状的成年人,对心理咨询门诊及精神科门诊或住院精神病人均可使用,但对严重阻滞症状的抑郁病人,评定有困难;二是关于抑郁症状的临床分级,除参考量表分值外,还应根据临床症状,特别是要害症状的程度来划分抑郁症状的临床等级,从某种意义而言,量表分值仅能作为一项参考指标而非绝对标准。

附:抑郁自评量表(SDS)

1. 我觉得闷闷不乐,情绪低沉。

* 2. 我觉得一天之中早晨最好。

3. 我一阵阵哭出来或觉得想哭。

4. 我晚上睡眠不好。

* 5. 我吃得跟平常一样多。

* 6. 我与异性密切接触时和以往一样感到愉快。

7. 我发觉我的体重在下降。

8. 我有便秘的苦恼。

9. 我心跳比平常快。

10. 我无缘无故地感到疲乏。

* 11. 我的头脑跟平常一样清楚。

* 12. 我觉得经常做的事情并没有困难。

13. 我觉得不安而平静不下来。

* 14. 我对将来抱有希望。

15. 我比平常容易生气激动。

* 16. 我觉得作出决定是容易的。

* 17. 我觉得自己是个有用的人,有人需要我。

* 18. 我的生活过得很有意思。

19. 我认为如果我死了,别人会生活得好些。

* 20. 平常感兴趣的事我仍然照样感兴趣。

注:＊表示反向记分。

二、焦虑自评量表(SAS)

(一)焦虑自评量表简介

焦虑自评量表(Self-rating Anxiety Scale,SAS)是由美国杜克大学华裔精神病学家张威廉(W. K. Zung)于 1971 年编制的,从量表构造的形式到具体的评定方法,都与抑郁自评量表(SDS)十分相似。它是一个包含有 20 个项目、分为 4 级评分的自评量表,主要用于评估焦虑病人的主观感受。

(二)量表的内容与结构

SAS 包含有 20 个反映焦虑主观感受的项目,每个项目按症状出现的频度分为 4 级评分,其中 15 个为正向评分题,5 个为反向评分题,5 个反向评分题分别是第 5、9、13、17、19 题。SAS 采用 4 级评分,主要评定项目所定义的症状出现的频度,其等级标准为:① 没有或

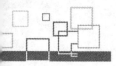

很少时间;② 少部分时间;③ 相当多时间;④ 绝大部分或全部时间。

（三）量表的实施与解释

1. 施测步骤

（1）在评定之前,要让自评者把整个量表的填写方法及每条问题的含义都弄明白,然后作出独立的、不受任何人影响的自我评定。

（2）在开始评定之前,先由工作人员指着 SAS 告诉他:下面有 20 条文字,请仔细阅读每一条,把意思弄明白,然后根据您最近一周的实际情况,在适当的方格里画一"√"。每一条文字后有 4 个方格,分别代表没有或很少（时间）、少部分时间、相当多时间、绝大部分或全部时间。

（3）如果评定者的文化程度太低而不能理解或看不懂 SAS 问题内容,可由工作人员逐条念给他听,但需让评定者独立地作出评定。

2. 评分标准

必须着重指出,SAS 的 20 个项目中,第 5、9、13、17、19 条共 5 个项目的计分,必须反向计算。若为正向评分题,则 1、2、3、4 等级依次评为 1、2、3、4 分;若为反向评分题,则 1、2、3、4 等级依次评为 4、3、2、1 分。

待评定结束后,把 20 个项目中的各项目分数相加,即得到总粗分（原始分数）,然后将总粗分乘以 1.25 后取整数部分,就得到标准分。

3. 结果解释

按照中国常模结果,SAS 标准分的分界值为 50 分,其中 50～59 分为轻度焦虑,60～69 分为中度焦虑,69 分以上为重度焦虑。

4. 适用范围

SAS 适用于具有焦虑症状的成年人。同时,它与 SDS 一样,具有较广泛的适用性。

5. 注意事项

（1）评定的时间范围,应强调是"现在"或"过去一周"。

（2）在评定结束时,工作人员应仔细地检查一下自评结果,应提醒自评者不要漏评某一项目,也不要在相同一个项目里打两个钩（即不要重复评定）。

（3）SAS 应在开始治疗前由自评者评定一次,然后至少应在治疗后（或研究结束时）再让他自评一次,以便通过 SAS 总分变化来分析自评者症状的变化情况。如果在治疗期间或研究期间评定,那么其间隔可由研究者自行安排。

附:焦虑自评量表（SAS）

1. 我觉得比平常容易紧张和着急。

2. 我无缘无故地感到害怕。

3. 我容易心里烦乱或觉得惊恐。

4. 我觉得我可能将要发疯。

*5. 我觉得一切都很好,也不会发生什么不幸。

6. 我手脚发抖打颤。

7. 我因为头痛、颈痛和背痛而苦恼。

8. 我感觉容易衰弱和疲乏。

*9. 我觉得心平气和,并且容易安静坐着。

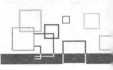

10. 我觉得心跳很快。

11. 我因为一阵阵头晕而苦恼。

12. 我有晕倒发作或觉得要晕倒似的。

*13. 我呼气吸气都感到很容易。

14. 我手脚麻木和刺痛。

15. 我因为胃痛和消化不良而苦恼。

16. 我常常要小便。

*17. 我的手常常是干燥温暖的。

18. 我脸红发热。

*19. 我容易入睡并且一夜睡得很好。

20. 我做恶梦。

注：*表示反向记分。

三、自尊量表（SES）

（一）自尊量表简介

无论是在社会交流中还是在日常生活中，自尊都是一个很流行也很重要的概念。按照一般观点，自尊是人们赞赏、重视、喜欢自己的程度。自尊是一个可以被定量分析的概念，它是人们对自己的价值、长处、重要性等作出总体的情感上的评价，这同时也是自尊评定的理论基础，即评价一个人对自己的态度能反映出该对象的自尊程度。

自尊量表（Self-Esteem Scale，SES）是由罗森伯格（M. Rosenberg）于 1965 年编制的，后由季益富和于欣翻译并介绍到中国。SES 最初设计是用于评定青少年关于自我价值和自我接纳的总体感受。

（二）量表的内容与结构

该量表由 10 个项目组成，设计中充分考虑了测定的方便。受试者直接报告这些描述是否符合他们自己的实际情况，分为四级评分："1"表示非常符合，"2"表示符合，"3"表示不符合，"4"表示很不符合。

（三）量表的实施与解释

SES 的 10 个项目中，有 5 个正向评分题和 5 个反向评分题，被试根据自己的实际情况作答。其中，5 个反向评分题分别是第 3、5、8、9、10 题。SES 最初的样本来自美国纽约州随机选出的 10 所中学中的 5 024 名高中、初中学生。

对于第 1、2、4、6、7 题（正向评分题），"很不符合"记 1 分，"不符合"记 2 分，"符合"记 3 分，"非常符合"记 4 分；对于第 3、5、8、9、10 题（反向评分题），"很不符合"记 4 分，"不符合"记 3 分，"符合"记 2 分，"非常符合"记 1 分。待评定结束后，把 10 个项目中的各项目分数相加，即得到总分。SES 的总分范围是 10～40 分，分值越高，自尊程度就越高。

SES 已被广泛应用，它简明、易于评分，是对自己的积极或消极感受的直接估计。此外，除了标准的 10 个项目的版本外，在原始量表基础上建立起来的 6 个项目版本，更适用于低于高中学生年龄的人群。但是，SES 也存在一些问题，如回答这些项目时易受社会期望的影响、在大学生人群中评分容易偏低、被试对第 8 题的理解存在与西方文化不同的含义、第 8 题某种程度存在意义混淆致使被试易作出正向评分的答题倾向等。

附：自尊量表(SES)

1. 我感到我是一个有价值的人,至少与其他人在同一水平上。

2. 我感到我有许多好的品质。

* 3. 归根结底,我倾向于觉得自己是一个失败者。

4. 我能像大多数人一样把事情做好。

* 5. 我感到自己值得自豪的地方不多。

6. 我对自己持肯定态度。

7. 总的来说,我对自己是满意的。

* 8. 我希望我能为自己赢得更多尊重。

* 9. 我确实时常感到毫无用处。

* 10. 我时常认为自己一无是处。

注：*表示反向记分。

第三节　应激及相关问题评定量表

一、生活事件量表(LES)

(一) 生活事件量表简介

自 20 世纪 30 年代舍利(H. Selye)提出应激概念以来,生活事件作为一种心理社会应激源,其对身心健康的影响引起了广泛的关注。使用"生活事件量表"的目的是对精神刺激进行定性与定量地分析。

在研究生活事件评定的初级阶段,人们只注重那些较重大的生活事件,因而只统计某一段时期内较大事件发生的次数。次数越多,表示遭受的精神刺激越强。这种评定方法非常简单,不足之处是显而易见的,不同的生活事件引起的精神刺激可能大小不一,如丢失一件衣物与经历一场浩劫是不能等量齐观的。于是,人们相信,每种生活事件理应具有其"客观"的刺激强度。

从 20 世纪 60 年代起,人们对各种生活事件的"客观定量"有了较多的研究兴趣。其中,最有代表性的人物是美国的河利姆斯(T. H. Holmes)。他和拉河(Rahe)于 1967年编制了著名的"社会重新适应评定量表"(Social Readjustment Rating Scale, SRRS)。SRRS 的理论假定是：任何形式的生活变化都需要个体动员机体的应激资源去作新的适应,因而会产生紧张。SRRS 的计算方法是在累计生活事件次数的基础上进行加权计分,即对不同的生活事件给予不同的权重,然后累加得其总分。SRRS 加权的依据是来自一个 5 000 人的常模。在制定常模时,河利姆斯等人事先规定"丧偶事件"为 1 000分,"结婚事件"为 500 分,让被调查者以上述两事件的评分为标准,按自己直接或间接的经验去评估其他各种生活事件的分数。然后,求得每种事件(5 000 人)的平均值,将平均值除以 10,再取其整数作为该事件的标准分。SRRS 选用了调查中发生频率较高的 43 项生活事件。SRRS 在一定程度上反映了美国当时社会生活的实际情况,是科学地、客观地评定生活事件的开端。SRRS 被推广到许多国家,再研究的结果显示,相关系数多在0.85～0.99,被公认为评定生活事件的有效工具,甚至有人认为其可以作为

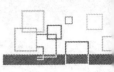

"金标准"以检测其他生活事件量表的效度。

我国于 20 世纪 80 年代初引进 SRRS,使用者根据我国的实际情况对生活事件的某些项目进行了修订或删增,其中包括张明园等人 1987 年编制的"生活事件量表",张瑶等人 1989 年编制的"生活事件量表",刘贤臣等人 1987 年编制的"青少年生活事件量表",以及我们这里将要介绍的由杨德森和张亚林 1986 年编制的"生活事件量表"。这些量表有的将百分制改为十分制,有的则沿用河利姆斯的记分方法,而杨德森和张亚林提出的按事件的影响程度、持续时间和发生次数的记分最有特色。另外,杨德森和张亚林 1986 年编制的"生活事件量表"也强调了根据受试者的主观感受对生活事件作出定性与定量地评定,又对正性和负性生活事件作出了区分。

（二）量表的内容与结构

杨德森和张亚林于 1986 年编制的生活事件量表(Life Event Scale,LES)共包括 48 条我国较常见的生活事件,分为三个方面的问题:一是家庭生活方面的问题(28 条);二是工作学习方面的问题(13 条);三是社交及其他方面的问题(7 条)。具体条目见表 9-1。

表 9-1　生活事件量表条目举例

家庭生活方面的问题	工作学习方面的问题	社交及其他方面的问题
(1) 恋爱或订婚	(29) 待业、无业	(42) 好友重病或重伤
(2) 恋爱失败、破裂	(30) 开始就业	(43) 好友死亡
(3) 结婚	(31) 高考失败	(44) 被人误会、错怪、诬告、议论
……	……	……

注:若被试认为有表中未列生活事件,则可以自己填入量表最末尾所留空栏中,并作出相应地评价。

（三）量表的实施与解释

1. 施测步骤

LES 属于自评量表,填写者须仔细阅读和领会指导语,然后逐条一一过目。根据调查者的要求,填写者首先将某一时间范围内(通常为一年内)的事件记录下来。有的事件虽然发生在该时间范围之前,但是如果影响深远并延续至今,那么可作为长期性事件记录。然后,由填写者根据自身的实际感受而不是按常理或伦理道德观念去判断那些经历过的事件对本人来说是好事还是坏事? 影响程度如何? 影响持续的时间有多久? 对于量表内已列出但并未经历的事件应一一注明"未经历",不留空白,以防遗漏。

2. 评分标准

一次性的事件如流产、失窃要记录发生次数,长期性事件如住房拥挤、夫妻分居等不到半年记为 1 次,超过半年记为 2 次。影响程度分为 5 个等级,从毫无影响到影响极重分别记为 0、1、2、3、4 分,即无影响=0 分、轻度=1 分、中度=2 分,重度=3 分、极重=4 分。影响持续时间分为三个月内、半年内、一年内、一年以上共 4 个等级,分别记为 1、2、3、4 分。

生活事件刺激量的计算方法:

　　某事件刺激量=该事件影响程度分×该事件持续时间分×该事件发生次数

　　正性事件刺激量=全部好事件刺激量之和

　　负性事件刺激量=全部坏事件刺激量之和

　　生活事件总刺激量=正性事件刺激量+负性事件刺激量

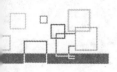

另外,还可以根据研究需要,按家庭生活方面的问题、工作学习方面的问题和社交及其他方面的问题进行分类统计。

3. 结果解释

LES 总分越高反映个体承受的精神压力越大。95%的正常人一年内的 LES 总分不超过 20 分,99%的不超过 32 分。负性生活事件的分值越高对身心健康的影响越大,正性生活事件的分值意义尚待进一步的研究。

4. 适用范围

LES 适用于 16 岁以上的正常人或具有神经症、身心疾病等求助者,主要应用包括以下几个方面。

(1) 神经症、身心疾病、各种躯体疾病及重性精神疾病的病因学研究。

(2) 指导心理治疗、危机干预,使心理治疗和医疗干预更有针对性。

(3) 甄别高危人群,预防精神疾病和身心疾病,对 LES 高者加强预防工作。

(4) 指导正常人了解自己的精神负荷,维护身心健康,提高生活质量。

5. 注意事项

(1) 注意调查的时间范围,只计研究所规定的时限内发生的生活事件,在指导语中需加以说明,如过去 3 个月、半年或一年内,即某年某月某日至某年某月某日期间,是否曾发生下列事件。

(2) 为了保证该生活事件确在评定要求的时限内,对每条作肯定回答(即曾发生)的事件,还要让受检者说明具体的发生时间,以便核查。这样做的另一优点在于,还可将一次收集的资料(如一年内)做多种时限处理(如 3 个月内、6 个月内和一年内)。但是,调查时间不宜过长,以免因记忆不可靠影响资料的准确性。

(3) 一般应向受检者本人进行调查。如果从知情者那里获得资料,那么应说明资料来源、知情者与受检者的关系,评定中应采取询问法。如果是让受检者自行填写,那么也应在备注中说明。

(四) 量表的评价

由于该量表能够对正性和负性生活事件进行定性与定量地评定,从而能够为客观分析影响人们身心健康的心理社会刺激的性质和强度,提供有价值的评估手段,在心理健康领域得到了广泛运用。

但是,从心理评估技术角度看,该量表并非十分完善:一是大多数量表内容只适用于一般人群的一般性生活事件评估,而对于特殊人群或不同职业特殊情境下的人群,如某病种人群、战争状态人群等,针对性较差;二是对既往某段时间发生的事件进行回忆和评定,难免受被评定者当时的认知状态和情绪状态的影响,如遗忘所致的对事件的严重程度评分过高或过低等,都有可能使结果的可靠性受到影响。

近年来,有研究者采用即时记录发生的生活事件及身心状态的方法,作为生活事件量表评定的补充,使生活事件评定结果更为可靠。

二、社会支持评定量表(SSRS)

(一) 社会支持评定量表简介

20 世纪 70 年代初,学术界对社会支持和身心健康的关系进行了大量的研究,多数学者

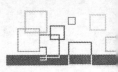

认为,良好的社会支持有利于身心健康,而劣性的社会支持则有损于身心健康。社会支持一方面对应激起缓冲作用;另一方面对良好情绪起维持作用。为了提供评定社会支持的工具,许多研究者设计了相关的评定量表。目前,国外较有影响的社会支持评定量表一般多采用多维度评价方法。例如,萨勒生(Sarason)等人1981年编制的"社会支持问卷"(SSQ),共有27个条目,分为两个维度:一是获得社会支持的程度,即在需要的时候能够依靠别人的程度,主要涉及客观支持;二是对所获得支持的满意程度,即对支持的主观体验是否感到满意,以及满意的程度如何,主要涉及主观支持。亨德森(Hendeson)等人1981年编制的"社会交往调查表"(ISSI),分为社会支持的可利用度和自我感觉到的社会关系的适合度两个维度。

1986年,考虑到SSQ和ISSI等国外流行的问卷条目繁多,且其中相当一部分条目不太符合中国国情,我国学者肖水源本着有效和简洁的原则,在参考国外有关资料的基础上,自行设计了只有10个条目的"社会支持评定量表"。该量表认为,社会支持从性质上可以分为三类:一是客观的、可见的实际上的支持,既包括物质上的直接援助,也包括社会网络、团体关系(如家庭、婚姻、朋友、同事)的存在与帮助等;二是主观的、体验到的情感上的支持,是指个体在社会中受到尊重、被支持和理解的情感体验和满意程度,与个体的主观感受密切相关;三是除客观的支持和主观的支持外,社会支持还应包括个体对社会支持的利用度。个体对社会支持的利用度存在着个体差异,有些人虽可获得支持,但却拒绝别人的帮助,并且,人与人的社会支持是相互作用的过程,一个人在支持别人的同时,也为获得别人的支持打下了基础。因此,肖水源认为,对社会支持的评定有必要把对支持的利用度视为社会支持的第三个维度。

（二）量表的内容与结构

这里介绍的社会支持评定量表(Social Support Rating Scale,SSRS)是由肖水源于1986年编制的。该量表采用客观支持和主观支持二分类的社会支持理念,结合作者自己提出的对支持的利用度来构建量表框架。该量表共有10个条目,包括客观支持(3条)、主观支持(4条)和对支持的利用度(3条)三个维度,其部分条目见表9-2。

表9-2 社会支持评定量表条目举例

---

1. 您有多少关系密切,可以得到支持和帮助的朋友?（只选一项）
(1) 一个也没有
(2) 1~2个
(3) 3~5个
(4) 6个或6个以上

---

2. 近一年来您:（只选一项）
(1) 远离家人,且独居一室
(2) 住处经常变动,多数时间和陌生人住在一起
(3) 和同学、同事或朋友住在一起
(4) 和家人住在一起

---

3. 您与邻居:（只选一项）
(1) 相互之间从不关心,只是点头之交
(2) 遇到困难可能稍微关心
(3) 有些邻居都很关心您
(4) 大多数邻居都很关心您

（三）量表的实施与解释

1. 施测步骤

实施测验时，受检者应该按照各个问题的具体要求，根据自己的实际情况填写。评定的时间范围应考虑每个条目的具体要求，一般应根据受测者本人惯用的方式和情况进行评定。

2. 评分标准

（1）条目的记分方法

第 1～4 条，8～10 条：每条只选一项，选择（1）、（2）、（3）、（4）项分别记 1、2、3、4 分。

第 5 条分 A、B、C、D、E 共 5 项，记总分，每项从无到全力支持分别记 1～4 分，即"无"记 1 分，"极少"记 2 分，"一般"记 3 分，"全力支持"记 4 分。

第 6、7 条如回答"无任何来源"记 0 分，回答"下列来源"者，有几个来源就记几分。

（2）量表的统计指标

总分：10 个条目评分之和。

客观支持分：第 2、6、7 条评分之和。

主观支持分：第 1、3、4、5 条评分之和。

对支持的利用度：第 8、9、10 条评分之和。

3. 适用范围

了解被试社会支持的特点及其与心理健康、精神疾病和各种躯体疾病的关系。

（四）量表的评价

作者试用该量表对 128 名二年级大学生进行测试，量表总分为 34.56±3.73。两个月重测总分一致性为 0.92，各条目一致性在 0.89～0.94 之间，表明该量表具有较好的重测信度。

汪向东等人于 1988 年将该量表应用于对深圳移民的心理健康研究，发现本地组社会支持总分高于迁居组。肖水源等人于 1991 年和 1992 年应用病例配对方法研究应激、社会支持等社会与心理因素对消化性溃疡的影响，证实社会支持水平与消化性溃疡的发生及复原有一定的关系。从以上这些研究结果看，社会支持水平确实可以在一定程度上预测个体身心健康水平，表明该量表具有较好的预测效度。

据不完全统计，自 1986 年以来，社会支持评定量表已在国内 100 多项研究中应用，并被译为日文用于一项国际协作研究。从反馈回来的结果看，该量表的设计基本合理，条目易于理解无歧义，具有较好的信度和效度。

三、应对方式问卷（CSQ）

（一）应对方式问卷简介

应对作为应激与健康的中介机制，对身心健康的保护起着重要作用。有研究发现，个体在高应激状态下，如果缺乏社会支持和良好的应对方式，那么心理损害的危险度可达 43.3%，为普通人群危险度的两倍。但是，当个体面对应激环境时，哪一类或哪一种应对方式是良好的呢？如何测量或评估个体的应对方式呢？这些问题的解决是一项比较困难的工作。一般认为，应对是一种包含多种策略的、复杂的、多维度的过程。目前，应对方式的评定主要采取两种方法：一是让受试者自己描述，可视作非结构式的评定方法；二是依据事先编出的问卷或量表，由受试者回答，可视作结构式的评定方法，如使用拉扎鲁斯

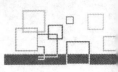

(Lazarus)和弗尔科曼(Folkman)等人于1986年编制的"应对方式检核表",来考察受试者的应对方式。这里,我们将要介绍的是肖计划于1996年在参考国外应对方式的问卷以及有关"应对方式"理论的基础上,根据我国文化背景编制而成的应对方式问卷。

（二）量表的内容与结构

肖计划编制的应对方式问卷(Cope Style Questionnaire,CSQ)共包括62个条目,分为6个分量表(因子),分别是解决问题、自责、求助、幻想、退避、合理化。各分量表(因子)的条目构成如表9-3所示。

表9-3　应对方式问卷分量表(因子)的条目构成

分量表(因子)	分量表(因子)的条目构成
解决问题	1,2,3,5,8,−19,29,31,40,46,51,55
自责	15,23,25,37,39,48,50,56,57,59
求助	10,11,14,−36,−39,−42,43,53,60,62
幻想	4,12,17,21,22,26,28,41,45,49
退避	7,13,16,19,24,27,32,34,35,44,47
合理化	6,9,18,20,30,33,38,52,54,58,61

注:各分量表(因子)条目没有"−"者,选"是"得1分,选"否"得0分;各分量表(因子)条目有"−"者,选"否"得1分,选"是"得0分。

（三）量表的实施与解释

1. 施测步骤

"应对方式问卷"为自陈式个体应对行为评定量表。调查者将该问卷发给受检者后,要求受检者首先阅读指导语,然后根据自己的实际情况,逐条回答问卷每个项目提及的问题。待受检者答完后,当场收回。

每个条目有两个答案:"是"和"否"。如果被试选择"是",那么还需要继续对后面的"有效""比较有效"和"无效"作出评估;如果选择"否",那么继续下一个条目。

2. 评分标准

（1）分量表记分方法。"应对方式问卷"有6个分量表(因子),每个分量表(因子)由若干条目组成。每个条目只有两个答案:"是"和"否",计分分为两种情况:①"解决问题"分量表的条目19,"求助"分量表的条目36、39和42,选择"否"得1分,选择"是"得0分;②除①所列举的情况外,各个分量表的条目计分均为选择"是"得1分,选择"否"得0分。将每个条目得分相加,即为该分量表的原始总分。

（2）计算各分量表的因子分。因子分的计算公式如下:

分量表因子分＝分量表条目分之和/分量表条目数

3. 结果解释

应对方式问卷分量表(因子)间的相关分析发现,"解决问题"与"退避"两个应对因子的负相关程度最高,以此作为6个应对因子关系序列的两极,然后根据各因子与"解决问题"应对因子相关系数的大小排序,可将6个应对因子排出下列关系序列,如下所示:

退避—幻想—自责—求助—合理化—解决问题

研究结果还发现,个体应对方式的使用一般都在一种以上,有些人甚至在同一应激事件上所使用的应对方式也是多种多样的。但每个人的应对行为类型仍具有一定的倾向性,这种倾向性构成了6种应对方式在个体身上的不同形式的组合。对于这些不同形式的组合,解释如下。

(1)"解决问题—求助",成熟型。这类受试者在面对应激事件或环境时,常能采取"解决问题"和"求助"等成熟的应对方式,而较少使用"退避""幻想"和"自责"等不成熟的应对方式,在生活中表现出一种成熟稳定的人格特征和行为方式。

(2)"退避—自责",不成熟型。这类受试者在生活中常以"退避""幻想"和"自责"等应对方式应对困难和挫折,而较少使用"解决问题"和"求助"这类积极的应对方式,表现出一种神经症性的人格特点,其情绪和行为均缺乏稳定性。

(3)"合理化",混合型。"合理化"应对因子既与"解决问题""求助"等成熟型应对因子呈正相关,也与"退避""幻想"等不成熟型应对因子呈正相关,这反映出这类受试者的应对行为集成熟型与不成熟型的应对方式于一体,在应对行为上表现出一种矛盾的心态和两面性的人格特点。

4. 适用范围

(1)文化程度在初中或初中以上。

(2)年龄在14岁以上的青少年、成年人和老年人。

(3)除痴呆和重性精神病之外的各类心理障碍求助者。

(4)可解释个体或群体的应对方式类型和应对行为特点,比较不同个体或群体的应对行为差异,并且可以从不同类型的应对方式反映人的心理发展成熟程度。

(四)量表的评价

量表编制者曾在青少年学生和神经症人群(对照组)这两个特定群体中进行信度和效度研究。信度研究采用重测法,青少年学生组各分量表的重测信度为0.62~0.72,神经症人群(对照组)各分量表的重测信度为0.63~0.73。效度评估采用因素分析法,结果显示两样本组构成的各因子条目的因素负荷量均在0.35以上。信效度分析表明,该量表具有较高的信度和效度。

此外,该量表还具有以下应用价值。

(1)可作为不同群体应对行为研究的标准化工具。

(2)由于良好的应对方式有助于缓解精神紧张,帮助个体最终成功地解决问题,从而起到心理平衡、保护心理健康的作用,因此评估个体或群体的应对行为,有助于为心理健康保健工作提供量化依据。

(3)用于不同群体应对行为类型和特点研究,为不同专业领域选拔人才提供帮助。

(4)用于不同群体应对行为类型和特点研究,为培养人才提供帮助。

(5)用于各种心理障碍的行为研究,为心理治疗和康复治疗提供指导。

(6)用于各种有心理问题的人的行为研究,为提高和改善人的应对水平提供帮助。

【本章小结】

心理评定量表是心理卫生评估中收集资料的重要手段之一。在心理卫生理论研究和临

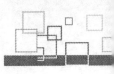

床实践中,常常需要对个体或群体的心理和社会现象进行观察,并对观察结果以数量化方式进行评价和解释,这一过程称为评定。对个体或群体的心理进行评定绝非漫无目的,需要按照标准化程序来进行,需要借助一定的测量工具来进行,如心理评定量表。

本章主要学习了三类心理评定量表:一是心理卫生综合评定量表,如症状自评量表(SCL-90)、大学生人格问卷(UPI)及中小学生心理健康量表(MHT);二是情绪及相关问题评定量表,如抑郁自评量表(SDS)、焦虑自评量表(SAS)和自尊量表(SES);三是应激及相关问题评定量表,如生活事件量表(LES)、社会支持评定量表(SSRS)和应对方式问卷(CSQ)。

本章的重点和难点是掌握各种心理评定量表的使用方法。本章的中心概念是"评定量表"。

【练习与思考】

一、选择题(不定项选择题,至少有一个选项是正确的)

1. 在1~5级评分的SCL-90中,若被试自觉有该项症状,并对其有一定的影响,则应评定为　　　　　　　　　　　　　　　　　　　　　　　　　　　　　(　　)

    A. 2分　　　　　　B. 3分　　　　　　C. 4分　　　　　　D. 5分

2. SCL-90的统计指标主要为两项,即总分和　　　　　　　　　　　　(　　)

    A. 阳性项目数　　　　　　　　　　B. 阴性项目数

    C. 阳性症状均分　　　　　　　　　D. 因子分

3. SCL-90评定的时间范围是"现在"或者是最近(　　)内的实际感觉。(　　)

    A. 三天　　　　　　B. 一周　　　　　　C. 两周　　　　　　D. 一个月

4. SCL-90的主要特点是　　　　　　　　　　　　　　　　　　　　(　　)

    A. 共有90个项目　　　　　　　　　B. 包括10个因子

    C. 用于测查就诊者心理卫生问题　　D. 使用成人与儿童

5. 根据SCL-90全国常模,若按0~4的5级评分法,则总分超过(　　)可考虑筛选结果为阳性。　　　　　　　　　　　　　　　　　　　　　　　　　　　(　　)

    A. 60分　　　　　　B. 70分　　　　　　C. 80分　　　　　　D. 160分

6. 某求助者1~5级评分的SCL-90测验结果如表9-4所示。

表9-4　某求助者1~5级评分的SCL-90测验结果

因子名称	躯体化	强迫症状	人际关系敏感	抑郁	焦虑	敌对	恐怖	偏执	精神病性
因子分	4.2	1.0	3.2	2.2	2.4	1.5	1.0	3.5	1.2

根据表9-4的测试结果判断,该求助者存在的心理问题是　　　　　　(　　)

    A. 强迫症状　　　B. 躯体化　　　C. 焦虑　　　D. 恐怖

7. 下列对SCL-90的描述中,错误的是　　　　　　　　　　　　　　(　　)

    A. 共有90个项目

    B. 包括12个因子

    C. 可以测查人际关系状况

    D. 适用于精神科或心理咨询门诊的成年病人

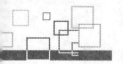

8. 某求助者 1～5 级评分的 SCL－90 测验结果如下：总分：148；阳性项目数：40；躯体化：1.3；强迫症状：1.4；人际关系敏感：1.4；抑郁：1.8；焦虑：2.9；敌对：1.2；恐怖：1.4；偏执：1.9；精神病性：1.4。SCL－90 评分结果说明，该求助者在(　　)因子上可能存在异常。　　　　(　　)

    A. 阳性项目数　　　　　　　　　　B. 焦虑

    C. 强迫症状　　　　　　　　　　　D. 偏执

9. 根据 SCL－90 的全国常模，若按 1～5 的 5 级评分法，则属于筛选结果为阳性的划界标准是　　　　　　　　　　　　　　　　　　　　　　　　　　　　　(　　)

    A. 总分超过 160 分　　　　　　　　B. 总分超过 180 分

    C. 阳性项目数超过 43 项　　　　　D. 任一因子分超过 2 分

10. 在 1～5 级评分的 SCL－90 中，所谓阳性项目数指的是单项分(　　)的项目数。

    　　　　　　　　　　　　　　　　　　　　　　　　　　　　　　　　(　　)

    A. ＝1　　　　　B. ≥1　　　　　C. ≥2　　　　　D. ≥3

11. 属于 SCL－90 的因子有焦虑、抑郁、敌对、(　　)等。　　　　　　　(　　)

    A. 社会内向　　　　　　　　　　　B. 强迫症状

    C. 人际关系敏感　　　　　　　　　D. 轻躁狂

12. (　　)因子不包括在 SCL－90 所测查的因子中。　　　　　　　　　(　　)

    A. 人际关系敏感　　　　　　　　　B. 精神病性

    C. 睡眠及饮食　　　　　　　　　　D. 内外向

13. SCL－90 并不适合　　　　　　　　　　　　　　　　　　　　　　(　　)

    A. 在精神科或心理咨询门诊中，作为了解就诊者或求助者心理卫生问题的一种评定工具

    B. 诊断心理疾病

    C. 了解躯体疾病求助者的精神症状

    D. 调查不同职业群体的心理卫生问题

14. SDS 是(　　)的英文缩写。　　　　　　　　　　　　　　　　　　(　　)

    A. 症状自评量表　　　　　　　　　B. 抑郁自评量表

    C. 焦虑自评量表　　　　　　　　　D. 心理评定量表

15. SAS 可用于测查被试的(　　)症状。　　　　　　　　　　　　　　(　　)

    A. 恐怖　　　　　B. 焦虑　　　　　C. 抑郁　　　　　D. 敌对

16. 若 SDS 的正向评分题评为 3 分，则其症状出现频度是(　　)有症状。　(　　)

    A. 绝大部分或全部时间　　　　　　B. 少部分时间

    C. 相当多时间　　　　　　　　　　D. 没有或很少时间

17. SAS 共包括 20 个项目，各项目均按其症状出现的频度分为(　　)评分。　(　　)

    A. 3 级　　　　　B. 4 级　　　　　C. 5 级　　　　　D. 7 级

18. "SAS：60 分；SDS：86 分"，说明求助者　　　　　　　　　　　　(　　)

    A. 正常状态　　　　　　　　　　　B. 没有焦虑，只有抑郁

    C. 只有焦虑，没有抑郁　　　　　　D. 既有抑郁，也有焦虑

19. 如果求助者的 SDS 测验总粗分为 66 分，那么标准分为　　　　　　(　　)

    A. 79 分　　　　　B. 82 分　　　　　C. 83 分　　　　　D. 85 分

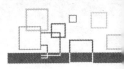

20. SDS 量表评定的时间范围是　　　　　　　　　　　　　　　　　　（　　）

    A. 最近三天　　　　　　　　　　　　B. 最近一周

    C. 最近两周　　　　　　　　　　　　D. 最近一个月

21. （　　）测试可用来评估该求助者的情绪状况。　　　　　　　　　　（　　）

    A. SDS　　　　　　　　　　　　　　B. SAS

    C. 16PF　　　　　　　　　　　　　　D. WAIS-RC

22. 若 SDS 总粗分为 52 分,则该求助者 SDS 得分表明其　　　　　　（　　）

    A. 出现轻度抑郁　　　　　　　　　　B. 出现中度抑郁

    C. 出现重度抑郁　　　　　　　　　　D. 未出现抑郁

23. 按照中国常模结果,SDS 的标准分在(　　)为轻度抑郁。　　　　（　　）

    A. 53～62 分　　　　　　　　　　　B. 63～72 分

    C. 73～82 分　　　　　　　　　　　D. 82 分以上

24. 关于 SDS 的描述,不正确的是　　　　　　　　　　　　　　　　（　　）

    A. 用于评估焦虑病人的主观感受

    B. 用于具有抑郁症状的成年人

    C. 对心理咨询门诊及精神科门诊或住院精神病人均可使用

    D. 对严重阻滞症状的抑郁病人,评定有困难

25. LES 记分时,对于长期性事件发生次数的记分不到半年应记为　（　　）

    A. 4 次　　　　B. 3 次　　　　C. 2 次　　　　D. 1 次

26. LES 影响程度分为　　　　　　　　　　　　　　　　　　　　　　（　　）

    A. 3 级　　　　B. 4 级　　　　C. 5 级　　　　D. 6 级

27. LES 通常调查被试的时间是　　　　　　　　　　　　　　　　　（　　）

    A. 三个月内　　　　　　　　　　　　B. 半年内

    C. 一年内　　　　　　　　　　　　　D. 一年以上

28. 社会支持评定量表(肖水源编)共有(　　)题目,分(　　)维度。　（　　）

    A. 12,3　　　　　　　　　　　　　B. 10,3

    C. 20,5　　　　　　　　　　　　　D. 10,4

29. 应对方式问卷(肖计划编)共有 62 条项目,分(　　)个分量表。　（　　）

    A. 3 个　　　　B. 4 个　　　　C. 5 个　　　　D. 6 个

30. 通过对每人进行 15 分钟左右的面谈,UPI 区分出 A、B、C 三类,是针对筛选出的

　　　　　　　　　　　　　　　　　　　　　　　　　　　　　　　（　　）

    A. 第一类学生　　　　　　　　　　　B. 第二类学生

    C. 第三类学生　　　　　　　　　　　D. 第四类学生

31. 自尊量表的编制者是谁?

    A. Rosenberg　　　　　　　　　　　B. Zung

    C. Selye　　　　　　　　　　　　　D. Derogatis

32. MHT 共包含(　　)个内容量表。　　　　　　　　　　　　　　　（　　）

    A. 10　　　　　B. 9　　　　　C. 8　　　　　D. 7

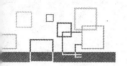

二、案例题

1. 某求助者的 SCL-90 测验结果如下所示。其中,表 9-5 是 SCL-90 的各因子分。

总分:200　　　阳性项目数:61

表 9-5　某求助者的 SCL-90 的各因子分

因子名称	躯体化	强迫症状	人际关系敏感	抑郁	焦虑	敌对	恐怖	偏执	精神病性	其他
因子分	1.8	2.1	2.3	1.8	1.8	2.2	1.4	3.5	4.2	1.6

(1) 根据 SCL-90 测验结果,可以计算出该求助者的阳性症状均分约为　　　　　(　　)

    A. 2.2　　　　　　B. 2.3　　　　　　C. 2.8　　　　　　D. 3.3

(2) 根据表 9-5 的测验结果判断,该求助者存在的心理问题是　　　　　　　　　(　　)

    A. 强迫症状　　　　　　　　　　B. 人际关系敏感

    C. 敌对　　　　　　　　　　　　D. 偏执

2. 某求助者的 SCL-90 测验结果如表 9-6 所示,试回答以下问题。

表 9-6　某求助者的 SCL-90 测验结果

因子名称	躯体化	强迫症状	人际关系敏感	抑郁	焦虑	敌对	恐怖	偏执	精神病性	其他	总计
因子总分	26	44	22	34	18	15	11	10	18	11	209
项目数	12	10	9	13	10	6	7	6	10	7	
因子分	2.2	4.4	2.4	2.6	1.8	2.5	1.6	1.7	1.8	1.6	
≥2	6	7	4	7	4	3	3	4	4	2	44

(1) 从表 9-6 的统计结果看,该求助者　　　　　　　　　　　　　　　　　　(　　)

    A. 可确诊为强迫症　　　　　　　B. 有明显的偏执倾向

    C. 无特殊问题　　　　　　　　　D. 可考虑筛选结果为阳性,需作进一步检查

(2) 从表 9-6 的统计结果来看,该求助者的阴性项目数为　　　　　　　　　　(　　)

    A. 46　　　　　　　B. 56　　　　　　　C. 66　　　　　　　D. 76

(3) 从表 9-6 的统计结果可以计算出,该求助者的测验总均分约为　　　　　　(　　)

    A. 1.8　　　　　　B. 2.3　　　　　　C. 2.7　　　　　　D. 3.0

(4) 从表 9-6 的"躯体化"因子得分来看,说明该求助者　　　　　　　　　　(　　)

    A. 存在主观的躯体不适感　　　　B. 有心血管疾病

    C. 有呼吸系统疾病　　　　　　　D. 身体某器官有器质性病变

三、简答题

1. 简述大学生人格问卷(UPI)的内容与结构及其实施与解释。

2. 简述社会支持评定量表(SSRS)的施测方法及其应用价值。

第十章　项目反应理论

心理测验理论(psychological test theory)是一种解释测验分数实证关系的理论。迄今为止,通常人们把心理测验理论划分成三大理论分支:一是经典测验理论(Classical Test Theory,CTT),主要是从真分数模型(true score model)出发,建立的一套完整的测验理论;二是现代测验理论,主要是以项目反应理论(Item Response Theory,IRT)和概化理论(Generalizability Theory,GT)为代表;三是新一代测验理论,主要是以认知诊断理论(Cognitive Diagnostic Theory,CDT)为代表。CTT 经过一百多年的发展,逐步形成了较为完整的体系,在心理测量的理论与实践中的贡献是巨大的,并将在实践中继续发挥其作用。但是,CTT 有其局限性。从 20 世纪 50 年代开始,项目反应理论,又译为题目作答理论,在克服 CTT 缺点的基础上发展起来,并在实践中逐渐显示出许多优越性。在本章中,题目(item),又称为项目或试题。

第一节　项目反应理论概述

经典测验理论存在严格的平行假设在现实中无法满足,以及对被试能力参数估计的精度指标不恰当等局限性。从它诞生之日开始,人们就在寻找克服这些缺点的办法。其中一个研究方向是:从测量的外部或宏观方面入手,继续沿着随机抽样理论和线性模型的思路向前发展,着重讨论实测时的测量条件与结论推广的应用范围之间的关系,即重在讨论测量的外部效度问题,人们沿着这条思路创立和发展了测量的概化理论。与此同时,另一个研究方向是:从测量的内部或微观方面入手,放弃随机抽样理论的思路,采取数学建模和统计调整的方法,重点讨论被试能力与测验题目之间的实质性关系,这种关系并非像经典测验理论和概化理论那样具有线性关系,往往更多的是一种非线性关系,即重在讨论测量的内部效度问题,进而创立和发展了测量的项目反应理论。项目反应理论不属于随机抽样理论,而属于量表化模型理论。进一步,项目反应理论与认知心理学相结合,体现心理测验理论与认知心理学的实质性融合,发展出认知诊断理论。

在社会科学里,我们经常使用测验(含量表、问卷、系统性的观察、晤谈等),来测量一些假设性的构念(construct)或属性(attribute),如能力、人格、态度、兴趣等。我们会用成就测验测量学科能力,会用焦虑量表测量焦虑程度,会用生活质量量表测量幸福感等。这些构念或属性无法直接观察,而是通过某些可观察的事件,来推论其拥有度的多少,因此称为潜在特质(latent trait)。

一般地,测量有两大目的:一是要反映出个体间的差异(inter-individual difference)。例如,谁的能力较高? 谁较为外向? 谁较为满意? 二是反映出个体内的差异(intra-individual difference)。例如,张三现在的数学能力是否比上年好,李四现在的满意度是否比上个月高。若测验只有一道题目,则信度和效度可能过低,没有实用价值。因此,通常会编

制多道题目,以期能够提高测量的信度和效度。虽然这些题目意欲测量同一构念或属性,但是是否真的达到这样的效果,需要用实证数据进行验证,这是项目分析的任务之一。

经过项目分析,确认测验内的所有题目都在测量同一构念或属性后,也就是吻合单维性(unidimensionality)的假设,最常用的方法就是用每个题目得分相加后的原始总分(或其线性转换,如 T 分数)来代表受试者在该潜在特质上的程度。例如,在能力测验上,答对每题得 1 分(或更多分),答错得 0 分,测验的总分就是每题得分的加总,总分越高,表示该能力越强。而在评定量表上,常用李克特量表(likert scale)或评定量表(rating scale)进行测量,如非常不同意(1 分)、有点不同意(2 分)、有点同意(3 分)、非常同意(4 分),然后将所有题目得分加总,来表示受试者在该潜在特质(如焦虑、幸福感)上的程度,总分越高,表示该潜在特质越强。如果测验内的题目不是测量同一个潜在特质,那么题目的分数就不能加总,此时测验的总分并没有任何意义。

为方便起见,本章以能力测验为例,采用"能力"这个名词取代"潜在特质",用题目的"难度"取代题目的"阈值"。由此,读者也可以将本章的主要概念和做法,类化到非能力测验中。

测验分数里显然含有相当程度的测量误差(measurement error)。CTT 假设:观察分数(observed score)是真分数(true score)和随机误差分数(error score)的总和。除此之外,CTT 也对测量误差作了一些假设。在 CTT 中,如果假设观察分数是等距量纲(interval scale),那么这个等距量纲的假设应用到物理测量(如身高、体温)是可以成立的。但是,应用到社会科学里的潜在特质测量,恐怕大有问题。实际上,人们经常利用原始总分(或其线性转换分数)来比较个别差异(如李四的分数比张三高 10 分)、团体差异(如女生的平均数比男生高 10 分),或评估改变(如张三比过去进步 10 分),以及估算潜在变量间的相关(如数学能力与语文能力的相关是 0.5)。但是,如果原始总分不是等距量纲,那么就不能进行四则运算,如不能计算其平均数和标准差等,上述这些分析也就不恰当。

有人认为将测验的原始总分输入计算机中,然后进行一般的假设检验或区间估计,如利用 SPSS 进行方差分析、回归分析等,就是在使用经典测验理论。事实不然,因为在上述的分析里,所有的数字除了被当成等距量纲的数据外,还被当成真分数,没有测量误差,所以并不是在使用经典测验理论。如果当初的这些数字的误差很小(如身高、体重),那么其被当成真分数所造成的错误是可以忽略的。但是,在一般的社会科学里,几乎所有的测量数字,误差都相对较大。此时,即便分数已经是等距量纲的数据,忽略测量误差而进行假设检验或区间估计,也会有较大的错误。

一、测验的原始总分的劣性

现有一数学测验,有 50 道题目,每题 1 分,满分是 50 分。有三位考生张三、李四和王五,他们的考试得分分别是 30 分、40 分和 50 分。在满分 50 分的测验里,张三考 30 分,我们认为其数学能力不是很好。但若换了一个较为容易的测验,张三可能考近满分,则会认为张三的数学能力很棒。若换了一个很难的测验,张三可能接近 0 分,则会认为其数学能力很差。如此一来,到底张三的数学能力是棒是差,无法判定,必须视当初所采用测验的难易度而定。换句话说,在判断考生能力高低时,出现了所谓的测验依赖(test dependent)的现象。

除了考生能力之外,人们还想知道每一题的难度是多少。假设这份数学考卷,共 100 位学生作答。如果第 1 题有 90 人答对,答对率为 0.90,那么我们会认为该题目很容易。但若考生

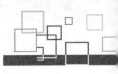

换成另一批人,其数学能力普遍偏低,第 1 题的答对率只有 0.10,则此时我们会认为该题目很困难。那么,到底该题目是易是难,就无法判定,必须视当初是哪种程度的考生来作答而定。换句话说,在判断题目难易度时,出现了所谓的样本依赖(sample dependent)的现象。

如果对考生能力的判断,受到所使用测验难易度的干扰(测验依赖),或者对于题目难易的判断,受到所抽取考生程度的干扰(样本依赖),这就没有达到测量考生能力,以及校准(calibrate)题目难度的任务。简单地说,利用测验的原始总分和题目的答对率,分别来表示考生的能力和题目的难度,并不恰当。

测验的原始总分的差距也常被用来表示两个考生能力的差距。沿用上例,李四的数学分数比张三高 10 分,这两人之间数学能力的差距是大还是小? 在满分为 50 分的测验里,两者差距 10 分,我们可能认为两人之间的能力差距是不大不小。如果当初的命题者在他们两人的数学能力之间出很多的考题,使得这些考题基本上都是李四可以答对,张三很难答对,那么这样一来,两人之间的分数差距可以达 50 分之多(李四考满分,张三考 0 分)。此时,我们会认为两人之间的能力差距是天壤之别。但若当初的命题者都是出一些非常简单(或非常困难)的题目,使得张三和李四几乎答对(或答错)所有题目,因而两人的分数差距几近于 0,那么此时我们会认为两人之间的数学能力差距是微乎其微。换句话说,张三和李四数学能力的差距是大是小,取决于所使用的测验,也就是测验依赖。这表明,利用测验的原始总分的差距来表达能力差距是不恰当的。

张三和李四能力差距的例子,还可以延伸至团体的差异,如男、女生在数学能力的差异(男生数学的平均得分是 30 分,女生平均得分是 40 分),或者实验组和控制组的差异(接受传统教学的控制组的学生平均得分是 30 分,接受新式教学的实验组的学生平均得分是 40 分)。这意味着,团体间的差距是大是小(如性别差异、实验效果等),可以由命题者来决定!

测验依赖也可以延伸至成长的测量。例如,在某实验处理(如小班教学)之前,张三的前测原始分数是 30 分,经过实验处理后,其后测原始分数是 31 分,成长了 1 分。在满分 50 分的测验里,只成长 1 分,恐怕令很多人感到沮丧。但是,假如找一位聪明的命题者,可以命出很多的题目,使得张三在前测时,能力不足,因此无法答对,而在接受实验处理后,能力长进,几乎都能全部答对,那么其成长的分数可以高达 50 分。换句话说,前后测测验的原始总分的差距,并不能反映出考生能力的成长。

另一个有趣的问题是:王五比李四多 10 分,李四比张三多 10 分,这是否意味着王五和李四之间数学能力的差距,恰等于李四和张三之间数学能力的差距? 也就是测验的原始总分是否等距? 答案显然是否定的。这是因为,如上说明,李四和张三的差距是大是小,取决于测验。使用不同的测验,可能造成他们两人的分数差距可以高达 50 分,也可以低至 0 分。同理,王五和李四的分数差距,也可能受到测验的干扰,可以高达 50 分,也可以低至 0 分。这说明,测验的原始总分并没有等距的意义。

同样的情形,还有可能会发生在对反应时间的理解上。假设在某认知能力的实验里,记录了每位受试者成功做完作业所需的反应时间。张三费时 30 秒,李四费时 40 秒,王五费时 50 秒。毋庸置疑,"秒"可以相加减,是个等距量纲。但是否可以宣称"王五和李四之间认知能力的差距,恰等于李四和张三之间认知能力的差距?"答案是否定的,因为换另一个实验作业大概不会得到一样的关系。

总而言之,利用测验的原始总分来表示受试者的能力,或利用题目的答对率来表示题目

的难度,会造成彼此干扰,无法独立,因此毫无"客观"可言,也就得不到等距量纲的数据。当以上这些问题无法有效解决时,所得到的测验的原始总分在测量上表现出劣性,并不能真正体现出多大的价值,且后续的四则运算都可能是有问题的。

二、从测验的原始总分到测验的项目反应

一般的测验分析者,通常将测验的原始总分视为等距量纲的数据,然后利用常见的统计方法进行分析,如利用方差分析、相关分析、回归分析、因素分析、结构方程模型等进行统计分析。这样做的理由有二:一是认为测验的原始总分是等距量纲的数据;二是虽然知道测验的原始总分可能不是等距量纲的数据,但是若无适当易用的分析方法,则通常沿用前人的做法,就当成等距量纲的数据来分析。这不仅是社会科学界的普遍现象,就连医学界也不能幸免,因为医学界也常利用测验来了解病人的一些能力(如肢体运动能力)、睡眠品质、痛觉、主观幸福感等。

自20世纪60年代起,研究者开始认识到测验数据的分析单位,应该是测验的项目反应(item response)(又译为题目作答),而不是测验的原始总分,因为测验的原始总分常常表现出劣性。当我们搜集受试者在测验上的数据时,更合适的做法是,得到他在每个项目的反应资料,而不是仅仅得到一个总的测验分数。仍以数学测验为例,我们可以得到受试者在测验每个项目上的得分(如0分或1分),这些项目的得分就是该受试者在项目上的反应(项目反应)。我们可以根据该受试者在测验项目上的反应来综合分析其能力,而不是简单地使用一个测验的原始总分来表示该受试者的数学成绩,进而表示他的能力。这样做的好处在于,考察测验的项目反应比考察测验的原始总分更有效,也更真实。

项目反应是类别数据(categorical data),是非连续数据,而不是等距或等比量纲的连续数据。项目反应顶多只能算是顺序量纲的数据,如得分越高,表示该能力越强。有了这个共识后,研究者们提出了一系列的数学模型来处理项目反应数据,这些数学模型建构出不同的项目反应理论模型。照此看来,测验数据的分析单位,由原先经典测验理论中的测验的原始总分变为项目反应理论中的测验的项目反应。

三、项目反应理论的优越性与局限性

项目反应理论以潜在特质理论为架构,具有以下几个优点(这些优点正是经典测验理论所无法具备的)。

(1)项目反应理论所采用的项目参数不依赖样本。在 IRT 中,项目参数的获得不会因为所选出接受测验的被试样本的不同而不同。项目特征曲线是被试正确作答概率对其潜在能力特质水平的回归,如图 10-1 所示。

图 10-1 的回归曲线并不依赖于回归变量本身的次数分布。在求取项目特征曲线的各种参数时,因为回归曲线的形状、位置都不依赖于被试的分布,所以它的参数,

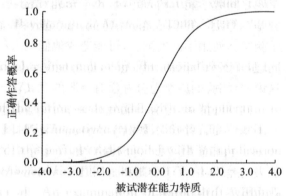

图 10-1 项目特征曲线

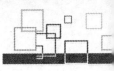

包括难度参数、区分度参数和猜测度参数等，也都是不变的。

（2）项目反应理论可以通过构造不同试题组成的测验，估计出被试个人的能力，不受测验的影响，并且对于不同被试间的分数，可以进行有意义的比较。

（3）项目反应理论提出以项目信息量（item information）及测验信息量（test information）的概念，来评定某道试题或整份试卷的测量准确性，以取代经典测验理论的信度和效度，这样可以精确估计测量的误差。

（4）项目反应理论的项目难度参数和被试能力参数是定义在同一个量纲上的，可以对一个能力参数已知的被试，配给一个项目参数已知的试题，通过项目特征函数预测被试正确作答概率。若估出被试的能力，则可以在题库中选出难度与其能力相当的项目进行新一轮的测试，使得能力估计更为精确，这一特点为自适应测验奠定了基础。

（5）项目反应理论能够针对每位被试，提供个别差异的测量误差指标，而非单一相同的测量标准误，因此能够精确估计每位被试的能力值。

利用上述 IRT 这些优良性质，可以开发优质题库，可以按测量精度目标编制各种测验，可以实施测验等值，可以侦查项目功能差异，可以实现计算机化自适应测验（Computerized Adaptive Testing，CAT），等等，应用十分广泛。

然而，就目前而言，项目反应理论在实际情境中的应用仍存在一些问题，其主要原因是项目反应理论也存在一定的局限性，主要表现在以下几个方面。

（1）项目反应理论假定所测的特质是单维的，这只是一种理想状态，许多能力测验、学业测验等都只是基本符合这一假设，还有一些测验难以完全满足单维性假设。

（2）项目反应理论体系建立在理论假设严谨的数理统计之上，相对较为复杂，掌握该理论及其技术需要有较好的数学与计算机方面的基础。

（3）项目反应理论的参数估计不依赖于特定的样本，但要使参数的估计具有稳定性，实测估计时还是需要大样本，以获得稳定的参数估计值。

上述问题都制约了项目反应理论在实践中应用的广泛程度。然而，IRT 却代表了现代测验理论的发展方向。随着多维 IRT 的稳步发展、计算机及其技术的广泛普及、统计测量理论与方法的逐渐成熟，以及实际测量发展的迫切需求，IRT 理论将逐步扩大其在心理测量中的应用范围。

第二节　项目反应理论分析过程

一、定义 IRT 数学模型

项目特征函数，是项目反应理论的数学模型。项目反应理论的第一个数学模型是由洛德（E. M. Lord）于 1952 年提出的双参数正态肩形曲线模型（two-parameter normal ogive model），其项目特征曲线（Item Characteristic Curve，ICC）如图 10-2 所示，其项目特征函数（Item Characteristic Function，ICF）如下式所示。

$$P_i(\theta_j) = \int_{-\infty}^{a_i(\theta_j - b_i)} \frac{1}{\sqrt{2\pi}} e^{-\frac{z^2}{2}} dz \qquad (10-1)$$

在公式（10-1）中，$i=1,2,\cdots,m$；$j=1,2,\cdots,n$；θ_j 表示被试 j 的能力水平参数；$P_i(\theta_j)$ 表

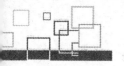

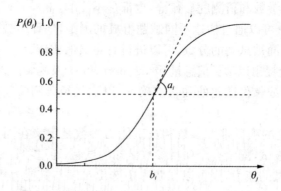

图 10-2 双参数正态肩形曲线

示能力水平为 θ_j 的被试 j 在试题 i 上正确作答的概率。从理论上讲，θ_j 的取值在 $-\infty$ 到 $+\infty$ 之间。当 $\theta_j = -\infty$ 时 $P_i(\theta_j)$ 为 0，当 $\theta_j = +\infty$ 时 $P_i(\theta_j)$ 为 1。b_i 表示试题 i 的难度参数 (difficulty parameter)，它与特质 θ_j 定义在同一个量纲（scale）上，取 $\theta_j = b_i$ 代入公式（10-1），得 $P_i(\theta_j) = 0.5$，可见 b_i 点是肩形曲线的对称中心，也就是曲线的拐点。a_i 表示试题 i 的区分度参数（discrimination parameter），从图 10-2 中可以看出，a_i 是曲线在拐点 b_i 处的切线斜率。z 是平均数为 b_i、标准差为 $1/a_i$ 的 θ_j 的标准分数，即 $z = a_i(\theta_j - b_i)$。e 表示 exp，代表以底为 2.718 的指数。

自洛德于 1952 年提出第一个 IRT 数学模型后，许多研究者纷纷提出了其他的 IRT 数学模型。其中，目前应用最多的是伯恩鲍姆（A. Birnbaum）于 1957 年和 1958 年提出的单参数、双参数和三参数 Logistic 模型，丹麦学者拉希（G. Rasch）于 1960 年提出的 Rasch 模型（Rasch model）（与单参数 Logistic 模型等价），以及塞姆吉玛（F. Samejima）于 1969 年提出的 Samejima 等级反应模型，等等。下面介绍几种常见的两级（二值）记分模型和多级（多值）记分模型。

（一）两级记分模型

1. 单参数 Logistic 模型（One-Parameter Logistic Model，1PLM）

单参数 Logistic 模型的数学公式如下所示：

$$P_i(\theta_j) = \frac{1}{1 + e^{-1.7(\theta_j - b_i)}} \qquad (10-2)$$

在公式（10-2）中，$i = 1, 2, \cdots, m$；$j = 1, 2, \cdots, n$；$P_i(\theta_j)$ 表示能力水平为 θ_j 的被试 j 在试题 i 上正确作答的概率；b_i 表示试题 i 的难度参数；$P_i(\theta_j)$ 是一条 S 形曲线，其值介于 0 和 1 之间。4 条单参数 Logistic 模型的项目特征曲线如图 10-3 所示。

在项目反应理论中，试题难度的定义是：试题难度参数 b_i 的位置正好落在正确作答概率为 0.50 时能力量纲（ability scale）上的位置点；换言之，当被试能力和试题难度相等时（即 $\theta_j - b_i = 0$），被试答对某试题的机会是 50%。当被试能力小于试题难度时（即 $\theta_j - b_i < 0$），被试答对某试题的机会便低于 50%；反之，当被试能力大于试题难度时（即 $\theta_j - b_i > 0$），被试答对某试题的机会便高于 50%。b_i 值越大，被试答对该试题的难度越大，此时，被试要想有 50% 答对某试题的机会，被试便需要有较高的能力才能办到。越困难的试题，其项目特征曲线越靠近能力量纲的右方；反之，越简单的试题，其项目特征曲线越靠近能力量纲的左方。

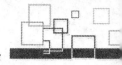

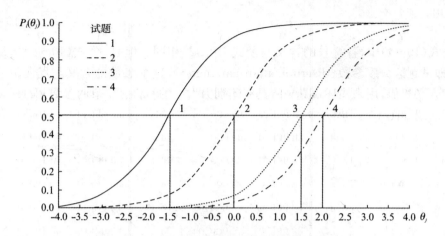

图 10-3 4 条单参数 Logistic 模型的项目特征曲线

在图 10-3 中,4 条项目特征曲线的试题难度参数分别为 $b_1=-1.5, b_2=0.0, b_3=1.5, b_4=2.0$,其值的大小分别决定了 4 条曲线在能力量纲上的相对位置。因为 $b_1 < b_2 < b_3 < b_4$,所以对应的 4 条项目特征曲线逐渐依次向图 10-3 的右方平移,以表示出它们的不同位置。因此,试题难度参数有时又叫作位置参数(location parameter)。理论上,b_i 值的大小介于 $[-\infty, +\infty]$ 之间,但在实际应用中,通常只取 $[-4, +4]$ 之间的范围。由图 10-3 所示,如前所述,b_i 值越大表示试题越困难,b_i 值越小表示试题越简单。

由图 10-3 所示,4 条曲线的形状是一致的,但在能力量纲上的位置各有不同,这点显示出:在单参数 Logistic 模型下,影响被试在试题上表现好坏的试题特性只有一个,那就是该试题的难度。单参数 Logistic 模型并不把试题区分度考虑在内,其实,这种做法等同于假设所有试题的区分度都是相等的(通常设定为 1)。同时,它也假设项目特征曲线的下限(lower asymptote)为零,即对于能力非常低的被试而言,其答对某试题的机会是零;换言之,单参数 Logistic 模型假设被试没有猜测现象。

对于公式(10-2),如果将常数 1.7 去掉,那么公式(10-2)就变成了 Rasch 模型的数学公式,如下所示:

$$P_i(\theta_j) = \frac{1}{1+e^{-(\theta_j-b_i)}} = \frac{e^{(\theta_j-b_i)}}{1+e^{(\theta_j-b_i)}} \tag{10-3}$$

在公式(10-3)中,各符号的含义与公式(10-2)相同。

单参数 Logistic 模型去掉 1.7 后,等价于 Rasch 于 1960 年提出的 Rasch 模型。因此,从某种意义而言,Rasch 模型与单参数 Logistic 模型是等价的。如此,单参数 Logistic 模型有时也称之为 Rasch 模型,以纪念这位丹麦数学家在测验理论上所做出的贡献。Rasch 模型通行于欧洲地区的心理测量学界,以及美国芝加哥大学等。很明显,Rasch 模型或单参数 Logistic 模型的假设是非常严格的。而这些模型的假设适当与否,要视测验数据本身的特性而定。例如,从一个同质性很高的题库(item bank)中选取一部分数量的试题编制而成的测验,便非常符合这些假设的要求,这类情境常见于有良好施测条件的标准参照测验(criterion-referenced tests)。

2. **两参数 Logistic 模型(Two-Parameter Logistic Model,2PLM)**

两参数 Logistic 模型的数学公式如下所示:

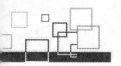

$$P_i(\theta_j) = \frac{1}{1 + e^{-1.7a_i(\theta_j - b_i)}} \qquad\qquad (10-4)$$

在公式(10-4)中,各符号的含义与公式(10-2)相同。但是,公式(10-4)增加了一个参数 a_i,即试题区分度参数(discrimination parameter),这个参数的含义与经典测验理论中的区分度含义相似,用来描述试题 i 所具有鉴别力大小的特性。5 条两参数 Logistic 模型的项目特征曲线如图 10-4 所示。

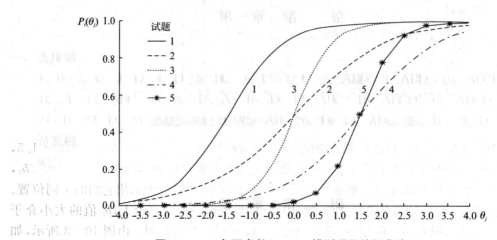

图 10-4　5 条两参数 Logistic 模型项目特征曲线

很明显,两参数 Logistic 模型是在单参数 Logistic 模型的基础上加入了试题区分度参数而形成的。试题区分度参数 a_i,刚好与 b_i 点的项目特征曲线的斜率(slope)相等。项目特征曲线越陡的试题,区分度参数值越大。换句话说,区分度越大的试题,其区别出不同能力水平被试的功能越好,即分辨的效果越好。事实上,试题能否有效区别出以能力水平为 θ_j 的上下两组(即高于 θ_j 和小于等于 θ_j)被试的差异,与对应于 θ_j 量纲的项目特征曲线的斜率有关。

理论上,a_i 值的范围在 $[-\infty, +\infty]$ 之间,但通常舍弃负的 a_i 值不用,这是因为负的 a_i 值的项目特征曲线意味着:能力越高的被试答对某试题的概率越低,这似乎与常理相违背,所以通常不对负的 a_i 值进行讨论。通常,a_i 值也不可能太大,常用的 a_i 值范围介于 0 至 3 之间;a_i 值越大,代表项目特征曲线越陡,试题越具有良好的分辨能力;a_i 值越小,代表项目特征曲线越平坦,正确作答概率与能力之间形成一种缓慢增加的函数关系,即试题无法明显地分辨出被试之间的能力水平。

图 10-4 所示的 5 条项目特征曲线的项目参数分别为 $a_1=1.5, b_1=-1.5; a_2=0.6, b_2=0.0; a_3=1.5, b_3=0.0; a_4=0.7, b_4=1.5; a_5=1.5, b_5=1.5$。这些参数决定了项目特征曲线的形状不会完全平行的,因为试题区分度不尽相同。由图 10-4 可知,当项目特征曲线的 a_i 值相等时,曲线便能形成平行的 S 形曲线,如第 1、3、5 条项目特征曲线;当项目特征曲线的 a_i 值不相等时,曲线便不能形成平行的 S 形曲线,区分度参数值越大,项目特征曲线越陡峭,如 $a_1 > a_2$,表示第 1 条项目特征曲线比第 2 条项目特征曲线更陡峭。由图 10-4 也可知,这些曲线的下限值都是零,即两参数 Logistic 模型也不把被试的猜题因素考虑在内,这点与单参数 Logistic 模型相同。

3. 三参数 Logistic 模型(Three-Parameter Logistic Model,3PLM)

三参数 Logistic 模型的数学公式如下所示:

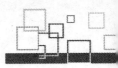

$$P_i(\theta_j) = c_i + \frac{1-c_i}{1+e^{-1.7a_i(\theta_j-b_i)}} \tag{10-5}$$

在公式（10-5）中，各符号的含义与公式（10-4）相同。但是，公式（10-5）增加了一个参数 c_i，即试题猜测度参数（guessing parameter）或伪机遇水平参数（pseudo-chance-level parameter），这个参数提供了项目特征曲线一个大于零的下限（lower asymptote），代表着能力很低的被试猜对某试题的概率。

三参数 Logistic 模型是在双参数 Logistic 模型的基础上多增加了一个参数 c_i 而形成的，即把低能力被试的猜测因素也考虑在模型内。当然，猜题是这些被试在某些试题上很可能的表现行为。通常，c_i 参数的值比被试在完全随机猜测下猜答的概率值稍小。6 条三参数 Logistic 模型的项目特征曲线如图 10-5 所示。

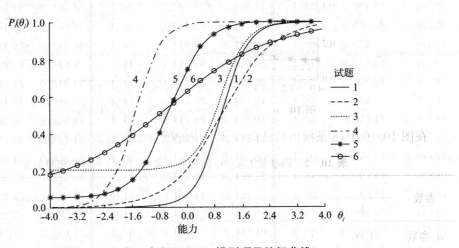

图 10-5 6 条三参数 Logistic 模型项目特征曲线

在图 10-5 中，6 条项目特征曲线的项目参数如表 10-1 所示。

表 10-1 三参数 Logistic 模型下 6 条项目特征曲线的项目参数

参 数	试题编号					
	1	2	3	4	5	6
a_i 参数	1.60	0.80	1.60	1.60	1.60	0.40
b_i 参数	1.00	1.00	1.00	-1.50	-0.50	-0.90
c_i 参数	0.00	0.00	0.21	0.00	0.05	0.18

表 10-1 的这些参数，决定了这 6 条项目特征曲线的形状可能存在不同。比较图 10-5 的第 1、3、4、5 条与第 2、6 条项目特征曲线的形状，可以看出试题区分度参数对项目特征曲线的陡度的影响。比较第 1 条与第 3 条项目特征曲线的形状，可以看出 c_i 参数对项目特征曲线的形状也扮演着重要的角色。同样地，比较第 3、5、6 条项目特征曲线之间的下限，也提供了不少有关 c_i 参数的信息。

4. 四参数 Logistic 模型（Four-Parameter Logistic Model，4PLM）

四参数 Logistic 模型的数学公式如下所示：

$$P_i(\theta_j) = c_i + \frac{\gamma_i - c_i}{1+e^{-1.7a_i(\theta_j-b_i)}} \tag{10-6}$$

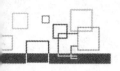

在公式(10-6)中,各符号的含义与公式(10-5)相同。但是,公式(10-6)增加了一个
参数 γ_i,即试题上渐近线参数(upper asymptote parameter),这个参数提供了项目特征曲线
一个小于1的上限,代表着高能力被试答错某试题的偶然概率。8 条四参数 Logistic 模型的
项目特征曲线如图 10-6 所示。

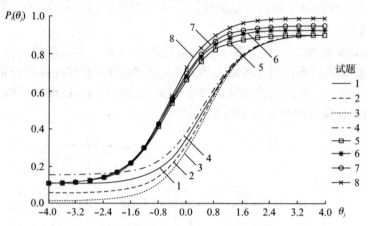

图 10-6　8 条四参数 Logistic 模型的项目特征曲线

在图 10-6 中,8 条项目特征曲线所对应的项目参数如表 10-2 所示。

表 10-2　四参数 Logistic 模型下 8 条项目特征曲线的项目参数

参数	试题编号							
	1	2	3	4	5	6	7	8
a_i 参数	1.00	1.00	1.00	1.00	1.00	1.00	1.00	1.00
b_i 参数	0.50	0.50	0.50	0.50	−0.50	−0.50	−0.50	−0.50
c_i 参数	0.10	0.05	0.01	0.15	0.10	0.10	0.10	0.10
γ_i 参数	0.90	0.90	0.90	0.90	0.90	0.93	0.95	0.99

从表 10-2 和图 10-6 可知,第 8 条项目特征曲线的 γ_i 值最大(0.99),最接近渐近线顶
部,这表明 γ_i 参数值越大,项目特征曲线越靠近顶部,即出现"天花板效应"。

从表 10-2 和图 10-6 也可知,第 3 条项目特征曲线的 c_i 值最小(0.01),最接近渐近线
底部,这表明 c_i 参数值越小,项目特征曲线越靠近底部,即出现"地板效应"。

（二）多级记分模型

以上介绍的几个模型都是适用于两级(二值)记分试题的 IRT 数学模型,此外还有由两
级记分模型进一步发展起来的多级(多值)记分模型。接下来,将介绍几个较为常见的多级
记分模型,它们既可以处理多级记分试题,也可以处理两级记分试题,如 Samejima 等级反应
模型、评定量表模型、分部评分模型和拓广分部评分模型等。

1. Samejima 等级反应模型(Graded Response Model,GRM)

塞姆吉玛(Samejima)于 1969 年在两参数 Logistic 模型(2PLM)的框架下,建立了
Samejima 等级反应模型,突破了过去项目反应理论模型只能用于两级记分试题的情形。
GRM 假设每个试题只有一个区分度值,但有多个等级的难度值,而且每个试题在各个等级
上的难度值是严格单调递增的。若试题 i 有 f_i 个等级(即有 f_i+1 个分值),则 $b_{i,1}<b_{i,2}$

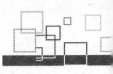

$<\cdots<b_{i,t}\cdots<b_{i,f_i}$。塞姆吉玛提出，可以通过两步获得能力为 θ_j 的被试在试题 i 上恰得某个得分的概率，如下。

第一步：能力为 θ_j 的被试 j 在第 i 个试题上的得分不低于（等于或高于）t 分的概率可表示为

$$P_{ij,t}^* = \frac{1}{1+\mathrm{e}^{-1.7a_i(\theta_j-b_{i,t})}} \quad (t=1,2,\cdots,f_i) \tag{10-7}$$

在公式 $(10-7)$ 中，$P_{ij,0}^*=1$，$P_{ij,f_i+1}^*=0$；a_i 表示第 i 个试题的区分度；$b_{i,t}$ 表示第 i 个试题的第 t 个等级的难度值（$t=1,2,\cdots,f_i$）。

第二步：能力为 θ_j 的被试 j 在第 i 个试题上恰得 t 分的概率 $P_{ij,t}$ 可表示为

$$P_{ij,t} = P_{ij,t}^* - P_{ij,t+1}^* \quad (t=0,1,2,\cdots,f_i) \tag{10-8}$$

在公式 $(10-8)$ 中，$P_{ij,t}$ 为 GRM 的运算特征函数（operating characteristic function）。

2. 评定量表模型（Rating Scale Model，RSM）

评定量表模型是 Samejima 等级反应模型的特例，例如，对于一些能力、态度测验，这些测验的题目选项（等级）代表了不同的能力、态度倾向，可视为不同的难度，也可认为这类题目的等级之间跨度是一致的。对于这些能力、态度测验的题目，可以使用评定量表模型来描述，该模型表达的意义为，具有能力 θ_j 的被试 j 在第 i 个试题上恰得 t 分的概率可表示为：

$$P_{ij,t} = \frac{1}{1+\mathrm{e}^{-1.7a_i(\theta_j-b_i+c_t)}} - \frac{1}{1+\mathrm{e}^{-1.7a_i(\theta_j-b_i+c_{t+1})}} \tag{10-9}$$

在公式 $(10-9)$ 中，a_i 表示第 i 个试题的区分度；b_i 表示位置参数；c_t 表示各个等级之间的跨度（$t=0,1,2,\cdots,f_i$）。

3. 分部评分模型（Partial Credit Model，PCM）

分部评分模型是反映某多级记分试题做出完全正确的作答需要经过若干步骤，步骤之间具有某种次序，被试不能略去某一中间步骤对下一步作答，各步骤的难度不一定是逐步递增的。分部评分模型表达的意义为，具有能力 θ_j 的被试 j 在试题 i 上完成到第 x 步上得分的概率，其模型的表达式可表示为

$$P_{ij,x} = \frac{\mathrm{e}^{\sum_{t=0}^{x}(\theta_j-b_{i,t})}}{\sum_{c=0}^{f_i}\mathrm{e}^{\sum_{t=0}^{x}(\theta_j-b_{i,t})}} \quad (t=0,1,2,\cdots,f_i) \tag{10-10}$$

在公式 $(10-10)$ 中，$t=0,1,2,\cdots,f_i$，表示完成该题总共需要 f_i 步；x 表示总 f_i 步中的某一步，要得到 x 分，必须先完成前 $x-1$ 步；c 表示完成到 f_i 步中的第 c 步；$b_{i,t}$ 表示第 i 个试题的第 t 个等级的难度值（$t=1,2,\cdots,f_i$）。

4. 拓广分部评分模型（Generalized Partial Credit Model，GPCM）

拓广分部评分模型是在分部评分模型的基础上增加了区分度参数 a_i，其模型的表达式可表示为

$$P_{ij,x} = \frac{\mathrm{e}^{\sum_{t=0}^{x}a_i(\theta_j-b_{i,t})}}{\sum_{c=0}^{f_i}\mathrm{e}^{\sum_{t=0}^{x}a_i(\theta_j-b_{i,t})}} \quad (t=0,1,2,\cdots,f_i) \tag{10-11}$$

在公式 $(10-11)$ 中，a_i 表示区分度参数；其他表示符号解释同公式 $(10-10)$。

二、进行参数估计

当搜集到受试者在每道题目上的反应后,也确定了 IRT 的数学模型,接下来就要估计受试者的能力参数和项目参数(包括难度、区分度、猜测度等)。目前,有相当多的软件可以进行项目反应理论的参数估计,如 Bilog、Multilog、Parscale、Conquest、ANOTE 等软件。

以下简单介绍最常用的参数估计方法:最大概似估计(maximum likelihood estimation),又译作极大似然估计。现假设有位受试者作答 5 题,其难度分别为 -2、-1、0、1、2。其答题反应形态为 1、1、1、0、0。也就是说,其答对较易的前三题,答错较难的后两题,这算是很合理的答题反应形态。试问该受试者的能力是多少?他的能力也许很低,也许中等,也许很高,这都有可能造成他的答题反应形态是 1、1、1、0、0,关键是看哪一个最有可能。根据最大概似估计的原则,就是要找到受试者的能力在何种水平时,最有可能出现 1、1、1、0、0 的答题反应形态。以下用 Rasch 模型来说明。

当 $\theta_j=-3$,$b_i=-2$ 时,得 1 分的概率是 0.268 9,这可利用本章公式(10-3)的 Rasch 模型的数学公式求得

$$P_i(\theta_j)=\frac{e^{(\theta_j-b_i)}}{1+e^{(\theta_j-b_i)}}=\frac{e^{[-3-(-2)]}}{1+e^{[-3-(-2)]}}=0.268\ 9$$

同理,可以求得,当 $\theta_j=-3$,$b_i=-1$ 时,得 1 分的概率是 0.119 2;当 $\theta_j=-3$,$b_i=0$ 时,得 1 分的概率是0.047 4。

而当 $\theta_j=-3$,$b_i=1$ 时,得 0 分的概率同样可利用本章公式(10-3)的 Rasch 模型的数学公式求得,只不过需要进行适当变换,如下:

$$Q_i(\theta_j)=1-P_i(\theta_j)=\frac{1}{1+e^{(\theta_j-b_i)}}=\frac{1}{1+e^{(-3-1)}}=0.982\ 0$$

上式 $Q_i(\theta_j)$ 表示能力水平为 θ_j 的被试在试题 i 上错误作答的概率。

同理,可以求得,当 $\theta_j=-3$,$b_i=2$ 时,得 0 分的概率是 0.993 3。

那么,当 $\theta_j=-3$ 时,得到 1、1、1、0、0 的概似(likelihood,又译作似然值)就是以上 5 种概率的乘积,即 $0.268\ 9\times0.119\ 2\times0.047\ 4\times0.982\ 0\times0.993\ 3=0.001\ 5$,如表 10-3 概似结果的第一行所示。

接下来,可以继续算出当 θ_j 等于其他数值(如 $\theta_j=-2$)时的概似,所得结果如表 10-3 和图 10-7 所示。

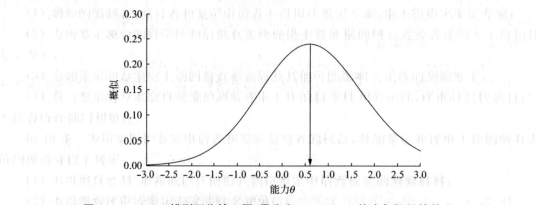

图 10-7　Rasch 模型下作答 5 题(得分为 1,1,1,0,0)能力与概似的关系

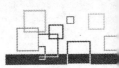

表 10－3　Rasch 模型下作答 5 题的能力、概率和概似的关系

题目	1	2	3	4	5	
难度	−2	−1	0	1	2	
得分	1	1	1	0	0	
能力	概率	概率	概率	概率	概率	概似
−3.0	0.268 9	0.119 2	0.047 4	0.982 0	0.993 3	0.001 5
−2.8	0.310 0	0.141 9	0.057 3	0.978 1	0.991 8	0.002 4
−2.6	0.354 3	0.168 0	0.069 1	0.973 4	0.990 0	0.004 0
−2.4	0.401 3	0.197 8	0.083 2	0.967 7	0.987 9	0.006 3
−2.2	0.450 2	0.231 5	0.099 8	0.960 8	0.985 2	0.009 8
−2.0	0.500 0	0.268 9	0.119 2	0.952 6	0.982 0	0.015 0
−1.8	0.549 8	0.310 0	0.141 9	0.942 7	0.978 1	0.022 3
−1.6	0.598 7	0.354 3	0.168 0	0.930 9	0.973 4	0.032 3
−1.4	0.645 7	0.401 3	0.197 8	0.916 8	0.967 7	0.045 5
−1.2	0.690 0	0.450 2	0.231 5	0.900 2	0.960 8	0.062 2
−1.0	0.731 1	0.500 0	0.268 9	0.880 8	0.952 6	0.082 5
−0.8	0.768 5	0.549 8	0.310 0	0.858 1	0.942 7	0.106 0
−0.6	0.802 2	0.598 7	0.354 3	0.832 0	0.930 9	0.131 8
−0.4	0.832 0	0.645 7	0.401 3	0.802 2	0.916 8	0.158 6
−0.2	0.858 1	0.690 0	0.450 2	0.768 5	0.900 2	0.184 4
0.0	0.880 8	0.731 1	0.500 0	0.731 1	0.880 8	0.207 3
0.2	0.900 2	0.768 5	0.549 8	0.690 0	0.858 1	0.225 2
0.4	0.916 8	0.802 2	0.598 7	0.645 7	0.832 0	0.236 5
0.6	0.930 9	0.832 0	0.645 7	0.598 7	0.802 2	0.240 2
0.8	0.942 7	0.858 1	0.690 0	0.549 8	0.768 5	0.235 9
1.0	0.952 6	0.880 8	0.731 1	0.500 0	0.731 1	0.224 2
1.2	0.960 8	0.900 2	0.768 5	0.450 2	0.690 0	0.206 5
1.4	0.967 7	0.916 8	0.802 2	0.401 3	0.645 7	0.184 4
1.6	0.973 4	0.930 9	0.832 0	0.354 3	0.598 7	0.159 9
1.8	0.978 1	0.942 7	0.858 1	0.310 0	0.549 8	0.134 9
2.0	0.982 0	0.952 6	0.880 8	0.268 9	0.500 0	0.110 8
2.2	0.985 2	0.960 8	0.900 2	0.231 5	0.450 2	0.088 8
2.4	0.987 9	0.967 7	0.916 8	0.197 8	0.401 3	0.069 6
2.6	0.990 0	0.973 4	0.930 9	0.168 0	0.354 3	0.053 4
2.8	0.991 8	0.978 1	0.942 7	0.141 9	0.310 0	0.040 2
3.0	0.993 3	0.982 0	0.952 6	0.119 2	0.268 9	0.029 8

　　从表 10-3 和图 10-7 的结果可以看出,当 $\theta=0.6$ 时,概似最大,为 0.240 2,因此我们可以说该受试者的能力最有可能是 0.6。

　　其他受试者的能力,也可以仿效上述做法——估计出来。不过,这些能力估计都必须假

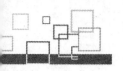

定题目难度已知。然而,现实中题目难度可能预先未知。此时,可以首先暂时给定题目的难度,如利用 $\mathrm{Ln}(P_0/P_1)$ 等公式来初估题目难度,其中 P_0 和 P_1 分别是受试者答错和答对该题的比例。然后,根据类似于上述例子的做法估计受试者的能力。接着,在受试者能力已知的情况下,重新估计题目的难度,得到新的题目难度后,又再次估计受试者的能力。最后,再次估计题目的难度,如此循环,直到前后两次的估计值没有很大的变化为止。

以上只是进行参数估计的基本原理,一般的软件多采用更为复杂和有效的方法进行估计,尤其是当模型参数估计相当复杂时,但限于篇幅,在此就不一一介绍了。

三、分析模型与数据拟合

只有当项目反应数据拟合 IRT 数学模型预期时,才能得到良好的 IRT 分析结果。否则,即使使用再好的 IRT 数学模型,也得不到较好的分析结果。因此,分析模型与数据拟合就变得非常重要。

当参数估计完成后,也就是每位受试者的能力和每道题目的难度、区分度、猜测度等参数已知时,就可以计算每位受试者在每道题目上的答对概率,这就是期望分数(expected score)。然后,将期望分数减去观察分数(observed score)就得到了残差(residual)。如果残差很大(也就是期望分数与观察分数相去甚远),那么意味着模型与数据没有很好地进行了拟合。反之,如果残差很小,那么意味着模型与数据很好地进行了拟合。

进行残差分析重在检验:①受试者的答题反应形态是否合理,这称为 person fit;②题目的被答反应形态是否合理,这称为 item fit。举例而言,张三作答了 20 道题目,依照上述做法,就可以计算出他在这每一道题目上的残差。接下来,必须通过某种统计程序来判定这些残差是否真的非常大(如张三常答错简单的题目,却答对许多很难的题目)。如果是,那么就判定张三的反应不拟合模型的预期。反之,如果不是,那么就判定张三的反应拟合模型的预期。

同理,可以判定某个题目是否拟合模型的预期。例如,有 100 位受试者作答了第 1 道题目,因此就有了 100 个观察分数和 100 个期望分数。计算其残差,接着通过某种统计程序来判定这些残差是否真的非常大(如很多低能力的人答对该题,但很多高能力的人却答错该题)。如果是,那么就判定该题不拟合模型预期,是一个有问题的答题反应形态。反之,如果不是,那么就判定该题拟合模型预期,是一个没有问题的答题反应形态。

在真实资料里,不难发现部分受试者的答题反应形态和题目的被答反应形态有可能不拟合模型预期的情况,造成这些不拟合的原因是多方面的,如下。

第一,受试者的答题反应形态不拟合模型预期的原因可能有很多种。例如,受试者乱答、作弊,也可能在考试刚开始时非常紧张,以致答错那些出现在考卷前面的题目(通常是简单的题目先出现),又或者考到后来非常疲倦,无心作答,以致摆在测验卷后面很简单的题目也没答对。受试者也可能因为使用某种特殊的解题技巧,以致可以很幸运地答对高难度的题目。又或者这个题目他以前曾经做过或补习班刚教过,因此这个题目对他而言,变得非常简单。总之,无论是哪种原因,必须承认该受试者的答题反应形态跟一般的受试者大相径庭,因此无法用同一种判断标准来量化他的程度。从临床的观点来看,这些有着异常反应的受试者非常值得深入追踪,说不定因而可以看到新的现象,得到新的结论。

第二,题目的被答反应形态不拟合模型预期的原因也可能有很多种。例如,题意不清,

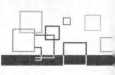

以致高能力的人钻牛角尖反而答错。又或者这个题目牵涉到其他的维度,如算数的应用题,用字遣词过于深奥,以致因为语文程度不佳,看不懂题意,无法作答,这并不是算数能力不佳所致。就以美国研究生入学考试的 GRE(Graduate Record Examinations)的逻辑分测验来说,因为是英文出题,所以中国人的平均分数往往比美国人低很多,但这并不代表中国人的逻辑能力远低于美国人。如果该测验是中文出题,那么想必再优秀的美国人,也不见得会赢过中国人。某个题目的被答反应形态不拟合模型预期,就意味着这个题目跟测验内的其他题目并不协调。它所测到的潜在特质跟其他题目所测量到的潜在特质并不相同,因此不满足单维性的假设,应该将此题目修改或剔除。不过,这并不表示该题目不重要,而是它跟其他题目没有同步,不宜摆在一起分析。如果该题目所测量的潜在特质真的很重要,那么就应该独立去编制一份测验,好好地去测量,而不是硬把它跟其他题目凑在一起,这反而会污染分数的意义。

第三节　项目反应理论应用

在日常生活中,我们不难发现,人们的行为举止就好像处于某些心理特质的定量控制之中,甚至觉得好像是这些心理特质实际上决定了他的一切行为,这是吸引心理学家探究人类心理特质的起因。但是,至今没有任何迹象证明这些心理量存在于人的物理或生理知觉之中。心理学上把这类制约人的行为的心理特征称为心理特质,同时这种心理特质并没有明确它的物理与生理属性,因此又称为潜在特质(latent trait)。如此定义的潜在特质仅仅是一种统计结构,并不能说明它是一种物理或生理的实体。心理测量的任务就是要定量地估计个体在每一种这样的潜在特质量纲上的位置,然后又据所估个体的潜在特质位置去解释或预测个体在类似境况下将会产生的行为反应。在心理测量中,潜在特质通常被称为被试能力(应该注意到它与理论心理学常用的能力概念的区别)。但是,人类的这些心理特质或直接称其为潜在特质,由于它的潜在性(即物理、生理属性不明),因而至今还未被它的主体直接探明,这就给心理测量带来了很大的困难。于是,测量学家只有借助于一些可观察的变量来间接鉴别与定义这些潜在特质,才能进而考察出这些潜在特质对人的哪些行为产生重要影响。项目反应理论可以应用于估计个体的这些潜在特质,其重要应用主要表现在以下几个方面。

第一,对题库建设的贡献。题库质量高低的一个重要标志是题库中题目技术参数的完备性与准确性。题目技术参数越完备,题库的可控程度就越高,选择题目的针对性就越强。经典测验理论题库的计量技术参数主要是难度、区分度和猜测度。项目反应理论题库的计量技术参数除了这三个外,还增加了题目信息函数。把题目信息函数作为技术参数存入题库是项目反应理论题库所独有的,这提高了题库参数的完备性,也提高了题库管理的可控性,为拓宽题库功能提供了有利条件。题目技术参数的准确性也是题库建设质量的重要条件。在经典测验理论的题库建设中,建库者力求各题目参数的准确性。但是,经典测验理论题目参数的估计严重依赖于样本。在大型题库建设中要想自始至终都使用一个稳定的、足够大的群体作试测样本实际上是很难做到的,这给经典测验理论维持参数的准确性带来了困难。然而,在项目反应理论中,由于题目参数估计有跨群体不变性和潜在特质参数估计有可选择性,即使来自不同群体施测的题目参数也可以用参数等值技术将它们统一于同一个

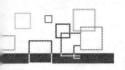

量纲之中,因而这样就能保证题库参数的准确性。

第二,常模参照测验的编制。测验编制的一个重要目标就是要使测验的误差达到最小。如果事先规定好测验的最大允许误差,那么能否根据试题的已知参数直接组拼出符合要求的常模参照测验的试卷呢?这在经典测验理论中是难以实现的。然而,项目反应理论却可以实现。这是因为,在项目反应理论中,可以预先规定潜在特质量纲上所有值的最大允许测量误差,然后求出所有水平值上的最小允许信息量,形成一个信息函数,项目反应理论称其为目标信息函数。这样,在项目反应理论中组卷的过程就变成了选择测验试题,用它的试题信息函数填充目标信息函数的过程。每入选一题就会增加一题的信息函数,直至累加之和在每一水平点上都不小于目标信息函数为止。用这样的常模参照测验的试卷去施测,则可以保证各水平测值的误差均不会超过规定的允许误差。当然,在选择试题时,只要不违背其他选题原则,命题者应尽量选择那些信息量大的试题参加组卷。这样,用较少的试题就能达到不超过允许误差的要求,提高了测验的效率。

第三,标准参照测验的编制。标准参照测验的编制有两条原则:一是要准确地划定合格分数线;二是要尽量降低对被试合格与否的误判率。项目反应理论在备有题库的条件下组拼标准参照性测验,可以比较理想地实现这两条原则。如果测验的对象已经确定,那么就可以按照以下步骤划出合格分数线。

第一步,请专家就整个题库针对被试合格要求确定一合格率。例如,如果我们认为要正确作答题库试题的60%以上才算合格,那么这个合格率就确定为0.60。这个值实际上表示用整个题库测试时真分数的合格分数,记为 π_c。

第二步,用下式求出专家心目中的潜在特质合格分数 θ_c。

$$\pi_c = \frac{1}{N} \sum_{i=1}^{N} P_i(\theta_c) \qquad (10-12)$$

在公式(10-12)中,如果 π_c 已知,所有题目参数也已知,那么我们就可用牛顿—拉夫逊迭代法(Newton-Raphson Procedure)来求解 θ_c。

第三步,对于用题库中试题编制的任何试卷,只要根据施测数据估出被试的潜在特质 θ_j,就可将其与 θ_c 作比较,判断该被试合格与否。也可以就组成试卷的 n 道试题,以 θ_c 为已知,再用上式估出该份试卷真分数的合格分数,直接用被试原始分数与它作比较,判断被试合格与否。编制者还可以通过调整试卷的试题难度,来将真分数的合格分数调整到自己认定的点,比方说我国习惯使用的0.60(即百分制的60分)。合格分数线划准了,如何使对被试的合格与否的误判率最小呢?对此项目反应理论有几种选题策略,如最大信息函数法、随机法、经典法和循环法等。比较简单的就是最大信息函数法,即选择那些在合格分数 θ_c 上有最大信息量的试题组成试卷。可以事先规定好在 θ_c 点上的最大允许误差,然后累加入选试题在 θ_c 点上的信息量,一旦累加的信息量达到测验标准误差规定值,即可停止选题。在 θ_c 点有较小的测验误差,就会使得处于 θ_c 点附近的被试误判的概率大大降低。

第四,计算机化自适应测验的编制。计算机化测验具有施测情境标准化、计分快速、题目保存安全性高、施测时较不易受时空限制,以及题目呈现方式多样性(如声、光和速度)等诸多优点。一般地,题目的难度应该贴近受试者的能力,才会有最佳的鉴别力(信息量),因此测验的施测最好是伴随着受试者的能力而弹性调整,这就是自适性测验(adaptive testing)的概念。例如,能力高者尽做些很容易的题目,显然浪费他的时间和精力,甚至减损

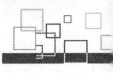

其作答意愿,也就无法有效估计出他的真正能力。反之,让能力低者做很多高难度的题目,也是浪费时间,甚至造成不必要的挫折。计算机化自适应测验(Computerized Adaptive Testing,CAT)的优化,就是视受试者的答题情况,弹性调整下一题的难度。在受试者答题之后,立即估计他的能力。如果该题答错(表示他的能力可能低于该题的难度),那么下一题就出现更易的题目。反之,如果答对(表示他的能力可能高于该题的难度),那么下一题就出现更难的题目。在实际测量中达到这样的境界,就必须依赖计算机,也就是将计算机和项目反应理论相结合,成为计算机化自适性测验。

在进行 CAT 时,首先要有题库,且题库内的每道题目都要经过数百位受试者的预试,然后利用合适的 IRT 数学模型(如 Rasch 模型)来估计题目的参数。当考生在计算机上作答一题后(通常是选择题,以利于在线及时计分),计算机立即估算出他的能力(估计方法可以是最大概似估计,例见表 10-3),接着从题库中找一道最适当的题目(通常是难度最接近其能力的题目),考生作答完此题后,又立即重新估计其能力,接着挑选下一道题。这个过程循环多次后,对于考生能力的估计就会越来越准确。达到某一既定的准确度或既定的测验长度后,CAT 就结束了。采用这种自适应的做法,通常只要一半的题长,就可以达到一般纸笔测验的信度。目前,有些大型考试已经采用了 CAT,如 TOEFL、GRE 等。

在 CAT 中,每位受试者作答的题目可能并不一样,但是其分数仍然可以进行比较,这就必须依赖项目反应理论的测验等值技术。即便某位受试者作答的题目较难,另一位受试者作答的题目较易,他们两人的分数也仍然可以比较。有了 CAT,考生可以选择自己便利的时间和地点接受考试,不必"千人一卷"统一时间、统一地点进行考试。不过,CAT 的实施,必须有良好的题库作基础。如果题库内的题目数量不多,那么恐怕会被一些有心人士记住而曝光。目前,国内的考试制度要求考试后立即公布考题和答案,除非这种做法能够改变(TOEFL、GRE 等考试并不立即公布考题和答案),否则题目无法重复使用,而题库又不可能非常庞大,CAT 就窒碍难行。

第五,项目功能差异的侦查。项目功能差异(Differential Item Functioning,DIF)分析,现今几乎是试题分析的标准作业程序之一。所谓 DIF,指的是试题对不同的团体有着不同的功能,也就是测到不同的潜在变量。DIF 的另一种定义是:虽然来自不同的团体(如性别、肤色、地区),但是能力水平相同的受试者,却有着不同的答对概率。理论上,能力相同,答对的概率就应该相同。如果不同,那么就表示这个题目对于不同团体的受试者,代表着不同的内涵,也就意味着对于不同团体其有着不同的功能,就会出现 DIF。以下是一个 DIF 题目。在推理测验中,有这样的一道题目:

"草莓:红色"相当于下列哪一种关系?

(A)"桃子:成熟" (B)"皮革:棕色" (C)"草地:绿色" (D)"柳橙:圆形" (E)"柠檬:黄色"

正确答案是 E。相对于白人的学生而言,西班牙裔的学生有着异常低的答对率。这是因为,西班牙裔的学生通常看到的柠檬是绿色的,很少是黄色的,因此他们倾向于选 C。但是,白人学生看到的柠檬大都是黄色的,因此容易选 E。这个题目的原意是测推理能力,不是测生活环境。但是,这个题目显然对西班牙裔的学生而言,有失公平。

GRE 的逻辑分测验算是 DIF 的另一例子。因为是英文命题来考逻辑推理,所以对于中国人而言,常苦于英文能力不足,无法理解题意。这导致,相对于美国考生,中国人的逻辑推理分数偏低。这难道是中国人的逻辑推理能力不如美国人？显然，这是因为英文命题所致，导致很多题目对于不同国家考生而言具有 DIF。目前大型测验，尤其是高风险(high-stakes)的测验(如入学测验、证照考试等)，都会详细地进行 DIF 分析，以确保测验对不同团体的考生都是公平的。

在经典测验理论中，通常用答对率来表示题目难度。如果发现男生在某题的答对率是 30%，女生答对率是 50%，那么这道题目有性别的 DIF 吗？显然，答案是不确定的。说不定女生的能力本来就较强，因此答对率较高是合理的。经典测验理论的试题分析不容易进行 DIF 的侦查，这是因为题目的难度(答对率)和受试者的能力互为定义，所以不能直接用答对率来侦查是否有 DIF。然而，在项目反应理论中，DIF 的侦查就变得容易得多，这是因为题目的难度和受试者的能力并没有互为定义。通常，在项目反应理论中，只要比对题目对不同团体的受试者是否有着不同的参数，就可判定该题是否有 DIF。

在能力测验中，DIF 分析的重点常用于侦查不同种族、性别、居住地区、社会地位的团体间是否有 DIF。其实，其他人口学变量也可以进行 DIF 的侦查。例如，很多的测验被翻译为数种语言，以适应当地需要。我们可以将国家、文化或语言当作人口学变量来进行 DIF 的侦查，以确保不同语言版本的测验所得到的分数是可以比较的。同理，有些测验在不同年度重复施测(如追踪研究)，此时，为了确保不同年度的分数可以进行比较，可以针对"年度"进行 DIF 的侦查。

第六，测验分数的等值。在传统的测验实施里，每位受试者都要接受同一份测验，否则分数无法比较。但是，有的时候，这种做法却根本行不通。例如，SARS 和 H1N1 流行时，大型集中式的考试很危险。又如，要了解人们的成长变化，必须计算前后测的分数改变；如果用同一份卷子施测两次，那么恐怕会有记忆的干扰；如果用不同的卷子施测两次，那么分数又难以比较。再如，当受试者的分数有缺失值(漏答部分题目)时，将使得分数的比较变得更为困难。如果测验的施测很有弹性，那么就可以解决很多实际中的困境。例如，接受不同测验的受试者，其分数仍然可以比较；前后测使用不同的卷子，其分数仍然可以相减；即便有漏答，其分数也仍然可以比较。如此一来，不必将所有的考生集中在同一时段接受同一份测验，前后测的问题也就可以圆满解决了，即使漏答题目也没关系。可惜，经典测验理论在这些议题上几乎使不上力。

然而，项目反应理论却可以有效地解决上述这些困境。基于项目反应理论，不同的受试者可以作答不同的题目，只要依照他们的作答反应，将其能力水平界定出来，就可以了。照此，前后测可以用不同的题目，分数仍可以进行比较，即使不同受试者作答不同的题数(如有人漏答)也没关系，一切变得非常有弹性。其原因在于，要比较作答不同卷子的受试者的能力水平，只要将他们的分数加以等值(equating)，就可以了！这个等值的工作在项目反应理论中，实际上就变成了如何将参数进行链接(linking)，也就是怎样将不同测验的题目参数链接起来，置于同一个量纲上，形成一个大的题库。有了这种链接，测验就变得相当有弹性。上述所讲的 CAT 就是每个受试者做不尽相同的测验，但分数仍然可以进行比较。如此看来，对测验分数进行等值，将大大增加测验分数的可比性。

【本章小结】

基于测验的原始总分的劣性，本章阐述了测验数据的分析单位，由原先经典测验理论中

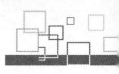

的测验的原始总分变为项目反应理论中的测验的项目反应的科学性和合理性。实际上，考察测验的项目反应比考察测验的原始总分更加符合现实，更加符合数据分析的真正需求，这便诞生了项目反应理论（又译为题目作答理论），有别于经典测验理论。

进行项目反应理论分析首先需要定义 IRT 数学模型，然后对数据进行参数估计，最后根据参数估计的结果分析模型与数据拟合。项目反应理论参数估计，包括能力参数估计和项目参数估计。本章最后还介绍了项目反应理论的若干应用，包括对题库建设的贡献、常模参照测验的编制、标准参照测验的编制、计算机化自适应测验的编制、项目功能差异的侦查及测验分数的等值。

本章的重点是掌握项目反应理论的分析过程，难点是理解项目反应理论常见的数学模型。本章的中心概念是"参数估计"。

【练习与思考】

一、选择题（不定项选择题，至少有一个选项是正确的）

1. 计算机化自适应测验（CAT）设计的主要理论依据是　　　　（　　）
   A. 概化理论　　　　　　　　　　　B. 经典测验理论
   C. 层面理论　　　　　　　　　　　D. 项目反应理论

2. 在项目反应理论三参数 Logistic 数学模型表达式中，$P_i(\theta_j) = c_i + \dfrac{1-c_i}{1+e^{-1.7a_i(\theta_j-b_i)}}$，表示项目猜测度参数的符号是　　　　（　　）
   A. a_i　　　　　B. b_i　　　　　C. c_i　　　　　D. θ_j

3. 下列关于计算机化自适应测验（CAT）的表述，正确的是　　　　（　　）
   A. 被试可以自选测量模型
   B. 被试需要花费大量时间
   C. 被试可以自选试题
   D. 被试接受的试题会有所不同

4. IRT 多级记分模型包括　　　　（　　）
   A. 2PLM　　　　B. 3PLM　　　　C. GRM　　　　D. GPCM

5. 项目功能差异是指　　　　（　　）
   A. DIF　　　　B. CAT　　　　C. ICF　　　　D. ICC

6. 项目反应理论分析模型与数据拟合，进行残差分析重在检验　　　　（　　）
   A. person fit　　B. item fit　　C. error fit　　D. score fit

7. 在 IRT 数学模型中，出现"天花板效应"的是　　　　（　　）
   A. 1PLM　　　　B. 2PLM　　　　C. 3PLM　　　　D. 4PLM

8. 项目反应理论的第一个数学模型的提出者是　　　　（　　）
   A. 洛德　　　　B. 伯恩鲍姆　　　　C. 拉希　　　　D. 塞姆吉玛

9. 目前，有相当多的软件可以进行项目反应理论的参数估计，包括　　　　（　　）
   A. Bilog　　　　B. Multilog　　　　C. Parscale　　　　D. ANOTE

10. 在项目反应理论中，项目反应是　　　　（　　）
    A. 类别数据　　　B. 等距数据　　　C. 等比数据　　　D. 连续数据

11. 项目反应理论属于 　　　　　　　　　　　　　　　　　　（　　）
　　A. 随机抽样理论　　　　　　　　　B. 量表化模型理论
　　C. 层面理论　　　　　　　　　　　D. 经典测验理论

二、简答题

1. 简述项目反应理论的优越性与局限性。

2. 解释项目反应理论 4PLM 各项目参数的意义及内涵。

3. 简述项目反应理论的若干应用。

三、分析题

1. 某份测验有六道题,其项目参数如表 10-4 所示,据此回答以下问题。

表 10-4　某份测验六道题的项目参数

item	a_i	b_i	c_i
1	1.80	1.00	0.00
2	0.70	1.00	0.00
3	1.80	1.00	0.25
4	1.20	−0.50	0.20
5	1.20	0.50	0.00
6	0.50	0.00	0.10

(1) 在表 10-4 中,哪道题目最容易?

(2) 在表 10-4 中,哪道题目区分能力最差?

(3) 对于表 10-4 的每一道题目,分别计算当被试能力 $\theta_j = -3, -2, -1, 0, 1, 2, 3$ 时的 $P_i(\theta_j)$。

(4) 当被试能力 $\theta_j = 0$ 时,表 10-4 的哪道题目有最大的概率被正确作答?其错误作答概率有多大?

第十一章 概 化 理 论

鉴于经典测验理论存在的不足,20 世纪 60 年代在克龙巴赫(L. J. Cronbach)等学者的研究下,概化理论应运而生。1972 年,克龙巴赫等人(Cronbach, Gleser, Nanda & Rajartnam)出版了第一部关于概化理论权威专著《行为测量的可靠性:用于测验分数和剖面图的概化理论》。概化理论诞生之初并没有得到迅速推广,直到 20 世纪 80 年代后才逐步发展起来,并与经典测验理论和项目反应理论形成三足鼎立的局面。

概化理论是现代心理测验理论之一,是对经典测验理论的扬弃,广泛应用于各种心理测量的实践中。概化理论可应用于自动评分考试、认知评估、情绪测量、体育测试、人格测验及评价者"漂移"(rater drift)分析等各个方面。

第一节 概化理论概述

概化理论是关于行为测量可靠性(dependability)的理论。克龙巴赫等人于 1972 年构建了可靠性的概念:来自一次测验或其他测量的用作决策的分数,仅仅是许多分数的一个,这些分数可能起着相同的作用,决策者从来不对在特定的刺激物、问题、测验者、测验时间等条件下产生的(这些)分数感兴趣,因为一些测验条件容易改变,而用于决策的理想分数是包含所有条件下获得的观察分数。

根据克龙巴赫等人构建的可靠性概念,可靠性可定义为:将一次测量(如心理测验、行为观察、民意调查等)所得的观察分数概化到包含所有可能条件下平均分数的精确度,这些可能的条件是测验者愿意接受的。在概化理论中,概化意指"拓广"或"推广"。可靠性概念的前提假设是,人的知识、态度、技能等都处于稳定状态,仅仅是不同来源的误差造成了个体之间的分数差异。

在某个场合实施某个测验所得的分数不一定完全可靠,这是因为这种分数不能代表在所有场合实施所有测验所得的分数。一个人的分数通常会因不同场合、不同测验、不同人实施而有所不同。哪个是最重要的误差来源呢? 经典测验理论认为,一次分析仅能估计一个误差来源。例如,重测信度只能估计不同场合或时间的分数变化程度等。相比之下,概化理论的优势是,能在一次分析中估计多个误差来源。与斯皮尔曼—布朗(Spearman-Brown)校正公式用于预测测验长短和信度一样,概化理论能让决策者决定需要多少个场合、多少个测验、多少个评价者才能获得可靠的分数。在分析过程中,概化理论提供了两个指标来反映可靠性水平,即概化系数(generalizability coefficient)(G 系数)和可靠性指数(index of dependability)(ϕ 指数),它们与经典测验理论的信度系数(reliability coefficient)相类似。概化理论允许决策者根据不同的需要来考察分数的可靠性,其中一种需要是关注个体的相对水平,如张三的分数比 95% 的同龄人高。但是,如果决策者不管张三同龄人表现如何,只想知道他的绝对水平,那么概化理论也能提供这种分数的可靠性。概论理论相对决策关注

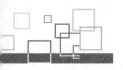

个体的相对水平,其可靠性可用概化系数来表示,而概化理论绝对决策关注个体的绝对水平,其可靠性可用可靠性指数来表示。

概化理论一个核心的基本概念是测量的情境关系(context of measurement situation)。测量的情境关系包括测量目标和测量侧面两部分。测量目标是研究者欲测量的对象,测量侧面是影响测量目标的因素。测量目标如同实验设计的因变量,测量侧面如同实验设计的自变量。概化理论可用于分析多侧面测量误差(multifaceted measurement error)。根据测量的情境关系,在测量目标确定的条件下,测量侧面可以来自多个方面。例如,学生评价教师教学水平,测量目标是教师教学水平,测量侧面可以是学生、班级、专业、课程、题目以及教学水平维度(如教学态度、教学内容、教学方法、教学效果等),等等。针对某个测量目标,若测量侧面仅一个,则称为单侧面设计,如 p×i 设计。对于 p×i 设计,若 i 为随机侧面,则可称为单侧面随机设计。相应地,若 i 为固定侧面,则可称为单侧面固定设计。针对某个测量目标,若测量侧面超过一个,则称为多侧面设计,其设计类型既可以是交叉、嵌套,也可以是混合(既有交叉也有嵌套)。

一、一个侧面的全域

实际测量活动中可能存在着的测量侧面的全体,就构成了测量侧面的全域,称为可允观测全域(universe of admissible observations)。在概化理论中,一次测量仅仅是从可允观测全域中的一次抽样,决策者为了决策目的把抽样得到的观测分数往往看作是可交换的。一个侧面的全域只允许有一个测量误差来源,那也就是说,仅有一个侧面。如果一个决策者想要从一套测验的题目概化到一个更大测验的题目,那么题目是测量侧面,题目全域被定义为所有可允观测题目。如果一个决策者想要从一套测验的子测验概化到一个更大测验的子测验,那么子测验是测量侧面,子测验全域被定义为所有可允观测子测验(例如,过去 15 年所有所开发的子测验)。如果一个决策者想要从一个场合的表现概化到更多场合的表现,那么场合是测量侧面,场合全域被定义为所有可允观测场合(例如,三个月内进行测试的每一天)。误差出现在决策者将一次测验(或一个行为样本)概化到代表全部测验的全域(或全部行为的全域)中。

我们设想一个学业成就测验,这个测验包含了一些由 4 个选择项组成的多重选择题(multiple-choice items),其记分规则相对简单,只有对或错(1 或 0)两种。概化是基于题目的抽样去估计学生的学业成就。但是,概化并不是建立在题目样本之上,而是建立在题目全域之上。

如果全域上的题目难度相等,个人分数在题目上近似相等,那么样本中任何题目的得分可以拓广到所有的题目。然而,当题目难度变化时,个人的分数将依赖于测验中题目的抽样。这时,从样本概化到全域是危险的。那么,不同的题目表示一个潜在的误差因素,题目就构成了成就测验的一个测量侧面。如果题目是唯一需要考虑的侧面,那么可允观测题目就构成了一个侧面的全域。当然,决策者必须决定哪些题目是可允观测的。

例如,使用一个五年级的科学成就测验(CTBS)(Shavelson & Webb,1991,P. 5)对 20 个被试进行测试,这个测验包含了 8 道四选一的题目,记分为二级记分(0/1),20 个被试在 8 道题目上的分数如表 11-1 所示。

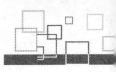

表 11 - 1　CTBS 科学成就测验被试在题目上的分数（p×i 设计）

被试	题 目								被试平均分
	1	2	3	4	5	6	7	8	
1	0	1	0	0	0	1	0	1	0.375
2	1	0	1	0	0	0	0	1	0.375
3	1	1	1	0	0	0	0	0	0.375
4	1	1	0	0	1	0	0	1	0.500
5	1	1	1	1	0	0	0	1	0.625
6	1	1	1	1	1	1	1	1	1.000
7	1	0	1	0	0	1	0	0	0.500
8	1	0	1	0	0	0	1	1	0.500
9	1	1	0	0	0	0	1	1	0.500
10	0	1	0	0	1	1	0	0	0.375
11	0	0	0	1	0	1	1	0	0.375
12	0	1	0	0	0	0	0	0	0.125
13	1	1	1	1	1	1	1	1	1.000
14	0	0	0	0	0	1	1	1	0.375
15	0	0	1	0	0	0	0	1	0.250
16	1	0	1	0	0	0	1	1	0.500
17	0	1	0	0	0	0	0	0	0.125
18	1	0	0	0	0	1	1	1	0.500
19	0	0	0	0	0	1	1	0	0.250
20	0	1	0	0	0	0	0	0	0.125
题目平均分	0.55	0.50	0.50	0.20	0.25	0.55	0.40	0.55	0.437 5

表 11 - 1 表示 CTBS 科学成就测验 20 个被试在 8 道题目上的分数，这些题目主要考察了对事实信息进行回忆、对科学概念进行推理、对数据结果进行解释、对实验情景进行分析，等等。我们使用这个测验的被试平均分作为被试所得的分数。然而，在实际中，我们更习惯于使用总分而不是平均分来表示被试的得分。为方便起见，本章我们都使用观察分数的平均分作为总的"观测分数"，其理由是任何由平均分获得的结果容易转换成对应的总分，基于平均分的公式不会对总体信息造成任何损失。

成就测验结果的使用者，如学校管理者、父母、政策制定者或者一般的公众等，可能对科学测验的特定问题漠不关心。他们也许有可能乐意接受另一套题目，只要这些题目包含相似的科学事实、推断和解释，或者包含相同事实的不同例子，等等。这也就是说，成就测验结果的使用者对学生的一般科学成就感兴趣，对学生任何特定的题目并不太感兴趣，只要这些题目发挥着相同的作用，就无所谓指定任何特定的题目。如此看来，题目是随机的，是可以改变的。

在 CTBS 科学成就测验这个例子中，所概化的成就是由被试平均分表示出来的，而这些分数要求在一个较大范围题目上获得。然而，题目对于不同的学生具有不同的难度，所以学生在一个题目样本上获得高分，并不表示在另一个题目样本上就能获得高分。因此，测验题目是测量的一个侧面，是一个可能导致概化分析产生误差的潜在因素。

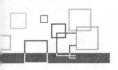

但是,题目侧面由许多题目组成,测验使用者把这些题目统称为科学成就测验题目,这些题目就组成了测验题目的全域。如果我们进一步分析表 11-1 的 CTBS 科学成就测验的全域,那么就不难发现以下两点:一是不仅仅只有八列能包含所有可允观测题目,题目数量其实可以更多,甚至无穷大;二是被试平均分是对所有题目求平均而得到的,即表 11-1 最后一列的被试平均分,实际上,这个平均分可看作全域分数(universe score),类似于经典测验理论的真分数(true score)。

一般地,测验使用者都想获知每个被试的全域分数。但是,获知每个被试的全域分数的理想数据通常是未知的,因此我们就不得不想知道,从一套特定题目的分数概化到所有可允观测题目的分数有多准确。为此,我们不得不考察对题目的分数进行概化的可靠性,并分析不同变异的来源。

对于上述 CTBS 科学成就测验的例子,其概化理论研究设计属于单侧面随机设计($p \times i$ 设计)。对于这个 $p \times i$ 设计,有以下 4 个变异来源。

第一个变异来源,是被试成就之间的系统变异。我们把这个变异称为测量目标的变异(在社会科学测量中通常是人),反映出被试知识、技能等的差异,被认为是全域分数的变异。

第二个变异来源,是测验题目难度之间的差异。一些题目较易,一些题目较难,另有一些题目难度中等。如果题目在难度上的差异达到了一定的程度,那么从题目样本概化到题目全域就有可能变得不太准确。

第三个变异来源,是被试与题目的交互作用。这个变异可能与被试的教育背景或个人经历有关。例如,一道关于仓鼠的题目对于一个曾经养育过它们的被试来说,比起其他被试则是更容易的。不同的被试在不同的题目上的差异形成了人与题目的交互作用。被试的过去经历与题目之间形成的经验也有助于增大变异,这增加了将每个被试从 8 个题目的分数概化到全域上所有题目的分数的难度。

第四个变异来源,是残差,包括一些随机因素(如一个学生短暂的漫不经心的注意)或一些系统的但未被识别的变异来源(如不同的学生在不同时间参加考试等),残差用"e"来表示。

总之,对于表 11-1 的 CTBS 科学成就测验的例子,有 4 个变异来源,可以表述如下:① 测量目标之间的差异;② 题目难度之间的差异;③ 被试与题目的交互作用;④ 一些随机的或系统的但未被识别的变异。

然而,第三个变异来源和第四个变异来源不能被分解。这是因为,在表 11-1 中每一个单元格只有一个观测分数,我们不知道在解释了前两个变异后,题目分数之间的差异是反映了被试与题目的交互作用(正如方差分析一样),还是反映了一些随机的或系统的但未被识别的变异。因此,我们把第三个变异来源和第四个变异来源归在一起,用 pi,e 来表示。

至此,我们能估计出三种类型变异来源,如表 11-2 所示。

表 11-2　单侧面随机设计($p \times i$ 设计)的变异来源(CTBS 科学成就测验例子)

变异来源	变异类型	方差分量
被试(p)	全域分数的变异(测量目标)	σ_p^2
题目(i)	题目难度差异对所有被试造成的恒定影响(测量侧面)	σ_i^2
pi,e	被试与题目的交互作用;一些随机的或系统的但未被识别的变异	$\sigma_{pi,e}^2$

在表 11-2 中,方差分量是 σ_p^2、σ_i^2 和 $\sigma_{pi,e}^2$,这些方差分量的大小可以用来反映变异的程度。对单侧面随机设计(p×i 设计)而言,可以把全域分数方差分量与其他的方差分量进行比较,以便用于后续的分析与解释。

二、两个侧面的全域

社会科学测量通常是复杂的,包含的侧面数可能往往超过一个。例如,对于 CTBS 科学成就测验,也可以在不同的场合(occasion)对被试施测不同的题目。那么,可允观测全域包括两个:题目和场合。也就是说,可允观测全域被定义为所有可接受的在任何场合都能够实施的题目。于是,对于这样的 CTBS 科学成就测验,不再是只有一个侧面的全域(题目),而是有了两个侧面的全域(题目和场合),对应的概化理论研究设计不再是 p×i,而是 p×i×o。

同理,评价者在不同场合评定不同儿童的某种行为,也包含了两个侧面的全域,即评价者和场合。

由一个特定评价者对不同儿童某种行为给出的评定,可看作是多个评价者平均后给出的。评价者对儿童某种行为评定的不一致性越大,概化到全域就越危险。因此,评价者是第一个侧面。

另外,对儿童行为进行评定的重复测量在研究中是普遍的,但是我们应该考虑到儿童某种行为可能会因不同场合而发生变化。如果行为的不一致性在场合之间达到一定程度,那么从一个行为场合概化到所有行为场合则是危险的。因此,场合便是第二个侧面。

例如,1983 年,肯德尔斯克(C. M. Kenderski)发表了一篇相关论文,在此文中提供了一个儿童行为观察测量的实例,观察 9 岁儿童在课堂上解决数学问题的表现,即这些儿童在做课堂作业过程中的交流被录像。评价者通过看录像带来评定每个儿童向另外儿童寻求帮助的次数。所有儿童三个星期内在不同的两个场合被观察。相同的两个评价者(rater)通过看录像带来评定不同儿童在不同场合寻求帮助的次数。表 11-3 提供了肯德尔斯克的研究数据。

表 11-3 儿童行为观察测量数据(p×r×o 设计)

person	occasion 1		occasion 2	
	rater 1	rater 2	rater 1	rater 2
1	0	1	1	2
2	3	4	1	2
3	2	2	1	0
4	1	2	0	2
5	1	2	2	1
6	4	4	3	4
7	1	1	2	1
8	2	2	0	0
9	1	1	0	2
10	1	1	1	0
11	1	2	1	1
12	1	2	1	1
13	2	1	1	1

对于表 11-3 的儿童行为观察测量,其概化理论研究设计属于两侧面随机设计,即 p×r×o 设计。两个侧面的儿童行为观察测量包含了许多不同的变异来源,如表 11-4 所示。

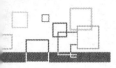

表 11-4　两侧面随机设计(p×r×o 设计)的变异来源(儿童行为观察测量例子)

变异来源	变异类型	方差分量
儿童(p)	全域分数的变异(测量目标)	σ_p^2
评价者(r)	评价者的宽松或严厉度对所有儿童造成的恒定影响(测量侧面)	σ_r^2
场合(o)	场合不同对儿童行为的不一致造成的恒定影响(测量侧面)	σ_o^2
pr	对部分儿童的行为,评价者评定不一致	σ_{pr}^2
po	由于场合不同,部分儿童的行为不一致	σ_{po}^2
ro	由于场合不同,评价者的宽松或严厉度产生的不一致	σ_{ro}^2
pro,e	p,r,o 产生的交互作用;一些随机的或系统的但未被识别的变异	$\sigma_{pro,e}^2$

对于表 11-4 的不同变异来源,作如下解释。

第一个变异来源,是寻求帮助儿童之间的个体差异。这个变异可归因于测量目标引起的,被认为是全域分数的变异。

第二个变异来源,是评价者之间的不一致性引起了由一个评价者概化到所有评价者的误差。儿童寻找帮助的结论取决于他们被抽到哪一组,这表现在是宽松的评价者还是严厉的评价者,这两者比起来,宽松的评价者对儿童是受益的。我们应该注意到评价者的宽松或严厉度是对所有儿童而言的。因此,我们可以说评价者的主效应(如同在方差分析中)是恒定效应,因为对所有儿童都是一样的。

第三个变异来源,是儿童寻求帮助的次数在场合上的不一致性引起了从样本概化到全域的误差。在特定场合发生的一些事影响了所有的儿童,可能会增加或减少他们寻求帮助的行为。例如,若周末俗事过量,儿童会很少注意到这些任务,则可能导致儿童寻求更少帮助。在这个例子中,这种情况是对所有儿童而言的。因此,我们可以说场合的主效应也是恒定效应。

第四个变异来源,是对于特定的儿童,评价者评定寻求帮助行为时可能出现不一致。例如,1 号评价者可能对 4 号、7 号和 12 号儿童特别宽松,而 2 号评价者对所有儿童一视同仁。对于这种变异,我们可以说儿童与评价者之间存在交互作用,因为一些儿童和一些评价者产生了独特的"交互"结果。

第五个变异来源,是一些儿童(不是所有儿童)在一个场合可能寻求更多帮助,但在另一个场合则不然。这种不一致性不是针对所有儿童,而是针对一些特定的儿童。因此,我们可以说儿童与场合存在交互作用。

第六个变异来源,是由于场合不同,评价者的宽松或严厉度产生的不一致。在一个场合,某评价者在评定所有儿童寻求帮助的次数时是宽松的,但在另外一个场合可能又不是这样。因此,评价者与场合共同对所有儿童产生了分数变异,这称之为评价者与场合的交互作用。

第七个变异来源,包括儿童、评价者与场合的交互作用(儿童—评价者—场合的交互作用),以及其他一些残差 e,这些残差包括一些随机的或系统的但未被识别的变异。

三、三个或者更多侧面的全域

社会科学测量的复杂性并不仅仅局限于两个侧面。例如,CTBS 科学成就测验的使用者可能要概化到三个(或更多)侧面,如题目、场合、实施者等。我们知道,学生表现可能会因

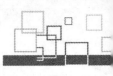

不同题目和场合而改变,也可能会因不同测验实施者而改变。那么,实施者便形成了第三个侧面。如此,可允观测全域定义了三个侧面——题目、场合和实施者——这三者放到了一起。这也就是说,可允观测全域被定义为在所有可能的场合上所有实施者对学生实施所有的题目。可允观测全域越广,从样本概化到全域造成的误差就有可能越大。

于是,对于这样的 CTBS 科学成就测验,不只是只有两个侧面的全域(题目和场合),而是就有了三个侧面的全域(题目、场合和实施者),对应的概化设理论研究计不再是 $p \times i \times o$,而是 $p \times i \times o \times s$(这里的 s 表示实施者)。实际上,我们还可以定义更多侧面的全域来进行这样的 CTBS 科学成就测验,在此,限于篇幅就不再举例了。

四、交叉设计、嵌套设计和混合设计

在上面的一个侧面 CTBS 科学成就测验的例子中,所有的被试被实施所有的题目。一个侧面的所有条件(如题目)被测量目标(如被试)所有条件所反应,我们把这样的一个测量设计称为交叉设计。在这种设计中,被试交叉于题目,即 $p \times i$,"$\times$"符号表示交叉关系。类似地,在上面的两个侧面儿童行为观察测量的例子中,每个评价者在每个场合评定儿童寻找帮助的次数。在这个设计中,有三个变异来源,分别是儿童、评价者和场合,它们都是交叉的,即 $p \times r \times o$。

在上面的一个侧面 CTBS 科学成就测验的例子中,也有可能出现这种情况:所有被试被实施不同题目,即每个被试的题目都是不同的,20 个被试共需要 160 道题目(20×8)。在这种设计中,题目嵌套于被试,即 $i : p$,"$:$"符号表示嵌套关系。

在上面的两个侧面儿童行为观察测量的例子中,评价者通过看录像带来评定儿童在不同场合寻求帮助的次数。所有评价者从多个场合评定所有儿童寻求帮助的次数是很方便的,交叉设计在这种情境中是适合的。但是,如果评价者在教室评定儿童行为而不是通过看录像带来进行评定,那么对于这种设计,所有评价者被要求到访所有教室,是不方便的。然而,不同的评价者到访不同的场合可能是更为方便的。那么,在这种情况下,评价者侧面不是与场合侧面相交叉,而是与场合侧面相嵌套,即 $r : o$,评价者侧面嵌套在场合侧面内。当嵌套侧面(评价者)的两个或更多条件出现在另一个侧面(场合)两个或更多条件中时,我们说这个侧面嵌套在另一个侧面中。此种设计既包含交叉关系,也包含嵌套关系,是混合设计,即 $p \times (r : o)$,在这种设计中所有儿童在不同场合由不同评价者进行评定。

总之,概化理论研究设计包含交叉设计、嵌套设计和混合设计三种情况。

五、随机侧面和固定侧面

若满足下列条件,则样本被认为是随机的:① 样本的大小比全域小得多;②样本被认为是随机抽样的;③所抽取的样本与从同一全域抽取的另外的样本是可以相交换的。

要判断一个样本是否可以被看作是随机的,我们应该问这样一个问题:"我是否愿意将这个样本与其他具有相同数量的、从全域随机抽出的样本相交换?"如果这个答案是肯定的,那么测量侧面可以被认为是随机的。例如,如果一个决策者愿意将一个样本与另外一个样本交换所有样本题目,那么题目侧面可以被认为是随机的。对于表 11 - 1 的 CTBS 科学成就测验 $p \times i$ 设计,题目侧面的 8 道题被认为是从一个大的题目全域中随机抽取的,是可以与另外一个样本的 8 道题目相交换的。因此,题目侧面可以被认为是随机的。

然而,另外一种情况是,测量侧面的条件"耗竭"了研究者想要概化到的所有条件。例

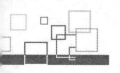

如,CTBS科学成就测验经常有多个子测验,主要包括数学、科学、社会研究、语言艺术,等等。在这种情况下,交换条件是不可能的,因为子测验的条件数与概化全域相等。这时,我们把子测验作为固定侧面来处理(类似于 ANOVA 中的固定因素),是更合适的。又如,对于表 11-1 所示的 CTBS 科学成就测验,如果 8 道题不属于同一种题型,而是属于四种题型(选择题、填空题、简答题和问答题),每种题型各有 2 道题,那么对应的概化理论研究设计是 p×(i:h),h 表示题型。在这个设计中,题型是不可以交换的,即我们不能认为选择题题型可以与填空题题型相交换,也不能认为简答题题型可以与问答题题型相交换,等等。实际上,题型不仅是有限的,也是不能相交换的,题型是固定的。因此,题型是固定侧面。

总之,概化理论把测量侧面分为随机侧面和固定侧面两种。

第二节 概化理论分析过程

进行概化理论分析一般包括 4 个步骤,具体如下。

第一,明确概化设计。概化设计又称为概化理论研究设计。明确概化设计是进行概化理论分析的第一步,这一步需要明确的问题包括:一是数量,即测量目标和测量侧面的数量、测量目标和测量侧面的水平数;二是关系,即测量目标之间的关系、测量侧面之间的关系及测量目标与测量侧面之间的关系;三是条件,即不同测量目标间同一测量侧面的条件是否相同。

第二,确定数据结构和概化模型。根据实际测量的要求,用图表的形式表示数据结构和概化模型有利于理解概化理论研究设计。但是,我们需要注意区分单变量概化理论和多元概化理论数据结构和概化模型的不同。单变量概化理论测量目标变量仅一个,而多元概化理论测量目标变量可以是多个。在某种意义上,单变量概化理论模型是多元概化理论模型的简化。然而,具有多个测量目标变量不一定就能进行多元概化理论分析,这是因为若测量目标变量相关很低,或者相互独立,则需要分别进行多个单变量的概化理论分析,而不能进行多元概化理论分析。

第三,进行 G 研究。G 研究(Generalizability study)又称为概化研究,其主要任务是在研究设计的基础上,尽可能地"挖掘"出各种潜在的测量误差来源,并估计出这些误差来源的方差分量(variance components)。在 G 研究中,测量的条件全域是可允观测全域。可允观测全域中的测量侧面一般作"随机性"假定,其全域容量也作"无限"假定。可允观测全域内部的测量侧面之间、测量侧面与测量目标之间一般作"交叉关系"假定,当然也有不是"交叉关系"的情况。

第四,进行 D 研究。D 研究(Decision study)又称为决策研究,其主要任务是为了某种特殊的决策需要,以 G 研究所得到的这些方差分量为基础,通过调整测量过程中各方面的关系(如调整各个测量侧面样本水平数的多少、调整各个测量侧面之间的关系、改变不同变量权重等),来探索如何控制和调整测量误差。在 D 研究中,所涉及的条件全域是概化全域(universe of generalizability),而不是可允观测全域,仅是可允观测全域的一个子集,能与可允观测全域相同,也可能不同。概化全域中测量侧面是否作"随机性"假定、哪些测量侧面作"随机性"假定、各个测量侧面的全域容量是"有限"还是"无限"、测量侧面之间的关系是"交叉"还是"嵌套"等,均需要根据研究决策的需要来进行调整。概化理论其中一个目的是评估大部分的变异来源,以便把不想要的变异在未来收集数据时能够得到消除或减少。在应用方面,概化理论 D 研究不仅可以评估一个已有的测验,也可以重新设计一个全新的测验(如预测测验题目的数量等)。

接下来,以表 11-1 的 CTBS 科学成就测验 p×i 设计为例,来说明进行概化理论分析的 4 个步骤。

第一,明确概化设计。在这个例子中,测量目标是被试(p),测量侧面是题目(i),p 和 i 都随机,构成测量的情境关系。测量目标对应的总体是测量总体(population of measurement),假定为无限,那么这 20 个被试表示是从一个无限被试总体中随机抽取出来的。测量侧面对应的总体是可允观测全域,假定为无限,那么这 8 个题目是从一个无限题目全域中随机抽取出来的。被试(p)和题目(i)一一见面,具有"交叉"关系,研究设计可表示为 p×i。

第二,确定数据结构和概化模型。概化理论研究设计为 p×i,被试数为 20,题目数为 8,数据结构可表示为 20×8,如表 11-1 所示。p×i 设计的概化理论数学模型(概化模型)可表示为

$$X_{pi} = \mu + (\mu_p - \mu) + (\mu_i - \mu) + (X_{pi} - \mu_p - \mu_i + \mu) \tag{11-1}$$

在公式(11-1)中,X_{pi} 表示被试在题目上的观察分数(observed score);μ 表示总体均值,且 $\mu \equiv \underset{p}{E}\underset{i}{E}X_{pi}$;$\mu_p$ 表示被试的均值,且 $\mu_p \equiv \underset{i}{E}X_{pi}$;$\mu_i$ 表示题目的均值,且 $\mu_i \equiv \underset{p}{E}X_{pi}$。$\mu$、$\mu_p$ 和 μ_i 是可允观测全域上的均值,为总体参数。公式(11-1)也可以写成

$$X_{pi} = \mu + \pi_p + \beta_i + \varepsilon_{pi} \tag{11-2}$$

在公式(11-2)中,$\mu_p - \mu = \pi_p$ 表示被试的效应;$\mu_i - \mu = \beta_i$ 表示题目的效应;$X_{pi} - \mu_p - \mu_i + \mu = \varepsilon_{pi}$ 表示被试与题目交互(包括残差)的效应。

单侧面随机 p×i 设计的基本假设为:$\underset{p}{E}\pi_p = \underset{i}{E}\beta_i = \underset{p}{E}\varepsilon_{pi} = \underset{i}{E}\varepsilon_{pi} = 0$,$E(\pi_p\pi_{p'}) = E(\beta_i\beta_{i'}) = E(\varepsilon_{pi}\varepsilon_{p'i}) = E(\varepsilon_{pi}\varepsilon_{pi'}) = E(\varepsilon_{pi}\varepsilon_{p'i'}) = 0$,$E(\pi_p\beta_i) = E(\pi_p\varepsilon_{pi}) = E(\beta_i\varepsilon_{pi}) = 0$。

概化理论属于随机抽样理论,一般情况下仅能得到样本数据。在这种情况下,人们不得不利用样本均值(样本统计量)来估计总体均值(总体参数),即用 $\overline{X} = \sum_p \sum_i \dfrac{X_{pi}}{n_p n_i}$、$\overline{X}_p = \sum_i \dfrac{X_{pi}}{n_i}$ 和 $\overline{X}_i = \sum_p \dfrac{X_{pi}}{n_p}$ 分别估计 μ、μ_p 和 μ_i。那么,公式(11-1)变为

$$X_{pi} = \overline{X} + (\overline{X}_p - \overline{X}) + (\overline{X}_i - \overline{X}) + (X_{pi} - \overline{X}_p - \overline{X}_i + \overline{X}) \tag{11-3}$$

将公式(11-3)进一步变换,可得

$$(X_{pi} - \overline{X}) = (\overline{X}_p - \overline{X}) + (\overline{X}_i - \overline{X}) + (X_{pi} - \overline{X}_p - \overline{X}_i + \overline{X}) \tag{11-4}$$

公式(11-4)表明总的效应等于被试的效应、题目的效应、被试与题目交互(包括残差)的效应之和。

第三,进行 G 研究。G 研究的主要任务是进行方差分量估计。为了获得各个效应的方差分量,需要使用方差分析(ANOVA)等技术。p×i 设计数据结构如表 11-5 所示。

表 11-5　p×i 设计数据结构

	i_1	i_2	…	i_{n_i}
p_1	X_{11}	X_{12}	…	X_{1n_i}
p_2	X_{21}	X_{22}	…	X_{2n_i}
…	…	…	…	…
p_{n_p}	X_{n_p1}	X_{n_p2}	…	$X_{n_p n_i}$

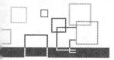

根据表 11-5 的数据,可以获得方差分析的有关统计量,如表 11-6 所示。

表 11-6 p×i 设计方差分析的有关统计量

变异来源	平方和	自由度	均方	期望均方
被试(p)	SS_p	$n_p - 1$	$MS_p = SS_p/df_p$	$EMS_p = \sigma_{pi,e}^2 + n_i \sigma_p^2$
题目(i)	SS_i	$n_i - 1$	$MS_i = SS_i/df_i$	$EMS_i = \sigma_{pi,e}^2 + n_p \sigma_i^2$
pi,e	$SS_{pi,e}$	$(n_p-1)(n_i-1)$	$MS_{pi,e} = SS_{pi,e}/df_{pi,e}$	$EMS_{pi,e} = \sigma_{pi,e}^2$

在表 11-6 中,SS_p、SS_i、$SS_{pi,e}$ 分别表示被试的效应平方和(sum of square)、题目的效应平方和、被试与题目交互(包括残差)的效应平方和;MS_p、MS_i、$MS_{pi,e}$ 分别表示被试的效应均方(mean square)、题目的效应均方、被试与题目交互(包括残差)的效应均方;EMS_p、EMS_i、$EMS_{pi,e}$ 分别表示被试的效应期望均方(expected mean square)、题目的效应期望均方、被试与题目交互(包括残差)的效应期望均方;σ_p^2、σ_i^2、$\sigma_{pi,e}^2$ 分别表示被试的方差分量、题目的方差分量、被试与题目交互(包括残差)的方差分量。

通过表 11-6 可以看出,为了获得估计的方差分量,应该先求出效应平方和。对公式(11-4)进一步推理,可得

$$(X_{pi} - \overline{X}) = (\overline{X}_p - \overline{X}) + (\overline{X}_i - \overline{X}) + (X_{pi} - \overline{X}_p - \overline{X}_i + \overline{X})$$

$$\sum_p \sum_i (X_{pi} - \overline{X}) = \sum_p \sum_i [(\overline{X}_p - \overline{X}) + (\overline{X}_i - \overline{X}) + (X_{pi} - \overline{X}_p - \overline{X}_i + \overline{X})]$$

$$\sum_p \sum_i (X_{pi} - \overline{X})^2 = \sum_p \sum_i [(\overline{X}_p - \overline{X}) + (\overline{X}_i - \overline{X}) + (X_{pi} - \overline{X}_p - \overline{X}_i + \overline{X})]^2$$

根据单侧面随机 p×i 设计的基本假设,可证明

$$\sum_p \sum_i (X_{pi} - \overline{X})^2 = \sum_p \sum_i (\overline{X}_p - \overline{X})^2 + \sum_p \sum_i (\overline{X}_i - \overline{X})^2 + \sum_p \sum_i (X_{pi} - \overline{X}_p - \overline{X}_i + \overline{X})^2$$

$$\sum_p \sum_i (X_{pi} - \overline{X})^2 = n_i \sum_p (\overline{X}_p - \overline{X})^2 + n_p \sum_i (\overline{X}_i - \overline{X})^2 + \sum_p \sum_i (X_{pi} - \overline{X}_p - \overline{X}_i + \overline{X})^2$$

上式中,$\sum_p \sum_i (X_{pi} - \overline{X})^2$ 表示总的效应平方和;$\sum_p \sum_i (\overline{X}_p - \overline{X})^2 = n_i \sum_p (\overline{X}_p - \overline{X})^2$ 表示被试的效应平方和;$\sum_p \sum_i (\overline{X}_i - \overline{X})^2 = n_p \sum_i (\overline{X}_i - \overline{X})^2$ 表示题目的效应平方和;$\sum_p \sum_i (X_{pi} - \overline{X}_p - \overline{X}_i + \overline{X})^2$ 表示被试与题目交互(包括残差)的效应平方和。

按照上式可得到下列公式:

$$SS_{Total} = SS_p + SS_i + SS_{pi,e} \tag{11-5}$$

公式(11-5)表明总的效应平方和等于被试的效应平方和、题目的效应平方和、被试与题目交互(包括残差)的效应平方和之和。

针对表 11-1 数据,可求出各效应平方和,其操作过程如下。

① 求出总的效应平方和。其过程是:先将 20×8=160 个数据拉成一列,这一列共有 160 个数据点,如表 11-7 所示,计算 $\overline{X}(0.4375)$,然后求出每行对应的 $X_{pi} - \overline{X}$,再求出 $(X_{pi} - \overline{X})^2$,最后可得 $SS_{Total} = \sum_p \sum_i (X_{pi} - \overline{X})^2 = 39.3750$。

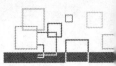

表 11-7　CTBS 科学成就测验 160 个数据点及离差平方和

No.	data	$X_{pi}-\overline{X}$	$(X_{pi}-\overline{X})^2$
1	0	-0.4375	0.191 406
2	1	0.562 5	0.316 406
3	1	0.562 5	0.316 406
⋮	⋮	⋮	⋮
158	1	0.562 5	0.316 406
159	0	-0.4375	0.191 406
160	0	-0.4375	0.191 406
$\sum_p \sum_i (X_{pi}-\overline{X})^2 =$			39.375 0

② 求出被试的效应平方和。其过程是：先求出被试平均分 $\overline{X}_p$，如表 11-8 所示，然后求出每行对应的 $(\overline{X}_p-\overline{X})^2$，再求出 $\sum_p (\overline{X}_p-\overline{X})^2$，最后可得 $SS_p = n_i \sum_p (\overline{X}_p-\overline{X})^2 = 8 \times \sum_p (\overline{X}_p-\overline{X})^2 = 8.625\,0$。

表 11-8　CTBS 科学成就测验被试平均分及离差平方和

被试	1	2	3	4	5	6	7	8	$\overline{X}_p$	$(\overline{X}_p-\overline{X})^2$
1	0	1	0	0	0	1	0	1	0.375	0.003 906
2	1	0	1	0	0	0	0	1	0.375	0.003 906
3	1	1	1	0	0	0	0	0	0.375	0.003 906
4	1	1	0	0	1	0	0	1	0.500	0.003 906
5	1	1	1	1	0	0	0	1	0.625	0.035 156
6	1	1	1	1	1	1	1	1	1.000	0.316 406
7	1	0	1	0	0	1	1	0	0.500	0.003 906
8	1	0	1	0	0	0	1	1	0.500	0.003 906
9	1	0	0	0	0	1	1	1	0.500	0.003 906
10	0	1	0	0	1	1	0	0	0.375	0.003 906
11	0	0	0	0	1	1	1	0	0.375	0.003 906
12	0	0	1	0	0	0	0	0	0.125	0.097 656
13	1	1	1	1	1	1	1	1	1.000	0.316 406
14	0	0	0	0	0	1	1	1	0.375	0.003 906
15	0	0	1	0	0	0	0	1	0.250	0.035 156
16	1	1	1	0	0	1	0	0	0.500	0.003 906
17	0	1	0	0	0	0	0	0	0.125	0.097 656
18	1	0	0	0	0	1	1	1	0.500	0.003 906
19	0	0	0	0	0	1	1	0	0.250	0.035 156
20	0	1	0	0	0	0	0	0	0.125	0.097 656
								$\sum_p (\overline{X}_p-\overline{X})^2 =$		1.078 125
								$n_i \sum_p (\overline{X}_p-\overline{X})^2 =$		8.625 0

③ 求出题目的效应平方和。其过程是：先求出题目平均分 $\overline{X}_i$，如表 11-9 所示，然后求出每列对应的 $(\overline{X}_i-\overline{X})^2$，再求出 $\sum_i (\overline{X}_i-\overline{X})^2$，最后可得 $SS_i = n_p \sum_i (\overline{X}_i-\overline{X})^2 = 20 \times \sum_i (\overline{X}_i-\overline{X})^2 = 2.7750$。

表 11-9 CTBS 科学成就测验题目平均分及离差平方和

被试	题 目							
	1	2	3	4	5	6	7	8
1	0	1	0	0	0	1	0	1
2	1	0	1	0	0	0	0	1
3	1	1	1	0	0	0	0	0
4	1	1	0	0	1	0	0	1
5	1	1	1	1	0	0	0	1
6	1	1	1	1	1	1	1	1
7	1	0	1	0	0	1	1	0
8	1	0	1	0	0	0	1	1
9	1	0	0	0	0	1	1	1
10	0	1	0	0	1	1	0	0
11	0	0	0	1	1	1	0	0
12	0	0	1	0	0	0	0	0
13	1	1	1	1	1	1	1	1
14	0	0	0	0	0	1	1	1
15	0	0	1	0	0	0	0	1
16	1	1	1	0	0	1	0	0
17	0	1	0	0	0	0	0	0
18	1	0	0	0	0	1	1	1
19	0	0	0	0	0	1	1	0
20	0	1	0	0	0	0	0	0
$\overline{X}_i$	0.5500	0.5000	0.5000	0.2000	0.2500	0.5500	0.4000	0.5500
$(\overline{X}_i-\overline{X})^2$	0.0127	0.0039	0.0039	0.0564	0.0351	0.0127	0.0014	0.0127
$\sum_i (\overline{X}_i-\overline{X})^2=$	0.0127+0.0039+0.0039+0.0564+0.0351+0.0127+0.0014+0.0127=0.1388							
$n_p \sum_i (\overline{X}_i-\overline{X})^2=$	20×0.1388=2.7750							

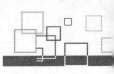

④ 求出被试与题目交互(包括残差)的效应平方和。根据公式(11-5)可知,$SS_{pi,e} = SS_{Total} - SS_p - SS_i$,$SS_{pi,e} = 39.375\ 0 - 8.625\ 0 - 2.775\ 0 = 27.975\ 0$。

获得了各效应的平方和,再求出各均方:$MS_p = SS_p/df_p = 8.625\ 0/19 = 0.453\ 9$,$MS_i = SS_i/df_i = 2.775/7 = 0.396\ 4$,$MS_{pi,e} = SS_{pi,e}/df_{pi,e} = 27.975\ 0/133 = 0.210\ 3$。

可以证明(读者自行完成),期望均方与方差分量存在如下关系:

$$EMS_p = \sigma_{pi,e}^2 + n_i\sigma_p^2 \tag{11-6}$$

$$EMS_i = \sigma_{pi,e}^2 + n_p\sigma_i^2 \tag{11-7}$$

$$EMS_{pi,e} = \sigma_{pi,e}^2 \tag{11-8}$$

但是,公式(11-6)~公式(11-8)是针对总体而言的,需要使用样本来推断总体,即用样本统计量估计总体参数。其做法是:用 MS 代替 EMS,用 $\hat{\sigma}^2$ 代替 σ^2,那么公式(11-6)~公式(11-8)变为

$$MS_p = \hat{\sigma}_{pi,e}^2 + n_i\hat{\sigma}_p^2 \tag{11-9}$$

$$MS_i = \hat{\sigma}_{pi,e}^2 + n_p\hat{\sigma}_i^2 \tag{11-10}$$

$$MS_{pi,e} = \hat{\sigma}_{pi,e}^2 \tag{11-11}$$

根据公式(11-9)~公式(11-11),可求出估计的方差分量

$$\hat{\sigma}_p^2 = \frac{MS_p - MS_{pi,e}}{n_i} \tag{11-12}$$

$$\hat{\sigma}_i^2 = \frac{MS_i - MS_{pi,e}}{n_p} \tag{11-13}$$

$$\hat{\sigma}_{pi,e}^2 = MS_{pi,e} \tag{11-14}$$

在公式(11-12)~公式(11-14)中,$\hat{\sigma}_p^2$ 表示估计的被试的方差分量,$\hat{\sigma}_i^2$ 表示估计的题目的方差分量,$\hat{\sigma}_{pi,e}^2$ 表示估计的被试与题目交互(包括残差)的方差分量。按照公式(11-12)~公式(11-14),计算可得

$$\hat{\sigma}_p^2 = \frac{MS_p - MS_{pi,e}}{n_i} = \frac{0.453\ 9 - 0.210\ 3}{8} = 0.030\ 5$$

$$\hat{\sigma}_i^2 = \frac{MS_i - MS_{pi,e}}{n_p} = \frac{0.396\ 4 - 0.210\ 3}{20} = 0.009\ 3$$

$$\hat{\sigma}_{pi,e}^2 = MS_{pi,e} = 0.210\ 3$$

将上述 G 研究结果进行汇总,所得结果如表 11-10 所示。

表 11-10　CTBS 科学成就测验 G 研究结果

变异来源	平方和	自由度	均方	方差分量	百分比
被试(p)	8.625 0	19	0.453 9	0.030 5	12%
题目(i)	2.775 0	7	0.396 4	0.009 3	4%
pi,e	27.975 0	133	0.210 3	0.210 3	84%

第四,进行 D 研究。D 研究可按下列两种方式进行:一是改变题目数;二是改变研究设计,即将交叉设计 p×i 改变为嵌套设计 i:p。两种 D 研究结果如表 11-11 和表 11-12 所示。

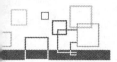

表 11-11 CTBS 科学成就测验 D 研究结果(改变题目数)

变异来源	变异量	$n_i'=1$	$n_i'=8$	$n_i'=20$	$n_i'=30$	$n_i'=40$
被试(p)的方差分量	$\hat{\sigma}_p^2$	0.030 5	0.030 5	0.030 5	0.030 5	0.030 5
题目(i)的方差分量	$\hat{\sigma}_i^2$	0.009 3	0.001 2	0.000 5	0.000 3	0.000 2
pi,e 的方差分量	$\hat{\sigma}_{pi,e}^2$	0.210 3	0.026 3	0.010 5	0.007 0	0.005 3
相对误差方差	$\hat{\sigma}_{Rel}^2$	0.210 3	0.026 3	0.010 5	0.007 0	0.005 3
绝对误差方差	$\hat{\sigma}_{Abs}^2$	0.219 6	0.027 5	0.011 0	0.007 3	0.005 5
概化系数	$E\hat{\rho}^2$	0.126 7	0.537 0	0.743 9	0.813 3	0.852 0
可靠性指数	$\hat{\phi}$	0.122 0	0.525 9	0.734 9	0.806 9	0.847 2

在表 11-11 中,$\hat{\sigma}_{Rel}^2$ 表示估计的相对误差方差,且 $\hat{\sigma}_{Rel}^2=\dfrac{\hat{\sigma}_{pi,e}^2}{n_i'}$;$\hat{\sigma}_{Abs}^2$ 表示估计的绝对误差方差,且 $\hat{\sigma}_{Abs}^2=\dfrac{\hat{\sigma}_i^2}{n_i}+\dfrac{\hat{\sigma}_{pi,e}^2}{n_i'}$;$E\hat{\rho}^2$ 表示估计的概化系数(G 系数),且 $E\hat{\rho}^2=\dfrac{\hat{\sigma}_p^2}{\hat{\sigma}_p^2+\hat{\sigma}_{Rel}^2}$;$\hat{\phi}$ 表示估计的可靠性指数(ϕ 指数),且 $\hat{\phi}=\dfrac{\hat{\sigma}_p^2}{\hat{\sigma}_p^2+\hat{\sigma}_{Abs}^2}$。

从表 11-11 可以看出,用一个题目考查被试科学成就水平的概化系数和可靠性指数分别为 0.126 7 和 0.122 0,可靠性相当低,但当题目增至 8 个时,概化系数和可靠性指数有明显提高,达到了 0.537 0 和 0.525 9。如果要使概化系数和可靠性指数都达到 0.80 以上,根据表 11-11,那么至少需要 30 个题目(这时的概化系数和可靠性指数分别为 0.813 3 和 0.806 9)。

表 11-12 CTBS 科学成就测验 D 研究结果(改变研究设计)

p×i 设计 变异来源	变异量	$n_i'=1$	$n_i'=20$	i:p 设计 变异来源	变异量	$n_i'=1$	$n_i'=20$
被试(p)的方差分量	$\hat{\sigma}_p^2$	0.030 5	0.030 5	被试(p)的方差分量	$\hat{\sigma}_p^2$	0.030 5	0.030 5
题目(i)的方差分量	$\hat{\sigma}_i^2$	0.009 3	0.000 5				
pi,e 的方差分量	$\hat{\sigma}_{pi,e}^2$	0.210 3	0.010 5	i:p 的方差分量	$\hat{\sigma}_{i,pi,e}^2$	0.219 6	0.011 0
相对误差方差	$\hat{\sigma}_{Rel}^2$	0.210 3	0.010 5	相对误差方差	$\hat{\sigma}_{Rel}^2$	0.219 6	0.011 0
绝对误差方差	$\hat{\sigma}_{Abs}^2$	0.219 6	0.011 0	绝对误差方差	$\hat{\sigma}_{Abs}^2$	0.219 6	0.011 0
概化系数	$E\hat{\rho}^2$	0.126 7	0.743 9	概化系数	$E\hat{\rho}^2$	0.122 0	0.734 9
可靠性指数	$\hat{\phi}$	0.122 0	0.734 9	可靠性指数	$\hat{\phi}$	0.122 0	0.734 9

从表 11-12 可以看出,当 p×i 设计改变为 i:p 设计后,概化系数和可靠性指数改变相对较小,其原因是题目侧面的方差分量较小(约为 4%,如表 11-10 所示)。但是,这两种设计的结果仍然有差别,分析如下:p×i 设计要求的题量较少(仅为 8 个),而 i:p 设计要求的题量大大增加(多达 160 个),若按实际费用考虑,则交叉设计更为合理,但若考虑题目曝光率,如计算机化自适应测验,则 i:p 更为合理,因为每道题目被曝光的概率大大降低,试题被"偷"的可能性也随之降低。

如此看来,是选择 p×i 设计,还是选择 i:p 设计,应该视不同情况而定,应该根据测验

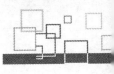

的目的和需要进行权衡考量。

以上是通过表11-1的CTBS科学成就测验的例子,来说明进行概化理论分析的4个步骤。实际上,对于其他的例子,如表11-3的儿童行为观察测量的例子,完全可仿照上述4个步骤进行分析。但是,限于篇幅,在本书中就不再展开讨论了。

第三节 概化理论应用

概化理论可应用于表现性评价、多源评估、心理测验、结构化面试、评价中心等各种测评中,如下。

第一,概化理论应用于表现性评价。表现性评价(performance assessment)是评价者按照某种要求对被评价者的表现进行评估的一种方法。一个复杂的表现性评价受到多种因素影响,如评价者、任务和场合等。经典测验理论通常一次仅能考虑一个因素,而概化理论可以同时考察多个因素。表现性评价常用的概化理论研究设计既包括交叉设计(如 p×i、p×r×o 等),也包括嵌套设计(如 r:o、i:p 等)和混合设计(如 p×(i:o)、p×(i:h)等)。在 G 研究基础上,概化理论 D 研究可以改变测量侧面所包含的条件数量来进行决策研究,常用的估计方差分量或协方差分量的方法是 ANOVA 或 MANOVA 方法,常用的操作软件包括 GENOVA、urGENOVA 和 mGENOVA 等。在表现性评价中,使用概化理论具有如下优势:一是可以比较多种因素对测量目标的贡献,从而确定哪种评价更为合理;二是可以通过分析被试的表现,探明隐藏在表现性评价背后的影响因素,并估计出它们的误差大小;三是可以考察表现性评价产生的评分误差,估计出评分者之间的一致性。

第二,概化理论应用于多源评估。多源评估(multisource rating),即 360°反馈评价,是一种打破了自上而下传统考评的方法,是从不同范围层面的群体收集考评信息,并反馈至被考评者的一种方法。多源评估突破了传统评价的最大难点——行为评价,是一种更科学的评价方法。这种方法既能促使评估对象更准确地认识自己的优劣,更清楚地把握个人的发展,提升团队的凝聚力,又能增进评价的效果。使用概化理论分析测评中的多源评估,其优点是:与其他测验理论相比,概化理论能从多方面分解多源评估的误差,能够较大程度地保证测评的信度和效度。现代商业趋势促使人们对于传统的评估系统提出了新的要求,传统意义上的仅仅依赖以上级考核为中心的评估系统已经变得不再适合了,多源评估正是迎合了这种需要。概化理论运用其随机化技术和统计调整技术,能够将多源评估中不同途径造成的误差来源进行分解和估计,从而达到尽可能地探明误差的来源,增强了评估的说服力。另外,概化理论还可以进行多源评估的事后分析,即在探明误差来源的基础上,能够根据误差大小来进行预测和调控,从而帮助人们进行方案调整。多源评估多采用多元概化理论对评估者效应进行分析,其设计包括 p˙×r˙、p˙×r°、p˙×i˙×r˙ 等,实心上标"˙"表示变量间测量侧面的条件是相同的,空心上标"°"表示变量间测量侧面的条件是不同的。

第三,概化理论应用于心理测验。心理测验(psychological test)是通过观察人的少数有代表性的行为,对于贯穿在人的行为活动中的心理特征,依据某种原则进行推论和数量化分析的一种科学手段,其实质是对行为样本客观而标准化的测量。心理测验是各种测评的重要手段,其作用最早是在战争中显示出来的。在第一次世界大战期间,美国人为了防止低能的或不合格的士兵入伍,于是便请心理学家编制了团体智力测验(陆军甲种和乙种测验),为

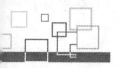

挑选聪明的士兵或使聪明的人担任更重要的任务做出了贡献。概化理论应用于心理测验，其 G 研究常借助 ANOVA 或 MANOVA 方法来分解不同设计各种效应的方差或协方差分量，如在 G 研究中，可分解 $p \cdot \times (i \cdot : h \cdot)$ 设计各种效应的方差和协方差分量；其 D 研究则是在 G 研究的基础上，选择最优的测量方案，为测验的改进提供依据，如在 D 研究中，常常通过改变被试、项目的数量或将随机侧面变为固定侧面等方法来获得最优的测量方案。

第四，概化理论应用于结构化面试。结构化面试（structured interview）是一种根据特定职位的胜任特征要求，遵循固定程序，采用专门的题集、评价标准和评价方法，通过考官与应考者面对面的言语交流等方式，评价应考者胜任素质的人事测评方法。面试几乎在所有的人事招聘中都会被用到，而且面试的结果在最终决策中所占的比重越来越大。但面试具有主观性大、面试考官容易产生偏见等缺点。结构化面试作为一种多维度的综合性测评，运用多元概化理论不仅可以提供多变量测评中协方差构成的侧面信息，而且还可以全面分析面试过程中的评价信息，为探求最优化面试设计方案提供有益参考。例如，使用多元概化理论，可以确定结构化面试结构维度权重何种情况最佳，克服了面试中人为规定权重的弊端。概化理论把一些无关变量一并引入结构化面试测量模型之中，在剔除这些变量的影响后，被试之间水平的真正差异便能够得到清晰显现，从而达到对误差进行控制的目的。另外，使用概化理论也可以探查出在结构化面试中影响测评的最主要因素，为更好地进行结构化面试提供有力证据。

第五，概化理论应用于评价中心。评价中心（assessment center）一直是西方国家流行的一种评价、选拔和培训管理人员（尤其是中高层管理人员）的综合性人事测评方法。作为一种人事测评方法，其效度是研究者和实际工作者极为关心的一个问题。评价中心通过模拟多种任务来进行测评，是一种现代人事测评的主要形式。然而，评价中心的结构效度有可能不甚理想。如何让评价者尽可能地作出更加接近被试真实能力水平的评价，即如何更好地控制好评分误差，一直是对评价中心进行系统研究和开发应用的专业工作者十分关心的问题。要了解如何控制评分误差，首先要考虑的问题就是了解影响评分误差的因素有哪些，即可能的误差来源有哪些。对于评价中心结构效度的检验，传统上多采用多元特质—多重方法、探索性因素分析以及验证性因素分析等技术。但是，无论是多元特质—多重方法，还是因素分析，都多注重考察测验维度和测评方法对测验分数的影响。然而，尽管它们在某种程度上能够说明测验的结构效度，但由于在内容上仅局限于测验维度和测评方法两种影响因素，缺乏对其他变异来源进行有效分离，因此容易造成对误差因素认识不清。更为重要的是，这些传统方法无法根据研究目的，对评价中心的测量误差实施有效控制，不利于提高测验的结构效度。可喜的是，概化理论却可以很便捷地分离评价中心的各种变异来源，为探究影响评价中心的因素提供了崭新视角。通过分析各种理论结构，概化理论为评价中心检验其结构效度搭建了有效框架，较好地解决了难以分离评价中心各种效应的问题，帮助人们更清晰地认识各种理论结构因素产生的变异。总之，概化理论可应用于评价中心，并可发挥出重要的作用。

【本章小结】

本章主要阐述了概化理论的基本概念、分析过程及若干应用。本章用实例讲解了概化

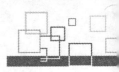

理论的基本原理与方法,阐明了不同研究设计下如何分解概化理论的不同变异来源。概化理论主要应用于各种测评中,如表现性评价、多源评估、心理测验、结构化面试、评价中心等。概化理论对于心理测评、教育考试、人事选拔、员工绩效考核和社会调查统计等方面的理论与实际工作具有指导价值。本章的重点是理解概化理论的基本概念,难点是掌握概化理论的分析过程。本章的中心概念是"方差分量估计"。

【练习与思考】

一、选择题(不定项选择题,至少有一个选项是正确的)

1. 研究测量必须先研究测量的情境关系的是　　　　　　　　(　)

    A. 经典测验理论　　　　　　　　B. 项目反应理论

    C. 概化理论　　　　　　　　　　D. 认知诊断理论

2. 概化理论的 D 研究是指　　　　　　　　　　　　　　　(　)

    A. 概化研究　　　　　　　　　　B. 决策研究

    C. 交叉研究　　　　　　　　　　D. 嵌套研究

3. 下列关于概化理论说法不正确的是　　　　　　　　　　(　)

    A. 是关于行为测量可靠性的理论

    B. 属于随机抽样理论

    C. 全域分数类似于经典测验理论的真分数

    D. 仅应用于交叉设计和嵌套设计

4. 在概化理论中,测量的情境关系包括　　　　　　　　　　(　)

    A. 测量目标　　B. 测量侧面　　C. 测量数据　　D. 测量量表

5. 下列例子中,哪些行为测量解释的是概化理论的相对决策?　　(　)

    A. 通过某个考试,需要做对 70% 的题目

    B. 某农场保险公司对 25 个应聘者实施了一个文字处理测验,前 5 名可以获得职位

    C. 一个含有 10 个题目的测验被用于决定是否一个学生掌握了数学课程的一个单元

    D. 5 个裁判在六点量表上评定 10 个女运动员的运动能力,并考虑她们是否能够参加冬季奥运会,其中,3 个得分最高的才能获得资格与美国队同台竞争

6. 测量侧面对应的总体是　　　　　　　　　　　　　　　(　)

    A. 可允观测全域　　B. 测量总体　　C. 测量条件　　D. 概化全域

7. 在概化理论中,对于 $p \times i$ 设计,下列关系式正确的是　　(　)

    A. $SS_{Total} = SS_p + SS_i$　　　　　　B. $SS_{Total} = SS_p + SS_i + SS_{pi}$

    C. $SS_{Total} = SS_p + SS_i + SS_{pi,e}$　　D. $SS_{Total} = SS_p + SS_i + SS_e$

8. 可以用来表示概化理论绝对决策的指标是　　　　　　　　(　)

    A. G 系数　　B. ϕ 指数　　C. K^2 指数　　D. α 系数

9. 概化理论把测量侧面分为　　　　　　　　　　　　　　(　)

    A. 随机侧面　　B. 固定侧面　　C. 混合侧面　　D. 无限侧面

10. 概化理论研究设计包括　　　　　　　　　　　　　　(　)

    A. 交叉设计　　B. 嵌套设计　　C. 混合设计　　D. 拉丁方设计

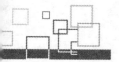

11. 在 D 研究中,所涉及的条件全域是   ( )

    A. 可允观测全域   B. 概化全域

    C. 侧面全域   D. 目标全域

二、简答题

1. 简述概化理论的分析过程。

2. 简述概化理论 G 研究与 D 研究的关系。

3. 简述概化理论的若干应用。

三、分析题

1. 4 个来自听障学校的评价者(r),在 40 个技能(s)上对 30 位特殊教师(t)进行评定,这 40 个技能被认为是对训练听障学生至关重要的。据此,回答以下问题。

(1) 列举变异的来源,鉴别测量目标和测量侧面。

(2) 这个研究的设计是什么?

(3) 列举这个设计相关的方差分量。

2. 在一项关于海军军人步兵的研究中,43 个步兵(p)在三个场合(o)被两个评价者(r)观察他们组装通信装置的情况。不同的评价者在不同的场合评定步兵的表现,但所有的步兵需要到访所有场合完成任务,其 G 研究部分结果列于表 11-13 中。据此,回答以下问题。

(1) 这个研究的设计是什么?

(2) 列出这个设计的期望均方。

(3) 根据表 11-13 的 G 研究部分结果,计算和解释估计的方差分量。

表 11-13　海军军人步兵研究 G 研究部分结果

变异来源	平方和	自由度	均方
步兵(p)	4.090 8	42	0.097 4
场合(o)	1.360 6	2	0.680 3
评价者:场合(r:o)	0.213 9	3	0.071 3
po	1.881 6	84	0.022 4
pr,pro,e	1.955 8	127	0.015 4

附　录

一、心理测验管理条例
（中国心理学会，2015.05）

第一章　总　则

第1条　为促进中国心理测验的研发与应用，加强心理测验的规范管理，根据国家有关法律法规制定本条例。

第2条　心理测验是指测量和评估心理特征（特质）及其发展水平，用于研究、教育、培训、咨询、诊断、矫治、干预、选拔、安置、任免、就业指导等方面的测量工具。

第3条　凡从事心理测验的研制、修订、使用、发行、销售及使用人员培训的个人或机构都应遵守本条例以及中国心理学会《心理测验工作者职业道德规范》的规定，有责任维护心理测验工作的健康发展。

第4条　中国心理学会授权其下属的心理测量专业委员会负责心理测验的登记和鉴定，负责心理测验使用资格证书的颁发和管理，负责心理测验发行、出售和培训机构的资质认证。

第二章　心理测验的登记

第5条　凡个人或机构编制或修订完成，用以研究、测评服务、出版、发行与销售的心理测验，都应到中国心理学会心理测量专业委员会申请登记。

第6条　登记是心理测验的编制者、修订者、版权持有者或其代理人到中国心理学会心理测量专业委员会就其测验的名称、编制者（修订者）、版权持有者、测量目标、适用对象、测验结构、示范性项目、信度、效度等内容予以申报，中国心理学会心理测量专业委员会按照申报内容备案存档并予以公示。心理测验登记的申请者应当向中国心理学会心理测量专业委员会提供测验的完整材料。

第7条　测验登记的申请者必须确保所登记的测验不存在版权争议。凡修订的心理测验必须提交测验原版权所有者的书面授权证明。

第8条　中国心理学会心理测量专业委员会在收到登记申请后，将申请登记的测验在中国心理学会心理测量分会的有关刊物和网站上公示3个月（条件具备时同时在相关学术刊物公示）。3个月内无人对版权提出异议的，视为不存在版权争议；有人提出版权异议的，责成申请者提交补充证明材料，并重新公示（公示期重新计算）。

第9条　公示的测验内容包括但不限于测验的名称、编制者（修订者）、版权所有者、测量目标、适用对象、结构、示范性项目、信度和效度。

第10条　对申请登记的测验提出版权异议需要提供有效证明材料。1个月内不能提供

有效证明材料的版权异议不予采纳。

第 11 条　中国心理学会心理测量专业委员会只对登记内容齐备、能够有效使用、没有版权争议的心理测验提供登记。凡经过登记的心理测验,均给予统一的分类编号。

第三章　心理测验的鉴定

第 12 条　心理测验的鉴定是指由中国心理学会心理测量专业委员会指定的专家小组遵循严格的认证审核程序对测验的科学性、有效性及其信息的真实性进行审核验证的过程。

第 13 条　心理测验只有获得登记才能申请鉴定。中国心理学会心理测量专业委员会只对没有版权争议、经过登记的心理测验进行鉴定,只认可经科学程序开发且具有充分科学证据的心理测验。

第 14 条　中国心理学会心理测量专业委员会每年受理两次测验鉴定的申请。

第 15 条　鉴定申请材料包括但不限于以下内容:测验(工具)、测验手册(用户手册和技术手册)、计分方法、测验科学性证明材料、信效度等研究的原始数据、测试结果报告案例、信息函数、题目参数、测验设计、等值设计、题库特征等内容资料。

第 16 条　对不存在版权争议的测验,中国心理学会心理测量专业委员会组织专家在 3 个月内完成鉴定。

第 17 条　鉴定工作程序包括初审、匿名评审、公开质证和结论审议 4 个环节。

(1) 初审主要审核鉴定申请材料的完备程度和是否存在版权争议。

(2) 初审符合要求后进入匿名评审。匿名评审按通信方式进行。参加匿名评审的专家有 5 名(或以上),每个专家都要独立出具是否同意鉴定的书面评审意见。无论鉴定是否通过,参与匿名评审专家的名单均不予以公开,专家本人也不得向外泄露。

(3) 匿名评审通过后进入公开质证,由鉴定申请者方面向鉴定专家小组说明测验的理论依据、编修或开发过程、相关研究和实际应用等情况,回答鉴定专家小组成员以及旁听人员对测验科学性的质询。鉴定专家小组由 5 名以上专家组成,成员由中国心理学会心理测量专业委员会聘任或指定。

(4) 公开质证结束后进入结论审议。鉴定专家小组闭门讨论,以无记名方式投票表决,对测验做出科学性评级。科学性评级分为 A 级(科学性证据丰富,推荐使用)、B 级(科学性证据基本符合要求,可以使用)、C 级(科学性证据不足,有待完善)。

第 18 条　为保证测验鉴定的公正性,规定如下:

(1) 测验的编制者、修订者和鉴定申请者不得担任鉴定专家,也不得指定鉴定专家;

(2) 为所鉴定测验的科学性和信息真实性提供主要证据的研究者或者证明人不得担任鉴定专家;

(3) 参加鉴定的专家应主动回避直系亲属及其他可能影响公正性的测验鉴定;

(4) 参与鉴定的专家应自觉维护测验评审工作的科学性和公正性,评审时只代表自己,不代表所在部门和单位。

第 19 条　为切实保护鉴定申请者和鉴定参与者的权益,参加鉴定和评审工作的所有人员均须遵守以下规定:

(1) 不得擅自复制、泄露或以任何形式剽窃鉴定申请者提交的测验材料;

(2) 不得泄露评审或鉴定专家的姓名和单位;

（3）不得泄露评审或鉴定的进展情况和未经批准和公布的鉴定或评审结果。

第 20 条　对于已经通过鉴定的心理测验,中国心理学会心理测量专业委员会颁发相应级别的证书。

第四章　测验使用人员的资格认定

第 21 条　使用心理测验从事职业性的或商业性的服务,测验结果用于教育、培训、咨询、诊断、矫治、干预、选拔、安置、任免、指导等用途的人员,应当取得测验的使用资格。

第 22 条　测验使用人员的资格证书分为甲、乙、丙三种。甲种证书仅授予主要从事心理测量研究与教学工作的高级专业人员,持此种证书者具有心理测验的培训资格。乙种证书授予经过心理测量系统理论培训并通过考试,具有一定使用经验的人。丙种证书为特定心理测验的使用资格证书,此种证书需注明所培训使用的测验名称,只证明持有者具有使用该测验的资格。

第 23 条　申请获得甲种证书应具有副高以上职称和 5 年以上心理测验实践经验,需由本人提出申请,经 2 名心理学教授推荐,由中国心理学会心理测量专业委员会统一审查核发。

第 24 条　申请获得乙种和丙种证书需满足以下条件之一:

（1）心理专业本科以上毕业;

（2）具有大专以上（含）学历,接受过中国心理学会心理测量专业委员会备案并认可的心理测量培训班培训,且考核合格。

第 25 条　心理测验使用资格证书有效期为 4 年。4 年期满无滥用或误用测验记录,有持续从事心理测验研究或应用的证明（如论文、被测者承认的测试结果报告,或测量专家的证明）,或经不少于 8 个小时的再培训,予以重新核发。

第 26 条　中国心理学会心理测量专业委员会对获得心理测验使用资格的人颁发相应的证书。

第五章　测验使用人员的培训

第 27 条　为取得心理测验使用资格证书举办的培训,必须包括有关测验的理论基础、操作方法、记分、结果解释和防止其滥用或误用的注意事项等内容,安排必要的操作练习,并进行严格的考核,确保培训质量。学员通过考核方能颁发心理测验使用资格证书。

第 28 条　在心理测验培训中,应将中国心理学会心理测量专业委员会颁布的心理测验管理条例与心理测验工作者职业道德规范纳入培训内容。

第 29 条　培训班所讲授的测验应当经过登记和鉴定。为尊重和保护测验编制者、修订者或版权拥有者的权益,培训班所讲授的测验应得到测验版权所有者的授权。

第 30 条　培训班授课者应持有心理测验甲种证书（讲授自己编制的、已通过登记和鉴定的测验除外）。

第 31 条　中国心理学会心理测量专业委员会对心理测验使用资格的培训机构进行资质认证,并对培训质量进行监控管理。

第 32 条　通过资质认证的培训机构举办心理测量培训班需到中国心理学会心理测量专业委员会申报登记,并将培训对象、培训内容、课时安排、考核方法、收费标准与详细培训

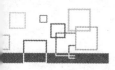

计划及授课人的基本情况上报备案。中国心理学会坚决反对不具有培训资质的培训机构或者个人举办心理测验使用培训。

第 33 条　培训的举办者有责任对培训人员的资质情况进行审核。

第 34 条　培训中应严格考勤。学员因故缺席培训超过 1/3 以上学时的,或者未能参加考核的,不得颁发资格证书。

第 35 条　培训结束后,主办单位应将考勤表、试题及学员考核成绩等培训情况报中国心理学会备案。凡通过考核的学员需填写心理测量人员登记表。

第 36 条　中国心理学会心理测量专业委员会建立心理测验专业人员档案库,对获得心理测验使用资格者和专家证书者进行统一管理。凡参加中国心理学会心理测量专业委员会审批认可的心理测量培训班学习并通过考核者,均予颁发心理测验使用资格证书,列入中国心理学会心理测量专业委员会专业心理测验人员库。

第六章　测验的控制、使用与保管

第 37 条　经登记和鉴定的心理测验只限具有测验使用资格者购买和使用。未经登记和鉴定的心理测验中国心理学会心理测量专业委员会不予以推荐使用。

第 38 条　为保护测验开发者的权益,防止心理测验的误用与滥用,任何机构或个人不得出售没有得到版权或代理权的心理测验。

第 39 条　凡个人和机构在修订与出售他人拥有版权的心理测验时,必须首先征得该测验版权所有者的同意;印制、出版、发行与出售心理测验器材的机构应该到中国心理学会心理测量专业委员会登记备案,并只能将测验器材售予具有测验使用资格者;未经版权所有者授权任何网站都不能使用标准化的心理量表,不得制作出售任何心理测验的有关软件。

第 40 条　任何心理测验必须明确规定其测验的使用范围、实施程序以及测验使用者的资格,并在该测验手册中予以详尽描述。

第 41 条　具有测验使用资格者,可凭测验使用资格证书购买和使用相应的心理测验器材,并负责对测验器材的妥善保管。

第 42 条　测验使用者应严格按照测验指导手册的规定使用测验。在使用心理测验结果作为诊断或取舍等重要决策的参考依据时,测验使用者必须选择适当的测验,并确保测验结果的可靠性。测验使用的记录及书面报告应妥善保存 3 年以备检查。

第 43 条　测验使用者必须严格按测验指导手册的规定使用测验。在使用心理测验结果作为重要决策的参考依据时,应当考虑测验的局限性。

第 44 条　个人的测验结果应当严格保密。心理测验结果的使用须尊重测验被测者的权益。

第七章　附　　则

第 45 条　对于已经通过登记和鉴定的心理测验,中国心理学会心理测量专业委员会协助版权所有者保护其相关权益。

第 46 条　中国心理学会心理测量专业委员会对心理测验进行日常管理。为方便心理测验的日常管理和网络维护,对测验的登记、鉴定、资格认定和资质认证等项服务适当收费,制定统一的收费标准。

第 47 条　测验开发、登记、鉴定和管理中凡涉及国家保密、知识产权和测验档案管理等

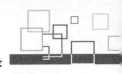

问题,按国家和中国心理学会有关规定执行。

第48条　中国心理学会对违背科学道德、违反心理测验管理条例、违背《心理测验工作者道德准则》和有关规定的人员或机构,视情节轻重分别采取警告、公告批评、取消资格等处理措施,对造成中国心理学会权益损害的保留予以法律追究的权力。

第49条　本条例自中国心理学会批准之日起生效,其修订与解释权归中国心理学会心理测量专业委员会。

二、心理测验工作者职业道德规范
(中国心理学会,2015.05)

凡以使用心理测验进行研究、诊断、安置、教育、培训、矫治、发展、干预、选拔、咨询、就业指导、鉴定等工作为主的人,都是心理测验工作者。心理测验工作者应意识到自己承担的社会责任,恪守科学精神,遵循下列职业道德规范。

第1条　心理测验工作者应遵守《心理测验管理条例》,自觉防止和制止测验的滥用和误用。

第2条　心理测验工作者必须具备中国心理学会心理测量专业委员会认可的心理测验使用资格。

第3条　中国心理学会坚决反对不具有心理测验使用资格的人使用心理测验;反对使用未经注册或鉴定的测验,除非这种使用出于研究目的或者是在具有心理测验使用资格的人监督下进行。

第4条　心理测验工作者应使用心理测量学品质好的心理测验。

第5条　心理测验工作者有义务向受测者解释使用测验的性质和目的,充分尊重受测者的知情权。

第6条　使用心理测验需要充分考虑测验结果的局限性和可能的偏差,谨慎解释测验的结果和效能,既要考虑测验的目的,也要考虑影响测验结果和效能的多方面因素,如环境、语言、文化、受测者个人特征、状态等。

第7条　应以正确的方式将测验结果告知受测者。应充分考虑到测验结果可能造成的伤害和不良后果,保护受测者或相关人免受伤害。

第8条　评分和解释要采取合理的步骤确保受测者得到真实准确的信息,避免做出无充分根据的断言。

第9条　应诚实守信,保证依专业的标准使用测验,不得因为经济利益或其他任何原因编造和修改数据、篡改测验结果或降低专业标准。

第10条　开发心理测验和其他测评技术或测评工具,应该经由经得起科学检验的心理测量学程序,取得有效的常模或临界分数、信度、效度资料,尽力消除测验偏差,并提供测验正确使用的说明。

第11条　为维护心理测验的有效性,凡规定不宜公开的心理测验内容如评分标准、常模、临界分数等,均应保密。

第12条　心理测验工作者应确保通过测验获得的个人信息和测验结果的保密性,仅在可能发生危害受测者本人或社会的情况时才能告知有关方面。

第13条　本条例自中国心理学会批准之日起生效,其修订与解释权归中国心理学会心理测量专业委员会。

附　表

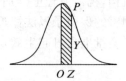

正态分布表：标准分数 Z、纵高 Y 与曲线下面积 P 转换关系

Z	Y	P	Z	Y	P	Z	Y	P
0.00	0.398 94	0.000 00	0.30	0.381 39	0.117 91	0.60	0.333 22	0.225 75
0.01	0.398 92	0.003 99	0.31	0.380 23	0.121 72	0.61	0.331 21	0.229 07
0.02	0.398 86	0.007 98	0.32	0.379 03	0.125 52	0.62	0.329 18	0.232 37
0.03	0.398 76	0.011 97	0.33	0.377 80	0.129 30	0.63	0.327 13	0.235 65
0.04	0.398 62	0.015 95	0.34	0.376 54	0.133 07	0.64	0.325 06	0.238 91
0.05	0.398 44	0.019 94	0.35	0.375 24	0.136 83	0.65	0.322 97	0.242 15
0.06	0.398 22	0.023 92	0.36	0.373 91	0.140 58	0.66	0.320 86	0.245 37
0.07	0.397 97	0.027 90	0.37	0.372 55	0.144 31	0.67	0.318 74	0.248 57
0.08	0.397 67	0.031 88	0.38	0.371 15	0.148 03	0.68	0.316 59	0.251 75
0.09	0.397 33	0.035 86	0.39	0.369 73	0.151 73	0.69	0.314 43	0.254 90
0.10	0.396 95	0.039 83	0.40	0.368 27	0.155 42	0.70	0.312 25	0.258 04
0.11	0.396 54	0.043 80	0.41	0.366 78	0.159 10	0.71	0.310 06	0.261 15
0.12	0.396 08	0.047 76	0.42	0.365 26	0.162 76	0.72	0.307 85	0.264 24
0.13	0.395 59	0.051 72	0.43	0.363 71	0.166 40	0.73	0.305 63	0.267 30
0.14	0.395 05	0.055 67	0.44	0.362 13	0.170 03	0.74	0.303 39	0.270 35
0.15	0.394 48	0.059 62	0.45	0.360 53	0.173 64	0.75	0.301 14	0.273 37
0.16	0.393 87	0.063 56	0.46	0.358 89	0.177 24	0.76	0.298 87	0.276 37
0.17	0.393 22	0.067 49	0.47	0.357 23	0.180 82	0.77	0.296 59	0.279 35
0.18	0.392 53	0.071 42	0.48	0.355 53	0.184 39	0.78	0.294 31	0.282 30
0.19	0.391 81	0.075 35	0.49	0.353 81	0.187 93	0.79	0.292 00	0.285 24
0.20	0.391 04	0.079 26	0.50	0.352 07	0.191 46	0.80	0.289 69	0.288 14
0.21	0.390 24	0.083 17	0.51	0.350 29	0.194 97	0.81	0.287 37	0.291 03
0.22	0.389 40	0.087 06	0.52	0.348 49	0.198 47	0.82	0.285 04	0.293 89
0.23	0.388 53	0.090 95	0.53	0.346 67	0.201 94	0.83	0.282 69	0.296 73
0.24	0.387 62	0.094 83	0.54	0.344 82	0.205 40	0.84	0.280 34	0.299 55
0.25	0.386 67	0.098 71	0.55	0.342 94	0.208 84	0.85	0.277 98	0.302 34
0.26	0.385 68	0.102 57	0.56	0.341 05	0.212 26	0.86	0.275 62	0.305 11
0.27	0.384 66	0.106 42	0.57	0.339 12	0.215 66	0.87	0.273 24	0.307 85
0.28	0.383 61	0.110 26	0.58	0.337 18	0.219 04	0.88	0.279 86	0.310 57
0.29	0.382 51	0.114 09	0.59	0.335 21	0.222 40	0.89	0.288 48	0.313 27

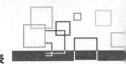

Z	Y	P	Z	Y	P	Z	Y	P
0.90	0.266 09	0.315 94	1.30	0.171 37	0.403 20	1.70	0.094 05	0.455 43
0.91	0.263 69	0.318 59	1.31	0.169 15	0.404 90	1.71	0.092 46	0.456 37
0.92	0.261 29	0.321 21	1.32	0.166 94	0.406 58	1.72	0.090 89	0.457 28
0.93	0.258 88	0.323 81	1.33	0.164 74	0.408 24	1.73	0.089 33	0.458 18
0.94	0.256 47	0.326 39	1.34	0.162 56	0.409 88	1.74	0.087 80	0.459 07
0.95	0.254 06	0.328 94	1.35	0.160 38	0.411 49	1.75	0.086 28	0.459 94
0.96	0.251 64	0.331 47	1.36	0.158 22	0.413 09	1.76	0.084 78	0.460 80
0.97	0.249 23	0.333 98	1.37	0.156 08	0.414 66	1.77	0.083 29	0.461 64
0.98	0.246 81	0.336 46	1.38	0.153 95	0.416 21	1.78	0.081 83	0.462 46
0.99	0.244 39	0.338 91	1.39	0.151 83	0.417 74	1.79	0.080 38	0.463 27
1.00	0.241 97	0.341 34	1.40	0.149 73	0.419 24	1.80	0.078 95	0.464 07
1.01	0.239 55	0.343 75	1.41	0.147 64	0.420 73	1.81	0.077 54	0.464 85
1.02	0.237 13	0.346 14	1.42	0.145 56	0.422 20	1.82	0.076 14	0.465 62
1.03	0.234 71	0.348 50	1.43	0.143 50	0.423 64	1.83	0.074 77	0.466 38
1.04	0.232 30	0.350 83	1.44	0.141 46	0.425 07	1.84	0.073 41	0.467 12
1.05	0.229 88	0.353 14	1.45	0.139 43	0.426 47	1.85	0.072 06	0.467 84
1.06	0.227 47	0.355 43	1.46	0.137 42	0.427 86	1.86	0.070 74	0.468 56
1.07	0.225 06	0.357 69	1.47	0.135 42	0.429 22	1.87	0.069 43	0.489 26
1.08	0.222 65	0.359 93	1.48	0.133 44	0.430 56	1.88	0.068 14	0.469 95
1.09	0.220 25	0.362 14	1.49	0.131 47	0.431 89	1.89	0.066 87	0.470 62
1.10	0.217 85	0.364 33	1.50	0.129 52	0.433 19	1.90	0.065 62	0.471 28
1.11	0.215 46	0.366 50	1.51	0.127 58	0.434 48	1.91	0.064 39	0.471 93
1.12	0.213 07	0.368 64	1.52	0.125 66	0.435 74	1.92	0.063 16	0.472 57
1.13	0.210 69	0.370 76	1.53	0.123 76	0.436 99	1.93	0.061 95	0.473 20
1.14	0.208 31	0.372 86	1.54	0.121 88	0.438 22	1.94	0.060 77	0.473 81
1.15	0.205 94	0.374 93	1.55	0.120 01	0.439 43	1.95	0.059 59	0.474 41
1.16	0.203 57	0.376 98	1.56	0.118 16	0.440 62	1.96	0.058 44	0.475 00
1.17	0.201 21	0.379 00	1.57	0.116 32	0.441 79	1.97	0.057 30	0.475 58
1.18	0.198 86	0.381 00	1.58	0.114 50	0.442 95	1.98	0.056 18	0.476 15
1.19	0.196 52	0.382 98	1.59	0.112 70	0.444 08	1.99	0.055 08	0.476 70
1.20	0.194 19	0.384 93	1.60	0.110 92	0.445 20	2.00	0.053 99	0.477 25
1.21	0.191 86	0.386 86	1.61	0.109 15	0.446 30	2.01	0.025 92	0.477 78
1.22	0.189 54	0.388 77	1.62	0.107 41	0.447 38	2.02	0.051 86	0.478 31
1.23	0.187 24	0.390 65	1.63	0.105 67	0.448 45	2.03	0.050 82	0.478 82
1.24	0.184 94	0.392 51	1.64	0.103 96	0.449 50	2.04	0.049 80	0.479 82
1.25	0.182 65	0.394 35	1.65	0.102 26	0.450 53	2.05	0.048 79	0.479 82
1.26	0.180 37	0.396 17	1.66	0.100 59	0.451 54	2.06	0.047 80	0.480 30
1.27	0.178 10	0.397 96	1.67	0.098 93	0.452 54	2.07	0.046 82	0.480 77
1.28	0.175 85	0.399 73	1.68	0.097 28	0.453 52	2.08	0.045 86	0.481 24
1.29	0.173 60	0.401 47	1.69	0.095 66	0.454 49	2.09	0.044 91	0.481 69

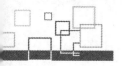

Z	Y	P	Z	Y	P	Z	Y	P
2.10	0.043 98	0.482 14	2.50	0.017 53	0.493 79	2.90	0.005 25	0.498 13
2.11	0.043 07	0.482 57	2.51	0.017 09	0.493 96	2.91	0.005 78	0.498 19
2.12	0.042 17	0.483 00	2.52	0.016 67	0.494 13	2.92	0.005 62	0.498 25
2.13	0.041 28	0.483 41	2.53	0.016 25	0.494 30	2.93	0.005 45	0.498 31
2.14	0.040 41	0.483 82	2.54	0.015 85	0.494 46	2.94	0.005 30	0.498 36
2.15	0.039 55	0.484 22	2.55	0.015 45	0.494 61	2.95	0.005 14	0.498 41
2.16	0.038 71	0.484 61	2.56	0.015 06	0.494 77	2.96	0.004 99	0.498 46
2.17	0.037 88	0.485 00	2.57	0.014 68	0.494 92	2.97	0.004 85	0.498 51
2.18	0.037 06	0.485 37	2.58	0.014 31	0.495 06	2.98	0.004 71	0.498 56
2.19	0.036 26	0.485 74	2.59	0.013 94	0.495 20	2.99	0.004 57	0.498 61
2.20	0.035 47	0.486 10	2.60	0.013 58	0.495 34	3.00	0.004 43	0.498 65
2.21	0.034 70	0.486 45	2.61	0.013 23	0.495 47	3.01	0.004 30	0.498 69
2.22	0.033 94	0.486 79	2.62	0.012 89	0.495 60	3.02	0.004 17	0.498 74
2.23	0.033 19	0.487 13	2.63	0.012 56	0.495 73	3.03	0.004 05	0.498 78
2.24	0.032 46	0.487 45	2.64	0.012 23	0.495 85	3.04	0.003 93	0.498 82
2.25	0.031 74	0.487 78	2.65	0.011 91	0.495 98	3.05	0.003 81	0.498 86
2.26	0.031 03	0.488 09	2.66	0.011 60	0.496 09	3.06	0.003 70	0.498 89
2.27	0.030 34	0.488 40	2.67	0.011 30	0.496 21	3.07	0.003 58	0.498 93
2.28	0.029 65	0.488 70	2.68	0.011 00	0.496 32	3.08	0.003 48	0.498 97
2.29	0.028 98	0.488 99	2.69	0.010 71	0.496 43	3.09	0.003 37	0.499 00
2.30	0.028 33	0.489 28	2.70	0.010 42	0.496 53	3.10	0.003 27	0.499 03
2.31	0.027 68	0.489 56	2.71	0.010 14	0.496 64	3.11	0.003 17	0.499 06
2.32	0.027 05	0.489 83	2.72	0.009 87	0.496 74	3.12	0.003 07	0.499 10
2.33	0.026 43	0.490 10	2.73	0.009 61	0.496 83	3.13	0.002 98	0.499 13
2.34	0.025 82	0.490 36	2.74	0.009 35	0.496 93	3.14	0.002 88	0.499 16
2.35	0.025 22	0.490 61	2.75	0.009 09	0.497 02	3.15	0.002 79	0.499 18
2.36	0.024 63	0.490 86	2.76	0.008 85	0.497 11	3.16	0.002 71	0.499 21
2.37	0.024 06	0.491 11	2.77	0.008 61	0.497 20	3.17	0.002 62	0.499 24
2.38	0.023 49	0.491 34	2.78	0.008 37	0.497 28	3.18	0.002 54	0.499 26
2.39	0.022 94	0.491 58	2.79	0.008 14	0.497 36	3.19	0.002 46	0.499 29
2.40	0.022 39	0.491 80	2.80	0.007 92	0.497 44	3.20	0.002 38	0.499 31
2.41	0.021 86	0.492 02	2.81	0.007 70	0.497 52	3.21	0.002 31	0.499 34
2.42	0.021 34	0.492 24	2.82	0.007 48	0.497 60	3.22	0.002 24	0.499 36
2.43	0.020 83	0.492 45	2.83	0.007 27	0.497 67	3.23	0.002 16	0.499 38
2.44	0.020 33	0.492 66	2.84	0.007 07	0.497 74	3.24	0.002 10	0.499 40
2.45	0.019 84	0.492 86	2.85	0.006 87	0.497 81	3.25	0.002 03	0.499 42
2.46	0.019 36	0.493 05	2.86	0.006 68	0.497 88	3.26	0.001 96	0.499 44
2.47	0.018 89	0.493 24	2.87	0.006 49	0.497 95	3.27	0.001 90	0.499 46
2.48	0.018 42	0.493 43	2.88	0.006 31	0.498 01	3.28	0.001 84	0.499 48
2.49	0.017 97	0.493 61	2.89	0.006 13	0.498 07	3.29	0.001 78	0.499 50

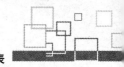

Z	Y	P	Z	Y	P	Z	Y	P
3.30	0.001 72	0.499 52	3.55	0.000 73	0.499 81	3.80	0.000 29	0.499 93
3.31	0.001 67	0.499 53	3.56	0.000 71	0.499 81	3.81	0.000 28	0.499 93
3.32	0.001 61	0.499 55	3.57	0.000 68	0.499 82	3.82	0.000 27	0.499 93
3.33	0.001 56	0.499 57	3.58	0.000 66	0.499 83	3.83	0.000 26	0.499 94
3.34	0.001 51	0.499 58	3.59	0.000 63	0.499 83	3.84	0.000 25	0.499 94
3.35	0.001 46	0.499 60	3.60	0.000 61	0.499 84	3.85	0.000 24	0.499 94
3.36	0.001 41	0.499 61	3.61	0.000 59	0.499 84	3.86	0.000 23	0.499 94
3.37	0.001 36	0.499 62	3.62	0.000 57	0.499 85	3.87	0.000 22	0.499 95
3.38	0.001 32	0.499 64	3.63	0.000 55	0.499 86	3.88	0.000 21	0.499 95
3.39	0.001 27	0.499 65	3.64	0.000 53	0.499 86	3.89	0.000 21	0.499 95
3.40	0.001 23	0.499 66	3.65	0.000 51	0.499 87	3.90	0.000 20	0.499 95
3.41	0.001 19	0.499 68	3.66	0.000 49	0.499 87	3.91	0.000 19	0.499 95
3.42	0.001 15	0.499 69	3.67	0.000 47	0.499 88	3.92	0.000 18	0.499 96
3.43	0.001 11	0.499 70	3.68	0.000 46	0.499 88	3.93	0.000 18	0.499 96
3.44	0.001 07	0.499 71	3.69	0.000 44	0.499 89	3.94	0.000 17	0.499 96
3.45	0.001 04	0.499 72	3.70	0.000 42	0.499 89	3.95	0.000 16	0.499 96
3.46	0.001 00	0.499 73	3.71	0.000 41	0.499 90	3.96	0.000 16	0.499 96
3.47	0.000 97	0.499 74	3.72	0.000 39	0.499 90	3.97	0.000 15	0.499 96
3.48	0.000 94	0.499 75	3.73	0.000 38	0.499 90	3.98	0.000 14	0.499 97
3.49	0.000 90	0.499 76	3.74	0.000 37	0.499 91	3.99	0.000 14	0.499 97
3.50	0.000 87	0.499 77	3.75	0.000 35	0.499 91			
3.51	0.000 84	0.499 78	3.76	0.000 34	0.499 92			
3.52	0.000 81	0.499 78	3.77	0.000 33	0.499 92			
3.53	0.000 79	0.499 79	3.78	0.000 31	0.499 92			
3.54	0.000 76	0.499 80	3.79	0.000 30	0.499 92			

参考答案

第一章 绪 论

一、选择题

1. B 2. C 3. D 4. D 5. BC 6. C 7. C 8. ABD 9. ABD 10. ABCD 11. CD 12. A 13. ABC ·14. A 15. A 16. D 17. ABC 18. ABCD 19. ABCD 20. ABD 21. B 22. D 23. ABC 24. B 25. AB 26. D 27. ABC 28. B 29. D 30. ABC

二、简答题

略。

第二章 常 模

一、选择题

1. ACD 2. C 3. ABCD 4. B 5. A 6. AC 7. BD 8. B 9. A 10. C 11. C 12. C 13. CD 14. ABCD 15. D 16. C 17. D 18. D 19. A 20. A 21. BC

二、简答题

略。

第三章 信 度

一、选择题

1. D 2. C 3. CD 4. ABCD 5. A 6. C 7. BD 8. B 9. C 10. A 11. B 12. B 13. C 14. D 15. B

二、简答题

略。

三、证明题

1. 利用经典测验理论的三个基本假设和三个相关推论,证明 $S_X^2 = S_T^2 + S_E^2$。

解:(1)经典测验理论的三个基本假设如下:

假设一:观察分数等于真分数与随机误差分数之和,即 $X = T + E$。

假设二:在所讨论的问题范围内,真分数不变,亦即个体具有恒定的特质,在短期内不会发生改变,即 T 是恒定的。

假设三:随机误差分数是完全随机的,并服从均值为零的正态分布,且与真分数相互独立,即 E 是完全随机的。

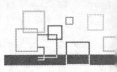

(2) 由三个基本假设引申出的三个相关推论如下：

推论一：若一个人的某种心理特质可以用平行测验反复测量足够多次，则其观察分数的平均值会接近于真分数，即 $E(X)=T$ 或 $E(E)=0$。

推论二：真分数与随机误差分数之间的相关为零，即 $r_{TE}=0$ 或 $r_{ET}=0$。

推论三：各平行测验上的随机误差分数之间的相关为零，即 $r_{EE'}=0$。

(3) $S_X^2=S_T^2+S_E^2$ 证明如下：

证明：因为：$X=T+E$，$\overline{X}=\overline{T}+\overline{E}$；所以：$X-\overline{X}=(T-\overline{T})+(E-\overline{E})$。令：$x=X-\overline{X}$，$\tau=T-\overline{T}$，$\varepsilon=E-\overline{E}$；那么：$x=\tau+\varepsilon$。根据推论二，$r_{TE}=0$。

$$S_X^2=\frac{\sum(X-\overline{X})^2}{n}=\frac{\sum x^2}{n}=\frac{\sum(\tau+\varepsilon)^2}{n}=\frac{\sum(\tau^2+2\tau\varepsilon+\varepsilon^2)}{n}=\frac{\sum\tau^2}{n}+\frac{2\sum\tau\varepsilon}{n}+$$

$$\frac{\sum\varepsilon^2}{n}=\frac{\sum(T-\overline{T})^2}{n}+2r_{TE}S_TS_E+\frac{\sum(E-\overline{E})^2}{n}=S_T^2+0+S_E^2=S_T^2+S_E^2$$

得证：$S_X^2=S_T^2+S_E^2$。

2. 证明信度三个定义公式的等价性，即定义①=定义②=定义③。

解：(1) 信度的三个定义如下：

定义①：信度是一个被测团体的真分数方差与观察分数方差之比，即 $r_{XX}=\dfrac{S_T^2}{S_X^2}$。

定义②：信度是一个被测团体的真分数与观察分数相关系数的平方，即 $r_{XX}=r_{XT}^2$。

定义③：信度是一个测验 X（A 卷）与它的任意一个"平行测验"X'（B 卷）的相关系数，即 $r_{XX}=r_{XX'}$。

(2) 运用经典测验理论的三个基本假设和三个相关推论，可以证明信度三个定义公式的等价性，共包括以下三步。

第一步，证明定义②等于定义①，如下：

证明：令 $x=X-\overline{X}$，$\tau=T-\overline{T}$，$\varepsilon=E-\overline{E}$。根据推论二，$r_{ET}=0$。

$$r_{XT}=\frac{\sum(X-\overline{X})(T-\overline{T})}{nS_XS_T}=\frac{\sum x\tau}{nS_XS_T}=\frac{\sum(\tau+\varepsilon)\tau}{nS_XS_T}=\frac{\dfrac{\sum\tau^2}{n}+\dfrac{\sum\varepsilon\tau}{n}}{S_XS_T}=$$

$$\frac{\dfrac{\sum\tau^2}{n}+r_{ET}S_ES_T}{S_XS_T}=\frac{\dfrac{\sum\tau^2}{n}+0}{S_XS_T}=\frac{\dfrac{\sum\tau^2}{n}}{S_XS_T}=\frac{\dfrac{\sum(T-\overline{T})^2}{n}}{S_XS_T}\frac{S_T^2}{S_XS_T}=\frac{S_T}{S_X}$$

因为：$r_{XT}=\dfrac{S_T}{S_X}$，所以：$r_{XT}^2=\dfrac{S_T^2}{S_X^2}$；而 $\dfrac{S_T^2}{S_X^2}=r_{XX}$，因此，$r_{XT}^2=r_{XX}$。

得证，定义②=定义①。

第二步，证明定义③等于定义①，如下：

证明：根据平行测验的性质，可知 $\overline{X}=\overline{X}'$，$S_X=S_{X'}$。令：$\tau=T-\overline{T}$，$x=X-\overline{X}$，$x'=X'-\overline{X}'$，$\varepsilon=E-\overline{E}$，$\varepsilon'=E'-\overline{E}'$；那么：$x=\tau+\varepsilon$，$x'=\tau+\varepsilon'$；根据推论二，$r_{ET}=0$ 或 $r_{E'T}=0$；根据推论三，$r_{EE'}=0$。

$$r_{XX'}=\frac{\sum xx'}{nS_XS_{X'}}=\frac{\sum(\tau+\varepsilon)(\tau+\varepsilon')}{nS_XS_{X'}}=\frac{\dfrac{\sum\tau^2}{n}+\dfrac{\sum\varepsilon\tau}{n}+\dfrac{\sum\varepsilon'\tau}{n}+\dfrac{\sum\varepsilon\varepsilon'}{n}}{S_XS_{X'}}$$

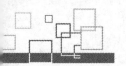

$$= \frac{\frac{\sum \tau^2}{n} + r_{ET}S_ES_T + r_{E'T}'S_{E'}'S_T + r_{EE'}'S_ES_{E'}'}{S_XS_{X'}} = \frac{\frac{\sum \tau^2}{n} + 0 + 0 + 0}{S_XS_{X'}} = \frac{\frac{\sum \tau^2}{n}}{S_XS_{X'}} = \frac{S_T^2}{S_XS_{X'}} = \frac{S_T^2}{S_X^2}$$

因此，$r_{XX'} = \dfrac{S_T^2}{S_X^2}$。

得证，定义③＝定义①。

第三步，综合第一步和第二步，可知：定义①＝定义②＝定义③。

第四章　效　　度

一、选择题

1. B　2. D　3. ABCD　4. D　5. A　6. ABCD　7. ABCD　8. B　9. D
10. ABCD　11. BD　12. AD　13. BD　14. BD　15. D

二、简答题

略。

三、分析题

1. 解：(1) 高考的成绩是否有效，关键要看它能否很好地预测考生将来在大学中的表现，也就是要看考生在进入大学后的表现与高考成绩之间的相关一致性如何。如果相关一致性高，那么说明高考的预测能力好；如果相关一致性低，那么说明高考的预测能力差。

(2) 采用效标效度中的预测效度来考察高考的有效性，即计算该班学生的高考数学考试成绩与入学后第一学期期末高等数学测验成绩之间的相关系数。将表 4-4 中的有关数据代入皮尔逊(Pearson)积差相关系数公式，其具体的计算公式可参考公式(3-8b)，得

$$r_{XY} = \frac{n\sum X_iY_i - (\sum X_i)(\sum Y_i)}{\sqrt{n\sum X_i^2 - (\sum X_i)^2}\sqrt{n\sum Y_i^2 - (\sum Y_i)^2}}$$

$$= \frac{15 \times 123\,205 - 1\,651 \times 1\,094}{\sqrt{15 \times 187\,791 - 1\,651^2}\ \sqrt{15 \times 81\,404 - 1\,094^2}}$$

$$= 0.892$$

(3) 通过计算得出该班学生的高考数学考试成绩与入学后第一学期期末高等数学测验成绩之间的相关系数为 0.892，即高考数学考试成绩与入学后第一学期期末高等数学测验成绩之间有较高的正相关，这表明高考成绩对考生进入大学后的表现有正向预测作用。

第五章　难度与区分度

一、选择题

1. A　2. ABC　3. C　4. C　5. B　6. B　7. A　8. A　9. A　10. D　11. C
12. CD　13. ABD　14. D　15. A

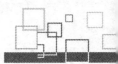

二、简答题

略。

三、计算题

1. 解：$P_1 = 80/100 = 0.80$，$P_2 = 20/100 = 0.20$，另外一道单项选择题更难，因为难度的本质是"易度"。

2. 解：$D_1 = P_H - P_L = 35/50 - 10/50 = 25/50 = 0.50$，$D_2 = P_H - P_L = 10/50 - 18/50 = -8/50 = -0.16$，$D_1 > D_2$。因为 D 值越大越好，表示区分能力越强，所以 D_1 更好。

3. 解：(1) 第一题的难度（通过率）：$P = \dfrac{R}{N} = \dfrac{7}{11} = 0.636$。

第一题的难度（极端分组法）：A、D、I 三个被试总分最高，分别是 86、84、84（前三甲），为高分组（High）；F、C、K 三个被试总分最低，分别是 43、49、50（后三甲），为低分组（Low）；A、D、I 三个被试在第一题上有两人答对，$P_H = \dfrac{R_H}{N_H} = \dfrac{2}{3}$；F、C、K 三个被试在第一题上只有一人答对，$P_L = \dfrac{R_L}{N_L} = \dfrac{1}{3}$；$P = \dfrac{P_H + P_L}{2} = \dfrac{\frac{2}{3} + \frac{1}{3}}{2} = 0.500$。

第一题的区分度（D 值）：$D = P_H - P_L = \dfrac{2}{3} - \dfrac{1}{3} = 0.333$。

第一题的区分度（点二列相关）：

$p = 0.636$，$q = 1 - p = 0.364$；$\overline{X}_p = \dfrac{497}{7} = 71.000$，$\overline{X}_q = \dfrac{254}{4} = 63.500$，$S_t = 14.623$；代入公式(5-8)，得

$$r_{pb} = \dfrac{\overline{X}_p - \overline{X}_q}{S_t}\sqrt{pq} = \dfrac{71.000 - 63.500}{14.623}\sqrt{0.636 \times 0.364} = 0.247 。$$

(2) 第三题的难度（用被试得分平均数估计）：$P = \dfrac{\overline{X}}{X_{\max}} = \dfrac{7.450}{10} = 0.745$。

第三题的难度（极端分组法）：$P_H = \dfrac{9}{10}$（A、D、I 高分组项目的平均分除以满分值），$P_L = \dfrac{5}{10}$（F、C、K 低分组项目的平均分除以满分值），$P = \dfrac{P_H + P_L}{2} = \dfrac{1}{2}\left(\dfrac{9}{10} + \dfrac{5}{10}\right) = \dfrac{1}{2} \times \dfrac{14}{10} = 0.700$。

第三题的区分度（D 值）：$D = P_H - P_L = \dfrac{9}{10} - \dfrac{5}{10} = 0.400$。

第三题的区分度（皮尔逊积差相关）：

$$r_{XY} = \dfrac{\sum(X_i - \overline{X})(Y_i - \overline{Y})}{\sqrt{\sum(X_i - \overline{X})^2 \sum(Y_i - \overline{Y})^2}} = \dfrac{257.636}{\sqrt{54.727 \times 2\,352.182}} = 0.718 。$$

(3) 整个测验测量的信度（α 系数）

$K = 6$；$S_t^2 = 213.835$；$S_1^2 = 2.083$，$S_2^2 = 6.198$，$S_3^2 = 4.975$，$S_4^2 = 4.050$，$S_5^2 = 8.182$，$S_6^2 = 69.521$；$\alpha = \dfrac{K}{K-1}\left(1 - \dfrac{\sum S_i^2}{S_t^2}\right) = \dfrac{6}{6-1} \times \left(1 - \dfrac{95.009}{213.835}\right) = 0.667$。

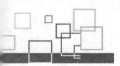

第六章　测验标准化

一、选择题

1. ABD　2. ABCD　3. C　4. D　5. ACD　6. D　7. B　8. ABC　9. D　10. BCD
11. ABCD　12. ABCD　13. ABCD　14. ABD　15. AC

二、简答题

略。

第七章　智力测验

一、选择题

1. A　2. A　3. A　4. B　5. B　6. C　7. C　8. C　9. B　10. C　11. B　12. D
13. D　14. D　15. B　16. ABD　17. BD　18. ABCD　19. ABD　20. AB　21. ABCD

二、简答题

略。

第八章　人格测验

一、选择题

1. A　2. ABC　3. B　4. A　5. ABC　6. D　7. B　8. C　9. ABC　10. B　11. D
12. C　13. ABCD　14. ABC　15. C

二、案例题

1. (1) B　(2) B　(3) A
2. (1) A　(2) C　(3) C　(4) D

三、简答题

略。

第九章　心理评定量表

一、选择题

1. B　2. D　3. B　4. ABC　5. B　6. BC　7. B　8. B　9. ACD　10. C　11. BC
12. D　13. B　14. B　15. B　16. C　17. B　18. D　19. B　20. B　21. AB
22. B　23. A　24. A　25. D　26. C　27. C　28. B　29. D　30. A　31. A　32. C

二、案例题

1. (1)C　(2) ABCD
2. (1)D　(2) A　(3) B　(4) A

三、简答题

略。

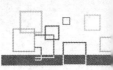

第十章 项目反应理论

一、选择题

1. D 2. C 3. D 4. CD 5. A 6. AB 7. D 8. A 9. ABCD 10. A 11. B

二、简答题

略。

三、分析题

1. 解:(1) 第 4 题。

(2) 第 6 题。

(3) $P_i(\theta_j)$ 如下表所示

item \ θ_j	−3	−2	−1	0	1	2	3
1	0.000	0.000	0.002	0.045	0.500	0.955	0.998
2	0.008	0.027	0.085	0.233	0.500	0.767	0.915
3	0.250	0.250	0.252	0.284	0.625	0.966	0.998
4	0.205	0.236	0.412	0.788	0.964	0.995	0.999
5	0.000	0.006	0.045	0.265	0.735	0.955	0.994
6	0.165	0.239	0.369	0.550	0.731	0.861	0.935

(4) 第 4 题,$Q_i(\theta_j)=1-P_i(\theta_j)=1-0.788=0.212$

第十一章 概 化 理 论

一、选择题

1. C 2. B 3. D 4. AB 5. BD 6. A 7. C 8. B 9. AB 10. ABC 11. B

二、简答题

略

三、分析题

1. 解:(1) 教师(测量目标);评价者(测量侧面);技能(测量侧面)。

(2) 教师(t)、评价者(r)和技能(s)都是交叉的,可用 t×r×s 表示,属于交叉设计。

(3) σ_t^2、σ_r^2、σ_s^2、σ_{tr}^2、σ_{ts}^2、σ_{rs}^2、$\sigma_{trs,e}^2$。

2. 解:(1) p×(r:o),即步兵与评价者及场合相交叉,但评价者嵌套在场合中,属于混合设计。

(2) $EMS(p)=\sigma_{pr,pro,e}^2+2\sigma_{po}^2+6\sigma_p^2$

$EMS(o)=\sigma_{pr,pro,e}^2+2\sigma_{po}^2+43\sigma_{r,ro}^2+86\sigma_o^2$

$EMS(r,ro)=\sigma_{pr,pro,e}^2+43\sigma_{r,ro}^2$

$EMS(po)=\sigma_{pr,pro,e}^2+2\sigma_{po}^2$

$EMS(pr,pro,e)=\sigma_{pr,pro,e}^2$

(3) 根据表 11-13 的 G 研究部分结果,估计的方差分量及百分比如下表所示。

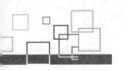

变异来源	方差分量	估计的方差分量	百分比
步兵(p)	$\hat{\sigma}_p^2$	0.012 5	31.5%
场合(o)	$\hat{\sigma}_o^2$	0.007 0	17.6%
评价者:场合(r:o)	$\hat{\sigma}_{r,ro}^2$	0.001 3	3.3%
po	$\hat{\sigma}_{po}^2$	0.003 5	8.8%
pr,pro,e	$\hat{\sigma}_{pr,pro,e}^2$	0.015 4	38.8%

结果解释：从上表可以看出，步兵成绩（测量目标）表现出较大的差异性（大的 p 效应，31.5%）；在场合之间步兵表现出较大的差异性（大的 o 效应，17.6%）；评价者评定较为一致，在不同场合几乎使用相同的评分标准（小的 r,ro 效应，3.3%）；步兵在不同场合的成绩表现出一定的差异性（相对不小的 po 效应，8.8%）；最后剩余的效应是大的（38.8%），这表明步兵成绩在不同评价者上可能有较大的差异（pr），或者评价者在不同场合评价的成绩可能有较大的差异（pro），或者还包含了一些随机的或系统的但未被识别的变异（e）。

参 考 文 献

[1] 安娜斯塔西·安妮,苏姗娜·厄比奈.心理测验[M].缪小春,竺培梁,译.杭州:浙江教育出版社,2001.

[2] 戴海崎,张锋.心理与教育测量(第四版)[M].广州:暨南大学出版社,2018.

[3] 戴海崎,张锋,陈雪枫.心理与教育测量(第三版)[M].广州:暨南大学出版社,2011.

[4] 董奇.心理与教育研究方法[M].北京:北京师范大学出版社,2004.

[5] 顾海根.学校心理测量学[M].南宁:广西教育出版社,2000.

[6] 郭庆科.心理测验的原理与应用[M].北京:人民军医出版社,2002.

[7] 金瑜.心理测量[M].上海:华东师范大学出版社,2001.

[8] 黎光明,张敏强.基于概化理论的方差分量变异量估计[J].心理学报,2009,41(9):889-901.

[9] 黎光明,张敏强.概化理论方差分量估计的跨分布分析[J].心理发展与教育,2012,28(6):665-672.

[10] 黎光明,张敏强.校正的 Bootstrap 方法对概化理论方差分量及其变异量估计的改善[J].心理学报,2013,45(1):114-124.

[11] 黎光明,张敏强.非正态分布下概化理论方差分量变异量估计[J].心理科学,2013,36(1):202-208.

[12] 黎光明,刘晓瑜,谭小兰,等.考试评分缺失数据的概化理论分析[J].心理科学,2014,37(3):742-747.

[13] 凌文辁,方俐洛.心理与行为测量[M].北京:机械工业出版社,2003.

[14] 漆书青.现代测量理论在考试中的应用[M].武汉:华中师范大学出版社,2003.

[15] 漆书青.心理测量与评估[M].北京:北京大学医学出版社,2007.

[16] 漆书青,戴海崎,丁树良.现代教育与心理测量学原理[M].北京:高等教育出版社,2002.

[17] 王孝玲.教育测量(修订版)[M].上海:华东师范大学出版社,2005.

[18] 汪向东,王希林,马弘.心理卫生评定量表手册(增订版)[M].北京:中国心理卫生杂志社,1999.

[19] 杨晓明.*SPSS* 在教育统计中的应用[M].北京:高等教育出版社,2004.

[20] 杨志明,张雷.测评的概化理论及其应用[M].北京:教育科学出版社,2003.

[21] 张敏强.教育测量学[M].北京:人民教育出版社,1998.

[22] 张敏强.教育与心理统计学(第三版)[M].北京:人民教育出版社,2010.

[23] 郑日昌.心理测量与测验(第 2 版)[M].北京:中国人民大学出版社,2013.

[24] American Educational Research Association, American Psychological Association, National Council on Measurement in Education. *Standards for educational and psychological testing*

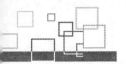
[M]. Washington, D. C. : Author, 1985.

[25] American Educational Research Association, American Psychological Association, National Council on Measurement in Education. *Standards for educational and psychological testing* (Rev. ed.)[M]. Washington, D. C. : Author, 1999.

[26] Andrich D. A rating formulation for ordered response categories [J]. *Psychometrika*, 1978, 43(4): 561 – 573.

[27] Birnbaum A. Some latent trait models and their use in inferring an examinee's ability. In Lord FM, Novick MR. (eds.), Statistical theories of mental test scores [M]. Reading, MA: Addison-Wesley,1968.

[28] Brennan RL. *Elements of generalizability theory*[M]. Iowa City, IA: ACT, 1983.

[29] Brennan RL. *Generalizability theory*[M]. New York: Springer-Verlag, 2001.

[30] Briggs DC, & Wilson M. Generalizability in item response modeling [J]. *Journal of Educational Measurement*, 2007, 44(2): 131 – 155.

[31] Chien YM. *An investigation of testlet-based item response models with a random facets design in generalizability theory* [D]. Unpublished doctoral dissertation, University of Iowa, 2008.

[32] Choi J. *Advances in combining generalizability theory and item response theory*[D]. Doctoral dissertation. The University of California, Berkeley, 2013.

[33] Cronbach LJ. Coefficient alpha and the internal structure of tests[J]. *Psychometrika*, 1951, 16(3): 297 – 334.

[34] Cronbach LJ, Gleser GC, Nanda H, et al. (1972). *The dependability of behavioral measurements: Theory of generalizability for scores and profiles*[M]. New York: Wiley, 1972.

[35] Cronbach LJ, Rajaratnam N, Gleser GC. Theory of generalizability: A liberalization of reliability theory [J]. *British Journal of Statistical Psychology*, 1963, 16(2): 137 – 163.

[36] Ebel RL. *Measuring educational achievement* [M]. Englewood, Clifft, N. J. Prentice-Hall, 1965.

[37] Embretson SE. A cognitive-design system approach to generating valid tests: Applications to abstract reasoning [J]. *Psychological Methods*, 1998, 3(3): 380 – 396.

[38] Fischer GH. The linear logistic test model as instrument in educational research[J]. *Acta Psychologica*, 1973, 37(6): 359 – 374.

[39] Fischer GH, Parzer P. An extension of the rating scale model with an application to the measurement of treatment effects [J]. *Psychometrika*, 1991, 56(4): 637 – 651.

[40] Fischer GH, Pononcy I. An extension of the partial credit model with an application to the measurement of change [J]. *Psychometrika*, 1994, 59(2): 177 – 192.

[41] Harik P, Clauser BE, Grabovsky I, et al. An examination of rater drift within a generalizability theory framework [J]. *Journal of Educational Measurement*, 2009,

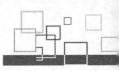

46(1): 43 - 58.

[42] Holland PW, Wainer H. (Eds.) *Differential item functioning*[M]. Hillsdale, NJ: Erlbaum, 1993.

[43] Hsueh IP, Wang WC, Sheu CF, et al. Rasch analysis of combining two indices to assess comprehensive ADL function in stroke patients [J]. *Stroke*, 2004, 35(3): 721 -726.

[44] Kenderski CM. *Interaction processes and learning among third-grade black and Mexican-American students in cooperative small groups*[D]. Unpublished doctoral dissertation, University of California, Los Angeles, 1983.

[45] Kolen MJ, Brennan RL. *Test equating: Methods and practices*(2nd ed.)[M]. New York: Springer-Verlag, 2004.

[46] Li F. A*n information correction method for testlet-based test analysis: From the perspectives of item response theory and generalizability theory* [D]. Doctoral dissertation. The University of Maryland, 2009.

[47] Linacre JM. *Many-facet Rasch measurement*[M]. Chicago: MESA, 1989.

[48] Lord FM. *A theory of test scores*[M]. Psychometric Monograph, 1952.

[49] Lord FM. An application of confidence intervals and maximum likelihood to the estimation of an examinee's ability [J]. *Psychometrika*, 1953, 18(1): 57 - 75.

[50] Lord FM. The relation of test score to the trait underlying the test[J]. *Educational and Psychological Measurement*, 1953, 13(4): 517 - 549.

[51] Lord FM, Novick MR. *Statistical theories of mental test scores*[M]. Reading MA: Addison-Wesley, 1953.

[52] Masters GN. A Rasch model for partial credit scoring[J]. *Psychometrika*, 1982, 47 (2): 149 - 174.

[53] Moore JL. *Estimating standard errors of estimated variance components in generalizability theory using bootstrap procedures*[D]. Doctoral dissertation. The University of Iowa, 2010.

[54] Muraki E. A generalized partial credit model: Application of an EM algorithm[J]. *Applied Psychological Measurement*, 1992, 16(1): 159 - 176.

[55] Rasch G. *Probabilistic models for some intelligence and attainment tests* [M]. Copenhagen: Institute of Educational Research, 1960. (Expanded edition, 1980. Chicago: The University of Chicago Press.)

[56] Samejima E. *Estimation of latent ability using a response pattern of graded scores* [M] (Psychometric Monograph No. 17). Iowa City, IA: Psychometric Society, 1969.

[57] Searle SR. *Linear models*[M]. New York: Wiley, 1971.

[58] Searle SR, Casella G, McCulloch CE. *Variance components*[M]. New York: Wiley, 1992.

[59] Shavelson RJ, Webb NM. *Generalizability theory: A primer*[M]. Newbury Park,

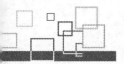

CA: Sage，1991.

[60] Shin Y，Raudenbush SW. Confidence bounds and power for the reliability of observational measures on the quality of a social setting [J]. *Psychometrika*，2012，77(3): 543 - 560.

[61] Stevens SS. On the theory of scales of measurement [J]. *Science*，1946，103 (2684): 677 - 680.

[62] Stevens SS. *Handbook of Experimental Psychology* (1st ed.)[M]. New York: John Wiley & Sons, Inc. , 1951.

[63] Tuerlinckx F，De Boeck P. The effect of ignoring item interactions on the estimated discrimination parameters in item response theory[J]. *Psychological Methods*，2001，6(2): 181 - 195.

[64] Wainer H，Dorans NJ，Eignor D，et al. *Computerized adaptive testing*: *A primer* (2nd ed.)[M]. Mahwah, NJ: Erlbaum, 2000.

[65] Wang，WC. Assessment of differential item functioning[J]. *Journal of Applied Measurement*，2008，9(4): 387 - 408.

[66] Wilson M. *Constructing measures*: *An item response modeling approach* [M]. Mahwah, NJ: Erlbaum, 2005.

[67] Wu YF，Tzou H. A multivariate generalizability theory approach to standard setting [J]. *Applied Psychological Measurement*，2015，39(7): 507 - 524.